超大城市中小学
体育活动时空特征研究

杨　剑　郭正茂　游茂林　著

华　东　师　范　大　学　出　版　社

图书在版编目(CIP)数据

超大城市中小学体育活动时空特征研究/杨剑,郭正茂,游茂林著. —上海:华东师范大学出版社,2020

华东师大新世纪学术基金

ISBN 978 - 7 - 5760 - 0627 - 8

Ⅰ. ①超… Ⅱ. ①杨…②郭…③游… Ⅲ. ①体育课—教学研究—中小学 Ⅳ. ①G633.962

中国版本图书馆 CIP 数据核字(2020)第 114847 号

华东师范大学新世纪学术著作出版基金资助出版

超大城市中小学体育活动时空特征研究

著　者　杨　剑　郭正茂　游茂林
组稿编辑　孔繁荣
项目编辑　夏　玮
审读编辑　夏　玮
责任校对　郭　琳　时东明
装帧设计　高　山

出版发行　华东师范大学出版社
社　　址　上海市中山北路 3663 号　邮编 200062
网　　址　www. ecnupress. com. cn
电　　话　021 - 60821666　行政传真 021 - 62572105
客服电话　021 - 62865537　门市(邮购)电话 021 - 62869887
地　　址　上海市中山北路 3663 号华东师范大学校内先锋路口
网　　店　http：//hdsdcbs. tmall. com

印刷者　当纳利(上海)信息技术有限公司
开　　本　787×1092　16 开
印　　张　30.25
字　　数　476 千字
版　　次　2020 年 9 月第 1 版
印　　次　2020 年 9 月第 1 次
书　　号　ISBN 978 - 7 - 5760 - 0627 - 8
定　　价　116.00 元

出版人　王　焰

(如发现本版图书有印订质量问题,请寄回本社客服中心调换或电话 021 - 62865537 联系)

目　录

理　论　篇

实　证　篇

图目录

表目录

理　论　篇

第 1 章　城市体育空间研究理论基础

空间是人类社会活动的场所，人类的所有活动都在空间上反映出来。空间问题从 19 世纪初的开创性研究，到 20 世纪 90 年代以美国经济学家克鲁格曼（Paul R. Krugman）为代表的新经济地理学采用迪克西特—斯蒂格利茨模型将空间因素纳入一般均衡分析框架，空间问题的理论研究经历了一个兴衰沉浮的过程。

1.1　三大古典城市空间结构理论

人类生态学理论在城市研究中的应用可以追溯到 20 世纪 20 年代以美国社会学家帕克（Robert E. Park）为首的芝加哥学派，1925 年帕克、伯吉斯（Ernest W. Burgess）和麦肯锡（James McKenzie）共同撰写的《城市》（*The City*）一书中，几位作者运用达尔文进化论和生态学中组织机能、生态环境等相关概念类比，试图解释人类在城市环境中的发展与相互作用，其中所涉及的重要概念有"竞争（competition）""统治地位（dominance）"以及"向上的社会迁移（upward social mobility）"。"竞争"作为最基本的生态学概念在城市社会研究中主要用来解释不同类型的人类群体为了居住、商业等城市活动对最有利区位加以选择和竞争。"统治地位"主要用以解释西方尤其是美国城市中中心商务区占有绝对优势地位，城市其他用地类型完全由中心商务区的位置所决定。"向上的社会迁移"则用来描述美国城市居民的迁移过程,最初居住于城市中心旧屋区的居民随着经济状况的提高,逐渐迁移至城市周边的新兴住宅区。正是由于"竞争""统治地位""向上的社会迁移"等因素的共同作用导致城市中不同类型群体间类似不同物种"入侵(invasion)"与"演替(succession)"过程的形成。

麦肯锡认为城市区的发展与增长可以用五种生态过程加以解释,集中(concentration)——在某些特定的城市发展区人口有不断集聚的趋势;中心化(centralization)——人类活动基于各自的区位需求,商业、工作、教育、休闲活动相对聚集;隔离(segregation)——不同类型的城市居民群体组成相对独立的城市社区;入侵(invasion)——不同类型的城市居民群体居住区位相互更替的过程;演替(succession)——城市人口类型的完全改变。麦肯锡认为地理因素、经济因素、文化和技术因素以及政策因素是导致上述城市生态过程的最主要原因,其中地理因素主要包括气候、地形、自然资源条件等因素,经济因素则主要涉及城市工业类型及居民居住条件,文化技术因素则主要为普遍认可的文化道德传统对城市人口分布的影响,政策因素主要包括对城市人口分布影响较大的税收、移民等相关政策。

美国社会学家霍伊特(Homer Hoyt)、哈里斯(Marvin Harris)、乌尔曼(Edward Ullman)吸收了人类生态学研究的核心思想,通过实证研究提出城市空间结构的扇形模式和多核心模式,与伯吉斯的同心圆模型并称为城市空间结构三大经典模型,该时期1925~1945年间的以人类生态学为基础的城市社区空间结构研究统称为芝加哥学派。20世纪20年代美国芝加哥大学以帕克和沃克斯(Calvert Vaux)为首,借助生态学原理(竞争、淘汰、演替和优劣)进行城市研究,从社会学的角度研究城市空间结构。

1.1.1 同心圆模式(1925年)

城市发展的同心圆模式是较早的一种城市内部结构理论。伯吉斯的同心圆模式最早出现在帕克、伯吉斯、詹诺维茨(Morris Janowitz)共同发表的《城市:城市环境中人的行为调查建议》("The city:Suggestions for the Investigation of Human Behavior in the Urban Environment")文中。1925年,美国社会学家伯吉斯明确提出了同心圆模式（concentric-zone theory），借用生态学入侵—承继（invasion-succession）理论来描述芝加哥城市土地利用结构。伯吉斯认为，因功能用地的不同，城市围绕单一核心有规则地向外扩展，从而形成了同心圆式结构。伯吉斯生活在20世纪20年代，经历了芝加哥城市的飞速发展过程，他提出的假说认为，城市的发展是以中心商务区（CBD）为中心呈圆形向外扩展的。中心商务区位于内环中，对芝加哥来说即是"市中心"——高架轨道在城市的中心地区形成了一个环。环绕中心商务区的地区被伯吉斯依次称为过渡区、工人住宅区、住宅区及通勤区。城市（内部）空间结构以中心区为核心，自内向外由5个同心圆组成。

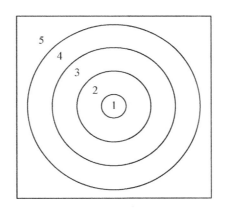

1. 中央商业事务区；2. 海外移民或贫民居住区；3. 低收入工人居住带；4. 中产阶级居住带；5. 通勤区

图 1-1　伯吉斯同心圆模式

资料来源：段进：《城市空间发展论（第二版）》，南京：江苏科学技术出版社，2006，第60页。

圈层1为CBD：CBD位置对城市其他用地空间分布起到决定性的作用，由于高地价CBD呈现高密度、集约化的用地特征，CBD核心区大量零售商店、办公楼、娱乐场、城市管理机构集聚于此，紧邻CBD的外围地区则分布有与之配套的仓库、旅馆、医疗服务设施和专门商店（画廊、古董店等）。圈层2为过渡圈层（transition zone）：该圈层介于CBD和蓝领工人居住区之间，用地类型以商业、居住混合利用为主，大量城市低收入人口居住在该区域出租类房屋、小型单元公寓、经济住宅中，城市贫民窟、少数族裔聚居区主要分布在过渡圈层。该圈层的土地持有者等待CBD能够扩展至该圈层以获利，因此该圈层充斥着较多的不确定性因素，商业用地扩张迅速改变原居住用地的性质，过渡圈层常常呈现衰退的趋势。圈层 3 蓝领工人居住区：该圈层较过渡圈层稳定，主要由城市工人所构成，同时也伴有一些少数族裔聚居区，家庭结构以无子女家庭为主，伯吉斯认为该圈层具有 CBD 区域不断向外围寻求扩张的类似趋势，主要源于蓝领工人迫于过渡圈层的压力，需要寻求更好的住房条件所导致的结果。圈层 4 为中等收入阶层居住区：该圈层主要依赖原居住在中心城区的本地居民搬迁形成，由于收入较高，因此拥有较好的居住条件和私人交通工具，居民工作地往往还在 CBD。圈层 5 为通勤居住区：由高收入家庭聚居的原有郊区社区、依托电车或铁路快速形成的新兴社区所组成。该区域的住房条件优越，为避免由于中等收入阶层居住区扩张，导致日益加剧的交通拥挤和社会异质性等问题，通勤居住区迅速在城市边缘发展。

伯吉斯的同心圆模型归纳了 19 世纪初美国城市发展的全新阶段特征，70 年代以前，美国主要大都市区仍然以混合型街区为主，商业、居住、工业用地混杂在一起，穷人/富人、海外移民/本地居民混居于同一街区。1871 年的芝加哥大火烧毁了城市中心近三分之一的建筑物，在芝加哥城市重建的过程中 19 世纪市场经济的因素起到决定性的作用，地产商在城市郊区大做投机买卖，新建内城工业区，适于车行的道路系统的构建、低成本工人住宅的新建，以上种种因素导致芝加哥的城市发展模式明显有别于美国其他传统城市的内部结构。伯吉斯认为当时芝加哥城市内部空间结构代表着未来美国城市发展的趋势，以此为基础提出同心圆模型。同心圆模式既具有空间性也具有时间性。随着时间的推移，环形区域将继续扩大，因为总有新移民取代目前居住于过渡区的居民填补他们迁出后留下的居住空缺。随着时间的流逝整个结构不断扩大，各个环状区域逐渐发展，向外侵占下一个环状区域。伯吉斯认为，这些变化发生的原因是芝加哥学派所主张的一般入侵和继承过程。

同心圆理论虽在一定程度上揭示了芝加哥城市扩张的内在机制和过程，但该模型在提出后不久，就受到诸多质疑。很多研究者认为，这只是一个理想模型，仅仅以芝加哥一个城市发展的实证研究为例，不能归纳出所有美国城市内部空间结构的特征，规模不同的美国城市不可能具备类似芝加哥完整的"五圈层"结构，该模型不具普遍适用性。该模型没有考虑各区之间的交叉和城市交通的作用，也没有考虑作为城市主要活力的工业活动布局及对城市土地利用的影响，此种模式对于单核心城市有一定的参考意义。该模型与许多现实中的城市不相符合，仅仅简单地考虑了影响城市地域结构的因素，而且对交通、对城市社会经济活动的引导作用未作考虑。城市社会学者认为，伯吉斯作为社会学家过分强调城市居住空间分异单一因素对城市空间结构的形成，而忽视了其他城市活动如制造业、零售业对城市空间结构形成的影响。

1.1.2 扇形模式(1939 年)

霍伊特的扇形模式是第二种有助于我们理解城市发展空间特性的理论。霍伊特于 1934 年以美国芝加哥、纽约等著名城市及部分中小城市(64 个)进行住宅区分析，并以此为基础，在为美国房屋管理局编写的《美国城市居住社区的结构与发展》("The Structure and Growth of Residential Neighborhoods in American Cities")一文中提出了扇形模式理论。他在其模型中加入两个新元素：其一，土地价格和租金的影响；其二，城市发展模式中主要交通路线的影响。他指出，城市中心内土地竞争使地价升高，只有商业才能负担得起土地费用，因此形成 CBD。他认为土地价格和租金从城市中心逐渐沿主要交通路线向外下降。在其模式中，城市布局的职能区划已经初见雏形。

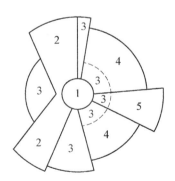

1. 中心商业区；2. 批发及轻工业；3. 低租金住宅区；4. 中级住宅区；5. 高级住宅区

图 1-2　霍伊特扇形模式

资料来源：段进：《城市空间发展论(第二版)》，南京：江苏科学技术出版社，2006，第 60 页。

扇形模型是关于城市居住区土地利用的模式，其中心论点是城市住宅区由市中心沿交通线向外作扇形辐射。霍伊特自 1934 年起收集了美国 64 个中心城市房租资料，后又补充了纽约、芝加哥、底特律、华盛顿、费城等大城市资料，画出了平均租金图。霍伊特的模式认为，城市的发展是由市中心向外呈楔形或扇形而非呈同心圆环形向外扩展的；因此，市区住宅的发展是沿轴向进行的，沿着街道和其他主要交通路线向外进行放射状发展。霍伊特认为，高收入家庭是发展的引擎，他们最先占取一个新兴城市中最好的地段，通常会远离工业活动区域，而且往往位于自然景观较好的区位。在扇形模式中，这些高租金地区从市中心呈楔形沿轴线向外发展。中等租金地区占用毗邻高租金地区左右的位置，而低租金地区则沿着楔形与高租金地区呈相反的方向延伸，通常与工业区同步发展。高收入家庭在城市空间拓展中发挥着最重要的作用，这种理念与伯吉斯的观点形成鲜明的对比，后者认为位于过渡区低收入家庭的入侵和继承过程是城市发展和变化的驱动力。该理论利用租金的高低来表征城市住房质量，以此来证明城市由中心到郊区呈扇形发展，即居住用地趋向于沿主要交通干线及自然障碍最少的方向拓展。将整个城市抽象为一个单核心的圆形，由中心向外围，城市交通线路呈放射状分布态势。伴随人口数量的增加，整个城市将沿交通线路向外扩展，具有相同使用方式的土地，从中心向外围呈轴状逐渐向外扩展和延伸，以形成扇形结构。

霍伊特研究的主要结论如下：(1)最高租金(或价格)区域位于城市某个方向的一个或多个特定的区域。虽然有一些高租金地区从城市中心不断向外扩展，但大部分高租金地区通常位于城市的周边区域；(2)高租金地区通常呈楔形布局，在某些区域沿径向线由内向外从城市中心向城市周边扩展；(3)中等租金地区往往位于高租金地区的两侧；(4)一些城市拥有大面积的中等租金住房，这些住房往往位于低租金区域和高租金区域的周边地区；(5)所有城市都拥有低租金地区，低租金地区通常位于高租金地区的相反方向，通常属于较偏远的地区。

当代城市设计的一些理论继续借鉴了霍伊特的发现。举例来说，澳大利亚教授罗博·亚当斯(Rob Adams)根据自己1970年和1980年对20个大城市进行调查收集的数据，延长了持续观察的记录。明尼苏达州双城的建设者将新的项目建设集中在郊区，设置了"发展空置链"(motion vacancy chain)，亚当斯认为其建设者促使了扇形的发展。住户迁往新的地址并留下空缺，一个空置链就这样产生了。亚当斯证明了区域中产生了空置链，至少在明尼阿波利斯的房屋市场上产生了空置链。在一个区域，特别是在 B 区域，由于在郊区兴建了新的高价位房屋，所以 B 区域的相对市场价值在下降。插图中的数字显示了 B 区域 1980 年房屋价格排名相比 1970 年的下降情况。假设的前提是，许多家庭从靠近城市中心的区域相继搬出，搬往城市的外沿地区，通常沿着相同的交通走廊。这种集体搬迁可能会导致靠近城市中心区域住房的市场价值出现整体下降的情况，因为财富也会随着人们的搬迁而迁往城市的郊区。将区域内日渐破败的市区改造成为良好的中产阶级居住区，可以抵消这些下降的市场价值。扇形模式的延续继续体现在人们的日常行为中，这在芝加哥进一步得到了证明。2000 年进行的调查表明，芝加哥的社区使用公共交通出行的人数占到了很高的比例，这意味着人们对通勤铁路线的选择具有很强的倾向性。生活在接近通勤路线，特别是火车站附近的区域，是方便使用这些线路的最好选择。这种通达性所产生的吸引力，是导致这些线路附近高密度和高土地价值的原因，所有这些现象都加强了城市发展的扇形模式趋势，这一点霍伊特已在其提出的理论中予以明确。"临停接送区"（Kiss and Ride）——停车场往往位于火车站附近的区域，导致高峰交通时刻更大的区域人员流动量。

　　1920 至 1930 年代伯吉斯的同心圆模型提出后，尽管遭到诸多质疑，霍伊特却是唯一提出不同于同心圆模型的学者。扇形模型较同心圆模型最大的不同在于，霍伊特认为基于大量美国城市的实证研究将比单一城市的研究结果更有说服力。第二，与同心圆模型仅考虑 CBD 对城市发展的重要性相比，扇形模型除了考虑到 CBD 外，高租金区对城市发展的影响也被纳入模型中。由于两个模型均以城市人口居住分异为研究对象，而 CBD 主要为商业用地，因此结合高级住宅区为城市增长核心的考量更为直接，也更加合理。第三，从空间格局上看，扇形模型主要以面积不等的扇形结构为主，较同心圆模型而言，更加符合现代城市"破碎的马赛克"结构的发展趋势。加之 20 世纪 30 年代正是美国工业化大发展时期，家用汽车、有轨电车、城市铁路等交通工具在城市大量普及，考虑到交通因素对美国城市的巨大影响并以海量城市住房数据为基础，克服了同心圆模型研究的缺陷，得到众多城市研究者的认可。扇形理论较同心圆模型更为切合城市地域变化的实际，同心圆模式和扇形模式理论属于单核结构模式，单核结构出现在较年轻的城市或者中央商务区的初期，表现为商务办公建筑高层化，商务空间高度集中。但扇形模式理论没有把商业和工业用地功能放在主要地位，因此，这一理论适合反映居住区的发展趋势。

1.1.3　多核心模式（1945 年）

同心圆模型与扇形模型均强调单一中心 CBD 对城市形态的作用，随着北美城市发展不断分散，城市扩展已逐渐摆脱了对城市 CBD 的依赖。1945 年美国学者麦肯齐首先提出了多核理论，因两位地理学家哈里斯和乌尔曼进行深入研究而闻名。哈里斯和乌尔曼研究了各类城市的地域结构，认为城市中心的多元化和城市地域结构的差异是由四个过程作用而成：1）各种行业以自身利益为目标的区位过程；2）产生聚积效应的过程；3）各行业利益化对比而发生的分离；4）地价和房租对行业区位的作用。多核理论提出一个城市有许多中心，且在现存核内会发展出新的功能中心和亚核。

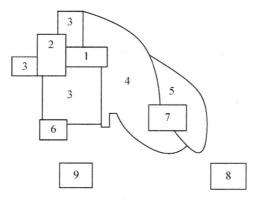

1. 中心商业区；2. 批发与轻工业区；3. 低收入住宅区；4. 中收入住宅区；5. 高收入住宅区；6. 重工业区；7. 卫星商业区；8. 近郊住宅区；9. 近郊工业区

图 1－3　哈里斯、乌尔曼多核心模式

资料来源：段进，《城市空间发展论（第二版）》，南京：江苏科学技术出版社，2006，第 60 页。

哈里斯和乌尔曼主张城市的发展是多个不同功能核心平行发展的结果。城市商业中心 CBD 已不能单独作为城市发展的最主要"引擎"；城市郊区新兴居民点的不断聚集，扩大了城市原有居住区面积并在城市周边形成新的以居住功能为主的核心；新兴工业区不断在交通条件较好的码头，甚至在原有城市中心衰退的居住区形成。换言之，城市的发展不再完全依赖单一中心，而是呈现多个具备不同城市功能，且相互不联系的核心的发展。哈里斯和乌尔曼通过研究不同的地域结构类型，发现现实的城市里常存在着两个以上的市中心，或者在一个市中心以外还有几处副中心。它们或是由两个以上不同起源的城市扩展合并而成，或是由于城市自身扩展后市中心机能转而分散到另外一些市中心或副市中心所致。以这些中心为核心向外扩展，建立各自完整的生活设施及服务系统，从而形成多个相对独立、具有专业化特点的功能区（中心），即多中心的城市空间地域结构。除中心商区外，商业街、大学、港口、工厂等均可以成为副中心，城市的发展要依靠多个中心的发展。

"多核心模型"的提出以当时北美城市规划的基本准则为基础。第一，某些特定的城市功能需要与之相配套的城市基础设施。如：工厂需要较好的交通区位；居住区必须配以大面积的开敞空间。第二，某些城市活动基于自身利益最大化的考虑会自发产生集聚，如银行、二手车市场以及珠宝首饰商店等商业企业。第三，某些城市活动则相互排斥，如城市工业区与高档社区、贫民窟与高档零售品商场。第四，某些城市活动若支付高额的地租则很难获利，因此主动寻求城市低租金区位。如汽车零售业区位既需要低租金、大面积的展示区，还必须交通方便，城市边缘高速公路出口即成为其首选。鉴于上述城市用地原则，城市行政中心、大学、公共交通转运点，甚至高速公路出口，都能依托自身特点形成城市亚中心。城市办公区和零售业中心周边一般形成中产阶级聚居区；而城市工业区周边则主要吸引大量蓝领工人居住。

哈里斯和乌尔曼认为：简单的多核心模型不能完全概括所有的北美城市空间结构。规模较大的其主要核心的数量和种类多，该类城市"次核心"往往由多个商业中心、行政中心、制造业中心、零售业中心等独立功能的中心所组成；而规模较小的则由一至三个数量不等的综合功能为主的城市"次中心"所构成。由于人口规模的局限，单一功能的城市次级中心在小城镇很难形成。与同心圆模型与扇形模型相比，多核心模型更多地考虑到当时北美城市发展的郊区化、分散化的趋势，并结合北美城市规划、城市交通等多种因素综合提出的模型，避免了其他两个模型单一因素决定论的缺陷（同心圆模型完全基于居住分异，扇形模型完全基于城市地租）。但由于所包括的社会、经济因素过于琐碎，哈里斯和乌尔曼很难寻找到一种简单明了的机制对多核心模型的成因加以阐释。多核心模型尽管存在一些瑕疵，但它克服了同心圆模型和扇形模型的缺陷，被大多数城市地理学者所认可。美国著名城市地理学者诺克斯（Paul Knox）认为，"多核心模型"是美国当代大都市蔓延时期"生产的空间""边缘城市"等相关概念的雏形。

1.1.4　三大古典城市空间结构理论意义与局限

同心圆模式、扇形模式及多核心模式被称为城市空间的三大古典理论（模式），对城市地域的划分属于简单的城郊二分法。其中，同心圆理论的基本原理是城市移民的同化过程，其注重的是城市化因素；扇形模式理论焦点为不同地价住宅区之发展，其注重的是社会经济地位；多核心模式则强调的是各种不同群体经济活动的城市空间区域内的次地区的发展。上述三种模式并非对立，扇形模式和多核心模式以同心圆模式为基础。没有哪种模式能够很好地适用于所有城市。不同城市可能具有不同的模式（原理）。三种原理也可能同时起作用，即使是同一城市在不同的发展阶段其原理也可能会不同。

第一，人类社会生态学方法的引入为城市社会学研究开辟了一个崭新的领域，但芝加哥学派更多的是将生态学中的相关概念直接加以应用，解释城市内部空间结构的形成。温度、湿度、光照、植被等指标能够全面地概括相对简单、同质的"自然区"的特征，但采用类似的方法研究复杂的城市社会空间结构则过于简单，仅以城市居住、土地用途等个别的空间指标想要描述复杂的城市内部空间结构，无异于"盲人摸象"。费里（Walter Firey）考察波士顿三个主要城市区域，紧邻城市中心的笔架山（Beacon Hill）地区并没有出现三大经典模型所预期的社区衰退，不同群体间的"入侵""演替"过程也没有发生，这主要与该地区近半个世纪所延续的美学、历史、文化及家庭传统有着密不可分的关系。尽管迫于商业压力，然而波士顿中央商务区中的很多殖民时期的墓地、教堂仍被长期保护，北端这一典型的破败的城市贫民窟，由于分布有大量第一代意大利移民，家庭收入不高但该地区犯罪率较低，与芝加哥学派所描述的类似地区大相径庭。费里由此得出结论，城市居民的情感因素和价值观能够抵消芝加哥学派认为的"竞争"等狭隘的生态因素对城市发展的影响，城市文化、地区传统等因素也理应被纳入城市社会生态过程的范畴中。

第二，三大城市空间结构模型的总结和归纳均立足于实证研究。同心圆模型源自 20 世纪初的芝加哥实证研究。扇形模型基于 19 世纪 30 年代的多个北美城市住房租金数据。多核心模型则是以 40 年代北美城市空间结构特征所抽象出的结构模型，具有明显的"空间"和"时间"的特殊性。但几位作者都试图用最为简洁的抽象模型对不同类型的复杂的城市内部空间结构加以概括和总结，实证归纳方法自身的缺陷限制了三大经典模型应用的范畴。

第三，由于计量手段，尤其空间统计方法上的欠缺，三大模型主要采用定性描述和简单的统计方法，在指标选取、实地调研等环节受研究者主观意志和研究立场的影响大，导致其分析结果的客观性和科学性受到质疑，众多实证案例研究的结果也缺乏客观比较的基础。

由于上述局限因素，导致芝加哥学派三大经典模型在提出之后的后续研究较少开展，芝加哥学派城市研究也于 19 世纪四五十年代陷入发展的低谷，直到 1949 年谢夫基（Eshref Shevky）和威廉姆斯（Marilyn Williams）利用社会区分手段分析洛杉矶城市社会空间结构研究，以及 1955 年谢夫基和贝尔（Wendell Bell）的旧金山湾区的社会空间结构研究，才宣告芝加哥学派城市研究得以复苏。西方学术界一般以社区分析统计技术在城市社会空间结构中的应用作为新旧芝加哥学派研究的分界点，1955 年以后运用社区分析等多元空间统计来研究城市社会空间结构的西方城市案例研究，通常被归于新芝加哥城市生态学派，大多在此之前运用实地调研、描述的定性方法的城市社会空间结构研究，被归于旧芝加哥城市生态学派或传统芝加哥城市生态学派。

1.2　区位理论

区位是指人类活动所占据的场所在城市中所处的空间位置，以及其与外部的空间联系和所具有的社会经济意义。区位回答了"在什么地方(位置)""与外部有什么联系""对社会经济发展有什么影响和作用"三个问题。在我国,"区位"一词传统上常用"配置""布局"等词表示,如"工业配置""农业布局"等。自然事物不存在区位问题,区位专指人类布局或设计的事物。区位与人的知识、素质、经验、行为偏好有密切关系。

表 1-1 四大区位理论

区位理论	年份	创立人	代表作	原则	关键词
农业区位论	1826	杜能	《孤立国同农业和国民经济之关系》	地租最大	孤立国、地租、运费、杜能圈
工业区位论	1909	韦伯	《工业区位论》	费用最小	区位因子、阶段、原料、临界
中心地理论	1933	克里斯泰勒	《德国南部的中心地原理》	市场、交通及行政原则	中心地、中心性、货物供应范围、中心地等级
市场区位论	1940	廖什	《区位经济学》	利润最大	需求、价格、需求圆锥体、六边形市场区域结构

区位论即关于区位的理论,也称区位经济学、地理区位论,是研究人类活动的空间选择及空间内人类活动的组合的学问,主要探索人类活动的一般空间法则。从地理空间角度揭示了人类社会经济活动的空间分布规律,揭示了各区位因素在地理空间形成发展中的作用机制。传统的区位理论主要集中于德国学者,有 1826 年杜能(Johann Heinrich Von Thunen)的农业区位论,1909 年韦伯(Alfred Weber)的工业区位论,1933 年克里斯泰勒(Walter Christaller)的中心地理论,1935 年帕兰德(Tord Folkeson Palander)和 1940 年廖什(August Losch)的市场区位论,1948 年胡佛(Edgar Malone Hoover)提出的运输区位论。

1.2.1 农业区位论(1826 年)

杜能所提出的农业区位模型认为,人文因素是影响农业分布最典型的因素。1826 年,他发表了《孤立国同农业和国民经济的关系》(*Der Isolierte Staat in Be zi hung auf Landwirtschaft und Nationalokonomie*）一书。在这一名著中，他提出当时条件下农业合理布局的模型，即"杜能环"的农业区位理论。他在该理论中假定：一个大平原中央有一个城市，它与周围农业地带组成一个孤立的地区。在其区域内自然条件到处一样，宜于作物与植物的生长。在孤立地区内，除马车作为运输产品的唯一手段外，别无其他运输手段，农产品单位距离的运费到处都是一个标准。中心城市是区域内唯一的农产品销售市场，也是工业品的唯一供应地。区域内平原上均匀地分布着具有同等技术条件的农民，他们根据市场的价格、劳动者工资及资本的利息固定不变，运输费用与所运输的产品的重量和距离成正比。这样，不同地点与中心城市的距离远近所产生的运费差，决定距中心城市不同距离内农产品纯收益的大小。一定地方所选定生产的农产品，应当是获得最高收益的那种产品。随着与该中心城市距离的增加，运费增高，该农产品纯收益就下降。超出一定距离后，该农产品就让位于比它收益高的其他农产品；于是，农民就调整其生产方向，使土地利用类型发生变化。按当时的农业生产条件，将形成以中心城市为中心，呈同心圆状，由内向外分布的六个农业圈。

第一圈：农业自由带，其距市场最近，主要生产易腐难运的农产品，如鲜奶和蔬菜。第二圈：林业带，主要生产木材，是供应城市体积大、不宜远运的燃料带。第三圈：作物轮作带，该带内作物每六年轮回一次。六年中有两年种稞麦，余下四年种土豆、大麦、苜蓿和野豌豆各一年，这样，中间就不需要有休闲地。第四圈：谷草轮作带，谷物、牧草和休闲地轮作，每七年轮回一次。第五圈：三圃轮作带，每年有 1/3 的土地休闲。此外种燕麦及稞麦，三年一个轮回。第六圈：畜牧带，生产牧草，放养牲畜，实行粗

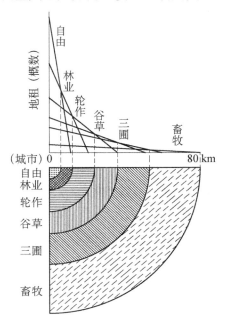

图 1-4 杜能农业区位论

资料来源：李芹芳、任召霞主编：《经济地理学》，武汉：武汉大学出版社，2010，第 55 页。

放式经营。在该圈以外就是未耕的荒野。

　　与大部分城市相比，在杜能时代，为城市提供木材和燃料的第二圈森林带已不存在。这反映进入工业社会后一切都已发生了变化。当然，在现实中，也有些城镇仍然处在前工业社会时期。地理学家霍尔瓦思于 1969 年对埃塞俄比亚的首都亚的斯亚贝巴进行的研究发现，尽管当地的种族和环境与欧洲不同，但是亚的斯亚贝巴周围的情况与杜能的农业区位论有明显的一致性。特别是城市的建设，其周围是一圈油加利树所构成的比较宽阔且彼此相连的林带，其位置与作用与《孤立国》一书提到的森林带相似：第一圈，市场园艺业与栏饲业地带；第二圈，乳畜业地带；第三圈，混合农业地带；第四圈，商业谷物业地带；第五圈，大牧场业地带；第六圈，非农业地带。这种修改后的模型不仅可以用于城市为中心的周围地区，而且也可以运用于较大规模的地区，如区域级的、国际级的模式。从大洲与全球范围的宏观上来看，杜能模型中围绕中心城市的土地利用分带现象也是明显的。例如，对欧洲 30 年代的农业生产进行分析时，有人定小麦、黑麦、燕麦、玉米、土豆、甜菜与牧草八种作物为基础的平均产量的指数为 100，则英国东南、比利时、荷兰与丹麦为中心的地区指数为 150 以上，法国南部、意大利北部、波兰中部、瑞典南部、英国西部与北部这一圈的指数为 100 左右，而地中海各国、苏联西部、瑞典中部以北的指数为 70 左右。这充分说明土地利用的集约程度是从中心地向外逐渐下降的。如果以西欧与美国东北部作为一个"孤立国"的"中心城市"，可以看到乳品业与牲畜育肥业带紧靠"城市"，向外为谷物业带，再往外是分布在美国西部、亚非干旱地区的畜牧业带。当然，世界，甚至一个地区并不是杜能所假定的只有一个中心城市的封闭地区，也不是自然条件与人文因素所均匀分布的平原地带，特别是随着各种技术的迅速发展，使得农业生产的分布发生着很大变化。例如，阿根廷的牛肉生产，早期由于肉类易于在运输中腐烂变质而受到限制，但是在长距离运输的冷藏船出现以后，就使阿根廷的牛肉生产走向国际市场，在世界上占有了重要地位。

1.2.2　中心地理论(1933 年)

　　实践证明，中心地理论不仅促进了理论地理学的发展，而且对城市的政治、经济、文化、规划、公共设施管理与布局等领域具有比较突出的理论指导意义，克里斯泰勒也因此被誉为"理论地理学之父"。1933 年克里斯泰勒在其著作《南德国南部中心地原理》(Die Zentralen Orte in Süddeutschland)中，系统阐明了中心地数量、规模和分布模式，建立了中心地理论，又称"中心地学说"，是研究城市空间组织和布局时，探索最优化城镇体系的一种城市区位理论。

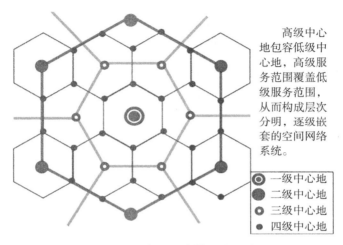

高级中心地包容低级中心地，高级服务范围覆盖低级服务范围，从而构成层次分明，逐级嵌套的空间网络系统。

◎ 一级中心地
● 二级中心地
○ 三级中心地
• 四级中心地

图 1-5　克里斯泰勒心地理论

资料来源：高敏：《城市进化论：从城市副中心到副中心城市》，北京：中国发展出版社，2018，第 8 页。

在一系列假设条件的基础上，提出了中心地的概念、等级性、中心性及服务范围。该理论认为，区域有中心，中心有等级。区域集聚的结果是中心地出现。服务是城市(中心地)的基本职能，服务业处在中心地的不同地段。中心地的重要性不同，高级中心地提供大量的和高级的商品和服务，而低级中心地只能提供少量的、低级的商品和服务。由于中心性商品和服务依其特性可以分成若干档次，因而城市可按其提供的商品和服务的档次划分为若干等级，各城市之间构成一个有规则的层次关系。该理论认为，同类中心地间的距离相等，服务范围是同一半径的圆形区域。其中任何一个中心地都有六个同级中心地与之相邻接，以紧密相切的圆形均质分布。圆与圆之间出现的空白区域得不到同级中心地提供的服务，按照趋向最近中心购物地的原则，两个中心地相互竞争的结果是，重叠区内的消费者以重叠区的中心线为界分别被最近的中心地所吸引，由此各中心地彻底瓜分相切的部分进而形成无空白的六角形蜂窝状结构。各六边形的相接点为距离已有中心地的最远点，是接受服务最弱的地点。次一级中心地就在此点产生，依此类推，中心地可分为若干等级。

中心地体系包括：中心地的数目、互补区域（即中心地所服务的地区）的数目、互补区域的半径、互补区域的面积、提供中心的财货种类及其数量、中心地的标准人口数、互补区域的标准人口数等。中心地有等级、层次之分，中心地的等级性表现为每个高级的中心地四周有几个中级的中心地和更多的低级中心地，不同等级的中心地提供不同档次的货物和服务，居民的日常生活用品低级中心地基本可以满足，但高档次的商品和服务则需中级甚至高级中心地才能满足，较高级的中心地具备低级所有等级中心地的职能。在一定区域内，中心地在职能、规模和空间形态分布上具有一定的规律性，中心地空间分布形态会受市场、交通和行政三个原则的影响而形成不同的系统：（1）市场原则（k＝3 系统）是纯市场力量作用下的中心地等级排列体系，各级中心地与其中心职能相对应。高一级中心地位于市场中央，6 个低一级的中心地分布于六边形市场区的 6 个角，高一级中心地市场区面积是低一级市场区面积的 3 倍。k＝3 系统中，市场区系列为 1，3，9，27，81，……；中心地系列为 1，2，6，18，54，……。（2）交通原则（k＝4 系统）是一种在交通因素制约下的中心地等级体系。认为各级中心地应位于高一级中心地之间的交通线上。高一级中心地市场区面积为低一级市场区的 4 倍，k＝4 系统中，市场区系列为 1，4，16，64，……；中心地系列为 1，3，12，48，……；（3）行政原则（k＝7 系统）更多的适用于行政中心地（如城镇体系）空间结构的分析。高一级市场区为低一级市场区的 7 倍。k＝7 系统中，市场区系列为 1，7，49，343，……；中心地系列为 1，6，42，294，……。市场原则是上述三种原则的基础，而交通原则及行政原则可看作在市场原则基础上的修改。

在市场原则支配下，一个高级中心地不仅吸引自己中心地的商服活动，而且还支配相邻 6 个低级中心地中 1/3 的中心地的商服活动。各等级中心地的市场地域范围呈 3 的倍数关系，表现为 1-3-9……的数列，又成为 k＝3 的中心地系统。较高级别中心地之间的距离是下一级中心地之间距离的 $\sqrt{3}$ 倍。在交通原则支配下，一个有效率的中心地体系是指在交通线合理布置的前提下形成的中心地体系，交通干线联系尽可能多的中心地。较低级的中心地就在两个高级中心之间的中点发展起来，导致了 k＝4 的空间结构。6 个低级中心地位于高一级中心地市场区 6 条边的中点，低级中心地的市场区分属于两个相邻的高一级的市场区。高级中心地的市场区面积是低一级市场区面积的 4 倍，不同等级中心地之间的距离以 2 倍增加。在行政原则支配下，为了便于行政管理，不把低级行政区域分隔开，使其完整地属于一个中心地的控制，即每一个高级的中心地完全控制 6 个低一级的中心地，包括自己一共 7 个，就导致了 k＝7 的空间结构。高级中心地的市场区面积是低一级市场区面积的 7 倍，不同等级中心地之间的距离以 7 倍递增。

1.2.3　区位理论意义与局限

20 世纪 50 年代以来，现代区位理论逐渐兴起，出现了新气象：（1）在注重探讨产业区位的同时，逐渐扩展到公共设施区位、住宅区位等领域，其中居住选址已成为现实生活中最为普遍关心的问题；（2）在结构主义方法论的指导下，现代区位论不仅仅是就区位而论区位，而是从空间结构的角度审视区位，由宏观的城市内外部空间结构、产业及公共空间自身的空间结构确定具体事物的微区位及影响因素；（3）现代区位论不仅追求经营者的经济利益，而且坚固其服务对象的效用及环境、社会效益，更符合经济规律。传统区位论产生于 19 世纪中叶至 20 世纪中叶的百余年间，主要是由经济学家提出的。整体上存在以下缺陷：（1）仅从经营者的角度考虑问题，忽视消费者（服务对象）的效用以及社会效益；（2）分析问题的基本点都是空间距离关系，距离因子在其中起主导作用；（3）都有一系列假设条件，把空间看成是均质的点线面要素，虽然可以集中于某个或某几个因子而排除其他因素的干扰，但同时也忽略了外部自然和社会环境，以及人类内在心理和现实行为因素；（4）大都停留在宏观尺度上，可操作性较差；（5）都是基于经济学理论提出的，对于（准）公共物品的区位问题没有进行探讨。

1.3　现代城市内部地域结构模式

二战后，世界经济的发展进入了一个新的阶段，城市快速发展，城区与其周边地区之间的相互依存关系日渐深化，城区从周围地区获取食品和工业所需原料的同时，又向其提供工业产品及娱乐、购物场所。两者之间的关系已从简单的依附关系演化成一个城市地域系统，传统的城郊二分法已经不能准确地反映现代城市地域（空间）结构特征，并开始探索城区—边缘区—影响区三分法。

1.3.1　三地带理论(1947年)

1947年，英国城市地理学家 R. 迪金森(Robert Dikinson)在同心圆理论的基础上提出了三地带理论，开创了城市中间地带（边缘区）理论之先河。由内向外，他将城市地域结构依次划分为中央地带→中间地带→郊区（外缘）地带。1954年埃里克森(E. G. Eriksen)综合了同心圆、扇形及多核心三种理论，提出折中理论，他将城市土地利用简化为商业、工业和住宅三大类，CBD由市中心向外成放射状延伸，放射线之间填充着居住区，工业区包围了市区外缘。该城市地域结构模式与西方工业城市的空间结构较为接近。

1.3.2　城市地域理想结构模式(1963年)

1963年，塔弗(E. J. Taaffe)、加纳(B. J. Garner)、蒂托斯(M. H. Teatos)提出城市地域理想结构模式，将城市地域划分为CBD、中心边缘区、中间带、外缘带和近郊区五个部分，并首次把交通干线尤其是高速公路对城市空间结构的影响纳入考察视阈。

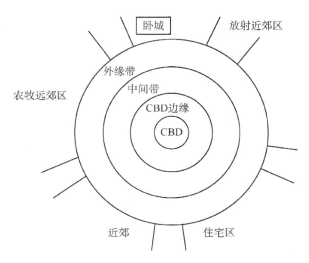

图1-6　城市地域理想结构模式

资料来源：荣玥芳，高春凤：《城市社会学》，武汉：华中科技大学出版社，2012，第180页。

1.3.3　区域城市结构模式(1975年)

1975年洛斯乌姆(L. H. Russwurm)发现，在城市地区和乡村腹地之间存

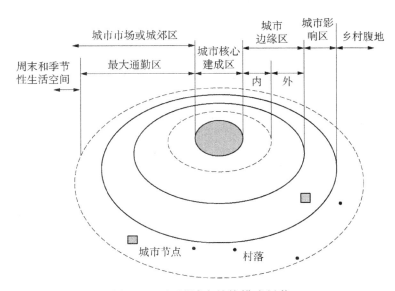

图1-7　区域城市结构模式村落

资料来源：荣玥芳，高春凤：《城市社会学》，武汉：华中科技大学出版社，2012，第181页。

在一个连续的统一体，这个统一体被称为区域城市。由此将区域城市结构由外向内划分为乡村腹地、城市影响区、城市边缘区、城市核心区。洛斯乌姆总结各区域的特点为：（1）城市核心区——这一地区没有农业用地；（2）城市边缘区——这一地区土地利用已处于农村转变为城市的高级阶段，是城市发展指向性因素中集中渗透的地带；（3）城市影响区——这一地区是指城市对其周围地区的投资区位选择、市场分配、产品流通、技术转让、产业扩散等多种经济因素共同作用所波及的最大地域范围；（4）乡村腹地——这一地区由一系列乡村组成，它们受周围多个城市中心的作用，与城市没有明显的内在联系。

1.3.4 大都市结构模式（1981年）

1981年穆勒（Muller）通过对日益郊区化的大都市地区进行研究，发现地处郊区的小城市是城市扩展的新因素。穆勒运用城市地域概念，对多核心理论进行了扩展，构建了大都市空间结构模式。将大都市地域可划分为衰落的中心城区、内郊区、外郊区和城市边缘区四个部分。认为在大都市地区，除了衰落的中心城区外，在外郊区正在形成若干小城区，中心城市与小城区之间存在特定的组合方式（结构），共同构成了大都市地区。

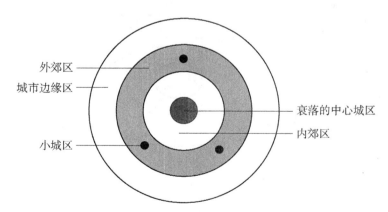

图1-8 穆勒大都市空间结构模式

资料来源：荣玥芳，高春凤：《城市社会学》，武汉：华中科技大学出版社，2012，第182页。

1.4 城市规划理论

1.4.1 田园城市规划理论(1898)

1898 年，英国社会学家霍华德(Ebenezer Howard)提出了田园城市理论，其在城市规划历史上具有重要地位。该理论主张在大城市周围建设一系列田园城市，来解决大城市的拥堵和卫生问题。这些田园城市具有理想社会的社会形态(土地公有、公民自治、自给自足)和城市形态(就业与生活设施平衡，限制规模，低密度)。主张通过控制人口数量规模、居住空间密度等措施以限制城市的扩张及膨胀，并通过规划建设充足的娱乐场所空间、公共服务设施、公园及保留大量的绿地以创建优美的环境，从而实现乡村与城市的完美结合。花园城市应有以下六个基本要素：(1)严格限制人口；(2)绿地散置在城内各地便于

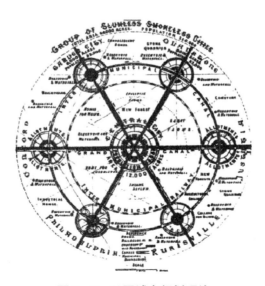

图 1-9　田园城市规划理论

资料来源：埃比尼泽·霍华德著，金经元译：《明日的田园城市》，北京：商务印书馆，2010。

人们接近；（3）绿地和绿化带不容侵占；（4）城市工业的多样性；（5）城市设计必须适合土地特征；（6）城市的用地必须由发展公司掌握。

霍华德提出一个"田园城市"的具体方案：花园城市人口3万人左右，占地400公顷，城市周围是2 000公顷的绿地或农村，由农场、露天牧场和公共用地等组成：1)城市中心城区呈同心圆布局，中心布置花园，环绕花园的是公共建筑，包括市政厅、音乐厅、剧院、图书馆、医院等，其外面是一圈占地58公顷的公园，外围是商店、商品展览等服务设施；2)外面是住宅和林荫大道，其中设置学校和教堂。

1.4.2　功能主义规划理论(1933)

法国著名建筑大师勒·科尔比西耶(Le Corbusier)提出了功能理性主义城市规划思想，反对霍华德分散主义城市规划思想，在城市空间结构上倡导"集中主义城市"。其核心规划思想是：通过全面改造城市地区尤其是提高市中心的密度来改善交通，提供充足的绿地、空间和阳光，以形成新的城市发展概念。其空间规划的出发点和原则为：城市必须是集中的，只有集中的城市才有生命力。

1933年，国际现代建筑会议(CIAM)第四次会议通过由科尔比西耶起草的《雅典宪章》，根据城市活动对城市土地使用进行区分，提出了功能主义城市规划思想，并将城市空间功能划分为居住、工作、游憩和交通四大基本类型，城市规划的主要任务就是让各功能分区处于平衡状态，建立最适合其发展的条件。按照城市用地(活动)的功能进行分区并组织建设，从整体上改变了工业化以来城市用地空间布局的无序状态。二战后，《雅典宪章》成为世界各国城市规划与建设的基本指南。直到现在，功能分区思想仍对各国城市尤其是处于工业化进程的发展中国家城市建设具有典型指导意义。

但《雅典宪章》否认了人类活动所需要的连续和流动的空间之事实，其过于简单的分区思想，使它成为有纪律和技术美的居住机器和机械社会。它对于城市空间的认识仅仅停留在所谓的物质层面，对各类社会现象的丰富多彩性视而不见，将城市规划的大尺度等同于建筑学的小尺度，认为城市规划是扩大了的建筑学，是家具的放大。"非此即彼""黑白分明"的这种过分理性，反而导致城市规划与城市现实相脱离。

1.4.3 分散主义规划理论(1942 年)

20 世纪初期芬兰建筑师埃列尔·萨里宁(Eliel Saarinen)提出了有机疏散理论，主张将传统大城市的形态在合适的区域范围分解成为若干个集中的单元，并把这些单元组织成在活动上相互关联的有功能的集中点，它们彼此之间用保护性绿化带隔离开来。萨里宁认为虽然采用卫星城的模式在解决大城市出现的问题时具有一定的效果，通过另建新城来解决问题并非唯一的途径，还可以采取城市的有机疏散及布局重构等途径加以实现。使原来密集的城市得以健康疏散的方式有两种："对日常活动进行功能性集中"和"对集中点进行有机分散"。萨里宁的有机疏散理论既不主张城市功能的过度聚集，也不赞成城市连绵扩张，而是提倡通过功能组织重新分化，使高度集中的单中心变成一个个相对独立、功能相对完整的组团结构，是城市分散主义和集中主义的折中。该理论对二战后欧美各国改善大城市功能与空间起到了重要指导作用。斯坦因提出的"区域城市理论"和赖特提出的"广亩城市理论"等都延续了分散主义城市规划思想。

1977 年国际建筑师协会(IUA)在秘鲁制定了《马丘比丘宪章》，主张人类活动并非理性主义和功能主义能够覆盖，强调了世界的复杂性。与《雅典宪章》相比，《马丘比丘宪章》摒弃了宣扬社会文化论的基本思想、物质空间决定论和机械主义的思想基石，认为城市中各类人群的文化、社会交往模式和政治结构是影响城市生活的主要决定因素，而城市物质空间仅是其中的一个变量。它将城市规划由单纯的物质空间规划转向经济、社会发展向支撑的综合空间规划，特别强调了城市居民之间的相互关系对城市发展和规划的重要作用。提出了混合功能区的思想，运用系统论思想和方法，将城市看作始终处于发展变化的动态结构体系，将城市规划由功能分割转向系统综合。主张城市规划是建立在政府管理者、各专业规划人员和城市居民之间的相互配合和协作的基础上的，将城市规划由对专家意志的表达转向对公众参与的鼓励。

1.5 区域空间结构理论

1.5.1 有机疏散理论(1918 年)

1918 年萨里宁提出了基于有机疏散原则的大赫尔辛基方案,他主张城市是一个有机体,是和生命有机体的内部秩序一致的,不能听其自然凝成一块,而要把城市人口和工作岗位分散到可供合理发展的、离开市中心的地域。另外,二战后,卫星城理论进一步发展,相继产生了完全独立的卫星城,它们功能完整,以更大的魅力吸引了开发地区人们的注意。结果是小城市膨胀,甚至与母城连成片,世界上几个著名的大都市又升级成为超级城市。卫星城的发展分散了部分城市中心区的职能和人口,同时城市中心区昂贵的地价又使部分商务、商业职能迁往郊区。城市中心区成了卫星城发展和郊区化运动的牺牲者。

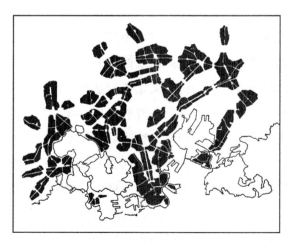

图 1-10 大赫尔辛基方案

资料来源:萨里宁著,顾启源译:《城市:它的发展、衰败与未来》,北京:中国建筑工业出版社,1986。

法国在制定巴黎规划中，计划在离巴黎 16 千米的范围内建立 28 座居住城，其中除居住建筑外，还有最起码的生活福利配套设施，居民的生产劳动及文化娱乐生活仍然要去母城解决，被称为"卧城"，是卫星城的形式。这种卫星城从表面上看是分散了城市中密集的人口，但工作与居住分隔两地，远距离往返，反而增加了郊区与市中心区的交通压力，因此总体上是不成功的。

1.5.2　光明城理论（1922 年）

1922 年科尔比西耶提出了一个 300 万人口的现代城市的设想方案。他主张大城市集中，通过用先进的工业技术来改造大城市，利用高层建筑、立体交通重新恢复大城市的阳光、空间和绿化等"基本欢乐"，保持城市的高速运转。他主张城市按功能分区，用简单的几何图形的方格网加放射形道路系统来代替传统的同心圆布局，用高层建筑和多层交通等现代设施来取代霍华德的水平式花园城市。科尔比西耶在二战后，设计了一所带有服务设施的居住大楼——马赛公寓大楼，如图 1 - 11，建筑由居住单位和公共建筑共同构成。

图 1 - 11　马赛公寓大楼

资料来源：斯布里利欧著，王力力、赵海晶译：《马赛公寓》，北京：中国建筑工业出版社，2006。

1.5.3　增长极理论(1950年)

　　增长极理论是20世纪40年代末西方经济学家关于一国经济是否平衡增长大论战的产物。该理论自法国经济学家佩鲁(Francois Perroux)1950年首次提出后，成为西方区域经济观念的基石，是不平衡发展论的依据之一。增长极理论认为，一个国家要实现平衡发展是不可能的，区域经济发展主要依靠条件较好的少数地区和少数产业带动，应把少数区位条件好的地区和少数条件好的产业培育成经济增长极，然后从一个或数个"增长中心"逐渐向其他部门或地区传导。增长极理论的基本点包括：在地理空间表现为一定规模的城市；必须存在推进性的主导工业部门和不断扩大的工业综合体；具有扩散和回流效应。

　　增长极理论对于区域开发和区域规划有重要的指导意义。增长极对于区域经济发展的积极影响有两个方面：一是极化中心本身的经济增长；二是极化中心对周围地区的影响。前者是极化效应，后者是增长极的扩散效应。极化效应是有关的生产和服务职能在地域上的集中而产生的经济效果和社会效果，主要通过规模经济和生产协作、生产联合、城市建设、资源合理利用等外部经济的节省而实现。极化是外围要素向中心的移动过程。极化效应指增长极的推动型产业吸引和拉动周围地区的经济要素和经济活动不断趋向增长极，从而加快增长极的成长。经济要素和经济活动在增长极的聚集能产生聚集经济；聚集经济反过来又进一步增强增长极的极化效应，形成一种良性循环，直到聚集经济的限度。从极化现象的地域空间形态来看，也有多种形式。主要有向心式极化，即周围区域向极化中心的极化过程；等级式极化，即基层小节向区域次级增长极极化，而次级增长极又向首级增长极极化；波状圈层式极化，即极化现象是围绕极化中心向外作波状圈层式开展。在一个区域中，几种极化方式可能同时存在。

　　扩散效应既表现在区域经济总量的增长上，也表现在区域经济部门结构的变化和区域经济空间结构的变化上，通过区内和区际乘数效应来实现。扩散效应指增长极向周围地区进行要素和经济活动输出，从而刺激和带动周围地区经济的发展；增长极的扩散效应随距离的增加而衰减。从扩散作用的地域空间形态来看，同样有多种形式。主要有核心辐射扩散，即由极化中心向四周扩散，主要发生于中心城市向近郊或近郊地区扩散；等级扩散，即按照增长中心的等级层次，由高级向低级逐渐进行辐射；波状圈层扩散，即由极化中心向外围逐步辐射；跳跃式扩散，即极化中心的对外辐射，不受中心的等级层次和距离的影响，直接由高等级中心向低级层次的中心或区域辐射。

1.5.4 空间相互作用理论(1956)

1956 年，美国学者乌尔曼提出了空间相互作用理论。区域相互作用是指区域之间所发生的商品、人口和劳动力、资金、技术、信息等的相互传输过程。它对区域之间经济关系的建立和变化有着很大的影响。一方面，区域相互作用能够使相关区域加强联系，互通有无，拓展发展的空间，获得更多的发展机会；另一方面，区域相互作用又会引起区域之间对资源、要素、发展机会等的竞争，并有可能对有的区域造成损害。乌尔曼系统阐述了决定空间相互作用的三个基本要素：可转移性、互补性和中介机会。

可转移性是空间相互作用的必要前提。尽管当今运输和通讯工具已经十分发达，但是距离因素仍然是影响货物和人口流动的一个重要因素；因为一切转移都需要费用和时间。还有当转移的利益要超过其费用支出，转移才能发生。正如韦伯自工业区位论中所指出的那样，运费是距离的函数，运费在空间上随距离的变化有明显的规律性。在现实的经济空间中，即使两地间的互补性很大，但若转移的费用很大，则空间相互作用也不会发生或很少发生。互补性是指发生相互作用的两地存在供需关系。瑞典经济学家俄林(Bertil Ohlin)认为，只有当一地剩余的某要素恰好为另一地所需时，这两地就是互补的。乌尔曼侧重从贸易上考虑互补性，他认为如果两地没有供需关系，即使有可转移性，也不会产生空间相互作用。中介机会这一概念是由美国社会学家斯托佛(Samuel Stouffer)于 1940 年最先提出来。假设某区域有 A、B 两个城镇，A 城有一家大型超市，对 B 城而言，可转移性和可互补性都存在，于是 B 城的人纷纷去 A 城购物；现在，B 城附近的 C 城又开了家大型超市，则 B 城的人购物路线将受到影响，有可能分流部分人去 C 城购物。这样的现象就叫中介机会。其实，中介机会不是产生空间相互作用的条件，而是改变原有空间相互作用的因素。一般情况下，中介机会能够有助于在较远的相互依赖的地区之间通过提供就近的补充资源而产生相互影响。因而，准确地把握中介机会，可以促进一国或一地资源的合理配置，带动经济发展。

1.5.5　核心—边缘理论(1966 年、1969 年)

核心—边缘理论是美国区域发展与区域规划专家弗里德曼(John Friedmann)1966 年在其《区域发展政策》(*Regional development policy*)一书中提出，并在 1969 年其《极化发展理论》(*A general theory of polarized development*)中得以进一步发展。该理论是一种普遍适用的主要用于解释区际或城乡之间非均衡发展过程的理论模式。弗里德曼认为，任何空间经济系统均可分解为不同属性的核心区和外围区。核心—边缘理论试图解释一个区域如何由互不关联、孤立发展，变成彼此联系、发展不均衡，又由极不平衡发展变为相互关联的平衡发展的区域系统。

弗里德曼认为，发展可以看作一种由基本创新群最终汇成大规模创新系统的不连续积累过程，而迅速发展的大城市系统，通常具备有利于创新活动的条件。创新往往是从大城市向外围地区进行扩散。核心区是具有较高创新变革能力的地域社会组织子系统；外围区则是根据与核心区所处的依附关系，而由核心区决定的地域社会子系统。核心区与外围区共同组成完整的空间系统，其中核心区在空间系统中居支配地位。

根据核心—边缘理论，区域经济增长的同时，必然伴随着经济空间结构的改变。随着社会经济的发展，经济空间结构的变化可以划分为四个阶段，每一个阶段都反映核心区域与边缘区域之间关系的改变。

第一个阶段是工业化前阶段。这个阶段社会经济不发达，城镇的产生和发展速度较慢，各自成独立的中心状态。多数城镇的规模比较小，城镇等级系统不完整。第二个阶段是工业化初期阶段。这个阶段随着社会分工的深化，生产的发展，商品交换日益频繁，在某些位置优越、资源丰富或交通方便的地方，成为物资集散交换的中心，加工业和制造业得到发展，出现很高的经济增长速度，发展成为核心，也就是城市。相对于这个中心来说，其他地区就是他的边

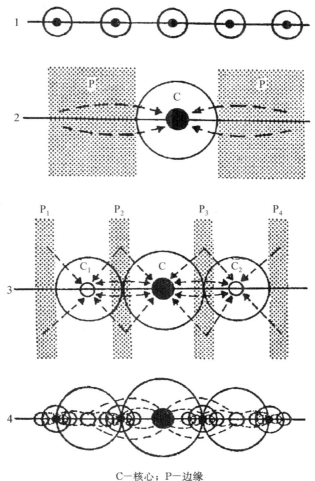

C—核心；P—边缘

图 1 - 12　弗里德曼核心 - 边缘理论

资料来源：杨再高，陈来卿，陈亚鸥：《中心城市与区域合作发展
理论与实践》，广州：广东经济出版社，2007，第 94 页。

缘。第三个阶段是工业化成熟阶段。核心区域发展很快，核心区域对边缘区域
起着支配和控制作用。由于核心区域的效益驱动以及核心与边缘之间的矛盾越
来越紧张，边缘区域内部相对优越的地方便会发现规模较小的核心区域，把原
来的边缘区域分开。由于次一级核心区域的形成，就会使大范围的边缘区域缩
小，而且使边缘区域的逐渐分开且并入一个或几个核心区域中去。第四个阶段
是空间相对均衡阶段。核心区域对边缘区域的扩散作用加强，边缘区域产生的
次中心逐渐发展，并趋向于发展到与原来的核心区域相似的规模，基本上达到

相互平衡的状态。次级核心的外围也会依次产生下一级的新的核心，形成新的核心与边缘区域。

1.5.6 点－轴系统理论(1984 年、1995 年)

我国著名经济地理学家陆大道先生在综合了克里斯泰勒中心地理论、增长极理论和德国的开发轴理论后，于 1984 年最早提出点－轴系统理论，并在 1995 年出版的《区域发展及其空间结构》一书中形成完整的理论体系。

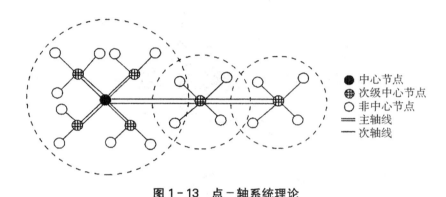

中心节点
次级中心节点
非中心节点
主轴线
次轴线

图 1－13　点－轴系统理论

资料来源：樊杰：《中国人文与经济地理学者的学术探究和社会贡献》，北京：商务印书馆，2016，第 160 页。

点－轴系统理论是增长极理论的延伸，从区域经济发展的过程看，经济中心总是首先集中在少数条件较好的区位，成斑点状分布。这种经济中心既可称为区域增长极，也是点－轴系统理论的点。随着经济的发展，经济中心逐渐增加，点于点之间，由于生产要素交换需要交通线路以及动力供应线、水源供应线等相互连接起来，这就是轴线。这种轴线首先是为区域增长极服务的，但轴线一经形成，对人口、产业也具有吸引力，吸引人口、产业向轴线两侧聚集，并产生新的增长点。陆大道先生认为：由于轴线及其附近地区已经具有较强的经济实力和较大的开发潜力，因此，轴线又可以叫作"发展轴"。这样，凭借"轴"把各个"点"有机联系起来，就形成了"点－轴"空间结构。因此，点－轴开发可以理解为从发达区域大大小小的经济中心(点)沿交通线路向不发

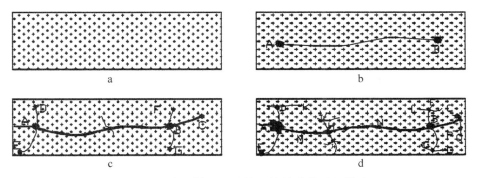

图1-14 点-轴空间结构系统的演化过程模式

达区域纵深地发展推移。

点一轴空间结构的形成大致经历了四个阶段。第一阶段为点一轴形成前的均衡阶段，地表是均质的空间，社会经济客体虽说呈"有序"状态的分布，但却是无组织状态。第二阶段，在A、B两点出现工矿居民点或城镇，为适应社会经济联系的需要，在A、B之间建立了交通线。第三阶段，由于集聚经济效果的作用，资源和经济设施继续在A、B两点集中，并建立了若干大企业，交通线变成了交通线、能源供应线、电力电信线的线状基础设施束。同时，交通线得到延伸，在C、D、E、F、G等点出现新的集聚。第四阶段，这种情况继续进行，A－H－B－C沿线成为发展条件好，效益高，人口、经济、技术集中的发展轴线，成为一个密集产业带。A、B形成更大的集聚点，C、D、E、F、G、M、N成为新的集聚点。不仅如此，通过A、B、H三点还各出现一个另一方向第二发展轴线，通过D、I、F等点形成第三极发展轴线。如此发展下去，区域形成更多的节点和轴线。

1.5.7 双核结构理论(1998年)

1998年，陆玉麟教授在对我国皖赣沿江地区实证分析的基础上提炼出了双核空间结构模式，阐述了双核结构的形成机理，并对双核结构的形成进行了数学推导。陆玉麟认为，双核结构模式是指在某一区域中，由区域中心城市和港口城市及其连线所组成的一种空间结构现象。它导源于港口城市与区域中心城市的空间组合，区域中心城市寻求对应的港口城市而与区外发生更为有效的联系，港口城市的发展依赖于区域中心城市的支撑，港口城市与区域中心城市的空间组合可以实现区位上和功能上的互补，实现区域中心城市的趋中性和港口城市的边缘性的有机结合，成为区域发展中的一种比较高效的空间结构形式。

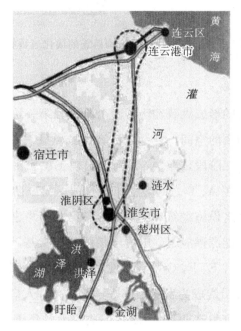

图 1-15　淮安—连云港双核结构模式的构建

资料来源：陆玉麒、董平、王颖：《双核结构模式与淮安区域发展》，《人文地理》，2004 年第 19 卷第 1 期，第 32—36 页。

双核结构空间模式的形成由内源型和外生型两种空间极化模式。内源型完全是自身作用的结果，形成过程从内陆到沿海，双核规模大致相当，能极相同；外生型是外来势力首先在沿海登录，然后通过海港和铁路的扩展形成的，此结构中港口城市的规模明显大于区域中心城市的规模，两者很不对称。双核结构不仅广泛存在于中国沿江地区以及沿海地区，也广泛存在于其他国家和地区中。双核结构的一方是政治、经济、文化三位一体的区域中心城市，主要是省会城市，另一方则是重要的港口城市，起着区域中心城市门户港城的功能。

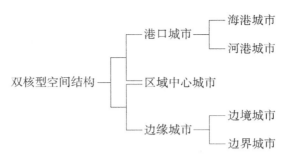

图 1-16　双核型空间结构的构成要素与结构体系

双核结构模式认为：从功能上，依据双核结构在所在区域中所起的作用和地位，可分为国家级、省级和地区级三个等级。双核结构的空间尺度取决于所在区域范围的大小，一般而言，双核心间的空间距离与所在区域的面积呈基本的对应关系，双核间的空间距离与双核结构的功能等级没有必要的联系。

1.6　行为空间理论(1960 年)

1960 年后，针对物质空间决定论的批判，逐渐建立起一组理论通过对空间中所发生的行为进行分析来认识城市空间，即将空间与空间中的行为相结合进行研究，这些理论被称为"行为-空间理论"。以城市居民的(日常)活动及需要作为出发点，探讨城市空间之形成与组织等，使得城市规划建设向新的方向发展，这不仅改变了以前城市规划中对城市的认识及思维方式，而且使得对城市空间进行处置等基本概念的认识逐渐深化。

新古典经济学、生态学模型对人类行为的分析存在着简单化的倾向，行为主义学派在对其进行批判的基础上产生。20 世纪 60 年代，行为学派提出了"场所"的概念，并用以替代传统的"空间"概念，成为空间研究转向的标志，自此空间研究逐步从注重物质形态转向注重社会的主体——人——从注重空间物质要素转向空间与人的互动上来。凯文·林奇(Kevin Lynch)认为，人们是根据其对空间环境所产生的意象采取行动而非直接对物质空间环境做出反应的。环境心理学认为：所谓空间意象，是指人们对空间环境的直接感受与以往经验性认识相结合之产物，它在被转译为信息并进行比对后引导着人的行为。凯文·林奇提出城市意象包括路径、边缘、地区、节点及地标五个基本要素，认知地图即是人们对上述要素感知的相互交织、重叠而形成的，构建行为主体对城市空间的整体性认知，他们是根据认知地图对城市空间进行定位并据此采取行动的。

地理学行为主义学派主张城市空间不单单是容纳人类活动的一种容器，它还是一种与人的行为联系在一起的场所(或称地方)。人与空间的互动关系是以人的认知为前提而发生的，因而应将空间研究的重点放于过程而非形式，即以城市居民的(日常)活动及其对(日常)活动的需求为出发点，研究城市空间的形成与组织等。但是20世纪70年代，行为主义方法论因过分强调个人行为、将人的行为过于简单化而饱受批评。

1.7 公共物品理论(1965 年)

詹姆斯·布坎南将通过市场制度实现需求与供给的物品和服务称为私人物品(private goods)，将通过政治制度实现需求与供给的物品与服务称为公共物品(public goods)。

公共物品是一个相对于私人物品的概念，按照其是否完全具有(消费的)非竞争性和(受益的)非排他性可分为准公共物品和纯公共物品。现实中更多的是介于纯公共物品与纯私人物品之间的，不同时具有非排他性和非竞争性两个特征的物品被称为准公共物品(也称混合物品)，它的供给往往是市场因素与政府因素兼而有之，纯公共物品数量较少。混合物品又可分为公共池塘资源(common-pool)、排他性公共物品(excludable public goods)、拥挤性公共物品(congestible public goods)三类。(1)公共池塘资源：无排他性或具有弱排他性，但具有一定的竞争性，如山、水、森林等自然资源，谁都可以用，但容易产生负外部性，有潜在的"拥挤效应"和"过度使用"的问题，常采用适当收费的方式加以限制。（2）排他性公共物品：虽消费上不具竞争性，但有（弱）排他性，例如水、电、煤气、有线电视节目等城市公用设施。该类物品若仅由政府免费供给，则将会造成拥挤成本大大增加；若仅由市场供给，往往达不到应有的效率。正是由于该类物品的自然垄断性及"拥挤点"（point of congestion）的存在，为了使资源达到最优配置，通常情况下该类物品应由政府部门供给，并适当收取费用。（3）拥挤性公共物品：具有非排他性，但当达到"拥挤点"后将产生竞争性。在达到"拥挤点"（拥挤效应出现）之前，每增加一个消费者消费的边际成本为零。但是在"拥挤点"出现之后，每增加一个消费者的边际成本将大于零。如拥挤的街道、公路、桥梁、社区游泳馆（池）、高尔夫球场、大众俱乐部、公共图书馆、博物馆等。若将该类物品之概念进行扩展，还包括诸如教育、文化、体育、医疗等社会服务事业领域。由于此类物品在拥挤点产生后会具有排他性，因此可由非营利性私人机构或社会福利机构供给，这也是"俱乐部物品（club goods）"又被称为"私有—公共物品"的原因。但若该类物品一开始就完全靠私人或者商业机构提供，将会造成物品供给量过低、社会福利损失或效率损失等后果。

由于此类物品在消费上具有共享性，实现排他性的成本较低，被布坎南称之为"俱乐部物品"（局部公共物品）。由于公共物品的供给存在"市场失灵""政府失灵"及"自愿失灵"的情况，完全靠某一方供给都会出现问题。因而须在分析物品的基本属性的基础上，合理确定政府在各类公共物品供给中的职能范围及角色，适当平衡供给双方或多方的力量，采取多样化的供给方式，这些是公共物品供给机制研究的重要内容。

1.8 系 统 论

系统论认为，系统中各组成要素间的关联方式、组织秩序及其时空关系的总和称为结构（structure）。而所谓关联方式是指系统将各要素整合成整体的模式。系统的这种联系方式具有相对稳定性。要素及其关系和表现形式决定了系统的结构，系统的结构导致了系统的内在（质）的规定性。系统中各种要素的分布是不均匀的，地位也是不平等的。系统要素的时空分布形式仅仅是系统结构的一种量的规定性，系统要素之间的相互联系、相互作用关系是系统的质的规定性。系统的结构具有稳定性，但这种稳定性是相对的，其发展变化才是绝对的。非均衡性和开放性作为系统的基本属性，使得系统时刻处于发展演化之中，还可以发生系统自组织。

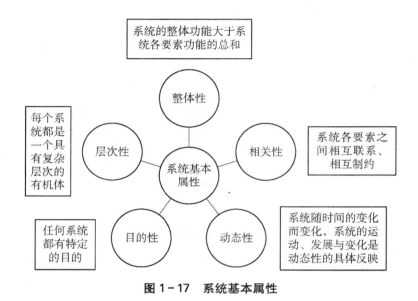

图 1-17 系统基本属性

系统的功能（function）是描述系统与（外部）环境相互作用关系的概念，是与系统的结构相对应的范畴。系统论将系统行为对系统的生存环境的作用称为系统的功能，它是系统结构的外在表现形式。系统的开放性决定了凡是系统都具有一定的功能，也决定了表现于外的系统功能必须是与外部环境相联系的。系统的内部联系导致了系统的结构，外部联系则导致了系统的功能。与系统的相对稳定性不同，系统的功能具有灵活易变性。由于系统的外部环境无时无刻不处于变化之中，导致了系统的功能始终处于变化状态。系统可以具有多种不同的功能，也可以在不同条件下功能各异。作为外在的规定性，系统的功能是一个系统相对于另外一个系统的价值体现。人类研究系统的直接目的就是为了认识系统的功能，进而利用和改造系统的功能。若系统失去了人们期望的功能，就失去了现实意义和价值。

任何系统都有一定的内部结构和外部功能，结构与功能关系密切，两者是一个问题的两个方面。通常人们将结构决定功能作为系统的基本原理，但系统的功能有时并非由结构单独决定，而是由结构和环境共同决定。所谓系统的结构决定系统的功能，是指系统的结构是功能的基础，其功能有赖于系统的结构；一定的结构具有一定的功能，系统的功能不能脱离其结构而存在。只有结构合理的系统才具有良好的功能，反之则会影响系统功能的发挥，因此两者是对立统一的。系统的结构与功能不断产生矛盾，之后又不断得到解决，从而推动着系统不断发展和前进。但系统结构与功能间的上述相互作用是有条件的，只有当环境适当的情况下，系统的功能才能充分地发挥。因此需要适当选择、改善及营造一定的系统外界环境以保证系统功能的发挥。环境的不断变化导致功能在不断适应变化的同时反作用于系统结构，促使系统结构发生改变；改变了的结构可能更好地促进功能的发挥。系统的结构与功能相互适应，但又无法完全使用，系统正是在这种矛盾作用过程中得以发展。

城市是一个结构复杂的巨系统，各种城市要素经过规划组织和管理后，形成了特定的子系统，承担着各自不同的功能。体育是城市的一项基本功能，城市体育子系统是城市巨系统下的一个子系统，由城市公共体育空间承载其主要功能。城市空间功能的有效发挥，取决于其空间结构是否合理；城市体育功能的发挥，取决于体育空间结构是否合理。城市空间与城市公共体育空间，是母系统与子系统关系。城市公共体育空间既要在母体中汲取营养，又要为城市整体发展和整体功能的发挥出一份力。因此，既要注重城市公共体育空间系统内部资源的合理配置，又要注重其与外部环境及其他子系统的互动与适从。

第 2 章　城市体育空间与地理信息系统

近年来地理信息系统通过强大的计算机功能完成空间信息的描述、存贮、分析和输出，已逐渐成为城市空间研究的主要方法和手段。地理信息系统既可以使人们直观地认识空间的各种要素分布，又可以完成各种分析工作；而将地理信息系统服务于体育领域的研究目前还处在起步阶段，理论研究相对滞后，实践研究尚不系统。

2.1　地理信息系统概述

地理信息系统(geographic information system)简称 GIS。首先地理信息系统统是描述、存储、分析和输出空间信息的理论和方法的一门新兴的交叉性学科；其次，地理信息系统是以地理空间数据库为基础，采用地理模型分析方法适时提供多种空间和动态的地理信息为地理研究和地理决策服务的计算机技术系统。地理信息系统的核心问题可归纳为五个方面，即位置、条件、变化趋势、模式和模型。为完成地理信息系统的核心任务，需要采用不同的功能来实现。目前，多数 GIS 软件都提供了数据获取、初步处理、存储与检索、查询与分析、图形显示等功能。GIS 功能间的关系及操作数据的不同表现，如图 2-1。

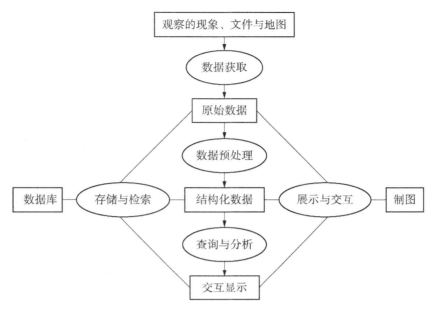

图 2－1　GIS 功能与表现示意图

资料来源：史兵：《体育地理学理论体系构建研究》，《体育科学》，2007 年第 27 卷第 8 期，第 3－24 页。

　　地理信息系统已广泛应用于各领域研究，如基于该技术平台支持的数字国家、数字地球已经进入实质建设阶段。地理信息系统已成为现代许多政府、单位、科研机构必备的工作系统，尤其是相关决策部门受地理信息系统影响，已经在一定程度上改变了现有机构的运行方式、设置与工作计划。与此同时，社会对地理信息系统的认知普遍提高，需求逐步扩大。基于此，地理信息系统的应用也正在逐渐扩大与深化。

2.2　地理信息系统构成

　　地理信息系统由计算机硬件系统、计算机软件系统、地理空间数据和系统管理操作人员四部分共同构成，其核心是计算机系统（软件和硬件），地理空间数据反映地理信息系统的地理内容，而管理人员和用户则决定系统的工作方式和信息表示方式。

2.2.1 计算机硬件系统

计算机硬件系统是计算机系统中的实际物理装置的总称。地理信息系统任务的复杂性和特殊性决定了其必须由计算机设备的支持，因此计算机硬件系统也是地理信息系统的物理外壳。地理信息系统的计算机硬件系统主要由输出入设备、中央处理单元、存储器等基本组件构成。这些基本组件协同工作，向计算机系统提供必要信息。

2.2.2 计算机软件系统

计算机软件系统是指地理信息系统必需的各种运行程序。一般包括计算机系统软件、应用分析程序、GIS 软件和其他支持软件。GIS 软件又包括 GIS 软件包，主要由数据库应用系统、计算机图形软件包、计算机图像处理系统、CAD 等，以及用于支持对数据输入、存储、转换、输出和与用户的接口组成，如图 2-2 所示。此外，应用分析程序是系统开发人员或用户根据地理专题或区域分析模型编制的用于某种特定应用任务的程序，使系统功能扩充与延伸。

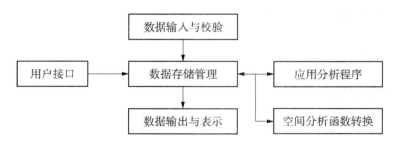

图 2-2 地理信息系统软件的功能框架图

资料来源：史兵：《体育地理学理论体系构建研究》，《体育科学》，2007 年第 27 卷第 8 期，第 3-24 页。

2.2.3　地理空间数据

地理空间数据是指以地球表面空间位置为参照的有关地理信息方面的数据，可以是图形、图像、文字、表格和数字等。地理空间数据是由系统的建立者通过数字化仪、扫描仪、键盘、网络、磁盘或其他工具输入地理信息系统的，是地理信息系统程序作用的对象，是地理信息系统所表达的现实世界经过模型抽象的实质性内容。

2.2.4　系统管理操作人员

系统管理操作人员是地理信息系统的重要构成因素，仅有计算机硬件系统、软件系统、地理空间数据还不能构成完整的地理信息系统，需要系统管理操作人员进行系统组织、管理、维护和数据更新，系统扩充完善，应用程序开发，并灵活采用分析模型提取多种信息，为研究和决策服务。

2.3　地理信息系统功能

2.3.1　数据采集与编辑

地理信息系统的数据采集与编辑功能主要用于获取地理空间的原始数据，保证地理信息系统数据库中数据在内容与空间上的完整性、数值逻辑的一致性及正确性。通常地理信息系统数据库的建设占整个系统建设投资比重的70％甚至更多。因此，信息共享与自动化数据输入成为地理信息系统研究的重要内容。随着扫描技术的应用与改进，实现扫描数据的自动化编辑与处理，将是地理信息系统数据获取研究的主要技术关键。目前，我国体育数据库的建立工作正在逐步完善，区域性的数据整理工作还局限于部分领域，如体育场地、体育人口等。国家体育场地设施普查可以得到城市体育场(馆)的整体情况，但体育场馆、场地在城市中的具体位置、交通、住宿、餐饮等基本信息的统计资料匮乏。因此，今后体育数据库的完善应考量科学、规范的数据统计体系，编辑数据更要充分考虑地理空间的分布特征。

2.3.2　数据处理与转换

地理信息系统的数据处理功能是指将获取的原始数据按照地理信息系统的要求进行的各种转化。初步统计数据的处理主要包括原始数据的格式化、转换、概括。地理信息系统的数据转换功能是指不同数据结构的数据间变换；数据结构是指数据组织方式，在地理信息系统中数据表示方式主要有栅格数据、矢量数据及栅格矢量混合数据。数据概括包括数据平滑、特征集结等。目前，地理信息系统所提供的概括功能相对极弱，与制图综合的要求还有很多的差距，需进一步发展。

2.3.3　数据存储与组织

地理信息系统的数据存储与组织是数据集成的过程，也是建立地理信息系统的关键步骤，涉及空间数据和属性数据的组织。将空间数据与属性数据融合为一体是地理数据组织与管理的重中之重。已有研究认为，在地理信息系统中，空间数据与属性数据可先分开存储，进而通过公共项(如编码)来连接。虽然这种方法可以解决部分数据存储问题，但这种组织方法也形成了数据定义与数据操作相分离的缺点。如何更好地进行数据存储与组织，也是目前地理信息系统开发设计的根本性的问题。

2.3.4　数据检索与计算

数据查询、检索、统计、计算是地理信息系统具备的最基本的功能。通过数据的查询与检索可以实现对空间实体的简单查找,如当鼠标指向某一体育场馆时,地理信息系统可根据鼠标的空间位置查找出该位置的空间体育实体和空间范围以及实体属性,并显示空间对象的属性列表(名称、类型、规模)。数据的查询与检索可分两步进行:第一步,借助于空间检索,在空间数据库中快速检索出被选体育实体;第二步,根据空间数据和属性数据的连接即可得到该体育实体的属性列表。在数据查询与检索的基础上可进行相关统计分析及计算,如可以通过查询得到某区域的不同年代的体育设施状况及体育人口,再通过简单的计算及统计分析,就可以看到该区域的体育设施及体育人口的发展状况,进而得到体育设施与体育人口的内在联系及体育设施和体育人口对该区域体育事业发展的影响等。

2.3.5 空间数据分析

地理信息系统的核心功能是空间数据分析。空间数据分析在地理学研究中由来已久,通过数学概念与方法的引入,并从统计方法扩展到运筹学、拓扑学等方法的应用,进一步促进了地理信息系统定量分析的能力。在地理信息系统中,空间数据分析功能可用于说明和解释相关地理实体的空间特征对空间发展的影响及相关规律。如可以分析不同海拔的训练场地对某些体育项目训练成绩的影响及规律,分析不同经纬度的体育人群对体育健身项目进行选择的规律及相关因素,分析体育场(馆)不同的分布对区域体育事业发展的影响,等。

2.3.6 空间数据输出

地理信息系统为用户提供了许多用于相关空间数据表现的工具,其形式既可以是计算机屏幕显示,也可以是诸如报告、表格、地图等硬拷贝图件,尤其是地理信息系统的地图输出功能。地理信息系统提供了一种良好的、交互式的制图环境,为地理学、社会学等领域研究提供了可视化表达的途径。

2.4 地理信息系统在体育研究中的地位

2.4.1 体育地理学研究的重要组成部分

地理信息系统是体育地理学的重要研究内容和研究方法。体育地理信息系统作为实践性研究，是地理信息系统理论体系构建的重要实践基础，而且在实际建设中不断创新方法与理论，补充体育地理学研究的理论内容。地理信息系统的多种功能对促进体育地理学理论研究和实践有极大推动作用，可以利用该技术平台的支持，进而不断发展完善体育统计体系。研究者可以通过地理信息系统展示体育发展的多种形态，结合区域内各种相关数据的叠加技术和综合分析系统，利用地图反映区域体育发展状况，既可以使观察者直接获得感性认知，又可以使观察者得到理性认识。

2.4.2 体育信息化建设的主要技术平台

随着现代科学技术的发展和信息技术的逐渐成熟与广泛应用，体育行业对信息化建设日益重视，但相关研究成果匮乏。目前，技术水平和新技术平台的运用能力在一定程度上制约了我国体育信息化建设的深入发展。地理学信息系统的引入，将体育信息与地理环境结合在一起实现了对区域内体育信息的精确描述。因此，地理信息系统构成了我国体育信息化建设的主要技术平台。我国幅员辽阔，地理环境复杂，体育发展极不均衡，由此决定了我国体育决策的对象本身就具有极强的区域性，任何体育决策必须考虑区域性。此外，无论是体育人文社会、运动训练、体育教育、人体科学，还是民族传统体育的研究，都不可能摆脱区域而独立存在，其对体育现象的认识必须落实在一定的地域空间上。因此，将有关体育统计数据按照地域空间归类整理，并纳入地理信息系统，可以使区域体育决策得到区域性数据支持，决策效率更高。

2.4.3　为体育科学研究提供全新的视角

现阶段，基于地理学范式研究体育问题在国内尚处起步阶段，区域性体育分析是研究体育现象的新视角。任何体育现象的发生必然落实在实体地理空间范围，但由于自然环境、文化传统、社会制度、经济结构等条件的差异，不同地域体育运动现象有很大的差异。研究这些体育现象需要考察各区域的基本特征，从自然、文化、社会、经济等角度探索差异的基本因素。地理信息系统为这些研究工作提供基础理论平台和新的视角。地理信息系统不是简单地堆砌体育数据，而是可以利用地理信息的多功能数据库，使研究者建立各类统计数据与体育发展的相互关系，从而推动体育科学的研究。

2.4.4　为体育空间的区域管理提供支撑

随着社会经济、人民生活水平的提高，我国体育场馆建设已进入快速增长期，因此，体育场馆的科学布局就成为了政府决策的关键问题。是否需要建设体育场馆、建多少、建什么类型、在什么地方建等一系列问题的解决，均需要科学的分析系统。将一个城市、一个区域及整个国家的体育场馆的相关数据输入地理信息系统，并应用系统本身的数据管理功能，按照体育事业和产业分类进行数据管理，地理信息系统将这些数据按照区域空间进行分类管理，可以将各类体育数据按照行政、文化、自然地理区域整理，从而将数据落实在一定的地域范围内，为区域性体育数据分析提供基本的数据平台。

基于该数据平台，利用地理信息系统强大的空间分析功能对场馆布局的合理性、场馆对区域体育发展的影响、场馆对社会经济发展的影响、场馆对周围人群体育运动的影响等一系列相关问题进行统计分析。通过分析，可以得到体育场馆分布的模型、运动项目对于场馆的依赖指数、体育场馆对辐射人群选择运动项目的影响指数、体育场馆对社会经济发展的影响指数等规律，为解决上述问题提供科学依据。此外，将体育场馆的地域相关信息录入地理信息系统，并建立与自然地理环境、交通、文化、行政的相关链接，可以解决运动队选择训练场馆、竞赛组织者选择比赛地区、大众选择锻炼场馆等问题。

2.5　地理信息系统在体育研究中的应用

地理信息系统在体育领域的应用还处于缓慢发展阶段，所涉及的内容主要有：体育场地规划与选址、体育设施信息的检索、体育赛事突发事件应急推演查询与统计、国民体质数据的监测与管理、定向运动制图等方面，虽然多学科交叉融合已初步形成，但融合度不高。史兵、王宇红等（2007）指出，体育地理学是地理学与体育学交叉形成的综合性学科，其研究对象是体育运动与地理环境之间的相互关系。体育地理学的学科特性是区域性和综合性，体育与地理环境关系十分密切，研究体育地理学利于扩展体育研究领域的新视野。陈旸（2010）遵循公平与效率、中心为外围协调发展等原则，应用 LA 模型计算有效服务半径、有效服务覆盖率等选择最优区位，再结合 GIS 专题制图对湘潭市雨湖区的社区体育设施进行优化布局和分析。赵鹏（2011）根据影响因素收集数据建立数据库，运用泰森多边形、网络分析等对其布局现状进行分析，在现状评价的基础上建立假设，利用 ArcGIS 的空间分析进行论证，为其医疗设施的优化提供科学有效的建议，从而实现医疗设施资源的有效配置。胡精超、王莉（2013）梳理了基于 GIS 技术对公共体育场地设施进行优化的成本最低、满意度最大化、区域覆盖、居民便利等基本原则，并通过网络分析、LA 模型以及应用最小化阻抗模型对选址进行优化评价。当前 ArcGIS 空间分析技术在体育界的流行度逐渐提高，构建 ArcGIS 空间分析技术在体育领域的实践应用体系十分重要，因此具有重要的研究价值。

2.5.1　体育原始数据的研究

将体育信息纳入地理信息系统，归纳出作为地理信息系统数据源的所有体育信息元素。而体育设施、体育人力资源、体育组织、体育竞赛、体育产业、民族传统体育、体育人口、国民体质等信息不能直接作为地理信息系统的原始数据进行处理，须进一步细化。以体育设施为例，要考虑其空间数据和属性数据，空间数据主要用来处理其空间分布的问题，可以用位置、地形、地貌来描述，还将构建基本的自然地理信息，如气候、物产、水文、土壤；属性数据主要用来分析其对社会体育、经济等方面的影响。从体育设施的构造来分析，可分为体育场和体育馆；从用途来分析，可分为竞赛型、训练型、休闲娱乐型、多功能型等；从管理方式上可分为全封闭、半封闭、开放式等；从场馆服务的项目上可以分为综合性、专业性；等。同时，还要考虑到有关体育设施的名称、是否有看台、观众座位数、质量、容量、安全、距离、交通、住宿、伙食、价格、上座率、图片等因素。在得到源数据的基础上，需要进行具体分析，概括出有关体育信息数据的含义、特征、表示方法等，需要在地理信息系统中制定相关的体育信息数据的标准。

2.5.2　体育数据模型的研究

体育数据模型应该是地理信息系统中最为核心的内容。为了能够利用地理信息系统描述现实体育现象，解决其中的问题，须对现实体育现象进行建模。对地理信息系统而言，其结果就是体育数据模型。应该就体育数据模型的概念、类型、建模方法等方面的内容进行深入的研究。体育数据模型是现实社会中关于体育实体及其相互间联系的概念，它为描述体育数据的组织和设计体育数据库模式提供了基本方法。例如要建设新的体育场馆，则需建立有关体育场馆空间分布模型，即在什么位置、建立多大规模、什么类型体育场馆的相关规律。在地理信息系统中，体育数据建模的基本任务是针对所研究的体育现象和问题，描述地理信息系统的空间数据组织，设计地理信息系统空间数据库模式，这包括定义体育实体及其相互间关系，确定数据实体或目标及其关系，设计在计算机中的物理组织、存储路径和数据库结构，等。

以往研究证实，空间数据模型应该由概念数据模型、逻辑数据模型和物理数据模型三个有机联系的层次组成。其中，概念数据模型是关于实体及实体间联系的抽象概念集，逻辑数据模型是表达概念数据模型中数据实体及其间关系，而物理数据模型则是描述数据在计算机中的物理组织、存储路径和数据库结构，三者之间的相互关系如图2-3。其中，外模式是指不同的人对现实世界的不同描述和抽象而形成的不同的用户视图。

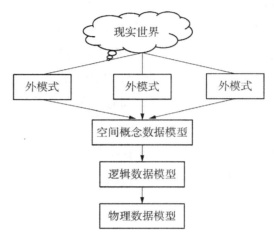

图2-3 空间数据模型三层次示意图

资料来源：史兵：《体育地理学理论体系构建研究》，《体育科学》，2007年第27卷第8期，第3—24页。

2.5.3 体育数据的空间分析

空间分析源于20世纪60年代地理和区域科学的计量革命。起始阶段主要是应用定量分析手段用于点、线、面的空间分布模式，随后更多强调地理空间本身的特征、空间决策和复杂空间系统的时空演化过程分析。空间分析已成为地理信息系统的核心功能之一，它特有的对地理信息（特别是隐含信息）的提取、表现和传输功能，是地理信息系统区别于一般信息系统的主要功能特征。地理信息系统具备强大的空间分析功能，集成许多其他学科的最新技术，如关系数据库管理、高效图形算法、插值、区划和网络分析等，以此为空间分析提高强大的分析工具，使得复杂困难的高级空间分析任务变得简单易行。体育数据空间分析是对分析体育数据有关技术的统称。根据作用的数据性质不同，可分为：基于空间数据的分析运算、基于非空间属性数据的分析运算、空间数据和非空间数据的联合运算。空间分析赖以进行的基础是体育信息数据库，其运用的手段包括各种几何的逻辑运算、数理统计分析、代数运算等数学手段，最终目的是解决人们所涉及的体育信息实际问题——提取和传输体育信息，特别是隐含信息，以辅助决策。

研究者需要研究实现空间分析基本功能的基本方法，针对体育场馆的空间分析，可以选择诸如空间查询与量算、缓冲区分析、叠加分析、路径分析、空间插值、统计分类分析等方法，并确定相关算法及其中的计算公式，找到体育场馆的空间分布规律。基于此，就可以考察目前已有的体育场馆的空间分布是否合理，从中也可以得到许多隐含信息，比如体育场馆对区域体育发展的影响、对区域社会经济发展的影响、对区域体育人口的影响、对区域国民的影响，以及对大众选择体育项目的影响等一系列相关的隐含信息。

2.5.4　空间数据可视化表达

地理信息系统分析结果的输出从表现形式上来讲主要是图形，因此研究者要分析什么样的空间数据就要采用什么样的图形，如各种专题地图、各种统计分析图等。但图形并不是输出结果的全部，特定的数据也可用非图形形式输出，或作为图形输出结果的补充，如交互式输出、文本输出、数据表和图表等。在体育领域研究中，研究者可以以专题地图的方式输出已有体育场馆的分布图和体育场馆未来建设的规划图，同时，辅以文字、图片、图表等形式的说明材料。

2.6　小　结

地理信息系统（Geographic Information System）是一门综合性学科，它结合了地理学、地图学、遥感、计算机科学，是用于输入、存储、查询、分析和显示地理数据的计算机数据处理系统。随着地理信息系统的发展，也有称其为地理信息科学（Geographic Information Science）或地理信息服务（Geographic Information Service）。地理信息系统是在计算机软硬件支持下，对整个或者部分地球表层空间中的有关地理分布数据进行处理分析的技术系统，地理信息系统处理和管理的对象是多种地理空间实体数据及其关系，包括空间定位数据、图形数据、遥感图像数据、属性数据等，用于分析和处理一定地理区域内分布的各种现象和过程，解决复杂的规划、决策和管理问题。地理信息系统的特点就在于它可以将空间位置信息与专题属性数据进行整合管理、分析，获得通过常规的数据研究方法或普通的信息搜集系统难以得到的重要信息，从而有助于提高地理空间信息管理水平。韩国学者张永硕（Yoon-Seop Chang）和朴贤东（Hyeong-Dong Park）所撰写的"XML Web Service based development model for Internet GIS applications"一文中主张开发一个动态的、可交互的网络地理信息系统应用程序模型，建议模型通过分布式的地理信息系统动态集成于地理信息系统应用程序组件中，将能更容易、更快速地适用于互联网，用户将能够避免操作冗余，以减少每个地理信息系统项目的成本和时间。

地理信息系统能对服务设施空间可达性以及设施区位布局进行优化的综合性工具，结合地理信息系统技术，空间可达性也已用于公共服务设施的区位确定。借助 ArcGIS 软件技术强大的空间分析和网络分析功能，使用相应的数学模型作为评价指标，评价不同群体到达社会特定服务设施的可达程度是否均衡，以评价各类资源分布的合理程度。在国外，关于公共服务设施布局规划的相关研究起步较早，善于将多学科进行交叉性探讨，获得了较多的理论和实证研究成果。印度学者奈杜（Naidu）和吉里德尔（Giridhar）等在"Geo-Spatial Database Creation for Wazirabad Canal Command Area"一文提到，在运河灌溉系统应用地理信息系统技术平台独特而强大的数据分析功能，能分析工程师和农民的工作计划的合理性，通过分析水资源的使用现状，从而提高水资源的分配策略和水资源的利用效率。

第3章　国际城市体育空间与建成环境研究前沿

　　2013 年 10 月，在沈阳体育学院举行的第 12 届华人运动生理与体适能学术会议上，我国学者将"体育、锻炼和环境"作为主题进行研讨；2015 年国家社会科学基金立项课题"基于 GIS 技术的城市建成环境与老年人休闲性体力活动时空特征研究"把城市建成环境、老年人休闲体力活动作为研究对象进行研究：这说明体力活动相关环境的研究在我国逐渐引起关注。探讨城市体育空间与建成环境研究的前沿与热点，对我国在该领域的研究具有重要的意义。本研究试图通过对 Web of Science 所收录的体力活动促进型建成环境研究的文献索引资料采用科学计量分析的方法，力求探索现阶段城市体育空间与建成环境研究的知识基础、前沿和热点。

3.1　研究方法

　　本研究以 Web of Science 科学引文索引数据库中 1995～2015 年有关体力活动促进型建成环境研究方面的文献作为研究对象，应用文献计量分析方法，运用 CiteSpace Ⅲ 软件对当前城市体育空间与建成环境研究现状进行可视化的定量分析。进入 Web of Science 检索页面，以 Title＝（"physical activity"，"built environment" 和 "health"）为检索式，数据库＝SCI-E、SSCI、A ＆ HCI，入库时间＝1995～2015 年，共检索出相关索引文献 1 242 篇，检索日期 2015 年 5

月 19 日。科学知识图谱研究是一个以科学学为基础，涉及应用数学、信息科学及计算机科学等诸多学科交叉的领域，是科学计量学和信息计量学的新发展，其基本原理是知识单位的相似性分析及测度，可以根据不同的方法和技术绘制不同类型的科学知识图谱。研究所使用的分析软件 CiteSpace Ⅲ是美国费城德雷赛尔大学陈超美教授开发的可视化应用软件。

3.2　结果与分析

3.2.1　城市体育空间与建成环境研究的知识基础分析

城市体育空间与建成环境研究的知识基础可以分为两类：一是由城市体育空间与建成环境研究的早期奠基性文献组成；二是由共被引频次和中心性都比较高的关键文献组成。

（1）城市体育空间与建成环境研究的奠基性节点分析

绘制文献共被引网络时序视图，如图 3-1 所示，整个图谱由 160 个节点和 257 条连线组成。其中，最长的时间线显示：城市体育空间与建成环境研究始于 20 世纪 60 年代，且持续至今，研究越来越热。从图 3-1 中可以发现国际体力活动促进型建成环境研究领域的发展脉络，能清楚地看出这个领域的奠基性文献。其中五个重要的早期奠基性文献分别是：第一，简·雅各布斯（Jane Jacobs）于 1961 年出版的《美国大城市的毁灭与生存》（*The Death and Life of Great American Cities*）一书，此书是建筑界、城市规划领域最著名的著作之一；第二，多门奇和麦克法登（Thomas A. Domencich and Daniel McFadden）1975 年出版的《都市运动的需求：一种活动方式分析》（*Urban Travel Demand：A Behaviord Analysis*）一书，该书提出了针对个人消费者的需求理论，这一理论是对传统理论逻辑自然的概括，并融入了选择这一因素；第三，贝瑟（J. H. Beusher）1976 年出版的《土地利用案例》（*Cases Mat Land Use*）一书，该书详细介绍了如何将国家土地使用及土地分类系统框架与遥感数据相结合；第四，克里斯托弗·亚历山大、萨拉·石川佳纯、莫里·希尔斯坦（Christopher Alexander，Sara Ishikawa，Murray Silverstein）的《都市构建模型》（*A Pattern Language：Towns，Buildings，Construction*）一书，该书首次出版于 1977 年，提出了建筑及建造方面的革新性方法；第五，唐纳德·阿普尔亚德（Donald Appleyard）1982 年出版的《适宜的街区》（*Livable Streets*）一书，作者提出了包括降低事故率、提高安全性、控制速度、流量及噪声的具体交通管制及街道完善措施的计划，希望可以让人们重新享受"宜居街道"及"安全邻里"。另外，早期文献还有丹尼尔·斯托科尔斯（Daniel Stokols）于 1996 年发表的论文，文章采用社会生态学模型来考虑环境对体力活动的影响，为行为医学中社会生态模型开始全面应用于公共健康领域奠定了基础。从总体上看，以上文献主要集中在行为科学、交通运输规划与管理、城市规划与设计学科等领域，正是这些相关领域的发展，奠定了体力活动促进型建成环境研究的坚实基础。

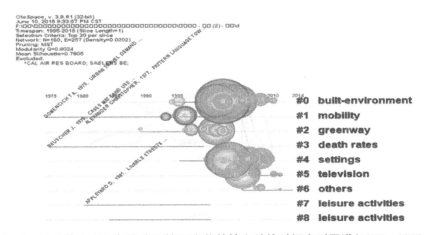

图 3-1　城市体育空间与建成环境研究奠基性文献的时间序列图谱（1995～2015 年）

（2）城市体育空间与建成环境研究的关键节点分析

在引文共引网络图谱（如图 3-2 所示）中：每个节点代表一篇文献，节点的大小表示该文献被引频次的多少；节点圆圈所呈现的各色年环，则表示该节点在不同年份的引文时间序列状况。

点的中心性是一个用以量化点在网络中地位重要性的图论概念。表 3-1 显

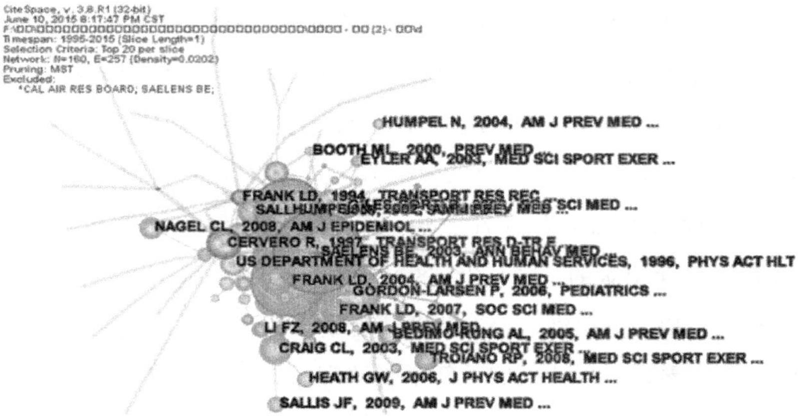

图 3-2　城市体育空间与建成环境研究引文共引网络图谱(1995～2015 年)

示的是采用 CiteSpace Ⅲ 软件处理得到的中心度大于 0.1 的八篇关键文献。按照文献节点在共被引网络中的中心度大小，排在首位的是罗伯特·瑟夫洛、卡拉·科克曼(Robert Cervero，Cara Kockelman)于 1997 年发表的论文。该文主要研究了居住密度、土地利用的多样性和行人导向设计对旧金山海湾区居民的出行率和出行方式选择的影响。其共被引频次为 90，中心度为 0.49，是网络中最大的关键节点。排在第二位是 L. D. 福兰克、M. A. 安德森、T. L. 斯克迈德(L. D. Frank，M. A. Andresen，T. L. Schmid)2004 年的论文，该文从实证分析的结果来测试土地使用结构、人口密度和就业密度对单乘员车辆(SOV)使用的影响。其共被引频次为 53，中心度为 0.37。排在第三位的是 B. E. 塞伦、J. F. 萨利斯、L. D. 福兰克等(B. E. Saelens，J. F. Sallis，L. D. Frank et al.)于 2003 年发表的论文，该文概述了与体能活动有关的交通运输、城市设计与规划的相关研究。其共被引频次为 231，中心度为 0.28。该研究表明物理环境变量和人们步行及骑自行车这两种交通方式之间存在着一定的联系。健康研究人员可以将来自这些领域的构念、方法和研究结果应用到体能活动上，以提高人们对影响体能活动的环境的认识。排在第四位的是 N. 汉佩尔、N. 欧文、E. 莱斯利等(N. Humpel，N. Owen，E. Leslie et al.)于 2002 年发表的论文，该文通过检索数据库确定了 19 个定量研究，用于评估体育活动行为之间的关系，并客观地确定物理环境属性，其共被引频次为177，中心度为0.22。B. E. 塞伦和S. L. 汉迪(B. E. Saelens，S. L. Handy)于2008年对过去10年建成环境和身体活动之间的关系的研究进行了回顾。该文排名第五位，其共被引频次为187，中心度为0.21。排在第六位的是L. D. 福兰克等(Frank et al.)于2004年发表的论文，该文收集分析了来自佐治亚州亚特兰大市的10 878名被试者的体重指数、走过的公里数、年龄、收入、受教育程度和性别等数据，证实了个人层面上肥胖和建成环境的各个方面之间的关系。其共被引频次为195，中心度为0.18。排在第七位的是B. E. 萨兰斯、J. F. 萨利斯、J. B. 伯莱克等(B. E. Saelens，J. F. Sallis，J. B. Black et al.)于2003年发表的论文，该文进一步论证了社区环境与体育活动和肥胖密切相关，

表3-1　城市体育空间与建成环境研究领域关键节点文献(1995～2015年)

排序	被引文献及作者	频次	中心度
1	Travel demand and the 3Ds: Density, diversity, and design, CERVERO R, 1997, (TRANSPORT RES D-TR E)	90	0.49
2	Impacts of mixed use and density on utilization of three modes of travel: single-occupant, vehicle, transit, walking, FRANK L D, 1994, (TRANSPORT RES REC)	53	0.37
3	Environmental correlates of walking and cycling: Findings from the transportation, urban design, and planning literatures, SAELENS B E, 2003, (ANN BEHAV MED)	231	0.28
4	Environmental factors associated with adults' participation in physical activity — A review, HUMPEL N, 2002, (AM J PREV MED)	177	0.22
5	Built environment correlates of walking: A review, SAELENS B E, 2008, (MED SCI SPORT EXER)	187	0.21
6	Obesity relationships with community design, physical activity, and time spent in cars, FRANK L D, 2004, (AM J PREV MED)	195	0.18
7	Neighborhood-based differences in physical activity: An environment scale evaluation, SAELENS B E, 2003, (AM J PUBLIC HEALTH)	202	0.15
8	Linking objectively measured physical activity with objectively measured urban form — Findings from SMARTRAQ, FRANK L D, 2005, (AM J PREV MED)	184	0.15

使自我报告的社区环境分量表的可靠性和有效性得到了进一步认可。其共被引频次为202，中心度为0.15。排在第八位的是L. D. 福兰克、T. L. 斯克迈德、J. F. 萨利斯等(L. D. Frank，T. L. Schmid，J. F. Sallis et al.)于2005年发表的论文，该文在控制社会人口学变量的前提下，对经过客观衡量的体育活动与经过客观测量的各参加者住家周围的物理环境之间存在怎样的联系进行了深入研究。结果发现：土地利用结构、居住密度和街道衔接性这些衡量因素和每日中适度体力活动的分钟数呈正相关关系。其共被引频次为184，中心度为0.15。以上八篇高被引文献是城市体育空间与建成环境研究领域知识基础所在，是该领域研究的经典文献。

3.2.2　城市体育空间与建成环境研究的知识前沿节点分析

研究前沿和知识基础之间具有映射关系，即研究前沿指向知识基础。图3-3是城市体育空间与建成环境研究前沿的时区视图。从该图可以看到最近几年该领域的发展脉络，以及知识基础和研究前沿之间千丝万缕的联系。图中右上角显示的是由一组最新热点研究文献构成的研究前沿。我们可以看到代表前沿节点的有C. P. 杜兰德等(C. P. Darand et al.)于2011年发表的论文，文章介绍了"精明增长"是制定社区发展决策框架的城市规划的方法。另一个前沿节点是等(Ding et al.)于2012年发表的论文，该文指出了该领域应制定全面的概念模型和统计模型，改进对建成环境的客观感知性测量，通过更好的研究设计达到促进身体健康的目的。第三个前沿节点是L. 乔拉等(L. Chawla et al.)于2014年发表的论文，文章研究了绿色校园对减轻学生压力，增强学生恢复力的作用。这些发现对恢复力理论及学校压力干预措施有所启示。另外，重要的前沿节点还包括C. C. 伯拉那斯等(C. C. Branas et al.)、C. C. 弗莱施哈克尔等(C. C. Fleischhacker et al.)、F. 费尔米诺等(F. Fermino et al.)、S. T. 布罗伊尔等(S. T. Broyles et al.)发表的论文等。仔细研读这些节点的文献，我们发现经过大量的探索性研究及总结改进后，2010年左右开始陆续出现了一些干预性研究。主要通过对与身体健康相关的各种自然环境、建成环境等的干预，从而达到增加体力活动，进而促进身体健康的目的。除了针对公众健康的研究

CiteSpace, v. 3.8.R1 (32-bit)
June 10, 2016 7:51:49 PM CST
F:\□□□□□□□□□□□□□□□□□□□□\□□□□ - □□ (2) - □□'d
Timespan: 1995-2016 (Slice Length=1)
Selection Criteria: Top 20 per slice
Network: N=160, E=257 (Density=0.0202)
Pruning: MST
Excluded:
*CAL AIR RES BOARD; SAELENS BE;

1995 1996 1997 1998 1999 2000 2001 2002 2003 2004 2005 2006 2007 2008 2009 2010 2011 2012 2013 2014 2015

图 3-3 城市体育空间与建成环境研究前沿的时区视图(1995~2015 年)

外，更多的研究集中在从生理和心理层面出发进行的各年龄阶层特殊人群的干预，例如肥胖、心血管疾病和自闭症等。

3.2.3 城市体育空间与建成环境研究热点分析

CiteSpace Ⅲ是基于词频分析法的原理统计关键词的出现频次及不同关键词之间共现的频次，并以可视化的形式将关键词的频次高低和聚类关系清晰地展示出来，从中分析得出某一研究领域的研究热点。选择合适的阈值运行软件最后选择出 86 个关键词节点及 179 条关键词间连线构成关键词共现可视化知识图谱(如图 3-4 所示)。在 CiteSpace Ⅲ产生的网络视图中，把反映该领域研究热点的高中心性关键节点用黑色光圈突显出现，以便使用者更易辨认。表 3-2 显示的是采用 CiteSpace Ⅲ软件处理得到的频次排名前 32 位的关键词。图 3-4 显示高频热点关键词具有比较强的趋中性，说明研究主题相对比较集中，这些关键词在一定程度上反映出城市体育空间与建成环境研究热点所在。在这些高频关键词里 built environment(频次＝801、中心度＝0.19)，physical activity(频次＝670、中心度＝0.17)，health(频次 441、中心度＝0.15)占据重要的位置，而且它们是频次最高的三个关键词，说明有关建成环境、体力活动、健康及它们之间关系的研究是该领域研究的热点。1996 年，Stokols 采用社会生态学模型来考虑环境对体力活动的影响，之后的研究都是以社会生态的理论依据为指导，进行实证探究，并在其研究的基础上对模型理论进行证明和改正。2003 年行为医学中社会生态模型开始全面应用于公共健康领域，产生了极大的影响。该时期的研究已经逐渐依据体力活动，并将其作为研究的中间载体，进而研究健康和城市环境建成单因素的关系。热点关键词除 built environment(建成环境)、physical activity(体力活动)、health(健康)以外，这些关键词：walking(频次＝424、中心度＝0.28)、obesity(频次＝405、中心度＝0.1)、physical activity(频次＝312、中心度＝0.32)，涉及人群的包括 adults(频次＝182、中心度＝0.02)、children(频次＝123、中心度＝0.14)、older-adults(频次＝106、中心度＝0.02)、adolescents(频次＝79、中心度＝0.03)，也是图谱反映出来的热点研究领域。近 20 年来，欧美发达国家各种高血压、冠心病、糖尿病等慢性和以肥胖为代表的代谢综合征占据了疾病谱和死亡谱的重要位置，尤其是在美国，面临全球最为严重的肥胖问题。为此，由美国罗伯特·伍德·约翰逊基金会(Robert Wood Johnson Foundation)资助的国家计划"Active Living by Design" "Active Living Research" "Safe Routes to School"陆续开始实施，相关研究也就成为热点。

高频关键词中的 body-mass index(频次＝157、中心度＝0.06)、design(频次＝84、中心度＝0.08)、multilevel analysis(频次＝80、中心度＝0.03)、perceptions(频次＝52、中心度＝0.05)、policy(频次＝51、中心度＝0)等则反

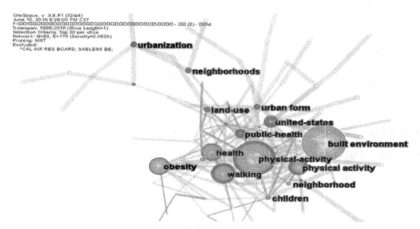

图 3-4　城市体育空间与建成环境研究关键词共现可视化知识图谱(1995～2015 年)

表3-2 城市体育空间与建成环境研究热点关键词(1995～2015年) 频次≥49

序号	频次	中心度	关键词
1	801	0.19	built environment 建成环境
2	670	0.17	physical-activity 体力活动
3	441	0.15	health 健康
4	424	0.28	walking 步行
5	405	0.10	obesity 肥胖
6	312	0.32	physical activity 身体活动
7	182	0.02	adults 成人
8	171	0.52	united-ststes 联合态
9	171	0.01	neighborhood 邻里
10	157	0.06	Body-mass index 身体质量指数
11	123	0.14	children 孩子们
12	121	0.12	transportation 运输
13	114	0.11	walkability 适宜步行
14	108	0.32	environment 环境
15	106	0.02	older-adults 老年人
16	102	0.28	urban form 城市形态
17	100	0.02	exercise 锻炼
18	99	0.02	overweight 超重
19	97	0.01	associations 关联
20	92	0.28	land-use 土地使用
21	84	0.08	design 设计
22	80	0.03	multilevel analysis 多层次分析
23	79	0.03	adolescents 青少年
24	79	0.00	youth 青春
25	77	0.10	determinants 决定因素
26	76	0.00	socioeconomic-status 社会经济地位

序号	频次	中心度	关键词
27	75	0.02	association 组合
28	57	0.07	interventions 干预
29	52	0.05	perceptions 看法
30	51	0.00	policy 政策
31	50	0.00	travel 出行
32	49	0.05	urban sprawl 城市蔓延

映出城市体育空间与建成环境研究热点主要体现在体力活动和建成环境的测量方法两个方面。通过对现有资料的整理发现关于体力活动测量的研究，早期学者们一般都是采用行为观察法。随着学者们对其相关研究的深入，研究方法也在不断趋于完善，体力活动量表或日志在研究中被广泛应用。现在学者们大都采用体力活动加速度计对体力活动进行有效的测量。随着科学技术的发展，对于建成环境的测量从最初的定性方法发展到了利用 GIS 技术定量测量，从而实现了关系检验的定量化，使研究的准确性和科学性大为提高。最近，部分研究借助了 GIS 和网络（如 Google Street 和 Walkscore）进行测量，网络工具的可靠性和有效性已经得到了许多研究的验证。当前，学者们采用多种技术相结合的研究方法，从而使得研究结果具备了干预实践的应用价值，例如综合采用 GPS、GIS 和体力活动加速度计等方法。

高频关键词中的 united-states（频次＝171、中心度＝0.52）、neighborhood（频次＝171、中心度＝0.01）、environment（频次＝108、中心度＝0.32）、urban form（频次＝102、中心度＝0.28）、land-use（频次＝92、中心度＝0.28）等，反映影响体力活动的建成环境因素成为该领域研究的另一热点。早期有关建成环境因素的研究主要是根据经验，得出的理论成果大多是主观意义上的，并且研究的因素也比较少。随着研究的深入，研究的环境因素越来越丰富，它们主要在四个方面体现：土地混合利用（land-use mix）、街道连通性（connectivity）、城市扩张（urban expansion）及净居住密度（netreside-ntial density）等环境原因方面，与此同时，相关的研究内容和研究目标也全面细化客观。

3.3 小 结

交通运输规划与管理、城市规划与设计学科及行为科学为国际体力活动促进型建成环境研究的发展奠定了基础；建成环境干预性的相关研究成为其研究前沿；体力活动、健康与建成环境的关系、体力活动和建成环境的测量、影响体力活动的建成环境因素是其主要研究的热点。对城市体育空间与建成环境研究内容特征的研究，对国内学者把握城市体育空间与建成环境的研究方向，有针对性地加强体力活动促进型建成环境的研究，促进我国体力活动促进型建成环境的相关理论研究与实践发展有一定参考价值。从已有研究上看，该领域虽然取得了很多研究成果，但是还存在一些问题，例如：(1)建成环境指标研究依然处于较低水平；(2)健康指标多局限在受遗传、饮食等影响较大的身体形态学指标(体重、BMI)上；(3)体力活动的背景空间研究有待深入。今后，随着计算机和互联网技术的应用不断深入，基于计算机和 GIS 技术的建成环境和体力活动大尺度空间的监控技术的不断成熟，该领域的研究将会有新的突破。

第 4 章　中国城市体育空间研究前沿

　　爱因斯坦在相对论中提出,时间、空间、物质三者是相互联系、相互作用的,对人类活动的研究,不仅要从时间角度进行考究,还要从空间角度加以论证;而关注空间特征是地理学研究的特色。因此运用地理学的理论与方法研究城市体育空间问题是非常值得借鉴的。当然并非是将地理学研究内容机械地照搬到体育学科领域,而是在分析两门学科内在联系的基础上,运用地理学的内容对体育现象进行的一种解释,即一种研究体育现象的新视角。随着社会变迁,体育地理学对人与社会的实际体育问题进行考察成为重要的研究切入点,学者越来越趋向于对事物微观的考察;而建立在人的体育活动行为与体育场所空间(结构)关系的研究,将成为体育地理学微观研究领域的热点。因此,探究居民体育需求与城市体育空间的协同发展,既是我国社会发展的潜在需求,又是现实需求。我国地大物博,城市人口流动较大,如何配置合理的体育空间资源,满足居民的体育需求,已成为城市发展、体育空间研究的重中之重。为此,本章通过中国期刊网的文献查询及部分重要城市地理著作的分析,梳理我国城市体育空间研究的主要进展,在此基础上指出当前研究中的主要不足,并对未来的研究方向进行展望。

4.1 中国城市体育空间研究的主要进展

4.1.1 城市体育空间的内涵解读

"什么是体育空间"乃学界讨论的重要课题。著名学者卢元镇认为体育空间是社区的体育场地设施，而学者徐可定把体育空间当成一种特定的社会环境。此外，也有学者将体育空间与"休闲"一词结合，衍生出了城市休闲体育空间这一概念，即满足城市居民体育活动、观赏比赛等体育需求的城市空间。笔者更倾向于学者蔡玉军对城市体育空间的界定。蔡玉军认为城市体育空间是指由城市政府主导或直接提供的可供城市居民大众进行体育活动的场所。

城市体育空间是城市空间的重要组成部分，集层次、结构及功能于一体的复杂的动态系统。城市体育空间类型冗杂：根据社会单位可分为学校体育空间、职团体育空间、社区体育空间，根据体育活动的性质可分为娱乐体育空间、休闲体育空间、康复体育空间，按物品属性可分为纯体育空间和准体育空间，按利用时间可分为日常体育空间、周末体育空间、节假日体育空间，按功能可分为综合性体育空间和单一性体育空间，按封闭程度可分为全封闭体育空间、半封闭体育空间及露天体育空间。而按服务范围的分类是体育地理学研究的重点，可分为居住小区级体育空间、居住区级体育空间、乡镇街道级体育空间、地区级体育空间、城市级体育空间，其服务范围、服务人数、建设规模、设施水平逐级升高。

我们可以根据城市体育空间的定义和分类来解读其内涵。首先，城市体育空间内涵体现在与城市居民的互动上，无论哪类体育空间，都应强调与居民的互动，这样才能称得上真正意义上的城市体育空间；其次，城市体育空间的呈现需借助一定的物质载体，如场地、器材等；再次，城市体育空间类型丰富，彼此更迭、相融。如学校体育空间可以向社区体育空间延伸；而日常体育空间又与周末体育空间相融……

4.1.2 城市空间研究的理论基石

空间是人类社会活动的场所，人类的所有活动都在空间上反映出来。空间问题从 19 世纪 20 年代杜能的开创性研究，到 20 世纪 90 年代以克鲁格曼为代表的新经济地理学采用迪克西特—斯蒂格利茨模型将空间因素纳入一般均衡分析框架，空间问题的理论研究经历了一个兴衰沉浮的过程，如表 4-1。其中为体育领域高度青睐的当属中心地理论（Central Place Theory）、古典城市空间结构理论（Classical Urban Spatial Structure Theory）。

表 4-1　空间问题的研究流派

流派	代表人物	主要理论
区位理论	杜能（1826）	农业区位论、工业区位论、中心地理论、市场区位论
聚集经济理论	马歇尔（1890）	聚集经济理论、地方化经济与城市经济理论
空间竞争理论	霍特林（1929）	霍特林模型、塞洛普圆周模型
结构主义理论	缪尔达尔（1970）	大推进理论、中心外围理论、梯度理论、增长极理论、循环累积因果关系模型
现代城市经济学	阿朗索（1964）	城市土地利用和地租理论、单中心城市结构理论、城市体系和最优规模理论
新经济地理学	克鲁格曼（1991）	核心—边缘模型、城市体系理论、区际贸易理论

（1）中心地理论（Central Place Theory）

20 世纪 30 年代初，资本主义经济高度发展，城市化进程加速，该时期对城市空间分布、数量和规模等级的研究也不断涌现。德国地理学家克里斯泰勒（Christaller，1933）在其《德国南部的中心地原理》一书中，系统阐述了中心地数量、规模和分布模式，由此中心地理论正式诞生，成为城市区位论的代表性著作，被称为"经典的地理学思想，空间优化的鼻祖"。克里斯泰勒认为，市场、交通、行政因素共同制约城市中心地的空间分布形态和构成模式，形成了城市中心地系统模型(如图 4-1)。在这三种制约因素中，市场是基础性因素，交通和行政因素被看作是基于市场因素形成的中心地系统的修正因素。具体看来，高级中心地按交通原则布局，中级中心地布局中行政因素作用较大，低级中心地则用市场因素解释较为合理。我国体育地理学研究先驱田至美先生认为，体育的产业化、职业化以及体育市场的发展和形成，是中心地理论应用于体育领域的三个基本前提。随着体育的传播和运用，体育的空间组织也将出现，体育设施的空间分布可以沿袭克里斯泰勒的中心地理论进行研究。

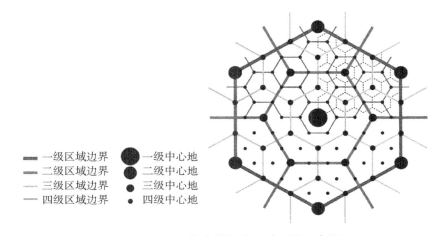

一级区域边界　●一级中心地
二级区域边界　●二级中心地
三级区域边界　·三级中心地
四级区域边界　·四级中心地

图 4-1　克里斯泰勒的中心地理论示意图

资料来源：高敏：《城市进化论：从城市副中心到副中心城市》，北京：中国发展出版社，2018，第 8 页。

(2) 古典城市空间结构理论(Classical Urban Spatial Structure Theory)

伯吉斯(Burgess，1923)基于人文生态学的视角对芝加哥城市土地利用结构进行分析，用"入侵"和"继承"的概念来描述城市土地利用的结构演变状况，并提出了同心圆模式(concentric-zone theory)。伯吉斯认为，城市内部空间结构是围绕单一核心地依次经历中心商业商务带、过渡地带、工人住宅带、高档住宅带和外围通勤带等由内向外有规则地扩展形成的五个同心圆圈层式结构。随着城市人口增长导致城市区域的扩展，每一内环地带必然延伸并向外扩展，"入侵"和"继承"相邻的外环地带，产生不同圈层结构的更替。伯吉斯的同心圆模式是建立在较为理想的均质空间平面上的，未考虑城市规模、城市功能、道路交通、区位偏好等潜在因素，忽略了人类的文化属性，把人类的竞争行为简单地比作生物群落的竞争。后来的学者虽沿用伯吉斯提出的同心圆模式，但赋予了城市空间结构的新含义。霍伊特(Hoyt，1939)在修订了同心圆模式的基础上提出基于城市交通导向的扇形模型(Sector Theory)，根据交通敏感度配置各功能空间。哈里斯和乌尔曼(Harris ＆ Ulman，1945)则提出了较为精细和具有弹性的多核心模型(Multiple-Nuclei Theory)，并首次明确在城市规模日益壮大的情况下，存在次要经济胞体(次级公共建筑中心)。伯吉斯的同心圆模式和霍伊特的扇形模型以及哈里斯和乌尔曼的多核心模型共同构成了城市空间结构的三大古典理论(如图 4 - 2)。

同心圆模式　　　　　　扇形模型　　　　　　多核心模型

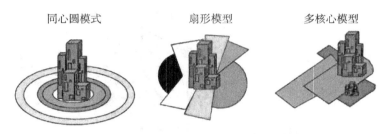

图 4 - 2　三大古典城市空间结构理论

资料来源：段进，《城市空间发展论(第二版)》，南京：江苏科学技术出版社，2006，第 60 页。

4.1.3　城市体育空间研究的方法取向

城市体育空间研究方法众多，如地图法、田野调查法、地理信息系统研究法(即 GIS 空间分析法)。而地理信息系统既是地理学的重要研究方法，也是城市体育空间研究中的新兴方法。此外，文物考古法、遥感、地理工程法等也是城市体育空间研究采用的研究方法。

（1）地图法

地图既可以表示空间事物的性质，又可以表现空间事物的联系和动态过程。遥感技术的发展，为以卫星、航空照片为基本素材制作不同比例尺的地图，提供了越来越丰富的空间信息。近年出现的电子地图和地图信息系统，可以完成地图制作、自动储存检索、分析模拟、预测规划等一系列功能，实现了空间信息的可视化。此外，景观制图也是近年来发展起来的一种专题制图方式，主要反映景观单元和景观结构，已经成为城市规划的重要基础图件。

（2）田野调查法

田野调查是人文地理学、社会学等学科研究中比较常用的一种方法，指研究者深入到具体的社会群体生活的地区，长期与其成员生活在一起，参与、观察当地人的生活，与之建立良好的社会关系，研究其社会结构，尽全力了解当地人的观念，以期达到研究该社会群体文化结构的目的。目前，田野调查已经引起了体育学科，特别是人文社会学者的重视，出现了一些一次方法为主的研究成果。但是，就城市体育空间而言，田野调查法的使用还存在面积小、应用不规范等问题。

（3）GIS 空间分析法

20 世纪 60 年代末，随着城市和区域计量革命的发生，空间分析为城市空间的研究者们提供了重要的分析方法和技术手段。最初空间分析发展主要应用定量分析手段分析城市空间分布模式，然后它们被应用于城市空间本身特征、空间决策过程及复杂空间系统的时空演化过程分析。GIS（地理信息系统）作为科学信息化社会的重要成员之一，联系着地理空间和社会空间，GIS 不仅能够用于采集、存储、管理与地理位置相关的空间数据及其属性数据，而且为空间分析提供了强大的技术工具的支持。GIS 在城市空间的研究应用已从理论走向实践，为城市数字化建设和信息化管理提供了有效的理论支持和技术保障。地理信息系统通过空间分析方法和原有城市地理研究方法的结合，进行了新研究方法的整合，在空间综合社会人文学思潮的大背景下，探讨了城市体育空间定量研究的新方法。我国学者将 GIS 空间分析技术应用于体育领域的研究尚处启蒙阶段，主要涉及的内容包括体育数据的空间可视化表达和城市体育空间的布局优化两方面。进入 21 世纪以来，随着互联网技术的发展以及大数据时代的到来，构建 GIS 空间分析技术在体育领域的研究体系已刻不容缓。

① 体育领域中的空间可视化表达

体育领域中空间可视化表达研究主要包括：体育设施信息系统的开发，竞技水平的区域空间研究、体育赛事突发事件的推演、体质数据的监测与管理等方面。马运超等（2010）以提高城市体育设施利用率，促进大众体育发展为落脚点，研究设计了一套基于 GIS 空间分析技术的体育设施信息系统，整套系统功能强大，实现了体育设施的空间可视化表达。将GIS空间分析技术应用于竞技水平的区域空间研究又是该技术的又一亮点。王良健等（2009）采用GIS空间分析技术探索省际竞技体育水平空间分布的特点，并运用OLS、SLM和SEM三大模型揭示影响省际竞技体育水平空间分布的因素，并提出了促进区域竞技体育水平的可行性建议。邰红娟等（2013）采用GIS空间分析技术将第17届冬奥会各国竞技实力进行了空间可视化表达，并在此基础上探讨了影响其空间分布的因素及深层作用机制；王茜等（2011）基于2000年到2009年我国体育专利数据，运用GIS空间分析技术、Mann-Kendall检验、特化系数、Moran's I，以及LIAS指数，从时空间与时空耦合的维度分析我国体育技术创新水平的时空变异特征，提出我国体育技术创新水平时空模式的方法论框架。

② 基于GIS空间分析技术的城市体育空间优化研究

当前，全球化、市场化、分权化等使得城市问题的空间过程与空间机制越来越复杂，社会流动性的提高与社会极化与隔离状况的加剧，使得城市体育空间研究者应当更加深入社区、深入群众，需要将基于体育空间格局与趋势描述的汇总性分析与基于了解锻炼者个体特征与区域性特征的微观研究相结合，这应当是城市体育空间研究的方法论创新的主体方向。

陈旸（2010）基于社区体育服务设施布局的现状，将GIS空间分析技术引入到社区体育服务中，利用Min Distance和Max Cover手段，提出社区体育服务设施选址和布局优化方案，为社区体育设施选址研究提供了新的视角，值得同质服务设施的选址的借鉴。王雷（2010）通过建立体育场馆周边地域的空间及属性数据库，利用GIS空间分析技术对数据库进行汇总分析，提出要实现体育场馆的合理布局，需以体育场馆的生态环境和环境与区域之间可持续发展做支撑。赵靓（2011）以上海市杨浦区体育场地为研究对象，利用GIS、NNI、Google Maps API研究上海市杨浦区体育场地空间分布，揭示杨浦区体育空间分布特征，分析了杨浦区体育空间密度高低问题。张欣（2012）秉承"公平与效率"的原则，建立了公共体育设施服务的内在指标体系。研究者还将GIS技术与LA模型分析相结合，提出了公共体育设施综合服务模型；同时利用GIS技术的空间可视化表达，展现了城市公共体育设施服务的综合辐射范围，为城市公共体育设施科学规划和布局提供重要的参考依据。刘偲偲（2014）以成都市五城区的体育场馆为研究对象，采用 GIS 空间分析技术，探讨成都市五城区的公共体育场馆与居民参与体育锻炼之间所存在的供求关系；并基于空间可达性分析的视角，运用缓冲区分析、邻近距离计算、空间融合管理、Huff 模型等分析功能，揭示体育场馆的空间布局特征，评价体育场馆的服务能力。蔡玉军等基于"效率—公平"、"空间—行为互动"等理论，利用 GIS 空间分析技术对上海市中心城区社区体育场所进行研究，评价上海市中心城区社区体育场所的可达性；并在遵循上海社区公共运动场优化布局原则的基础上提出了改进策略与方案。

4.1.4　城市体育空间布局研究

满足城市居民的基本体育需求是城市的主要功能之一。随着城市体育空间与城市居民体育供求矛盾日渐凸显，一方面城市体育空间资源总量不足，另一方面城市体育空间分配不均、闲置浪费现象严重；因此构建合理的城市体育空间已成为摆在学者眼前的现实问题。国内外关于城市空间的研究比较系统和丰富，但关于城市体育空间的专门研究却相对薄弱。前人研究虽涉及城市体育空间的等级划分、布局模式、服务范围等问题，但并没有提出一个较为系统和整体的城市体育空间的理想模式。

（1）城市体育空间的三、四、五等级划分

《城市居住区规划设计规范》把公共设施层次分为居住区、居住小区、居住组团三级，《设计规范》中仅对居住区、居住小区、居住组团三级公共设施进行了详细规定，但存在文化与体育指标合用的现象。徐会夫（2015）也认为在城市总体规划中，城市公共设施应按照市级、区级、居住小区级进行分级；因此他把城市体育场地设施层次分为了市级、居住区级和小区级三级。《城市公共体育运动设施用地定额指标暂行规定（1986）》将城市体育设施划成四个等级：市级、区级、居住区级和小区级。蒋蓉（2007）在实践研究中，也将公共体育设施设置成四级：市级、区级、片区级和社区级。蔡玉军以上海市中心城区为例，构建了完整的城市体育空间结构；并根据上海市的行政区划和城镇体系，将中心城区体育空间划分为城市级、区县级、乡镇街道级、居住区级和居住小区级五个等级。

（2）城市空间演化与体育空间

弗曼（Richard Forman，1995）基于景观生态学视角，从空间格局把城市化空间过程划分为：边缘式、单核式、多核式、走廊式、分散式五种模式；罗伯特·卡曼尼（Roberto Camagni，2002）也将城市空间进程划分为填充型、外展型、蔓延型、基于在交通线扩展型、基于卫星城扩展型五种类型；而里奥瑞（Leorey O. Marquez，1999）研究发现城市用地增长包括紧密型、走廊型、多结点型三类。19世纪末20世纪初开始，国内也涌现出大批城市空间演化模式的研究（如表4-2）。

表4-2　我国城市空间演化模式

序号	研究者	研究时间	城市空间演化模式	模式数
1	段　进	1999	同心圆式、星状、带状、跳跃式	4
2	张振龙、顾朝林、李少星	2009	圈层式、飞地式、轴间填充式、带状	4
3	宗跃光	2002	同心圆式、局部扇面、走廊式、飞地式、粘合式	5
4	刘纪远	2003	填充式、外延式、走廊式、卫星城式	4
5	汤君友	2003	圈层式、辐射式、跳跃式	3
6	赵和生	2005	单核同心圆式、轴向带状、多核延连式、多核重组式	4
7	冯　健	2007	圈层、同心圆、扇形、多中心	4
8	王　磊	2010	多中心式扩展、填充式扩展	2
9	谢　菲	2013	同心圆、多中心空间模式	2
10	岳文泽	2013	边缘式、填充式、线性、自发式	4
11	韩　冬	2014	一城两港、一城一港、两城两港	3
12	段德忠	2015	单核、多核、廊道式	3
13	万　婷	2016	圈层、"IFD"空间发展模式	2
14	陈玉光	2016	同心圆、多核驱动、带状、星状、网结状、散珠状、复合型、低密度无节制蔓延、大城市空间扩展	9

城市体育空间作为城市空间的特殊组成部分，其空间布局必将显现城市空间演进的脉络，体育圈已成为城市体育发展的一种新范式。李建国等（2004）通过对城市居民体育活动行为时空特征的研究，提出了日常体育生活圈、周末体育生活圈、节假日体育生活圈三种模式；申亮等（2005）研究发现都市体育圈呈环状分布。此外，另有学者研究发现，城市体育空间除圈层布局外，还需考虑构建塔层布局、带状布局、环城布局以及远郊布局。

随着城市居民日益增长的体育需求，城市体育空间的合理布局已成为城市体育发展的基石。学者研究发现：我国城市体育设施的供应呈现出塔尖为大型竞技体育设施，塔身为各类社会体育设施，塔基为社区体育设施的金字塔结构，具有明显的层次性；城市居民对体育设施的需求也朝需求量增加、市—区—居住区三级化及多功能化方向发展。所以城市体育空间的合理布局既要考虑功能上的混合使用、综合考虑城市居民的多样性需求、提高城市体育实施的利用率，又要考虑城市体育空间与其他开放空间的关联、互动。如结合地铁、公交及其他设施的综合考量，实现体育空间与城市开放空间结合的多元化。进入 21 世纪后，城市体育空间总体上表现出与城市功能的更加融合，并逐渐向综合效应和全方位发展演化。

（3）城市体育空间的服务范围

服务范围是评价体育空间优劣程度的重要指标之一。各级体育空间都有较为固定的服务范围，在此服务范围内，吸引城市居民到该级体育空间参加体育活动。徐会夫（2008）将城市公共设施的服务范围假设为圆形，并得出城市公共服务设施的服务范围。理想状态下，城市体育空间的服务范围也应为圆形，其服务半径就表示体育空间的服务能力与吸引力。一般来讲体育空间规模越大、体育空间的达性越好、体育项目设置越全、设施完备度越高、体育服务质量越高、体育消费价格越低，体育空间的服务半径就会越大。李建国（2004）研究发现居民到社区体育中心、健身苑、健身点的出行距离与其辐射范围成正比，分别是 1 000 米、800 米、500 米左右；陈旸（2010）研究认为社区体育服务设施服务半径不宜超过 300 m；蔡玉军（2012）结合前人研究以及专家意见，将城市体育空间划分为城市级、区县级、乡镇街道级、居住区级、居住小区级五级，每一等级体育空间都匹配相应的服务半径和出行交通方式（如表 4-3）。

表 4-3　各级体育空间服务半径与出行方式

序号	体育空间等级	体育空间服务半径(m)	出行方式
1	城市级	5 000	公共、地铁等
2	区县级	2 500	公交、地铁等
3	乡镇街道级	1 500	自行车、电动车等
4	居住区级	1 000	步行
5	居住小区级	500	步行

4.1.5　体育活动行为、城市空间与城市体育空间的互动研究

20 世纪 70 年代，日本学者就开始研究体育环境对国民日常体育活动的影响。1972 年，日本第一个社会体育中长期计划《体育、运动之普及振兴相关基本方案》中就指出，通过完善国民体育环境来发展社会体育。我国关于城市居民体育活动与地理学相结合的较少，尚处于探索阶段。仇军(2003)研究发现，年龄会影响居民选择参加体育活动的场所。随着年龄的增长，居民对公园广场、住宅空地、公路道旁的选择逐渐上升，而对收费场馆以及学校、单位等的体育设施场馆设施的选择逐渐下降。蔡玉军(2011)等基于人文地理学及社会学角度，对小学生在非上学时间体育活动行为时空规律进行研究。研究发现小区或社区内是小学生体育活动的主要场所，其体育活动行为空间表现出四圈层结构。通过分析其影响因素及决策机制发现：首先，学生个人属性、家庭属性、居住区位及家庭其他成员的体育活动习惯，会影响上其体育活动行为；其次，对体育活动的认知、对体育活动空间的感知及对不同体育活动内容偏好，会影响其行为决策。

体育场馆设施是城市空间的重要组成部分。体育场馆设施建设同城市空间的发展关系紧密。陈礼贤(1993)研究认为，体育场馆设施是城市建设的有机组成部分，体育场馆的合理布局可以满足居民体育活动的需要，促进区域经济发展，拓展居民生活空间；陈翀(2009)认为，体育场馆设施的建设对城市的建设和发展具有催化和推动作用；林显鹏(2010)认为，体育场馆建设能够促进城市

发展，城市发展又能够促进城市体育场馆的建设及体育产业的繁荣。体育空间的布局对城市空间甚至城市发展来讲是一把双刃剑：优良的布局可以促进城市的发展；而不合理的布局则会给城市发展增加负担。胡振宇（2006）研究认为，体育设施建设既能促进城市发展，又受限于城市发展，两者存在互动关系。王西波（2008）也认为，体育场所与城市之间存在互动关系，如果两者之间不和谐就会对城市发展起到消极作用。

4.2 中国城市体育空间研究的主要不足

21世纪以来，我国学者在城市体育空间研究中，取得了长足进步。在理论上，注重从城市体育空间的研究中归纳总结、抽象出一般规律；在研究视角上，越来越多的学者开始从全球化、信息化、新产业空间、可持续发展等多角度关注城市体育空间的演化；在方法上，开始出现多学科融合研究的局面，不断借鉴和吸收社会学、经济学、生态学、地理学等相关学科的研究经验和方法，开拓城市体育空间研究的新思路，丰富城市体育空间研究的新方法；在实践上，注重应用研究，与城市规划建设密切结合，个案研究不断涌现。然而，从目前所取得的研究成果来看，尚存在一些不足。

4.2.1 城市体育空间理论构建体系不扎实

城市体育空间理论研究国内起步较晚，最早可追溯到20世纪80年代初，学者王家钢等指出须加强我国体育地理研究。至20世纪90年代初，人文地理学者田至美开始介绍美国学者约翰·巴勒（John Bale）的研究成果后，体育地理学的研究内容（包括城市体育空间）才开始引起一些国内学者的关注，如陈修颖、段文彬、吴殿廷、陈昆仑、陈旸等。目前，我国城市体育空间研究多借用国外的规划理论与分析方法，多数研究集中在城市体育空间理想结构模式的研究，对体育空间形态的自身特征及变化研究不多，即实证研究匮乏。其次，对城市体育空间的研究也不能仅局限于事物表面的一些异同点，必须透过现象分析其本质原因，掌握事物之间内在的、本质联系和区别。

4.2.2　城市体育空间的研究对象单一、集中

目前有关城市体育空间的研究对象的选取，大部分集中在北京、上海、广州等已经步入快速城市化阶段的发达城市；而对于正在或即将步入快速城市化阶段的中、西部地区城市的体育空间研究，则没有得到足够的重视。城市体育空间的研究主要目的之一是更好地为城市发展服务、为城市规划提供基础，因此介入后者的研究，将对中、西部地区城市体育空间演变规律的把握，更具有现实的指导意义。

4.2.3　城市体育空间的研究范式单一，多定性研究、少定量研究

定量研究手段在国外城市体育空间研究中已相当普及，与此同时，国内大多学者却仍停留在以定性描述、文献综述为主研究城市体育空间阶段。近年来虽然国内对定量方法的应用比过去有较大进步，但在应用和研究深度上仍与国外同行有一定差距。究其原因，主要是缺乏大量的、连续的或多时段的动态数据库支持，导致出现基于空间图形定量分析的研究较少，而文字描述方法又难以进行定量化比较的问题。

4.2.4　城市体育空间的研究过于强调主体性，忽视与人、环境的互动

受传统的结构功能主义的影响，我国城市体育空间的相关研究偏重物质实体空间，而忽视体育行为空间，特别是对决定锻炼者行为的"主观环境"空间——锻炼者所感应的"映像空间"——感知的系统化研究很少。对锻炼者的锻炼心理、选择锻炼场所过程的研究成果不多。

4.3 未来研究方向

根据中国城市体育空间研究所取得的进展及当前存在的主要不足，未来中国城市体育空间的研究，应在深化和完善现有研究的基础上，强化中国城市体育空间理论体系研究，本土化研究，研究范式的拓展、互动研究，可持续研究等。立足于城市体育空间研究的基本理论与实践，开展跨学科研究，开创具有中国特色的城市体育空间研究。

（1）城市体育空间理论体系的再构建

未来，城市体育空间的现实问题研究将越来越多地借助地理学的理论体系，这种研究社会问题新范式的诞生是多学科交叉研究城市体育空间的构成、要素关系构成以及形态模式等方面寻求的新的突破口。

（2）强调城市体育空间研究的综合性、地域性和多样性

我国幅员辽阔，各城市体育空间发展背景不同，差异明显，类型多样。城市体育空间研究应结合中国的实际情况，特别是在快速城市化背景下，特别关注城市体育空间如何适应城市的快速扩展等实际问题的研究。

（3）城市体育空间研究范式的再拓展

把国内学者擅长的定性描述、理论概括与 GIS 空间分析、数理统计、图底关系理论（城市规划三大理论之一）等定量方法和新技术结合起来，是未来城市体育空间分析方法的主要发展方向。此外使用大数据对某一城市或特定专题进行实证研究，也是未来城市体育空间分析方法不断拓展的重要体现。

（4）注重城市体育空间主体、体育行为与城市空间的互动研究

体育学与城市地理等人文地理现象学科的结合，尤其要重视城市体育空间认知规律的研究，了解锻炼者对城市体育空间的认知、理解、价值、分析、推理等方面的规律。同时，也要关注如何把人文现象、事件和知识基于空间认知机理，进行空间表达，即人文现象知识的空间化方法。甚至虚拟空间和信息世

界中的文化现象，其具有一定的地理学科特性，也借助空间化的技术进行分析处理。在当前以人为本的科学发展观与和谐城市建设的大背景下，我国城市体育空间的开发、规划必须加强城市体育空间主体、体育行为与城市体育空间的互动研究。

（5）推动城市体育空间的可持续发展研究

城市体育空间的可持续发展是当今西方发达国家研究的热点，环境、经济和社会效益与城市形态的关系日益得到重视。作为物质参照的城市体育空间是"可持续发展"规划研究的重要组成部分。在当前快速城市化和全球化、信息化、高科技迅速发展的大背景下，如何塑造和谐、理性与可持续发展的城市体育空间，创造健身环境，避免后现代社会高科技发展、信息化等对城市体育空间冲击可能造成诸如体育情感真空、体育空间环境破坏、体育文化缺失断层等严重后果，成为当前城市体育空间研究的重要课题，必须得到重视。

实　证　篇

第 5 章 中国城市体育空间整体分布特征研究

2014 年《国务院关于加快发展体育产业促进体育消费的若干意见》（国发〔2014〕46 号）文件的出台，给我国体育事业的发展带来了重大契机，全民健身上升为国家战略。此时，深入探讨我国体育资源配置水平的现状，对推动我国体育事业的快速发展具有重要的现实意义。体育事业发展"十二五"规划强调："加快完善公共体育服务体系，提高公共体育服务水平，切实提高全民族的身体素质和健康水平，促进我国群众体育发展迈上新台阶。"[①] 体育空间建设水平不仅能够反映一个国家或者地区的社会经济发展水平，而且可以折射这个国家或地区的文明程度与民生状况；同时，体育空间也作为广大居民强身健体、增进健康的一个重要载体，伴随着我国国民经济的高速发展、居民健康意识提升和健身需求扩大，对体育活动空间、体育场馆设置的要求也越来越高。

在我国体育事业迅速发展的同时，体育空间设置的资源分布合理化、城乡分布均等化等一系列问题成为政府要面临的重要决策课题。目前，从研究广度来看，国内学者主要集中于体育空间布局的现状、原则与目标及相关理论的研究，而对体育空间布局演进过程、发展趋势、影响因素和驱动机制方面的研究才刚刚起步。但是，体育空间作为我国体育设施中重要的组成部分，合理的布局对于体育事业的发展具有重大的意义。本章将通过对我国 31 个省、市、自治区的体育空间设施分布进行研究，试图探讨各省域在体育空间建设和开发过程中的影响因素和空间动态，进而为合理的开发及利用体育空间设施提供政策建议。

[①] 国家体育总局：《体育事业发展"十二五"规划》，2011 年 4 月 1 日，http：www．sport．gov．cn/n16/n1467/n1843577/7843747．html。

5.1 文献回顾

体育空间的分布一直是国内外对于体育资源研究的重点之一。国外学者倾向于通过分析体育空间的布局及演变过程和特征，预测体育空间布局的未来发展趋势。特蕾西（Tracy Newsome）等通过对当前美国城市与大联盟时期的体育空间布局特征，总结出场地布局郊区化的趋势已经扭转并向城市中心区域回潮的结论，提出影响场地布局变动的主要原因是政府的干预、城市振兴计划、经济利益趋势、球队专营权的控制、人口因素等。通过对场地布局研究的研究，政府工作者可以根据结论制定及调整场地布局的规划，避免由于盲目建造场地而造成巨大的经济损失。巴德（Robert Baade）等认为场馆的地址选择与区域空间有着密切的关系，因此诸多选址问题需要运用地理学观点进行研究，从而提高场馆建设选址的准确性。国内学者对于关于体育空间布局现状的研究。我国现在最早的研究可以追溯到 1981 年，杨雨、张锦年等通过对华北、华东、中南、西北四大区域的走访，对体育空间的布局现状进行了调查；但遗憾的是研究仅限于对部分城市场地布局现状的一般介绍和单一对比，对体育空间布局的特征和形成的原因并未做进一步的探讨。迄今为止，我国一共进行了六次全国性的体育空间普查工作，积累了较为全面的体育空间数据，成为了科研工作者对体育空间研究的重要参考资料。已有的文献研究表明：体育空间普遍存在布局不合理、不均衡的问题。尹玲（2008）通过对我国社区体育设施存在问题的研究，指出体育空间设施总量不足是制约城市全民健身可持续发展的瓶颈，资源配置不平衡，设计针对性不强，功能相对单一。高亚丽、杨涛、权德庆、蔡军和魏娟丽通过对 2008～2009 年全国体育空间开发利用统计分析，运用数理统计法、比较分析等研究方法进行了深入分析，总结归纳出体育空间开发利用中存在总数基数模糊、区域分布及结构不合理等。

在体育空间分布影响因素方面，国外对体育空间分布影响因素的研究十分广泛和细微，菲赞特（Feyzant Erkip）提出体育设施区域特征是影响公园设施和体育娱乐设施的主要因素，具体包括人口密度、年龄、性别、家庭结构与规模、收入水平、教育背景、交通工具，以及个人兴趣等，这些因素会影响体育公共设置的质量。而国内学者对于体育空间分布影响因素的评价体系十分复杂，许多学者将单个主导因素作为评价来进行研究。曾建明、王健等（2014）针对我国大型体育场（馆）的空间布局进行了研究，指出体育场（馆）布局缺乏合理性，过于中心化，与城市公共空间契合不足。许月云、陈霞明（2016）以泉州为例，指出泉州市体育空间布局不均匀，主要表现在城乡之间、老城乡与新城区之间的不平衡等。

我国在 2014 年启动了第六次全国体育场地普查，通过对普查数据的分析，我国体育场场地的分布不均匀，东部与北部地区（北京、天津、河北、上海、江苏、浙江、福建、山东、广东和海南 10 省市）的体育空间数量最多，占43.29％；中部地区（山西、安徽、江西、河南、湖北和湖南 6 省份）的体育空间数量占 24.59％；西部地区（内蒙古、广西、重庆、四川、贵州、云南、西藏、陕西、甘肃、青海、宁夏和新疆 12 省、自治区）的体育空间数量占25.96％；东北地区（辽宁、吉林、黑龙江）的体育空间数量占 6.16％。从人均场地来看，东部地区人均 1.81 平方米，远高于中部和西部地区。从第六次全国体育场地普查的公报来看，我国的体育空间分布存在明显的差异性；因此，本章选取我国 31 个省、市、自治区城市体育空间作为研究对象，充分考虑地理依赖性即空间自相关性和空间权重，构建空间计量模型研究我国城市体育空间分布特征，为我国城市体育空间分布研究提供一个空间计量研究的视角。

5.2　研究对象与方法

5.2.1　研究对象

采用省域（省、自治区、直辖市）年度数据，样本取自 2013 年普查数据。

数据主要来源：(1)《第六次全国体育场地普查数据公报》(2014)[①]；(2)中国统计年鉴及各省(区、市)统计年鉴(2014)[②]；(3)《中国体育年鉴2014》[③]。此外，由于数据可得性及体育空间关联性的原因排除了港澳台地区，最终形成了我国体育空间分布情况的版面数据。另外，影响场地数量(分布)的因素很多，包括自然因素和社会因素等，参考其他相关研究文献。同时鉴于数据的可获得性，选取以下变量：(1)体育空间水平，选择体育空间数量来代表体育空间水平，数据来源于《第六次全国体育场地普查数据公报》；(2)常住人口，选用的常住人口取自于《中国统计年鉴》各省域在2013年的常住人口量；(3)经济水平，选择国内生产总值(GDP)来衡量经济发展水平。为了剔除价格的影响因素，根据国内生产总值指数将当年的GDP调整为以2013年为基础的实际GDP，数据来源于《2014中国统计年鉴》；(4)体育空间面积，体育空间面积选择是建设体育空间的实际面积，数据来源于《第六次全国体育空间普查数据公报》；(5)场地类型，主要分为室内场地和室外场地，本研究选择室外场地数量与室内体育空间的数量来表示场地类型，数据来源于《第六次全国体育场地普查数据公报》；(6)城市场地数量，数据来源于《第六次全国体育场地普查数据公报》；(7)投资金额，包括了财政拨款、题材公益金、单位自筹及其他收入，数据来源于《第六次全国体育场地普查数据公报》；(8)其他因素，根据《第六次全国体育场地普查数据公报》结果，纳入场地从业人数和观众座位数作为影响场地分布的其他因素指标。由于上述指标变量具有不同的单位和不同的变异程度，用回归模型进行实践解释较为困难，所以在SPSS23.0软件中对因变量和自变量的所有数据进行标准化。本研究采用的数据标准化方法为Z-score标准化方法，这种方法基于原始数据的均值(mean)和标准差(standard deviation)进行数据的标准化，其公式：

$$Z = \frac{原始值 - 均值}{标准差}$$

---

① 《第六次全国体育场地普查数据公报》，《中国体育报》2014年12月26日，第3版.
② 《中国统计年鉴(2014)》，北京：中国统计出版社，2014.
③ 《中国体育年鉴(2014)》，北京：中国体育年鉴社，2015.

5.2.2　研究方法

（1）空间自相关性检验

空间自相关(sptial autocorrelation)是指一些变量在同一个分布区的观测数据之间潜在的相互依赖性。地理学的第一定律指出：任何东西与别的东西之间都是相关的，但是近处的东西比远处的东西相关性更强。空间位置越相邻，属性就越趋同，空间现象越相似，这种相关性叫做空间依赖(spatial dependence)。本研究中，对于体育空间数量的分布预测会受到空间依赖性的影响，彼此之间不是相互独立，而是相关的；因此，引入全局空间相关统计量 Moran's I。空间自相关统计区别于传统地理统计的关键是引入了空间权重矩阵。Moran's I 的计算公式为：

$$I = \frac{\sum_i^n \sum_{j \neq i}^n W_{ij}(X_i - \bar{X})(X_j - \bar{X})}{S^2 \sum_i^n \sum_{j \neq i}^n W_{ij}}$$

全局 Moran's I 的值介于 -1 至 1 之间。大于 0 为正相关，且越接近 1，正相关性越强，即相邻空间单元之间具有很强的相似性；小于 0 为负相关，且越接近 -1，负相关性越强，即相邻空间单位之间具有很强的差异性；接近 0 或者等于 0，则表示相邻空间单元不相关。

（2）空间常系数回归模型

空间常系数回归模型是空间计量模型的重要方法，它主要是引入了空间效应(空间相关和空间异质性)，既考虑了空间的依赖性也参考了空间权重指数。按照空间依赖性体现的不同方式，空间常系数回归模型可分为空间滞后模型(spatial lag model，SLM)和空间误差模型(apatial error model，SEM)。

① 空间滞后模型(SLM)

它是探讨变量在一个区域是否有溢出效应。其模型为：

$$y = \rho W y + \beta X + \varepsilon$$

其中，y 为因变量，X 为 $n * k$ 的自变量矩阵(n 为区域个数，k 为自变量个数)，W 为 $n*n$ 空间权重举证，ρ 为空间滞后系数，β 为空间自变量回归系数，ε 为随机误差项。

② 空间误差模型(SEM)

它是探讨误差项之间是否存在序列关系。其模型为：

$$y = X + \varepsilon$$
$$\varepsilon = \gamma W\varepsilon + \mu$$

其中 γ 为空间误差系数，μ 为服从正太分布的随机误差项，其他参数与 SLM 的含义相同。

③ SLM 和 SEM 模型选择

因为 SLM 和 SEM 都考虑到了空间依赖，但两者哪个模型更好还需要甄别，本章参考姜磊 2011 年提出的判别方法，主要有自然对数似然函数值(log likelihood，LogL)，赤池信息准则(Akaike information criterion，AIC)、施瓦茨准则(Schwartz criterion，SC)，LogL 越大、AIC 和 SC 越小，模型效果越好。

5.3 结果与分析

5.3.1 我国城市体育空间分布空间自相关分析

体育空间分布的空间自相关性分析是考察城市体育空间分布在空间上有没有集群性和连片性，这种考察基于空间计量建模的前提，如果检验存在显著性的空间自相关性，则进一部借助计量方法进行分析。需要明确的是，本章用各地区场地累积数量来表征体育空间分布。空间自相关检验方法通常采用全局 Moran's 检验，检验发现全局 Moran's I 为 0.255 59，Z 统计检验量为 2.339 9，大于 5% 显著性水平统计值 1.96，不存在自相关的概率为 0，表明我国城市体育空间的分布存在显著性的空间自相关性和空间依赖性。即我国体育空间的分布并不是随机分布的；而是有一定的空间规律，主要是表现出空间集群性和异质性。体育空间分布不均匀，说明对于我国城市体育空间的分布规律和特征采用空间计量分析方法是可行的。通过第六次全国体育场地普查数据分析，将我国各省、市、自治区城市体育空间数量进行等级分类可以发现，同一等级的地域表现出来空间集群，说明我国城市体育空间结果数量并非完全的随机状态，而是相似值之间有空间聚集，正的空间相关代表相邻区域也有类似的空间联系结构。

如图 5-1，中国城市体育空间数量分布散点图(不含港、澳、台数据)，进一步分析发现，我国城市体育空间比重较高的地区主要集中在华东地区、华南地区和四川省。城市体育空间比重较低聚集的主要在华北、西南地区，且部分区域的聚集通过了显著性检验，说明我国城市体育空间分布上有明显的聚集现象。所以，有必要在使用体育数据进行我国体育空间分布研究时，考虑纳入空间依赖性的空间计量模型估计。

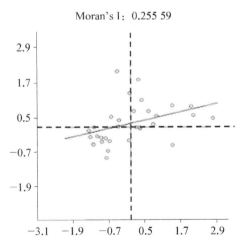

图 5-1　中国城市体育空间数量分布散点图(不含港、澳、台数据)

5.3.2　我国城市体育空间分布的空间计量模型构建

构建城市体育空间模型分布的空间计量模型就是克服普通最小乘回归模型

（Ordinary Least Square，OLS），忽视空间依赖性的缺陷，提高估计优度，对地理空间不平衡性和异质性做出合理的解释。

（1）普通最小二乘估计建模

为了克服横截面数据经常存在的异方差问题，将标准化后的数据进行建模（SLM 和 SEM 建模同理）。为了便于比较，先不考虑空间依赖性而直接用 OLS 构建模型。由于有 1 个自变量 10 个因变量共 11 个变量，可能产生多重共线性问题，需要进行检验。通过方差膨胀因子（variance inflation factor，VIF）检验，当 VIP＞10 时表明存在多重共线性，应该剔除该变量，否则会影响估计结果；当 VIF＜10 的时候不存在多重共线性。通过检验，本研究的 10 个自变量有 8 个小于 10，室内场地数量、城镇场地数量的 VIF 值大于 10，所以剔除这两个变量。

表 5-1　中国城市体育空间分布水平方差膨胀因子

指标	常住人口	人均GDP	室外场地数量	室内场地数量	城镇场地数量	建筑面积	投资金额	场地从业人数	观众座位
VIF	9.047	2.722	5.730	12.685	53.234	8.522	5.201	9.163	9.402

从 OLS 模型看，调整后的拟合优度达到了 0.945，拟合较好。而且室外场地数量、观众座位数二个指标通过了 5% 的系数显著性检验。其中，室外场地数量、观众座位及场地从业人数是场地数量多少的决定性因素。但是，从系数上看，人均 GDP、建筑面积的系数符号与预期的相反。结果显示：人均 GDP 越高的区域，体育空间数量分布越少；建筑面积越大，场地分布数量越少。由于 OLS 分析没有考虑到空间依赖性，需要通过 SLM 和 SEM 分析之后再做探讨。

表 5-2　OLS 估计结果

变量	系数	标准误差	t 统计量	P 概率值
场地数量(c)	0.0135	0.0448	0.3018	0.7655
常住人口	0.0749	0.1043	0.7182	0.4801
人均 GDP	−0.0992	0.0560	−1.7707	0.0904

变量	系数	标准误差	t 统计量	P 概率值
室外场地数量	0.3868	0.0631	6.1270	0.0000
建筑面积	−0.0233	0.0945	−0.2469	0.8072
投资金额	0.0402	0.0936	0.4295	0.6716
场地从业人数	0.1944	0.1006	1.9323	0.0660
观众座位	0.2461	0.1073	2.2940	0.0310
R^2	0.9596			
$R2adj$	0.9450			
$LogL$	5.4730			
AIC	7.0530			
SC	19.9598			

（2）空间计量建模和分析

由于无法凭经验判定是应该建立空间滞后模型还是空间误差模型，所以先同时建立，再检验选择哪一个模型更加适合，建立模型的估计结果见表 5 - 3。从拟合优度 R^2 来看，SLM 和 SEM 都优于 OLS，其次从 LogL、AIC 和 SCl 来看，同样由于 OLS 估计结果，表明在考虑到空间相关性和异质性时能更好地解释我国城市体育空间的分布特征。同时，从异方差检验 P 值＝0.041，显著性大于 5％，接受不存在异方差的假设，表明模型没有异方差。空间滞后模型和空间误差模型均优于 OLS 模型。同时，OLS 估计结果的残差进行残差自相关检验，moran's i＝0.072，概率值为 0.047，拒绝不存在空间自相关的假设，进一步表明忽视空间自相关的 OLS 存在不足，应该选择空间计量模型进行分析。同时可以看到，SLM、SEM 结果与 OLS 一样，人均 GDP 值和建筑面积值的系数符号与预期的相反，在三个模型中都显示为负数。评价究竟选择哪一个模型，需要进一步加以验证。根据安塞林（Anselin）等提出的判别准则，首先看拟合度 R^2 值、三个模型中 SLM＞SEM＞OLS，其次看 LogL（越大越好）、AIC 和 SC（越小越好）三者的值。结果显示，SEM 模型优 SLM、OLS 模型。最后再看系数显著性检验，空间滞后模型、空间误差模型中人均 GDP、室外场地数量、场地从业人数和观众座位数都通过了 5% 的 t 显著性检验。基于所有的检验结论总结分析，SEM 模型是最佳模型。

表 5-3 SLM 和 SEM 估计结果

变量	SLM				SEM			
	系数	标准误差	t 统计量	P 概率值	系数	标准误差	t 统计量	P 概率值
场地数量（c）	0.0070	0.0396	0.4838	0.8573	0.0138	0.3607	0.3847	0.7009
常住人口	0.0363	0.0911	0.1797	0.4849	0.0736	0.0873	0.8427	0.3993
人均 GDP	−0.1064	0.0493	0.6983	0.0310	−0.0992	0.0466	−0.2127	0.0330
室外场地数量	0.3829	0.0539	−2.1559	0.0000	0.3843	0.0527	7.2856	0.0000
建筑面积	−0.0243	0.0793	4.3983	0.7592	−0.0217	0.0799	−0.2719	0.7856
投资金额	0.0368	0.0787	−0.3065	0.6397	0.0448	0.0791	0.5661	0.5713
场地从业人数	0.2105	0.0902	2.3334	0.0196	0.1933	0.0851	2.2694	0.0232
观众座位	0.2482	0.0900	2.7559	0.0058	0.2402	0.0902	2.6615	0.0078
$R2$	0.9599	0.9597						
$LogL$	5.5830	5.6838						
AIC	8.8333	7.0323						
SC	23.1732	19.9382						

前面提到了人均 GDP、场地建筑面积的指标在空间计量模型中为负。人均 GDP 指标在 OLS 模型中没有通过显著性检验。但是 SLM 和 SEM 模型中通过了显著性检验。说明人均 GDP 对我国城市体育空间分布的影响显著。但是与传统观念相反的是，人均 GDP 高的地区反而场地分布密集程度小，出现了场地分布悖论的现象。我们认为是我国经济发展的不均衡性，导致经济落后地区人口分布广泛且在区域范围内集中。换句话说就是我国有些经济落后地区反而出现较多的体育空间分布，经济落后地区人口有集群特征。就是这种连片经济

落后地区的人口特征导致了我国城市体育空间分布密度随着人均 GDP 增加反而减少的"悖论"现象。顺便指出，我国 2012 年发布的《国家基本公共服务体系"十二五"规划》针对基本公共服务的地区差距，提出要不断推进地区间基本公共服务的均等化。同时，针对 2000 年提出的西部大开发政策，对我国经济较为落后的十二个省、市、自治区进行了大力的发展和扶持，也使得体育空间配置资源更加丰富起来。此外，场地建筑面积指标在空间计量模型中也为负数；但是三个模型都显示，场地建筑面积指标系数的 t 检验都未通过显著性检验，表明场地建筑面积对体育空间的影响并不明显。原因可能在于不同的地区，体育空间可能含有不同场地的类型、场地的设置地点和地区的地势现状等因素，尽管这可能对某些发达地区或者城镇密度较大的地区有影响，但对场地分布的影响不明显。

通过对比 SEM 与 OLS 系数符号，所有系数正负号都一致，确定了空间误差模型 SEM 为最优模型后，表明对于 OLS、SLM 模型更能精确地反应各变量对于体育空间数量的影响。对比 SEM 和 OLS 模型系数（绝对值）大小，发现人均 GDP 值差距不大，而常住人口数量、室外体育空间数量、建筑面积、从业人员和观众座位数，这些因素的系数大于 SEM 模型。其中仅财政拨款的系数值 SEM 大于 OLS 模型。综上所述，OLS 模型总体上高估自然因素、社会因素（常住人口数量、建筑面积、从业人员、观众座位数等）对体育场地分布的影响，财政拨款综合可以显示政府对于体育空间设施建设工作的力度，是政府宏观控制上的行为；而 SEM 模型正好纠正了 OLS 模型高估自然因素、社会因素。而低估政府行为的不足，进一步表明 SEM 模型更能精确反应我国城市体育空间分布的特征。

5.4 结论与建议

城市体育空间的分布是一个空间现象，内含空间关系和空间规律，因此，缺乏空间视角或者空间均质化假设下的城市体育空间分布研究结论值得商榷。

城市体育空间分布的规律可能会因为空间尺度产生一些结论与传统观念相悖论的现象，所以抛弃空间相互独立的假设，考虑空间权重成为研究城市体育空间分布特征新的选择，空间计量模型便是有效方式。特别是我国地域广阔，各地区经济、地理、人文等环境复杂，城市体育空间分布受到许多因素约束，故更应考虑空间异质性的影响。这种城市体育空间的集群性和异质性给我国城市体育空间设施管理和统筹提出挑战，也带来了一定的机遇。2014 年我国启动了第六次全国体育场地普查，通过普查全面了解、掌握我国体育空间的现状，为科学配置体育空间设施资源、健全完善体育公共服务系统、促进体育产业发展提供决策依据。

因此，本研究对我国城市体育空间分布空间属性的再认识，特别是对我国过去研究的有关体育空间分布建模过程中忽视空间自相关的不足做出进一步的尝试：一是放弃传统体育空间分布研究中隐含的空间相互独立假设条件的约束，应用空间计量模型能更精确的反应体育空间分布特征；二是本研究结合了相关学科理论和知识，特别是地理学理论技术，使传统研究难以克服的困难得到很好的解决。我们并非要否定前人的研究成果，也并非否定其科研方法，而是在具有理论支撑的基础上考虑空间因素，应用空间计量模型研究我国城市体育空间分布的空间特征。实证研究发现，空间计量回归模型明显优于普通最小二乘回归模型，表明引入空间依赖性的估计方法更能表达我国城市体育空间分布特征。这对于重新认识它，制定相关的政策，推动我国体育事业的发展具有重要的参考意义。在此基础上，提出如下政策建议：

（1）体育空间资源的开发和使用，除了包括人口、经济、场地条件、投资等因素之外，还应当考虑具体的地理位置特征，以及邻近区域体育空间开发政策和发展规划。每个省域的体育场地需求，除了受人口、经济及现有场地资源数量的需求之外，还受到相邻地区体育空间资源分布的影响。因此，未来在制定体育空间开发与利用时，应考虑区域体育空间资源分布的空间相关性，综合考虑相邻地区各因素的相互影响，推进跨区域的体育空间资源开发与利用机制形成，建立一体化的体育空间资源开发与发展政策。

（2）要在发展中合理开发体育空间资源，避免借发展经济或提高全民健身水平盲目建立体育空间，采用兼顾场地资源利用和合理开发新体育空间资源的内涵式发展道路。体育事业的发展与体育空间建立的数量并不是绝对对应的，通过合理地安排人口、地区面积、经济发展与体育空间的比例与废纸，可以实现既发展新的体育空间资源，又合理利用和开发现有的体育场地资源。

（3）要从体育空间资源的区域布局和配置的角度来制定体育空间资源的优化和保护政策。邻近的区域之间，在人口、经济、社会等各方面存在显著的彼此依赖性，如果每个地区的场馆资源都依据其利益或者效用的最大化进行决策，很可能会形成各自独立运行，盲目建设攀比的局面，导致近邻区域在体育空间类型和数量发展上的趋同。这种雷同性，从区域资源配置的角度来看，往往是一种资源的浪费。它会导致重复建立类似场馆，规模集中中小型场馆等弊端。因此，政府相关部门应该统筹规划，从体育空间整体资源配置的角度，积极引导能够适宜当地群众使用、有利于提高当地竞技体育水平、有助于承接高水平运动比赛的体育空间资源建设。避免相近区域重复低效率投入，既发挥区域特点，又保护体育空间资源。

基于以上考虑，实证分析我国体育空间分布特征后，本章得出的主要结论有：一是我国各区域的体育空间分布存在显著的空间依赖性，研究我国体育空间分布情况时应考虑空间效应；二是空间计量模型在解释体育空间分布空间异质性现象时比普通回归更具有优势，结论更符合实际。

第 6 章　超大城市体育空间服务定量评价研究

　　《国家新型城镇化规划纲要(2014－2020 年)》强调，城镇化建设要"提升城市基本公共服务水平"，"着力推动基本公共服务均等化"。[①] 城市公共体育空间作为城市公共服务系统的重要组成部分，是集层次、结构及功能于一体的复杂动态系统。城市公共体育空间与居民日常生活密切相关，城市公共体育空间的合理规划对居民体育活动热情的激发、健康生活方式的形成具有重要的载体作用，特别是北京、上海、广州等超大型城市，其公共体育空间的合理配置对城市形象的塑造、城市活力的展现及城市功能的强化均具有重要意义。

　　已有研究主要将"人均占有率""城市覆盖率"等作为城市空间(如公园绿地等)的评价指标，而对城市公共体育空间的评价也仅停留在部分数量指标上，未能反映城市空间分配情况。因此，需要建立反映空间分布特征的相关指标和评价方法。近年来，部分学者将"空间可达性"这一概念广泛应用于人文地理学的研究中，在此基础上采用最小邻近法、缓冲区分析法以及网络分析法等考究城市空间的服务范围。此外，还有学者将人口指标引入城市公园绿地服务、规划的研究中，进行更深层次的探究。如尹海伟、徐建刚(2018)利用总人口、女性人口以及外来人口比重等数据计算城市公园需求指数，探究城市公园布局的合理性；江春燕(2017)等利用城市公园服务人口、服务人口比以及服务面积比等指标研究城市公园服务的空间差异性；赵习枝、吴宾、吴建平等(2017)利用人均可达绿地面积的指标，量化评价上海市外环以内公园绿地布局的公平

[①] 中共中央国务院:《国家新型城镇规划(2014－2020 年)》，http：//www. gov. cn/gongbao/ content/2014/content_2644805. htm。

性。但根据人口数据分析城市空间服务水平的研究，大都基于行政区位（如社区、乡镇街道、居委会）进行，难以反映行政区位内的指标差异。即每一行政单元内部人口分布并不均衡，通常存在很大差异；而隶属于各自行政单元的居民的行为，特别是体育行为是自由的，其决策也是不断变化的，人到公共体育空间的行为不受行政单元的限制。因此，基于行政区位分析城市公共体育空间服务水平是不精确的。如某区域公共体育空间服务范围达到该区域面积的40％，但可能有近80％的居民集中在该区域公共体育空间的服务范围内；反之，某区域公共体育空间的服务范围面积达到该区域的80％，但也有可能只有不到40％的居民集中在该区域公共体育空间的服务范围内。因此，对城市公共体育空间的评价应结合更精确的人口分布数据——实有人口数据，细化到具体位置进行深入探究。

评价城市公共体育空间的服务水平应兼顾公平与效益。基于人文地理学的视角，考察公平性问题本质上就是探讨空间区位的配置问题，即通过合理的城市空间配置最大限度地提高城市居民享用到公共空间带来的益处：（1）从配置的数量或面积上讲，合理的城市空间配置应当具备最大化的服务范围；而从配置的效益上，合理的城市空间配置应当具备最小的服务盲区。（2）由于人口空间分布存在不均衡性，评价城市空间配置的公平性也需结合服务范围以及服务盲区内的人口密度。（3）不同规模、类型公共体育空间的服务对象和范围也不尽相同，因此还需依据相关标准对城市公共体育空间进行分类，划定不同的服务范围。

为此，本章提出一套超大城市公共体育空间服务的定量评价体系，包括公共体育空间服务范围和服务盲区等指标，并以上海市中心城区为例，利用上海市中心城区实有人口数据，基于地理信息系统技术，将上海市中心城区按不同公共体育空间等级进行划分，分析每一个公共体育空间的服务面积、服务人口、单位面积服务人口、人均面积，以及整个研究区域内公共体育空间服务盲区的面积、人口、人口密度，实现超大城市公共体育空间服务评价的定量分析。

6.1 超大城市公共体育空间服务的定量评价体系构建

6.1.1 指标筛选

在全面考察国内外城市公共体育空间相关文献，以及国外城市公共体育空间服务定量评价指标体系的基础上，列出影响超大城市公共体育空间服务水平的关键因子，对各因子指标进行统计分析。选择使用频率高，具有代表性、独立性等特征的指标，并征询有关专家意见，最终形成超大城市公共体育空间服务的定量评价指标体系(见表 6-1)。

表 6-1　超大城市公共体育空间服务的定量评价指标体系

目标层	准则层	指标层	标准值	标准依据	计算/获取方法
超大型城市公共体育空间评价值	服务范围	服务面积覆盖率/%	80	国际城市	公共体育空间服务面积/城市建设用地总面积
		服务人口比例/%	75	国际城市	服务范围内实有人口总数/城市总人口
		服务范围人口密度/人·m^{-2}	2	国际城市	服务人口/服务面积
		人均面积/m²·人$^{-1}$	1	国际城市	服务面积/服务人口
	服务盲区	盲区面积覆盖率/%	20	国际城市	公共体育空间服务盲区面积/城市建设用地总面积
		盲区人口比例/%	25	国际城市	服务盲区内实有人口总数/城市总人口
		盲区人口密度/人·m^{-2}	1	国际城市	服务人口/盲区面积

6.1.2 指标权重确定

运用定性与定量综合集成的系统工程分析方法,即层次分析法(AHP 法)结合专家咨询,确定准则层权重及各项指标权重,步骤见图 6-1。

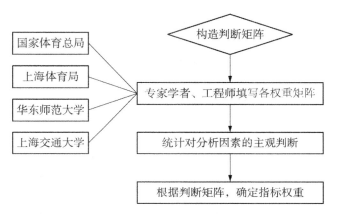

图 6-1 超大城市公共体育空间服务的定量评价指标体系指标权重确定基本步骤

6.1.3 指标标准化处理与评价

由于各指标的数据具有不同的量纲,需要对各指标进行无量纲处理,即"标准化"处理,消除原始指标单位影响,标准化公式:

$$B = \begin{cases} \left[\dfrac{x}{y}\right]^n & \left(\left[\dfrac{x}{y}\right]^n\right) < 1 \\ 1 & \left(\left[\dfrac{x}{y}\right]^n\right) \geqslant 1 \end{cases}$$

式中:B 为标准化后的指标值;x 为原始观测值;y 为该指标的平均标准值;n 为调节指数。当 x 为正向指标时(即指标值越大,评价结果越好),$n = 1$;当 x 是负向指标时(即指标值越小,评价结果越差),$n = -1$。B 分布于 $[0,\ 1]$ 之间,值为 1 代表该指标达到标准水平,值越小,代表该指标评价结果越差。

通过指标层各指标加权加和计算得到准则层各指标，准则层各指标加权加和计算得到目标层定量评价指标值。为确定超大城市公共体育空间服务所处的等级及改进方向，参考国内外指数分级方法，提出五级分级标准（见表6-2）。

表6-2 超大城市公共体育空间服务定量评价指标分级标准

等级	指标值	等级描述
第Ⅰ级	0.0—0.2	服务面积不够，受众人口很少，服务人口密度较高，人均面积较小；服务盲区覆盖率高，盲区人口比例大，盲区人口密度大，整体服务水平低。
第Ⅱ级	0.2—0.4	服务面积不太够，受众人口少，服务人口密度高，人均面积小；服务盲区覆盖率较高，盲区人口比例较大，盲区人口密度较小，整体服务水平较低。
第Ⅲ级	0.4—0.6	服务面积一般，受众人口一般，服务人口密度一般，人均面积一般；服务盲区覆盖率一般，盲区人口比例一般，盲区人口密度一般，整体服务水平一般。
第Ⅳ级	0.6—0.8	服务面积适当，受众人口较多，服务人口密度适当，人均面积较大；服务盲区覆盖率较低，盲区人口比例较小，盲区人口密度较小，整体服务水平较高。
第Ⅴ级	0.8—1.0	服务面积足够，受众人口多，服务人口密度合理，人均面积大；服务盲区覆盖率低，盲区人口比例小，盲区人口密度小，整体服务水平高。

6.2 超大城市公共体育空间服务的定量评价

6.2.1 研究区域与数据

为科学合理地定量分析超大城市公共体育空间服务水平，本章以超大城市公共体育空间为研究对象，并以上海市中心城区为例，基于地理信息系统平台考察其公共体育空间服务水平。研究区域为上海市中心城区，具体为上海市外环线以内的区域，研究区域总面积约 660 平方千米。研究数据包括 2015 年上海市行政区划数据、2015 年上海市实有人口数据和 2015 年上海市中心城区公共体育空间数据。

上海市中心城区公共体育空间数据由上海市体育局提供，是在全国第六次体育场地普查数据的基础上，研究团队通过实地抽查，对有变化的部分数据进行更新，数据包括公共体育空间的名称、位置、录属单位和实用面积等（见图 6-2）。

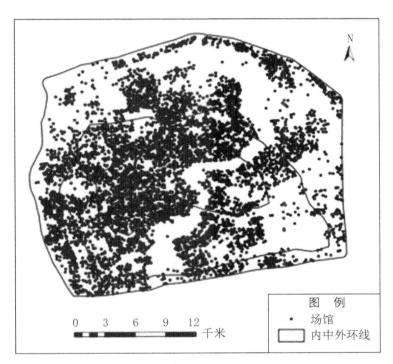

图 6-2 上海市中心城区公共体育空间分布

上海市中心城区实有人口数据由上海市公安局提供，数据包括常住人口姓名、居住地址和其他信息。研究中，将每个实有人口居住地址精确地定位到门牌地址，并以 100 米×100 米划分栅格，呈现空间数据，统计每个栅格内的人口数。研究区域内的实有人口约 1 373.03 万人，平均人口密度约 2.079 4 万人/平方千米，人口密度分布情况见图 6-3。

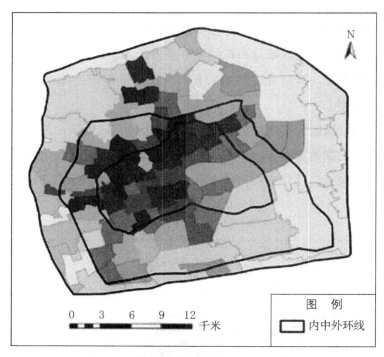

图6-3 上海市中心城区人口密度分布

6.2.2 研究方法

根据超大城市公共体育空间服务的定量评价体系，采用 GIS 技术的栅格配置分析方法，计算超大城市公共体育空间服务范围及服务盲区。

首先，按照公共体育空间的等级把整个研究区域配置到不同的公共体育空间中，无法配置到任何一个公共体育空间的区域则为服务盲区，城市公共体育空间等级的划分依据学者蔡玉军的城市体育空间划分结构（见表6-3）。其次，通过 GIS 技术的栅格配置分析得到每一个公共体育空间的服务范围、服务人口、单位面积服务人口、人均面积，以及整个研究区域内公共体育空间服务盲区面积、盲区人口、盲区人口密度，据此考察整体研究区域以及每一个公共体育空间的服务水平。配置分析利用 ArcGIS Desktop 中的 Cost Allocation 功能和居民参加体育锻炼遵循的"就近"原则实现，因此配置分析基于以下假设：居民参与体育活动时采用就近锻炼原则，即居民首先选择最近的居住小区级体育空间进行锻炼；若500米范围内没有居住小区级体育空间，则选择最近的居住区级体育空间进行锻炼；若1000米范围内没有居住区级体育空间，则选择最近的乡镇街道级体育空间进行锻炼；依次类推，直至选择5000米范围内最近的城市级体育空间进行锻炼。

表6-3　超大城市公共体育空间划分及其服务半径

序号	各级公共体育空间	各级公共体育空间服务半径/米
1	城市级	5 000
2	区级	2 500
3	乡镇街道级	1 500
4	居住区级	1 000
5	居住小区级	500

具体分析步骤：(1)以500米为服务半径，对研究区域内所有公共体育空间进行配置分析；(2)以居住区级体育空间为源地，以1000米为服务半径，对上一步没有分配的空白区域进行配置分析；(3)以乡镇街道级体育空间为源地，以1500米为服务半径，对以上两步都没有分配的空白区域进行配置分析；(4)以区级体育空间为源地，以2500米为服务半径，对以上三步都没有分配的空白区域进行配置分析；(5)以城市级体育空间为源地，以5000米为服务半径，对以上四步都没有分配的空白区域进行配置分析；(6)将以上五步的结果叠加，合并居住小区、居住区、乡镇街道、区，以及城市级体育空间的服务范围，得到上海市中心城区公共体育空间的服务范围划分图(见图6-4)；(7)从研究区域中减去所有公共体育空间的服务范围，得到公共体育空间的服务盲区(见图6-6)；(8)将每个公共体育空间的服务范围及服务盲区与实有人口数据进行叠置分析，获得每一个公共体育空间服务人口、单位面积服务人口、人均面积，以及整个公共体育空间服务盲区面积、盲区人口、盲区人口密度等。

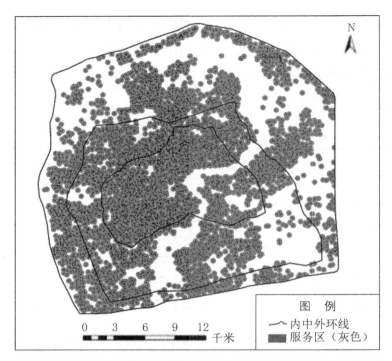

图6-4 超大城市公共体育空间服务区范围：以上海市中心城区为例

6.3 结果与分析

6.3.1 基于指标体系的超大城市公共体育空间服务定量评价

　　根据本章建立的指标体系和评价方法，对上海市公共体育空间服务进行定量评价，结果显示：上海市公共体育空间服务的定量评价值为0.77，处于Ⅱ级上游水平，表明上海市公共体育空间整体服务水平较高，服务面积适当，受众人口较多，服务人口密度适当，人均面积较大；服务盲区覆盖率较低，盲区人口比例较小，盲区人口密度较小(见表6-4)。

表 6-4 上海市公共体育空间服务的定量评价结果

目标层	准则层	权重 W_i	指标层	权重 W_j	现状值	标准化值	各指标值等级	综合指标	综合指标等级
超大型城市公共体育空间评价值	服务范围	0.67	服务面积覆盖率/%	0.25	77.99	0.974 7	Ⅰ	0.77	Ⅱ
			服务人口比例/%	0.23	85.15	1.000 0	Ⅰ		
			服务范围人口密度/人·米$^{-2}$	0.14	2.30	0.869 6	Ⅰ		
			人均面积/米^2·人$^{-1}$	0.38	0.40	0.400 0	Ⅲ		
	服务盲区	0.33	盲区面积覆盖率/%	0.30	22.01	0.908 7	Ⅰ		
			盲区人口比例/%	0.24	14.85	1.000 0	Ⅰ		
			盲区人口密度/人·米$^{-2}$	0.46	1.40	0.714 3	Ⅰ		

6.3.2 超大城市公共体育空间服务范围分析

城市公共体育空间服务范围，是衡量城市服务设施空间布局合理性的一个重要标准。在"超大城市公共体育空间服务范围划分图：以上海市中心城区为例"中，可直观看到超大城市每一个公共体育空间的服务范围，其中栅格值与城市公共体育空间的编码相对应。

结果显示：不同公共体育空间的服务人口数为 0.097 5~23.097 5 万人不等，呈差距悬殊的态势；单位面积服务人口为 0.58~592.11 万人/平方千米不等，也呈现不均衡的现状。其中，服务人口多的公共体育空间多为服务半径较大的城市级体育空间，如上海游泳馆、上海东亚体育文化中心。地处人口稠密区域的区县级体育空间，如江湾体育场、虹口体育场、普陀体育中心。部分公共体育空间附近常住人口稀少，如漕河泾开发区公共运动场、高东镇门球场等，服务人口在 0.1 万人以下，且单位面积服务人口也较少，均在 1 万人/平方千米以下。还有一些公共体育空间面积小且位于人口稠密的区域，如济阳公园公共运动场、北蔡镇公共运动场、南浦大桥公共运动场和花木公园公共运动场等，单位面积服务人口均达到 300 万人/平方千米以上，承受较大的负荷(见表 6-5、表 6-6)。

表 6-5　上海市中心城区服务人口最多和最少的公共体育空间

序号	公共体育空间名称	服务人口/万人	公共体育空间名称	服务人口/万人
1	江湾体育场	23.0975	漕河泾开发区公共运动场	0.0676
2	上海游泳馆	20.3529	高东镇门球场	0.0724
3	上海东亚体育文化中心	18.1347	庙行社区公共运动场	0.1243
4	虹口体育场	16.3326	虹江码头路公共运动场	0.1824
5	黄兴体育运动公园	12.2349	临沂二村健身苑	0.2693
6	古美体育公园	10.5482	临沂三村健身苑	0.3765
7	普陀体育中心	9.9562	临沂八村健身苑	0.4457
8	源深体育中心	8.7076	六北居委健身苑	0.4563

表 6-6　上海市中心城区单位面积服务人口最多和最少的公共体育空间

序号	公共体育空间名称	单位面积服务人口(万人/平方千米)	公共体育空间名称	单位面积服务人口(万人/平方千米)
1	济阳公园公共运动场	592.11	漕河泾开发区公共运动场	0.58
2	北蔡镇公共运动场	555.23	高东镇门球场	0.96
3	南浦大桥公共运动场	454.13	万国体育中心	2.43
4	花木公园公共运动场	326.50	上海东方体育中心	5.64
5	浦兴街道健身苑	300.87	晋元体育中心	6.18
6	江湾体育场	254.76	卢湾体育场	6.73
7	上海东方体育中心	248.75	源深体育中心	7.15
8	普陀体育中心	239.36	旗忠森林体育城网球中心	7.48

超大城市人均公共体育空间面积栅格图显示，研究区域内人均公共体育空间呈现核心集中、边缘分散的态势，尤其是靠近外环线的区域，如研究区域东

图 6-5　上海市中心城区人均公共体育空间面积栅格图

北部、东部，黄浦江沿岸区域人均公共体育空间面积也较大（见图 6-5）。上海作为国家中心城市、超大城市，是中国第一大城市，土地资源紧缺。特别是市中心，人口稠密，新建大型公共体育空间不现实。因此，城市规划部门可以考虑新建或扩建小型公共体育空间，以提高人均公共体育空间面积。

6.3.3　超大城市公共体育空间服务盲区分析

超大城市公共体育空间服务盲区划分图，可直观看到超大城市公共体育空间的服务盲区，其中栅格值与城市公共体育空间的编码相对应（见图 6-6）。

超大城市公共体育空间服务盲区面积与人口数量显示：服务盲区总面积为145.26 平方千米，占研究区域总面积的 22%。这可能是上海市中心城区基层公共体育空间的建设欠缺所致。服务盲区面积较大的为浦东新区（80.22 平方千米），占该区域面积的 28.47%；宝山区（25.01 平方千米）占该区域面积的30.94%。而这两区域也是服务盲区面积比例最高的区域。服务盲区总人口为

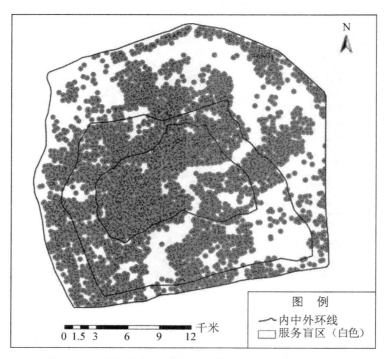

图6-6 上海市中心城区公共体育空间服务盲区范围

203.89万人，占研究区域总人口的16.02%。服务盲区人口最多的为浦东新区（60.88万人），占该区域总人口的18.78%；静安区（27.22万人)占该区域总人口的20.60%。其中服务盲区人口比例较高的区域为闵行区和宝山区，分比为28.61%和26.45%(见表6-7)。

表6-7 上海市中心城区公共体育空间服务盲区面积与人口数量

序号	各城区	研究区域面积/平方千米	服务盲区面积/平方千米	服务盲区面积比例/%	总人口/万人	服务盲区人口/万人	服务盲区人口比例/%
1	浦东新区	281.79	80.22	28.47	324.18	60.88	18.78
2	宝山区	80.83	25.01	30.94	125.53	20.65	16.45
3	杨浦区	60.53	12.39	20.47	140.65	23.23	16.52
4	徐汇区	49.90	5.30	10.62	122.56	13.42	10.95

序号	各城区	研究区域面积/平方千米	服务盲区面积/平方千米	服务盲区面积比例/%	总人口/万人	服务盲区人口/万人	服务盲区人口比例/%
5	普陀区	47.93	4.39	9.16	122.87	12.34	10.04
6	静安区	36.79	5.45	14.81	132.12	27.22	20.60
7	闵行区	29.50	4.52	15.32	56.37	10.49	18.61
8	长宁区	29.08	1.98	6.81	80.21	5.53	6.89
9	虹口区	23.50	2.52	10.72	84.85	12.25	14.44
10	黄浦区	20.45	3.48	17.02	83.68	17.88	21.37
合计		660.30	145.26	22.00	1 273.02	203.89	16.02

　　超大城市公共体育空间服务盲区人口密度分布图显示：服务盲区平均人口密度为 1.403 6 万人/平方千米，低于中心城区平均人口密度（2.079 4 万人/平方千米），说明总体上研究区域内公共体育空间服务盲区内的人口分布相对稀疏。从服务盲区内人口分布来看，整体呈现不均衡的现状，具体为中心人口密度大，四周人口密度相对较小的态势；从人口密集区域来看，相对集中的区域共有五处，分别为普陀区东南部、虹口区西北部、徐汇区东北部、黄浦区中部和浦东新区北部，这些区域大多为老城区，房屋密集、人口聚集；但区域内公共体育空间分布较少。因此，这些区域应在旧城改造过程中根据居住区特点，新建或扩建小型公共体育空间，满足居民体育需要，更好地为居民服务（见图6-7）。

6.4　讨　论

　　在《全民健身计划（2016—2020 年）》的颁布以及实施城市空间科学扩展背景下，特别是北、上、广等超大城市公共体育空间供应不足与居民体育需求增长之间的矛盾日渐突出，合理规划超大城市公共体育空间已成为亟待解决的重要

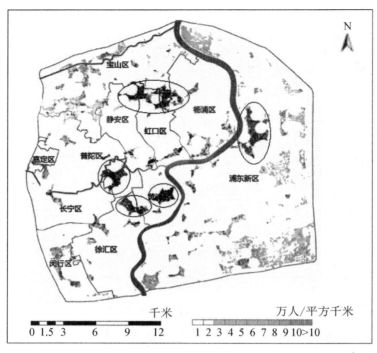

图6-7　上海市中心城区公共体育空间服务盲区人口密度

问题。因此，能够提出一套超大城市公共体育空间的有效的定量评价指标体系，是合理规划超大城市公共体育空间，满足超大城市居民体育需求的基石。目前，国内外对超大城市公共体育空间评价指标体系的研究较为鲜见，但对城市公园绿地社会服务功能的评价和规划已经比较成熟，如陈雯(2014)构建了公园绿地的多指标综合评价模型，包括可达性、服务覆盖率、服务重叠率和人均享有可达公园面积等；陈永生(2014)提出了包含社会效应、景观效益和生态效益的城市公园绿地的综合评价体系；梁颢严、肖荣波、廖远涛(2010)用建设用地见园比和社区见园比两个指标评价公园绿地分布合理性。对公园绿地可达性的研究，研究方法也不断更新，如统计指标法、费用距离法、引力模型法等。本研究基于空间区位和空间关系的视角，借鉴城市公园绿地社会功能定量分析的研究思路与方法；同时在充分考量超大型城市公共体育空间自身属性的基础上，包括超大型城市自身发展特点以及空间扩展模式等，选择使用频率高、具有代表性、独立性等特征的指标，并征询有关专家意见，初步构建了包含服务范围和服务盲区的多指标综合评价体系。还运用定性与定量综合集成的系统工程分析方法，确定准则层权重及各项指标权重(见表 6 - 8)。

表 6 - 8 超大城市公共体育空间服务的定量评价指标体系

目标层	准则层	权重 W_i	指标层	权重 W_j	计算/获取方法
超大型城市公共体育空间评价值	服务范围	0.67	服务面积覆盖率	0.25	公共体育空间服务面积/城市建设用地总面积
			服务人口比例	0.23	服务范围内实有人口总数/城市总人口
			服务范围人口密度	0.14	服务人口/服务面积
			人均面积	0.38	服务面积/服务人口
	服务盲区	0.33	盲区面积覆盖率	0.30	公共体育空间服务盲区面积/城市建设用地总面积
			盲区人口比例	0.24	服务盲区内实有人口总数/城市总人口
			盲区人口密度	0.46	服务人口/盲区面积

以往研究中，根据人口数据分析城市空间服务水平的研究大都基于行政区位，即在行政单位内部考察城市空间服务水平；但每一行政单元内部，人口并不是均衡地分布其中，人到公共体育空间的行为不受行政单元的限制。因此，基于行政区位分析城市公共体育空间服务水平难以反映行政区位内的指标差异，城市公共体育空间服务水平的精确性也会受到质疑。本研究将整个研究区域按不同公共体育空间等级进行划分，打破了行政边界的限制，大大提高了城市公共体育空间服务水平评价的准确性。

本研究基于超大城市实有人口数据，体现了城市规划中以人为本的原则。研究发现，研究区域内公共体育空间服务人口存在不均衡的态势，其中服务人口较多的公共体育空间多为城市和区县级体育空间，这是由超大城市公共体育空间结构特征——层次性决定的。即体育空间等级越高，其规模、吸引力、专门化程度就越大，景观性也越好；而低级体育空间主要是满足居民日常体育需求，当居民怀有更高的体育需求时，就会选择到更高层次的体育空间参与体育活动。因此，超大城市相关部门应重点加强高层次体育空间建设，保持、提高这些公共体育空间的服务水平和服务质量，开发体育用品超市，完善周边交通设施，充分满足居民各种体育需求。对于服务人口较少的公共体育空间，如乡镇街道级体育空间，相关部门应充分挖掘其潜力。如定期举办相关赛事、引进先进锻炼方式，依据自身特色形成一定的吸引力。对单位面积服务人口压力较大的公共体育空间，进行改造、扩建，提高人均面积。与此同时，应坚持公平、高效、便捷的城市公共体育空间的布局原则，完善城市公共体育空间的优化组合，与就近单位面积服务人口压力较小的公共体育空间形成联动机制，资源共享、信息共享，从而减轻其服务负荷。

6.5 小 结

本研究构建的评价体系包括公共体育空间服务范围和服务盲区等，可用于超大城市公共体育空间服务评价的定量分析。研究以上海市中心城区为例，利用精确到居民门牌号的实有人口数据，从实证角度论证服务范围和服务盲区指标在超大城市公共体育空间服务定量评价中的应用，研究结果表明：(1)上海市中心城区公共体育空间整体服务水平较高，定量评价值为 0.77。(2)研究区域内公共体育空间服务范围方面，江湾体育场服务人口最多，约为 23.10 万人；济阳公园公共运动场单位面积服务人口最多，为 592.11 万人/km²，人均公共体育空间呈现核心集中、边缘分散的态势。(3)研究区域内公共体育空间服务盲区方面。服务盲区总面积为 145.26 km²，占研究区域总面积的 22%；服务盲区总人口为 203.89 万人，占研究区域总人口的 16.02%；服务盲区平均人口密度约为 1.40 万人/km²，低于中心城区平均人口密度(约 2.08 万人/km²)。

本章中，公共体育空间的服务范围和服务盲区指标可以反映超大城市公共体育空间服务的公平性和效益性问题，能够为新建公共体育空间的合理布局提供决策支持；单位面积公共体育空间服务人口数以及服务盲区平均人口密度，可以反映超大城市公共体育空间服务是否拥挤或者浪费，能够为已有公共体育空间的扩建或者新建公共体育空间的规模设计提供决策依据。此外，本研究将公共体育空间按城市级、区级、乡镇街道级、居住区级、居住小区级进行划分，打破了传统行政边界的限制，增强了超大城市公共体育空间服务评价的准确性，为超大城市公共体育空间的服务评价分析提供了有效的定量研究手段。

第7章　超大城市中小学学生体育活动空间结构研究

体育活动空间对中小学学生体育活动热情的激发和引导、生活质量的提高、健康生活方式的形成，具有重要的空间载体作用；但也同样面临着选址、定位、利用及其与城市整体规划和总体发展方向协调一致的问题。从城市体育活动空间协调发展的角度来而言，城市规划必须面对的问题是：如何通过对城市体育活动空间进行合理布局和有效配置，改善城市空间结构。本章基于城市发展的视角，运用城市地理学、体育学等相关理论，对超大城市中小学学生体育活动空间特征与布局进行定量与定性评价，探究超大城市中小学学生体育活动空间布局，为科学制定"十三五"体育场地建设规划，提高体育场地的利用效益，构建覆盖健全的健身公共服务体系提供理论和实践依据。

7.1　超大城市城区中小学学生体育活动空间结构研究

体育活动空间是推进《全民健身计划（2016—2020 年）》和《2011—2020 年奥运争光计划纲要》的物质基础和重要载体，是衡量区域经济、体育事业发展水平的重要标志。随着社会经济的发展，人们闲暇时间逐渐增多，人们对生活质量的要求也越来越高；但是人们健康状况却不容乐观，特别是中学生这个特殊群体。随着人们对健康及生活质量概念认识的不断深化，体育需求空前高涨。满足中学生的体育需求是城市的基本功能之一；然而，当前我国城市体育活动空间总量还不能满足中学生开展体育活动的需求，并缺乏整体上的统一规划。这就造成了体育空间资源既数量缺乏、分布不均，又重复建设、闲置浪费的矛盾现象，这也是制约我国体育事业发展的主要问题。2011年国务院《全民健身计划（2016－2020）》中明确指出："统筹建设全民健身场地设施，方便群众就近就便健身。按照配置均衡、规模适当、方便实用、安全合理的原则，科学规划和统筹建设全民健身场地设施。推动公共体育设施建设，着力构建县（市、区）、乡镇（街道）、行政村（社区）三级群众身边的全民健身设施网络和城市社区15分钟健身圈，人均体育场地面积达到1.8平方米，改善各类公共体育设施的无障碍条件。"[①] 因此，体育场地规划、建设，成为了构建全民健身多元化服务体系迫切需要解决的问题。

中小学学生的身心健康维系着国家社会的富强和民族昌盛，他们是国家新建繁荣的童子军，是未来的国之栋梁。因此国家层面高度重视中小学学生体质健康的发展，在十八届三中全会的决议中，明确强调要强化体育课和课外锻炼。但过去十多年的调查显示，中小学学生体质健康状况仍然处于下降的情形。尽管近年来这一下降趋势有所缓解；但中小学学生体质健康的问题仍然不容乐观，不可轻视。尤其是小学生，他们的身心发展都处于快速发展期，身体器官、系统都生长发育得很快，这一段时间最需要关注的就是他们身心的健康成长。调查结果还显示，中小学学生体质的下降与锻炼的不足有直接的关系，体育锻炼能够有效地促进身体的成长。中小学学生参与锻炼的影响方面是多维的，锻炼行为生态学模型提出五星模型并指出，影响中小学学生体育锻炼的因素涉及政策、学校、社区、家庭和个人等。本研究以物质基础这一影响因子为主要研究点，其中体育场地设施对小学生的开放程度、对小学生的接纳度和体育场馆对小学生的吸引力、融合度，以及体育场馆设施的布局、数量和它的服务负荷等，都是最直接的影响小学生体育活动情况的因子。实施《全民健身计划纲要（2016－2020年）》，既要做好学校体育锻炼相关的工作，也要力争家庭的支持，还要积极努力发展社区体育，以便更好地为中小学学生服务。引导学生树立终身体育锻炼的意识以及养成坚持体育锻炼的习惯，物质基础以及外界

---

① 国务院：《全民健身计划（2016－2020年）》，http://www.gov.cn/zhengce/content/2016-06/content_5084564.htm.

环境的支持起着至关重要的作用。

联合国大会 1959 年 11 月 20 日通过的《儿童权利宣言》原则七规定，"儿童应有游戏娱乐之充分机会，此种游戏与娱乐之目标应与教育之目标相同；社会与政府当局应尽力促进此项权利之享受"①。促使少年儿童学习快乐生活的体育技能，逐渐养成有价值、有效率地利用空闲时间的意识、习惯和技能，从而能健康地生活。因此适宜的体育健身场所具有举足轻重的地位，而适宜的运动项目设置亦至关重要。正是由于小学生处于成长的关键时刻，并且小学生出行能力有限、依附性强、注意力不稳定、持久性差，所以提供一定的外部社会环境的支持，能够更好地促进小学生进行身体锻炼。基于上海市是城市化程度最高的国际化大都市之一，静安区又有其特有的历史地理位置，因此本研究对小学生的体育活动空间结构进行研究，以探求静安区小学生体育活动空间结构。

上海不仅是我国的经济、金融中心，还是我国教改的综合实验基地。但是上海市中学生体育活动不足、体质下降却也是一个值得深思的问题。就目前情况来看，对中学生体育活动所进行的研究绝大部分都是从生理学、心理学和社会学等领域进行考察的，从空间的角度对与中学生体育活动参与有关的建成环境的研究很少，相应的研究成果也比较缺乏。本研究所要讨论的还有上海市静安区中学体育活动空间（结构）及其有效利用问题。虽然造成中学生健康问题的原因是多元的，但缺乏必要的体育活动是其中的一个重要原因；而城市体育活动空间的匮乏却是影响中学生体育活动开展的一个重要因素。正如卢元镇先生所述：缺乏体育空间，全民健身（sport for all）就是一席空话、"纸上谈兵"。场地设施不足，体育社团就失去了依托，社会体育指导员就没有了用武之地。因此，城市体育活动空间的多寡，在某种程度上决定了体育人口的多少，决定了中小学学生体质水平有多高。高速城市化的建设进程没有给体育活动留出足够的空间，因不同利益主体对城市空间资源的激烈争夺而使城市体育活动空间不断"缩水"的现象屡见不鲜。更有甚者，有些已建成的体育空间资源却得不到有效的利用，例如大量的单位体育资源没有向大众开放。体育活动空间是体育

---

① 联合国：《儿童权利宣言》（2019）。https：//www. un. org/zh/documents/treaty/files/A-RES-1386（XIV）. shtml。

活动的主要载体和物质基础。研究发现，专门性体育活动空间建设并不能满足人们日益增长的体育活动需求，因此，要把城市中一切可利用的空间充分利用起来，使城市体育活动空间布局更加合理、服务范围更加广泛、服务功能更加健全，而不应将其局限于专门的体育场地设施所占据的空间上。

7.1.1　文献回顾

（1）中小学学生体育活动促进研究

① 中学生体育活动研究

威尔考克斯（Ralph Wilcox，1988）在调查中发现了体育教育地位下降、缺乏文化特点、无法与公众机构进行有效的沟通、设备缺乏、维修不力严重问题。大多数欧洲国家都存在着体育课时数不够的问题，在被调查的二十五个欧洲国家中，仅有三个国家在 6～18 岁年龄阶段的中小学中每周开设 2 小时的体育课程。新西兰国家规定体育课学时每天至少进行 30 分钟，而学者罗斯等人（Brian Ross et al，1992）发现由于其他课程争抢课时、削减经费和缺乏仪器设备，学校体育课程的时间正在减少。在很多国家，国家政策的实施情况非常不容乐观。美国的中小学参与体育课学习的人数逐年急剧降低，有些学校甚至将学生走进、走出体育馆以及休息的时间算作体育课时间。由此可见，体育课的落实都极其艰难，更别说其他体育活动了。随着社会的发展，由体育活动缺乏所带来的体质问题逐渐凸显；因而，各个国家开始重视体育活动在增强学生体质方面的积极作用。2003 年，美国开始把工作重点放在中小学学生的日常体育活动上，以提高中小学学生的身体健康水平。张怀波（2008）研究发现，体育课和课外体育是美国中小学学生参加体育活动主要形式。杜俊娟（2010）对美国的体育课现状进行了研究发现：每天参与学校体育教育的学生只有 36%，包括参与体育课和课外体育活动的学生。然而，美国因为教会体育的发展，社区体育发展速度非常快，校外体育活动将学校、家庭、社区紧密联系在一起。

② 中小学学生体育活动促进影响因素研究

中小学学生的身心健康广受社会的关注，国家政策对中小学学生的健康极为重视。例如阳光体育要求中小学学生每天都坚持锻炼一小时等，出台了一系列促进中小学学生体育健康的政策；社会各界学者对中小学学生的健康状况纷纷给予关注研究，其中主要涉及中小学学生健康状况的现状、影响因素及对中小学学生的健康干预等方面的研究。

周热娜（2013）通过调查研究表明不论是郊区还是中心城区，家人和伙伴对于运动的支持以及居住环境周边有多个可供挑选的场所，都对中小学学生参与体育锻炼等具有促进功能；而住宅密度以及混合土地利用多样性等是影响周边环境的重要评价变量，重点强调物质和社会环境因素支持对中学生参加体力活动的重要性。肖林鹏（2012）对中小学学生的体育需求进行探讨，体育场地设施要素等支持类的需求属于一级需求。同时，张文娟、邹泓、梁钰苓（2012）指出物质环境的支持以及父母和社会的支持等与中学生参与体育锻炼的时间、频率、强度等具有很大的关联。任杰、平杰、舒盛芳等（2012）通过对上海地区中小学学生的调查分析，得出影响中小学学生进行体育锻炼的主要因素，并验证社区—学校—家庭三位一体的教育模式的适配程度，从而发现上海地区中小学学生的社区活动教育较为落后。章建成、张绍礼、罗炯等（2012）研究发现，中小学学生的体质健康状况不理想，而他们的健康状况呈现的下降趋势与锻炼的不足有直接的关系，而锻炼的不足又与场地器材管理制度和社会环境等因素直接相关。罗炯（2012）对西南地区中小学学生体育锻炼的阻碍因素进行调研表明，健身的环境以及指导因素对中小学学生参与体育活动影响最为广泛。刘爱玲、胡小琪、李艳平等（2009）对我国中心城市学生上学、放学的交通方式进行研究发现，年龄、地区、家庭收入等会影响学生的交通模式，从而影响其运动方式与体重及健康。肖林鹏、孙荣会、唐立成等（2009）梳理并组建了关于中小学学生健康的一套体系，其体系的内容包括了体育场所和指导方面的内容。体育场所是进行体育锻炼的主要依托，它的数量、分布、便捷及开放程度等，都是影响中小学学生体质健康服务的重要影响因子。沈建华、肖焕禹、龚文浩（2000）提出了"学校—社会—家庭"三位一体的教育模式，争取社会的支持，利用好社会的资源能够更好地促进学校教育的发展。

对中小学学生的健康促进需求研究，大多处于问卷调查影响中小学学生进行体育锻炼的各种影响因素上，其中进行干预比较多的是体育活动等的干预。

同时"社区－家庭－学校"三位一体化的模式也暂时处于模型的构建等理论层面。对其进行验证性研究少，只有一些涉及家庭、朋友等支持性方面的调查验证；关于物质以及体育场所和周边等环境研究较少。虽然有少量也涉及周边的体育文化氛围等，但对于物质支持方面研究较缺乏。

③ 小学生身体活动健康促进研究

随着一系列的政策提出，包括 2007 年 5 月共青团书记处第一书记胡春华在文件中强调"增强中小学学生体质"，以及十八届三中全会"强化体育课和课外锻炼"的精神等的提出，中小学学生的体质健康受到国家的重视。同时许多官方机构也参与中小学学生的体质健康调研，例如全国少工委中小学学生研究中心在 1999 年对他们的健康发展状态调研，此后 2005 年再对此调研做出追踪对比调研。调研情况显示少年儿童"特别渴望能够自主休闲，但是现状却受到层层阻碍。来自学校的功业负担、来自父母们为孩子安排的学习及特长培训等活动，都在一定程序上限制了孩子们的自主休闲"[①]。2010 年上海市中小学学生体质调研报告表明：中小学学生因学习负担重，肥胖继续呈现增长趋势，近视率也居高不下，而这一切的幕后黑手即是中小学学生在久坐状态下用眼时间过长所致。2011－2014 年上海市静安区对区内的中小学学生的健康状况进行调查研究显示，饮食不健康、缺乏体育锻炼、长时间久坐不动等都是造成学生肥胖的主要因素，推行"阳光活动"，合理改善学校体育课设置等能控制肥胖上升趋势。

调研显示，中小学学生希望自己能更多地自主自己的休闲时间，但是却被课业压迫，时间不能自主；同时中小学学生体质弱与肥胖率等增加，也源于学生久坐不动等不良习惯。

高艳敏、杨文礼、杨剑等(2014)采用跨理论干预模型进行研究发现，这个理论模型能够调动唤醒学生的意识，重视肥胖所带来的后果；但此理论仅限于理论干预，实践效果有限。并且家庭氛围、学校环境及居住周边环境等，与控制学生肥胖等存在较为重要的关系。杨剑、耿兴敏、季浏等(2014)设计运动干

---

① 全国少工委办公室，中国青少年研究中心：《儿童的名字是今天：当代中国少年儿童发展状况蓝皮书》，科学出版社，2007，第 118－124 页。

预方式对小学生的身体形态和体成分进行实验干预，结果表明以学校为主的基础运动干预能明显减小小学生的腰臀围等。汪晓赞、尹志华、李有强等（2014）通过梳理国内外中小学学生健康促进等的状况和实践，归纳出三位联动的社区－学校－家庭三维共同发展的战略，并采用现代化的方式对其进行监测、评议。由于小学生的体育锻炼具有较强的时空特征，因此非常需要关注环境的安全性，王苗、石岩（2011）对小学生的体育活动风险能力进行研究，发现环境（活动场地风险和体育器械风险）的不安全状态会诱发不安全行为，并且各类环境风险与小学生的行为互为因果。谭晖（2010）采用生态学理论分解行为，对上海市小学生的视力保健进行研究干预探索，发现学生户外活动是预防学生近视的重要内容。丁玲娣、陈彩香（2000），对北京、上海两地的中小学学生的暑期体育锻炼状况等进行调查发现：学生在暑假较多的时间用以观看荧屏和学习补习等方面，因此参加体育锻炼时间甚少；暑期缺少学校统一的培训以及社区等缺少可供中小学学生进行体育锻炼的场所等状况，令学生比较不适应；学生希望学校体育老师暑期能够参与体育锻炼指导等问题。祝大鹏（2006）对小学生的整体自尊、身体自我概念等进行研究，发现能够意识到自己的身体吸引力的学生更能够养成高的整体自尊。陈雁飞（2005）通过对北京市中小学学生家庭体育锻炼进行调研，归纳出家庭体育锻炼的氛围能够有效地促进并引导中小学学生养成体育锻炼的习惯。同时指出：北京城区的小学生较多的利用居住环境周围体育场所，而营利性体育场所利用较少（14.4％），自然空间扩展占 6.3％，在居住环境周围的场所和空旷场地进行玩耍的占 68.3％；但是公共体育设施供需不足是其面临的问题。

学者已逐渐对小学生的时空性等给予关注，将重点更多地放到了社区－学校－家庭等各方对小学生进行体育锻炼等的影响方面，例如家庭体育锻炼的氛围、社区体育锻炼等的环境状况及学校在非上学时间内对学生进行体育锻炼的促进作用等方面。但是仅限于笼统的提出，对小学生的体育锻炼时空特征的研究较少，只是观念等的触及。小学生假期非常多，尤其每天的上课时间较少，这样累积起来我们可以看到非在校时间即将占到整年的一半之多。而社会将小学生身体健康的责任完全推向学校方面，这在观念上存在很大的偏差；不过学校却在体育场所以及体育锻炼指导者等方面占有优势，并且学校具有更好的组织模式。因此如何发动学校现有的资源，引导家庭和社区等体育资源也介入学生的每一天体育活动当中，俨然成为一个重要的话题。本研究从物质基础这一根基着手，希望能够考虑学校—社区—家庭—政策—个体等联动因素，探究小学生体育活动的空间限制因子，以促进小学生树立终身锻炼的体育意识和养成良好的体育锻炼习惯。虽然对小学生体育活动的研究很多，但是结合小学生日常体育活动体育场馆设施的可达性以及服务负荷等分析却鲜见。因此结合地理科学城市规划学来运用 GIS 对小学生的体育活动空间结构进行研究就显得尤为重要。

④ 中学生身体活动健康促进研究

王超、陈佩杰、庄洁(2014)认为，建成环境、体力活动与健康的关系是运动健康促进研究的新领域。在美国、澳大利亚等国家，建成环境、体力活动与健康的关系在运动健康促进、城市规划及公共健康领域蓬勃发展；然而，国内该研究领域尚处于起步阶段。而发达国家早就开始研究中小学学生体育健康问题，并取得了丰富的理论成果，我国也在借鉴西方的研究成果的基础之上，不断地进行众多探索性工作。

随着研究的不断深入，促进中小学学生体育活动的方法越来越多，大部分研究是通过对中小学学生参与体育活动的现状及影响因素进行分析并制定相关促进策略。锻炼行为生态学模型是中小学学生体质健康促进研究方面的最新应用研究成果，融合社会学、心理学和生理学等学科知识于一体，把影响个体的锻炼行为因素分为环境情境和生理心理因素。首先，基于国家层面，国家对中小学学生的体育活动促进起着无法替代的作用。由疾控中心发起"快乐 10 分钟"的健康促进活动，旨在促进学生积极参与体育活动。"全国亿万中小学学生阳光体育运动"提出"每天锻炼 1 小时"的口号。基于个人层面，传统的体育活动理论倾向于对个体特征、自我效能、运动动机等变量的研究。林少娜、陈绍艳、胡英宗等人(2004)则主张采取家庭层面、学校层面、社区层面三位一体的观点，三个层面的密切结合能有效地促进中小学学生积极参与体育活动。

(2) 城市体育空间与中小学学生体育活动研究

① 城市空间研究

城市空间是指城市内部各空间的结构，包括各因子的组合和关联状况。其广义的理解指城市之间各空间的组合，其也被称为区域空间结构。我们也可以从两个层面对其进行理解。首先是物质层次，居民行为和城市不同的功能等造成的城市空间利用差别；其次是社会层次，即社会作用于城市空间的内在机制。

城市空间研究，不同的时代以不同的研究视角为学者所采纳，包括基于经济、资本、功能等的城市空间研究；而强调对行为主体以及个体行为的选择和制约等过程的理解，则是以基于行为为研究视角的行为空间研究。它旨在揭示个体与个体之间、个体与城市之间相互作用的过程和机制，从而从微观到宏观重构一个用行为解读的城市空间。

国内学者也以地理学理论为研究基础，对城市空间与人的行为特征、城市居民空间需求等进行研究，并取得了一定的成果。周洁、柴彦威(2013)从多个学科的视角，对老年人进行评述。基于空间尺度和出行链进行探讨，人类的外在行为被客观条件制约，人类对所处周边环境感知，从而做出反应。以行为的视角为立足点，可以更好地观察和理解人与环境之间的关系。从行为的空间结构出发，来解构物理空间和社会空间所形成的机构，从而解剖出物理空间及社会空间对老年人行为的制约，以及老年人面临这样的情形所做出的相关行为。柴彦威、刘志林、李峥嵘等(2002)运用时间地理学理论分别对大连、天津、深圳三城市1400户家庭共2800人为对象进行问卷调查，指出了制约人类自身行为的客观因素，强调行为的空间特征和时间特征的关联，关注居民活动与城市内部空间结构的关系。刘雨平(2013)通过围绕行动者(政府)这个中心、选取"理性选择"视角来研究城市空间。通过对地方的行为特点、行为策略及行为结果进行剖析，来阐释制度环境与城市空间的相互作用机制，从而阐述了两者之间的关联，重点描述"强激励"和"弱约束"的环境如何加强了政府积极的行为。

城市体育空间是引导居民进行体育锻炼最主要的因素之一，城市体育锻炼项目的丰富性，以及城市体育公共服务的多样性和体育空间的吸引性等，是其主要物质基础。城市体育空间的种类、规模及等级等的划分，都是由城市体育空间结构决定的。

② 行为空间及其互动理论

20世纪60年代中期以来，物质空间决定论被质疑修正，行为主义学派成为重要流派，人类行为主体性得到关注。1980年始，人与社会的问题逐渐跃入人们的视野。研究解决社会问题，以及将选择过程纳入社会问题的结果，将行为放到社会结构中进行考察，已然成为学者关注的方向。这种互动整体论的观点，推动了"空间行为""行为空间"等的研究，行为空间是我们认识城市空间以及研究人类行动者对城市空间影响的概念基础。

基于行为的视角来研究城市、促进城市的转型等有别于基于政治、文化、经济等视角的研究，因为只有把握各种行为的趋势和特征，引导城市公共资源环境能够更有利于居民形成健康、合理的行为习惯，有助于针对城市转型等亟需处理的问题提出合理的建议，帮助政府解决之；从而促使城市公共服务资源配置的合理化、公平化以及有效性，进而满足群众的需求。为城市重构，为城市的发展符合全球化、信息化及城市自身发展的现代化谋筹划策。

将基于 GIS 时空三维空间可视化表达与建模应用于空间行为的研究，将"空间—行为"互动机制运用于计量模型的构建与分析，通过建模与调整制约来实现对行为结果的优化，为空间行为的发生、内在关联及互动机制提供新的研究思路；从而为基于行为的城市空间研究开启社会化与多元化研究的视角，为城市空间转型和低碳绿色发展提供有理有据的居民行为依据。

城市空间不单单是容纳人类容器的空间，他还是一种与人的行为产生关联的空间。人与空间是存在互动关系的，人受空间的制约，但同时人的行为又影响空间的建构，尤其是城市空间转型与重构应充分考虑人类行为的需求。

空间感知是人类对实质的空间构造以及人与空间的关联所产生的内部心理活动认知和自我描述。行为地理学提出人从外界环境中搜集信息，进而通过大脑对外在信息进行处理，形成内在的感知，为做出决定时提供依据。感知空间是外周环境对个体产生影响，并把精力聚集在受此认知影响的行为上，业已成为西方城市现代化规划和重构中最受青睐的方法之一。感知空间成为先验性，能够辅助居民做出对自身行为的决策，而城市空间意象的分析也能辅助度量城市环境的感知，从而做出决策行为。

认知方面的研究虽然揭示了行为决策背后的一些心理机制，但认知心理过程与外表行为动机两者多停留在"就认知论认知的基础上"；因而认知心理过程与外在行为动机两者也无法完全等同。因此计量革命促进了偏好、选择与行为策略机制的研究，即通过人的偏好机制等评价过程来研究理解空间行为何以产生，已然成为学者关注的热点。

城市体育空间是因居民的体育锻炼需求所创建的，而城市体育空间的转变与延拓是取决于居民的行为与社会空间相处相融的过程所需要而造成的成效。居民在影响改变公共体育空间的时候，他们的锻炼行为也受其影响，被公共体育资源等限制和吸引。但是体育空间建构对群众锻炼的影响是多方面的：环境的布置或促进或阻碍人类的行为，或者中立——既不促进也无阻碍。但是不适宜的体育空间结构有可能会阻碍群众的锻炼行为；因而对城市进行合理的规划布局，能够满足居民对体育的需求。同时，体育项目和便捷性等还能引导城市居民积极参与体育锻炼。

空间行为与行为空间研究的前沿，时空地理学与结构化理论相结合，使空间行为的重点逐渐转向对人类内心世界的意义、观点、情感、感受的关注，转向对人类生活的关联性以及社会生活现状本身的思考，强调日常生活的时刻情境性，捕捉特定环境与社会背景的地方特性。而且使空间行为的研究也逐渐转向关注生活质量，关注社会公平，关注低碳城市，关注信息社会等的空间与行为研究。

③ 城市体育空间理论研究

居民进行城市体育活动的物质基础是城市的体育空间场所的空间结构，而它的体育设施与空间结构能够影响城市市民进行体育锻炼行为，它能够影响市民的锻炼动机和需求，并对其起着重要的作用。蔡玉军、邵斌(2014)梳理出城市公共体育空间公共性包括其服务目的公共性与供给主体的公益情况，以及环境与行为的互动、空间行为决策机制等；并指出公共体育空间具有层次、开放、渐变性的特点。同时提出体育场地的建构应兼备公平、高效、便捷、中心性等相关方面的基准法则。钱建容(2012)为了解决人们在进行体育锻炼的过程中，呈现出来对体育场馆设施的需求不断增长的情况，借助运动问卷调查以及采用(GIS)地理信息系统分析方法，以经济学中的中心地理论和点轴圈模式为研究理论基础，结合实证调查，依据居民出行距离以及场所服务范围，推出圈层渐进互补的沈阳城市体育生活圈发展模式。王志勇等(2011)研究发现由于大城市的聚集作用，体现出体育需求增加，并且逐渐呈现三级化发展以及功能多样化等趋势。在布局方面则提出增加与城市开放空间的联系，以及提出聚落化、均衡化、公共交通导向化等为基础的布局，建议改善城市轨交、公交等系统，从而能够提高便捷性和使用率。史兵（2007）归纳出体育地理学所研究的对象，以及它的学科性质，梳理出它的研究内容，介绍了它的研究方法，并指出研究对象的相互关系包括体育学科与地理环境。它的性质包括区域性和综合体育学与地理学的特性，进而提出运用地理学是可以用来研究体育场馆的方法。指出体育场地的地理信息包括：场馆的具体地点、建筑形式、面积、功能、投资和经营管理，它的研究方法包括：地图法、地理学调查、地理信息系统研究法。

在国内，城市体育空间理论的研究较少涉及，只有个别学者有所研究；并且研究的面和范围都不够广，实践性研究较少。我们应该立足于这样的研究基础，同时兼顾并打好理论根基，重视并将交叉学科知识应用到有需求的研究领域中，从而高屋建瓴地为相关方面研究提供可借鉴的思路，并运用于实践，进而造福社会。

④ 城市体育空间实证研究

体育服务在建设服务型政府和服务型城市的过程中发挥着重要的作用，体育设施服务、体育组织服务和体育科技服务三方面是体育服务体系的建设重点，重中之重是体育设施服务的建设。关于城市体育场地设施的研究主体众多，现将其分为现状、层次等级划分、布局模式、服务范围等。

城市体育空间现状：学者们主要从体育场地数量、面积、类型等方面，就体育场地建设及存在的问题进行研究，提出了未来体育场地建设的对策与建议。研究发现：体育赛事市场日益兴盛、学校系统进一步发展的同时，也存在体育场地空间布局不合理，外商投资不足；体育场地设施建设规划缺乏专门性、指导性强的发展规划等问题。

城市体育空间等级划分：1986 年 11 月城乡建设环境保护部、国家体委颁布的《城市公共体育运动设施用地定额指标暂行规定》，将城市的体育设施划分为市级、区级、居住区级和小区级四个等级。徐会夫、柴刚军、项冉（2008）把城市体育场地设施层次分为市级、居住区级和小区级；蒋蓉、陈果、杨伦（2007）将体育设施设置分为市级、区级、片区级和社区级四级布局。中国城市规划设计研究院主编的《城市居住区规划设计规范》（2016）把公共设施层次分为居住区、居住小区、居住组团三级。

城市体育空间服务范围：李建国、卢耿华(2004)研究认为，社区范围内健身活动作为日常体育生活圈的主要组成部分，应建立基层体育设施为主的立体性的设施布局。上海市周末体育生活圈应建立以内、中、外环区为主的多层次的结构模式。都市圈范围内度假体育活动作为节假日体育生活圈的主要组成部分，应建立远郊、都市圈等不同层次的体育设施结构。

城市体育空间布局模式：李建国、卢耿华(2004)将都市体育生活圈模式划分为节假日体育生活圈、周末体育生活圈、日常体育生活圈。郑皓怀(2015)研究发现：一，规划格局呈现出塔尖为大型竞技体育设施，塔身为各类社会体育设施，塔基为社区体育设施的金字塔式结构；二，体育设施规划建设注重功能混合的使用。

沈兴珠、王志勇(2011)研究发现，由于大城市的聚集作用，大城市的体育需求增加。经过梳理建构，提出了大型城市体育场所的布局模式。其中包括体育设施的"网络散点布局模式"和"组团布局模式"。宋铁男(2014)通过理论和实证研究，以活动半径为界梳理出沈阳都市圈分为1 000米活动半径的日常圈，3 000米的周末圈，以及利用半径为400公里的节假日圈；并按时间梳理出了相应的布局模式：日常圈、周末圈、节假日圈；等。蔡玉军、邵斌、魏磊等(2012)通过对上海市公共体育空间的等级体系、服务半径、选址布局、数量规模等进行研究，提出了城市体育空间理想模式应兼顾公平与效率的总体原则，构建既能引导和激发城市居民进行体育锻炼，又能够与实际相结合的公共体育空间体系。还提出了五级区域模型。申亮、岳利民、肖焕禹(2005)依据可持续发展、都市圈的层级发展、城郊的错位发展及体育圈的供能性网状分布等原则，提出都市体育圈的布局模式呈环状布局模式。马志和、马志强、戴健等(2004)基于中心地理论提出了体育中心地的布局模式，认为体育场馆的布局应当考虑市场、交通、行政原则等，如此方能提高场馆的使用效率，更好地满足市民的需求。即要求体育场馆建在区域的中心，涉及的项目多象征等级高，高级中心呈现出占地面积大、辐射范围广的特点，而设置的低门槛并满足附近人民需要的体育中心则能够等级分布。因此体育设施应尽可能地靠近顾客，降低交通成本和时间成本，符合空间需求曲线。

体育空间模式具有地域差异性，各地有各地不同的特色和需求，所以并不能一以贯之，但是具有相同特色的城市以及相应的城市等具有某些相似性，所以在一定的程度上可以相互借鉴思路和研究方法等，从而促进公共体育设施的发展，并更方便地服务于居民。

虞重干、刘志民、丁海勇等（2002）调查发现，文化程度是制约苏南地区居民体育锻炼主要因素。仇军（2003）研究发现，我国体育人口活动场所的选择因年龄的不同有所差别。作为城市空间的重要组成部分——体育场馆设施，特别是大型赛事体育设施——的建设同城市空间的发展有着密不可分的关系。胡振宇（2006）研究发现，体育设施与城市发展两者之间存在互动关系：体育设施建设能够促进城市发展；城市发展又会反过来制约体育设施建设。陈翀、刘源（2009）认为综合体育中心可以推动周边地区的建设和发展。

近年来，我国相继承办奥运会、亚运会等大型综合性体育赛事，因此城市体育活动空间与城市空间相互作用研究，引起了学者的高度关注。研究认为：体育场地设施建设与城市发展关系主要表现为：一方面可以促进城市的整体更新，城市的更新又反哺地促进城市体育场地设施建设；另一方面作为城市公共设施有机组成部分——体育场地设施——的建设受制于城市规划、经济发展等因素。

综上所述，现有关于城市体育空间的研究存在如下问题：一，大多数城市体育场地设施布局研究没有给出图示，较少涉及可达性这一概念；关于城市体育场地设施公平性的研究多局限于理论层面，普遍缺乏例证和实证。二，对于设施的分级，大多数没有将城市体育设施单独进行考虑，有些规定由于时间问题早已不适应现在的发展形势。多数研究只对某个层次（以社区为主）的城市体育场地设施空间布局，但对整个城市公共体育空间体系建设的研究较少。三，组合化发展趋势成为城市空间规划的新动向；但以何为依据进行规划，具体应该怎样规划，哪些地方还需要布局，布局什么层次的城市公共体育空间等一系列问题很少有研究解答。就某个（些）城市的具体情况提出比较具体的方案的研究不多。四，对学校、公园绿地等作为城市公共体育空间有益补充的研究多数属于描述性研究，且基本上与地理区位因素没有联系。五，日本等发达国家的成功经验表明：在大众体育快速发展阶段，城市公共体育空间（硬件）的建设需放在首位；而到了相对稳定阶段时，则应该将重心转移至体育组织等（软件）的建设上来。

（3）基于 GIS 技术的城市体育空间研究

① 公共服务资源的选址配置

借助 GIS 技术以不同研究案例对象、不同的理论基础、不同的研究视角、不同的评价指标，对体育设施的布局优化进行研究。学者们借助 GIS 技术平台，对公共文化体育设施的一部分——城市公园绿地也进行了相关调查研究，较多采取运用距离衰减法、泰森多边形分析方法、LA 模型、Huff 模型作为服务能力评价指标，结合城市公园绿地的服务总人数、总面积，以计算出公园绿地的服务能力，以及基于城市居民需求的公园绿地服务范围。在实际操作中，此类优化方法得到的效果明显。李艳霞、傅学庆、郝军龙（2008）以全民健身路径布设的现状作为研究对象，运用基于 GIS 技术中的缓冲区分析、空间叠加等空间分析方法，对石家庄市全民健身路径空间位置供给情况与该地区居民体育健身需求情况进行了多方面对比评价，构思出全民健身路径的近期规划方案。美国加州大学建筑学教授 C. 亚历山大（C. Alexander）在《建筑模式语言：城市、建筑、构造》(A Pattern Language：Towns，Buildings，Construction)中提到，社区居民对临近空间的认知范围不应多余 274 米。即公共服务设施的服务半径应在 300 米左右为最佳。以人们对居住环境的控制能力和认知能力作为基点，人的视力在大于 130 米到 140 米时就无法辨别出他人的外在特征。因此，我们需要依此为基准，来规划各类公共服务设施在城市居住化境中的布局合理性。

近年来，应用地理学对公共服务资源的区位进行选择受到许多学者的青睐，尤其是应用 GIS 分析技术为公共服务设施选址等，比较常见的是对大型超市以及物流中心还有医院等的选址。国内的顾校飞、李南、顾慧玲（2014）通过 GIS 分析技术对社区体育健身圈选址，对选址模型进行构建，通过对居民区离散化、需求点、缓冲区需求点进行求解得出设施位置候选集求解原理等。最后运用 GIS 的空间分析将其可视化表达，并最终运用到无锡市的实践案例中。万迪、臧德彦（2012）通过对医疗卫生机构选址的主要影响因素进行分析，采用相应的数据运用 GIS 进行图层缓冲区分析，通过对道路、居民点、地价等图层进行处理叠加分析来进行选址。赵春燕、李际平、王国华（2010）梳理了遗传算法的选址流程，并应用遗传算法得出，满足选址条件的栅格点，最终应用缓冲区、叠加、路径分析等对购物商场选址进行辅助分析，从而使商业区位选址实现最大人口覆盖和最佳交通条件的要求。赵平(2009)应用GIS技术通过前期数据获取、权值确定、空间分析、最佳路径分析，并通过人机智能决策等对超市配送中心进行选址，并最终应用到实践中。王薇、王文、陈国富(2009)也应用GIS于粮食物流中心选址。张伟、刘纯波、周廷刚等(2007)基于GIS与遥感影像对TAM机的选址进行可视化叠置研究，建立门槛分析模型、点位评估模型、区域分析模型等，对其影响因素进行应用分析、点位评估分析，从而得出区域内有潜力的网点消费。应用GIS分析技术对公共体育空间资源进行研究的实践案例，主要涉及银行、大型医院等的商业选址，对公共体育设施的应用较少，有待学者应用地理信息技术和人文等相关方面的结合，从而建设更多覆盖范围广，进入门槛低的公共体育设施方便群众锻炼，促进国家的发展。……

② 城市体育空间的布局选址

GIS技术在体育领域的应用还处于启蒙阶段，所涉及的内容主要有：体育设施信息的检索、体育赛事突发事件应急推演查询与统计、体育场地规划与选址、国民体质数据的监测与管理、定向运动制图等方面，但总体来说相关的国内外研究成果很少。史兵(2007)认为，体育地理学研究对象是体育运动与地理环境之间的相互关系，体育与地理环境关系十分密切，研究体育地理学利于扩展体育研究领域的新视野。当前GIS技术在体育界的流行度逐渐加强，构建GIS技术在体育领域的实践应用体系十分重要。

近年来，学者对公共资源设施的优化给予了较多的关注，既涉及经营管理方面的探讨，也涉足社会因素等影响因子方面等的探讨。社区体育场所方面的讨论：熊友明、熊萌(2012)基于地理信息系统技术对公共体育资源的规模分布进行优化。赵鹏(2011)根据影响因素收集数据建立数据库，运用泰森多边形、网络分析等对其布局现状进行分析。在现状评价的基础上建立假设，利用GIS的空间分析进行论证，为其医疗设施的优化提供科学有效的建议，从而实现医疗设施资源的有效配置。钟广锐(2010)等用地理信息系统应用于公共资源场所的优化实例。

公共服务资源优化：胡精超、王莉(2013)梳理了基于GIS技术对公共体育场地设施进行优化的基本原则成本最低、满意度最大化、区域覆盖、居民便利等原则，并通过网络分析、LA模型以及应用最小化阻抗模型对选址进行优化评价。陈旸(2010)遵循公平与效率，中心为外围协调发展等原则，应用 LA 模型计算有效服务半径、有效服务覆盖率等选择最优区位，再结合 GIS 可视化对湘潭市雨湖区的社区体育设施进行优化布局和分析。张京祥、葛志兵、罗震东等(2010)应用 GIS 的定量与定性的方法对常州市教育设施布局进行优化。陈连珍、朱华(2008)基于 GIS 空间分析技术的 Voronoi 图的公共体育场所布局优化的方法。唐少军(2008)利用 GIS 空间分析技术对长沙市区的公共厕所布局进行分析，采用多准则决策模型进行建模，利用 GIS 的可视化表达，进行实证分析研究得出最优方案，验证 GIS 技术在公共服务资源布局方面得天独厚的优势。陈忠暖(2006)使用区位分析模型来优化公共资源的实例研究。张龙和周海燕(2004)使用基于最小覆盖面的 GIS 分析技术对公共体育资源进行优化研究。娄艳春(2012)在其硕士论文中，将晋江市体育场地作为其研究对象，在搜集到全面的晋江市体育场地相关资料数据的同时，将中心地理论和地域分工理论作为研究的理论基础，以 HHI 指数来评价体育场地空间集聚度，阐明了晋江市体育场地的分布特征及其与该地区人口数量分布的关系。并以国家各项与体育发展相关的政策条款作为政策规范，以"非均衡协调发展"和"包容性发展"学术理论作为体育场馆规划理论基础，结合晋江市近期城市建设的总体规划条例，提出体育场地空间布局优化的方案。马运超、孙晋海(2010)设计了一种基于 GIS 技术城市体育设施信息系统，为管理部门的动态管理和评价提供了科学有效的管理手段，实现了体育设施的可视化信息查询和管理以推进我国城市大众体育的发展。郜红娟、郑建、李延武(2013)借助 GIS 技术数据平台，采用定性与定量相结合的研究手段，根据奖牌数量、设奖项目、运动员国籍等指标，对第十七届冬季奥林匹克中各代表队的竞技水平进行了数据收集整理，对影响其竞技水平的国家地域空间变化的特征和作用机制进行了相关探讨。王良健和何琼峰(2009)借助 GIS 技术空间分析方法，研究中国地区间竞技体育分布的空间特征，利用最小二乘模型、空间自回归模型和空间误差模型进行定量分析，揭示影响该空间分布特征的原因。王茜和方千华(2011)使用 GIS 技术平台分析我国体育技术创新水平的时空变化规律。

我国应用地理科学技术方法对公共服务资源进行选址和优化等的使用比国外要晚，GIS 技术方面应用于实践也受到局限；但是应用 GIS 空间分析技术来研究城市公共资源设施能解决许多实际问题，并有助于提高公共资源的服务性和有效利用性，因此具有较高的研究价值。

③ 超大型城市体育空间研究

上海作为国际化大都市，是中国教育改革的领头羊，教改综合实验区，因此上海市体育空间结构研究被学者广泛关注。张峰筠、肖毅、吴殷(2014)通过GIS 技术、地理分析与统计分析等方法，对杨浦区的体育设施布局进行研究，得出人口与公共体育场地数的耦合性整体较好，但由于老居民区改善困难，因此建议公共体育场地与其他经营性场地等结合开放。蔡玉军、邵斌、魏磊(2012)发现，上海市公共体育空间中的呈区级公共体育空间的体育设施缺乏，总体服务水平不高，这在很大程度上制约了居民走出家门进行体育锻炼；但城市空间的有限性促使了体育场地的多功能化。并且提出基于低碳化以及绿色出行的体育空间结构的布局建议。赵靓(2011)通过 GIS 软件对获取数据进行最邻近距离指数 NNI 以及密集区计算等，构建了杨浦区体育场地信息平台，并对杨浦区体育场地的组成结构、总体空间分布特征及密集区等进行再分析研究；但仅限于基础性研究，并没有对产生该部分的原因及合理性做深入的研究。柳英华、白光润(2006)发现上海市的娱乐休闲设施是由于集聚效应和竞争效应形成的空间结构，这样的高密度集中等是由其商业性质决定的。卢耿华(2004)研究发现，上海市体育场馆设施的建筑总体而言较多的关注到体育竞赛的需求，而群众的生活体育方面的需求则很少被关注；因此以时间地理学理论的视角对上海市群众体育的行为划分成几种生活圈，其中居民的日常生活圈主要包括的场地有健身点(500～600 m)、健身苑(800～1 000 m)、体育中心(1 000～1 500 m)，周末生活圈涉足的场地更加广泛，而节假期生活圈呈现带状。

GIS 技术是时代的产物，以 GIS 技术为重要研究工具，逐渐成为体育领域新的研究方向，也是时代发展的必然趋势。现有体育设施包括体育场馆、健身路径、公园绿道等相关文献都有所涉及，由于出自不同研究视角，加上理论基础仍较薄弱，所需数据获得的机密性等原因，导致与其他学科相比，在研究的深度上尚有较大差距。

第五、第六次全国体育场地普查的开展，为我国体育场地研究提供了重要的基础数据。体育场地研究主要集中在体育场地建设、管理、使用等方面；但普遍局限于现状描述且相似研究较多。揭示的问题及提出的策略虽具有普遍参考价值，但区域性、针对性、深层次的探究尚显不足。当前研究呈现如下一些特点：一，体育空间的研究多借鉴西方的研究理论和方法，研究注重现象的描述、提出对策及给出建议，缺少以实证性数据为支撑的定量方面的研究；二，体育场地空间布局评价多局限于体育场馆数量分布、地理方位分布、区域空间分布等，多指标评价不足；三，研究方法以定性方法为主，采用成熟的 GIS 地理空间分析技术探索体育场地空间布局尚不多见；四，研究对象多局限于大型体育场馆或公共体育场地设施，基于竞技体育、全民健身、学校体育角度的体育场地整体空间布局研究薄弱；五，研究体育场地空间布局现状多，探索空间布局成因少；六，基于城市发展的视角，针对性的区域体育场地空间布局及优化研究比较薄弱。

7.1.2　研究对象与方法

（1）研究对象

研究以上海市静安区、长宁区中小学学生体育活动空间为研究对象，从上海市静安区、长宁区体育场地数据的获取及实地调查核实中小学学生体育活动空间开始。首先，上海市静安区、长宁区体育场地第六次普查的数据由原上海市静安区、长宁区体育局获取；其次，实地调查上海市体育场地，对上海市静安区、长宁区各系统的体育场地进行抽查，实地访问 12 所中小学的学校体育场地；再次，访谈华东师范大学地理科学系老师，获取 GIS 的空间研究指标进行研究。

（2）研究方法

① 文献资料法

通过上海图书馆、华东师范大学图书馆、当当网上书店等，借阅、购阅关于城市地理学、城市规划学、地理信息系统等方面的教材、论著二十余部，为跨学科研究打下基础。以《2013 上海体育年鉴》《2014 上海体育年鉴》《2015 年上海体育年鉴》，2013～2015 年"上海市体育场馆分析报告"调查数据为样本，获取上海市静安区、长宁区体育空间的数量及分布状况。

通过华东师范大学数字图书馆，查阅中国知网学术文献网络出版总库、中国优秀硕士学位论文全文数据库、中国博士学位论文全文数据库，以"城市空间""空间结构""选址""布局""活动""行为""出行""决策""地理信息""ArcGIS"等为关键词进行检索，共收集与本研究相关的文章 856 篇，其中期刊 602 篇、学位论文 216 篇、其他形式论文 38 篇。

对于地形图、Google Map、天地图·上海，以及上海分区地图中存在，官方未公布的数据，通过各区、街道、小区物业及相关管理部门提供，或通过实地考察获得。另外，通过 Google、Baidu 等搜索引擎等查阅相关报道 200 余篇。

② 实地调查法

以全国第六次体育场地普查相关数据为基础，参照体育场地普查方案，在上海市静安区、长宁区体育局的大力支持下，以街道为基本单位，成立 4 人调查小组，就静安区、长宁区截至 2015 年 9 月 1 日，各系统体育场地的基本标识（场地名称、建设年代、坐落地点等）、主要属性、基本状况（场地数量、种类、占地面积、场地面积等）、使用状况等进行了全面调查，建立了完整的体育场地建设基础数据库，为静安区、长宁区体育场地研究提供了重要的保障。

③ 访谈法

专家访谈：选取华东师范大学资源与环境学院城市研究领域专家 2 名，就上海市静安区、长宁区空间结构，特别是交通空间、居住空间等相关问题进行访谈；选取华东师范大体育与健康学院相关领域专家 2 名，就上海中学生体育活动行为相关问题进行访谈。教师访谈：选取静安区、长宁区目标小学、初中、高中教师各 2 名进行访谈，了解中小学学生课堂内、外体育活动行为状况。家长访谈：对静安区、长宁区所选择小学中各 1 名学生家长进行访谈，获得与小学生体育活动行为相关的信息。

④ ArcGIS 分析法

依据《第六次全国体育场地普查数据汇编》及 2015 年静安区、长宁区体育场地专项调查结果，运用 ArcGIS 中的相应模块进行矢量数据分析及图层处理，分析上海市静安区、长宁区中小学学生体育活动的各级体育空间服务水平、可达性及体育空间布局等，并形成专题地图进行空间可视化表达。

（3）研究步骤

地图数据的来源与准备：地图主要来源于数字测绘地形图、上海城区详图、上海分区地图、谷歌地图（上海）。

空间数据的获取与整理：本研究数据主要涉及各级体育活动空间，从地形图中分别提取上述数据；将提取数据分别与上海城区详图、上海分区地图、谷歌地图进行核对、更新，确保数据的准确性和即时性，对于不同来源数据不一致的情况，采用实地考察法予以证实。

数据的分析与处理：利用 ArcGIS 空间统计工具，描述上海市静安区、长宁区中小学学生居住空间分布；利用分析工具中的叠加分析（相交、擦除、查看）、邻近性分析（创建泰森多边形、多环缓冲区分析等）描述上海市静安区、长宁区中小学学生体育活动空间结构，并进行分析；通过 ArcGIS 分析工具进行叠加分析，计算各级体育活动空间服务（辐射）区域的面积。

为了更好地阐述上海市静安区、长宁区中小学学生体育活动空间布局结构，在对静安区、长宁区体育活动空间布局充分了解的基础上，选取部分体育活动空间，在对在其中参加体育活动的中学生进行访问的同时，还对这些体育空间的建造年代、历史、氛围、周边环境等进行了实地考察。

7.1.3 研究结果

（1）超大城市城区小学生体育活动空间结构特征——上海市静安区

体育场地空间布局是从地理空间的角度来呈现其特征及其组合状态。GIS空间分析技术，能够把学校体育空间分布等情况直观可视化地表达出来。学校体育空间能够为学生提供体育锻炼资源，是促进学生体质健康的重要物质基础；学校体育空间能够为学生提供更优的服务，以便促进学生的身心健康发展，是大众所期盼的。因此对静安区小学生体育活动空间进行空间分析，先获取小学体育空间的分布情况等，然后才能使现有的学校体育场地更好地为学生服务提供依据。从地理学的角度出发，空间布局的评价指标主要包括：聚集性、服务性、空间可达性、空间中两个地理事物分布的一致性（耦合性）等指标。聚集性反映了市场的支配能力；服务性反映了体育场地器材配置的合理性；空间可达性是为需要做出某一出行人群的方便程度，反映了非相同地区的人群对特有公共服务是否靠近的公平程度。本章选取集聚性、耦合性以及服务性三个指标对小学生体育空间进行可视化分析。

① 城区小学生体育活动空间聚集性

学校体育空间是学生体质健康发展的基础，学校体育空间设施的规划、布局、构建事关学生体育锻炼等的积极性。上述我们对静安区小学各体育场地个数情况等的设置进行了详细的描述呈现，接下来我们将用具有直观性的GIS空间分析技术，对静安区各学校体育活动空间的集聚情况等进行直观的表述。静安区小学体育空间数量点状图显示，总体上静安区小学体育活动空间的分布较为分散并不集中，但是在分散中又能窥见合理性，因为并没有过度聚集或零星散布，而是呈现随机分布的状况。具体而言学校体育空间都处于静安区各街道的边缘地带，尤其是江宁路街道与南京西路街道交叉处，学校体育场地聚集最多。此外各街道学校体育场地都比较靠近街道边线处，并又相对而言比较集中在某一块区域。

静安区各街道的人均体育场地密度以及区域内各体育场地都与其小学生体育活动空间密切相关。各街道的人均密度为：曹家渡街道 23.65 千户/km²，江宁街道 15.80 千户/km²，石门二路街道 14.18 千户/km²，南京西路街道 12.00 千户/km²，静安寺街道 8.94 千户/km²。体育空间密度的万户指标依次为：静安寺街道 82.76 个/万户，江宁街道 79,77 个/万户，南京西路街道 65.00 个/万户，曹家渡街道 38.89 个/万户，石门二路街道 35.97 个/万户。总体来看，静安区各街道人均密度大，由于小学生都就近入学，因此相对而言各小学学校分布与各街道居住区分布较一致。但是由于各街道人口密度大，人均体育场地资源较少，因此小学生体育活动空间也受到一定的限制。在空间上，曹家渡街道与江宁路街道体育场地相对比较集中，而静安寺街道、南京西路街道和石门二路街道的边缘地带密度较小；因此各街道体育空间密度也存在着一定的公平性差异。

② 城区小学生"活动—居住"耦合性

根据空间与行为互动理论，学校场地设施的布局、开放等应根据居住小区等空间结构安排，这样才能够更加合理有效地促使学校体育场地供学生使用，并且合理地利用居住小区服务于学生。首先，从图 7-3 至图 7-4 居住小区与静安区学校体育场地叠加之后发现，各居住小区分布与学校体育场地分布均较

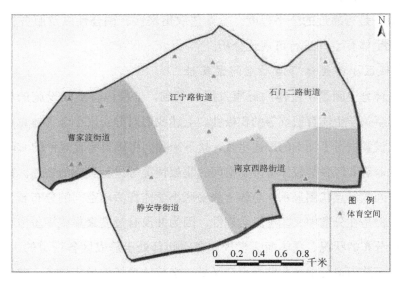

图 7-1　静安区各小学体育空间数量分布示意图

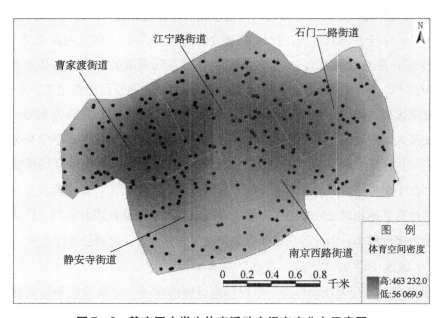

图 7-2　静安区小学生体育活动空间密度分布示意图

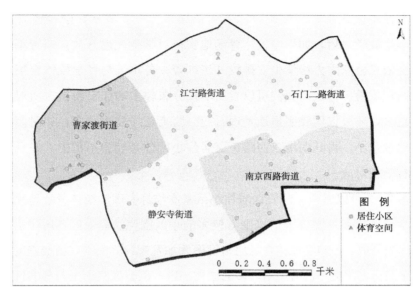

图7-3 静安区各小学体育空间与各居住区叠加分布示意图

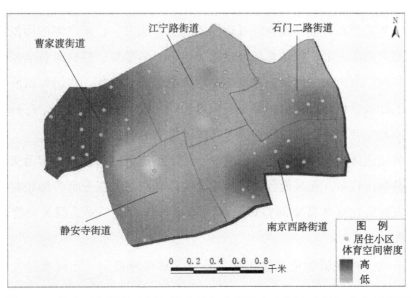

图7-4 静安区各居住小区与静安区各小学体育空间密度叠加分布示意图

为分散。即各个居住小区几乎都紧靠学校；因为上海市小学生实行就近入学，大部分都在本区入学，当然不排除有可能跨区入学。其次，学校体育场地方面，小学生放学之后，如果学校体育场地实行对学生优惠开放，或者不仅免费开放，更依靠公家之力帮学生安排校外培训等；各小区与各学校体育场地没有出现大面积重叠。再次，我们可以看出学校分布较多的江宁路街道所对应的居住小区也多，还可以比较明显地发现石门二路街道居住小区多，相对而言学校体育场地数量小。再其次南京西路街道居住小区分布较为不集中，并且有一片小区没有学校对应。

从图7-3可以看出，静安区居住小区基本与静安区学校体育场地重叠，可以发现学校体育场地密度大的周围有较多的小区围绕。静安区各居住小区的点状分布比较分散，但与学校体育场地密度图叠加发现：学校体育场地密度较为集中的江宁路街道附近并没有聚集较多的居住小区；而曹家渡街道与静安区街道相交处的密度比较高，但是居住小区却稀少。学校体育场地密度较小的区域几乎没有居住小区分布，这个刚好与上海市小学教育实行就近入学相关，如图7-4。

③ 城区小学生体育活动空间服务性

泰森多边形是体育场地空间可达性的测量方法之一。家住多边形校区内的学生，到多边形内的学校体育场地设施的出行距离最短。静安区各学校体育场地总体情况呈现由内向外服务面积逐渐增大的趋势。此外，我们可以发现在各街道交叉处各学校体育场地的服务面积最大(图7-5)，尤其是江宁路街道与曹家渡街道相交处以及石门二路街道等学校体育场地服务面积均较大。

在居住区体育空间中我们可以发现，江宁路街道以及它与各街道交界处的服务负荷都比较重，而其他各街道居住区的体育空间的服务负荷都相对而言较小。静安区居住区体育空间整体呈现北边服务负荷大、周边服务负荷小的态势。如图7-6。

(2) 超大城市城区中学生体育活动空间结构特征——上海市静安区

① 城区中学生体育活动空间服务负荷

测量空间可达性常用的方法是泰森多边形。泰森多边形内小区里的中学生到区域内的体育活动空间的距离最短。利用ArcGIS软件中的邻近性分析功能，

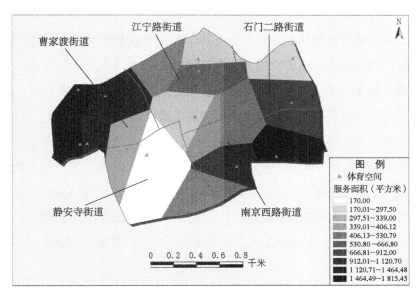

图 7-5　静安区小学体育空间泰森多边形分布示意图

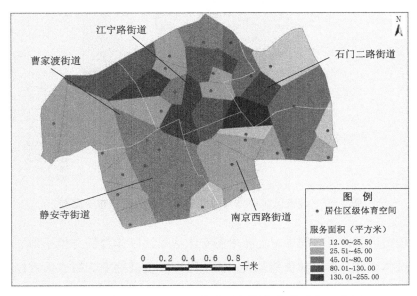

图 7-6　静安区各居住区体育空间服务负荷分布示意图

生成泰森多边形，获得各体育活动空间服务面积。研究者提出了服务负荷的概念，可以更直观、现实评价各体育活动空间的绩效。一般而言，体育活动空间的负荷与本区域服务面积和服务人数有关。即服务面积越大，负荷越大；服务人数越多，负荷越大。本研究用各体育活动空间的服务面积表示负荷，即：负荷＝系数×服务面积，本研究中系数取值为1‰。分析计算结果发现，各级体育活动空间的服务负荷均呈现出由内向外逐渐增大的态势。

区县级体育活动空间中，上海市静安体育中心、上海市静安区中小学学生业余体育学校等四个区级体育空间分布在居住较为密集的区域，服务面积较大，整体负荷较大；而上海静安公益场所管理服务中心、上海新纪元网球馆、上海市静安体育馆、上海市棋牌管理中心等四个区级体育活动空间位于中央核心区，由于它们的选址比较集中，各自承担的服务范围少，因此负荷较小，如图7-7。

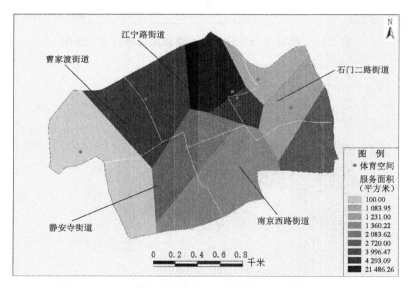

图7-7　静安区区级体育活动空间服务负荷分布示意图

乡镇街道级体育空间中，上海市静安区南西社区体育健身俱乐部、上海市江宁街道体育健身俱乐部负荷较大；而上海市静安区静安寺街道体育健身俱乐部、上海市江宁街道体育健身俱乐部、上海市石门二路街道体育健身俱乐部可达性差，易造成闲置浪费，服务负荷较小。从整体来看，各乡镇街道级体育空间呈现出区两边负荷重中间负荷弱的态势，如图7-8。

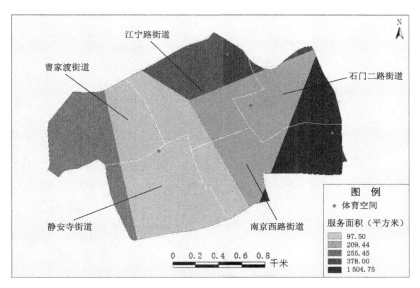

图 7-8　静安区乡镇街道级体育空间服务负荷分布示意图

居住区级体育空间中，武定坊居委会健身房、北京居委会健身房、淮安里居委会健身房、又一村居委会健身房、新福康里居委健身房、陕北居委健身房负荷较重，远远超过其他居住区级健身房；相反，江宁街道宝安坊居委会健身房 2、蒋家巷居委会乒乓房、泰兴居委乒乓房、裕华居委乒乓房服务面积较小，因此几乎没有承担负荷。上海市静安区居住区级体育空间呈现中间服务负荷较大，四周服务负荷较小的态势，如图 7-9。

居住小区级体育空间中，海防路 100 弄、新福康里居委，延中居委健身路径 1（延安中路 955 弄），中凯居委延中绿地健身步道，景华居委大胜、长寿路 999 弄全民健身路径，万航渡路 661 弄 2 号全民健身路径等的服务负荷远远超过其他健身路径。相反，武定路 600 弄、西康路 446 号、华沁居委、奉贤居委健身路径，华业居委（南京西路 1213 弄）、陕北居委（江宁路 83 弄）、古柏居委鹅卵石健身步道，华山居委长乐健身路径 2 等健身路径由于其体育空间面积均不超过 15 平方米，所以几乎没有承担负荷。上海市静安区居住小区级体育空间服务负荷水平总体上呈现出中间小、四周大的特点，如图 7-10。

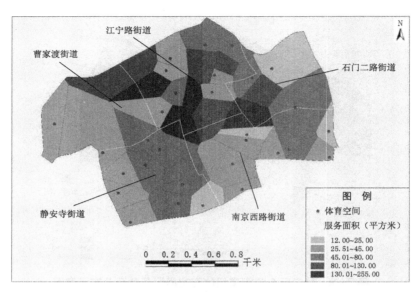

图 7 - 9　静安区居住区级体育空间服务负荷分布示意图

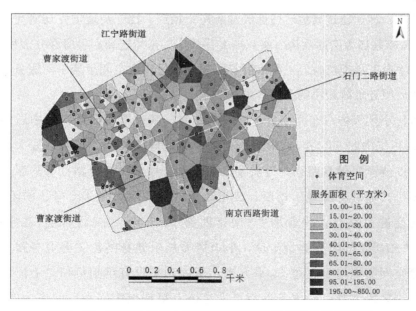

图 7 - 10　静安区居住小区级体育空间服务负荷分布示意图

② 城区中学生体育活动空间整体特征

利用 ArcGIS 软件缓冲区分析功能，获得各体育活动空间辐射范围，发现区级体育活动空间辐射率最高，其他各级体育空间并不理想。区级体育空间呈整体分散、局部集中态势，体育活动空间呈整体集中分布在东部且服务范围出现了比较严重的交叉、重叠现象。乡镇街道级体育活动空间呈串珠状分布。居住区级体育活动空间建设情况较差，西北部大部分不在其服务范围内，且大量的居住热点未被覆盖，情况不容乐观。除与居住热点并非完全一致外，其建设力度仍显不足。西北部和中部少量区域体育空间与居住热点不一致的现象较为严重，居住小区级体育活动空间作为最基本的城市体育空间形态，除少量居住小区内未布置体育空间外，总体建设情况较好，布局也较为合理，如图 7-11 至图 7-14。

③ 城区中学生体育活动空间圈层特征

利用 ArcGIS 软件功能获得各级体育活动空间圈层的辐射情况。发现，上海市静安区中学生体育活动空间总体呈现"核心一边缘"的结构特征，由内向外，各级体育活动空间的服务效率均呈逐渐降低趋势，如图 7-15 至图 7-19。这主要是由中心城区单中心空间结构及"摊大饼式"向外扩张造成的。从城市空间结构动态发展的角度，适当增加四周的体育空间建设力度，对于加快中央

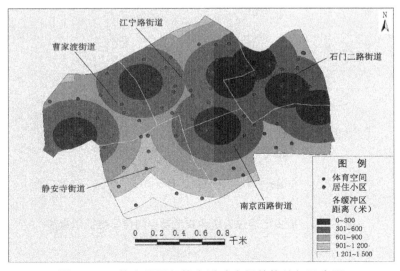

图 7-11　静安区区级体育活动空间整体特征示意图

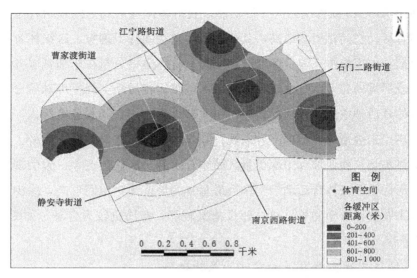

图 7 - 12　静安区乡镇街道级体育活动空间整体特征示意图

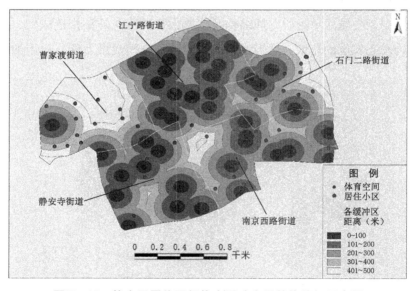

图 7 - 13　静安区居住区级体育活动空间整体特征示意图

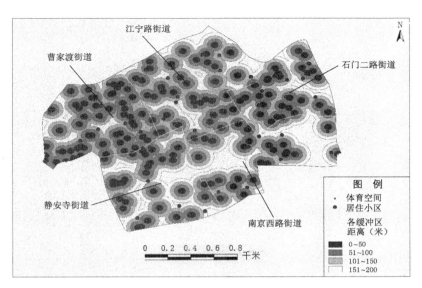

图 7 - 14 静安区居住小区级体育活动空间整体特征示意图

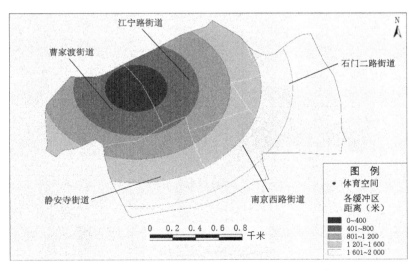

图 7 - 15 静安区城市级体育空间圈层特征示意图

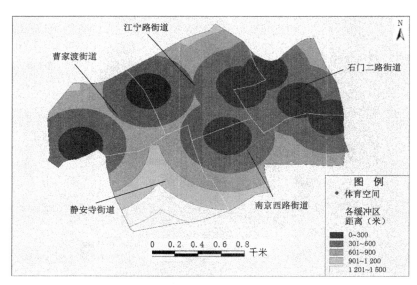

图 7 - 16   静安区区级体育空间圈层特征示意图

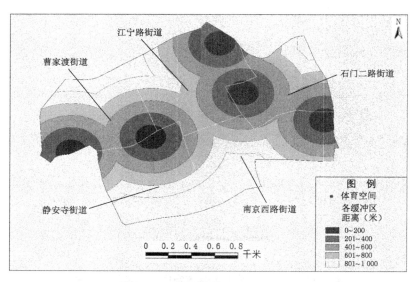

图 7 - 17   静安区乡镇街道级体育空间圈层特征示意图

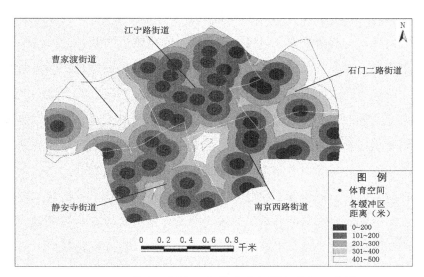

图7-18　静安区居住区级体育空间圈层特征示意图

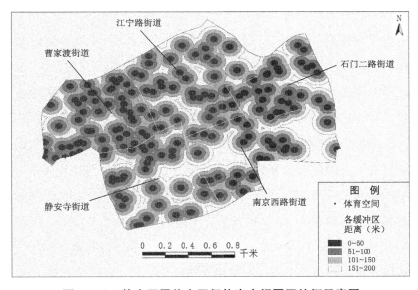

图7-19　静安区居住小区级体育空间圈层特征示意图

核心区居住人口向外圈层疏散具有一定的作用。

④ 城区中学生体育活动空间分区特征

研究发现，上海市静安区各级体育活动空间总体特征为：服务范围不均衡、街道聚集程度差异大。江宁街道和曹家渡街道的受城市级体育空间辐射服务情况较好，静安寺街道和南京西路街道的少部分区域、石门二路街道的大部分区域却均未受到辐射。江宁街道、曹家渡街道、南京西路街道、石门二路街道全部区域均受到区县级体育空间的辐射，静安寺街道九成以上区域受到区县级体育空间的辐射。静安寺街道和南京西路街道的大部分区域均受到乡镇街道级体育空间辐射，但其辐射程度不如曹家渡、江宁、石门二路三个街道的辐射程度高。江宁街道和静安寺街道的全部区域均受到居住区级体育空间的辐射，曹家渡街道中部的大部分区域、南京西路街道西北部的少量区域及石门二路街道的东部少量区域未受到居住区级体育空间的辐射。曹家渡街道受居住小区级体育空间辐射程度最高，南京西路街道情况最差，其他街道也并不理想。

(3) 超大城市城区体育场基本特征——上海市长宁区

① 体育场地数量、场地面积分析

第六次全国体育场地普查工作从 2013 年底至 2014 年底，通过布置、实施、总结三个阶段，最终于 2014 年底公布了普查数据公告和结果。根据上海市长宁区第六次全国体育场地普查的数据，截至 2014 年，长宁区的各类体育场地共计 1 306 个，体育场地面积共计 531 045.01 平方米。而长宁区的面积为 38.30 平方公里，体育场地面积约占总土地面积的 1.4%，根据"全国第六次全国人口普查"主要数据公报来看，长宁区人口数量约为 69 万人，人均体育场地面积约为 0.77 平方米。"第六次全国体育场地普查"数据公告显示，我国人均体育场地使用面积为 1.46 平方米。不过，上海市是人口聚集度相当高的一个城市，尤其长宁区还是中心城区。所以，体育场地的开发、利用、布局在今后发展体育事业的道路上是一项重要课题。

② 体育场地类型分析

根据"第六次全国体育场地普查"工作中，对于体育场地类型的归类要求，主要有 82 种主要体育场地类型，包括体育场、田径场、田径房（馆）、小运动场、体育馆、游泳馆、跳水馆、室外游泳池、室外跳水池、综合房（馆）、篮球房（馆）、排球房（馆）、手球房（馆）、体操房（馆）、羽毛球房（馆）、乒乓球房（馆）等。除其他外，长宁区现有体育场地类型 41 种（见表 7-1），其中体育

表 7-1　长宁区体育场地类型构成

场地类型	数量（个）	场地面积（万平方米）	场地类型	数量（个）	场地面积（万平方米）
全民健身路径	413	1.65	三人制篮球场	4	0.14
健身房（馆）	276	3.19	体育馆	3	0.57
乒乓球房（馆）	95	1.04	武术房（馆）	3	0.05
篮球场	64	5.69	足球场	3	0.07
游泳馆	62	2.85	体操房（馆）	2	0.15
小运动场	53	14.87	体育场	2	3.54
台球房（馆）	51	1.05	田径场	2	2.63
室外网球场	49	4.20	保龄球房（馆）	2	0.09
棋牌房（室）	45	0.40	排球房（馆）	1	0.05
城市健身步道	45	1.09	举重房（馆）	1	0.06
室外游泳池	20	1.28	击剑房（馆）	1	0.09
羽毛球房（馆）	13	0.54	沙狐球房（馆）	1	0.01
篮球房（馆）	10	0.73	室内射箭场	1	0.07
摔跤柔道拳击跆拳道空手道房（馆）	10	0.13	室内冰球场	1	0.13
综合房（馆）	9	1.13	室外七人制足球场	1	0.35
壁球房（馆）	9	0.08	室外手球场	1	0.11
室外五人制足球场	9	1.47	羽毛球场	1	0.01
射击房（馆）	8	0.48	室外门球场	1	0.05
高尔夫球场	8	1.57	室外马术场	1	0.15
排球场	7	0.35	攀岩馆	1	0.02
网球房（馆）	6	0.63	其他	11	0.34

场地数量最多的为全民健身路径 413 个、健身房（馆）276 个、乒乓球房（馆）95 个，以及篮球场 64 个。体育场地面积最大的为小运动场 14.87 万平方米、篮球场 5.69 万平方米、室外网球场 4.20 万平方米，以及体育场 3.54 万平方米。

从长宁区体育场地类型的总体数量来看，长宁区体育场地类型还是较为丰富的，甚至还拥有一些当下普及度还不算很高的体育运动项目的场地（馆）设施。比如壁球房（馆）、沙狐球房（馆）、室内冰球场、攀岩馆等。还有一些较为高层次、高消费的运动项目场地（馆）设施，如高尔夫球场、室外马术场等。总体从各类型体育场地的数量来看，一些类型场地的数量较为充足，比如体育场、田径场都拥有两处，东华大学延安西路校区体育场、延安中学体育场、华东政法大学长宁校区田径场、天山中学田径场都可以举办大型的体育赛事或者健身活动。全民健身路径及城市健身步道数量比较多，适合中小学学生进行跑步、散步等活动。健身房（馆）、室外网球场的数量、面积是区域的特色。但是正规足球场的数量不足，对于举办正规的足球比赛则稍显困难。

③ 体育场地分布分析

体育场地的分布主要是指体育场地所在的系统、单位。体育场地分布的情况能够反映出一个地区原有场地资源配置是否合理。了解一个区域体育场地分布的情况对于管理、规划、整合体育场地资源具有重要的意义。

长宁区体育场地分布于居住小区/街道、校园、机关企事业单位楼院、宾馆商场饭店、公园及其他（见表 7 - 2）。其中，分布于居住小区/街道的体育场地最多，一共有 836 个，占体育场地总数的 64.02%；分布于校园的体育场地有 171 个，占体育场地总数的 13.1%。而从总的场地面积来看，分布于校园的体育场地的面积总计为 30.55 万平方米，占总的体育场地面积的 57.53%，超过了体育场地总的面积的一半。所以，分布于校园的体育场地资源对于长宁区健身事业的发展是及其重要的。而在以往，学校的体育场地资源只在课后为自校学生开放，周末双休日连自校的学生也无法享受。2006 年，上海市多部门联合指定了《学校体育场地向社会开放试点工作方案》以及《关于本市体育、文化、教育设施等资源向社区开放指导意见》，越来越多学校的体育场地除了课后对自校学生进行开放以外，在双休日也向学生、公众开放。

表7-2　长宁区体育场地分布情况

场地分布	数量(个)	比例(%)	面积(万平方米)	比例(%)
居住小区/街道	836	64.02	10.94	20.60
校园	171	13.10	30.55	57.53
机关企事业单位楼院	105	8.03	3.41	6.43
宾馆商场饭店	101	7.73	3.19	6.01
公园	23	1.76	1.21	2.28
其他	70	5.36	3.79	7.15

④ 体育场地使用分析

体育场地对外开放的情况及使用率反映了一个场地所创造的社会价值，并且对于之后体育场地资源的配置与整合具有极其重要的参考价值。

长宁区对外全天开放的体育场地有 841 个，占 64.39%；对外部分时段开放的体育场地有 278 个，占 21.29%；不对外开放的体育场地有 187 个，占 14.32%。全天开放的体育场地面积有 17.18 万平方米，占 32.36%；部分时段开放的体育场地面积有 26.47 万平方米，占 49.84%（见表 7-3）。可见，长宁区超过 85% 的体育场地是对外开放的，体育场地的开放程度较高。

表7-3　长宁区体育场地使用情况

对外开放情况	数量(个)	比例(%)	面积(万平方米)	比例(%)
全天开放	841	64.39	17.18	32.36
部分时段开放	278	21.29	26.47	49.84
不开放	187	14.32	9.45	17.80

各场地所属的系统、单位体育场地开放情况为（见图 7-20）：居住小区/街道的 836 个体育场地中，有 16 个场地不对外开放；校园的 171 个体育场地中，有 53 个场地不对外开放；机关企事业单位楼院的 105 个体育场地中，95 个场地不对外开放；公园的 23 个体育场地中，1 个场地不对外开放；其他类的 70 个体育场地中，有 12 个场地不对外开放。

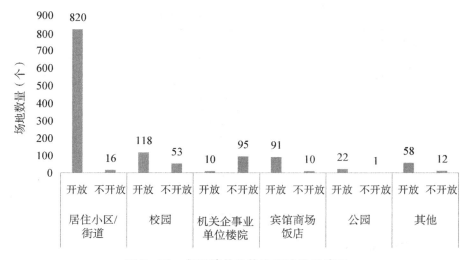

图 7-20　各系统单位体育场地使用情况

　　可见，居住小区/街道体育场地的开放程度最高，而机关企事业单位楼院的体育场地开放程度最低。拥有体育场地面积最大的学校校园开放程度较高，从详细的情况来看，其不开放的体育场地都是一些特殊学校、国际学校及少体校运动队拥有的一些体育场地。普通教育学校的体育场地都是向学生、公众开放的。在长宁发展体育事业的道路上，合理配置、开发场地资源，争取机关企事业单位楼院体育场地的开放是一项亟待着手的工作。

　　从表 7-4 不难看出，长宁区体育场地的使用率为：有 1 002 个体育场地平均每周接待 500 人次以下，占对外开放的体育场地总数的 89.54%；有 102 个体育场地平均每周接待 501～2 500 人次，约占对外开放的体育场地总数的 9.12%；有 11 个体育场地平均每周接待 2 501～5 000 人次，占对外开放的体育场地总数的 0.98%。只有 1 个体育场地平均每周接待 5 001～10 000 人次，这是位于武夷路与内环交界处的国际体操中心，其是能够承办国际性赛事的体育场馆，其拥有的对外开放的体育场地有羽毛球馆、乒乓球馆、游泳馆。另外，还有 3 个体育场地平均每周接待 10 000 人次以上，分别是华山绿地一处健身路径和一处百姓健身步道，以及中山公园的百姓健身步道。华山绿地区位条件好，是华山路上的美丽景观线；而中山公园是一座具有一定历史的大型公园，地处商业繁荣区域。总体来看，场地的使用率也体现了长宁区体育场地偏小型化，体育活动较为分散的特点。

表7-4 长宁区体育场地使用率

平均每周接待人数	数量(个)	比例(%)	面积(万平方米)	比例(%)
500人次以下/周	1002	89.54	35.10	80.43
501~2500人次/周	102	9.12	7.32	16.77
2501~5000人次/周	11	0.98	0.60	1.37
5001~10000人次/周	1	0.09	0.34	0.78
10000人次以上/周	3	0.27	0.28	0.64

（4）超大城市城区中学生体育活动空间布局特征——上海市长宁区

① 城区中小学学生大型健身类体育活动空间布局

如图7-21所示：长宁温水游泳池与长宁网球场位置较为接近，两者的服务面积都较小，所以整体负荷也相对较小；而上海市仙霞网球中心和临空园区

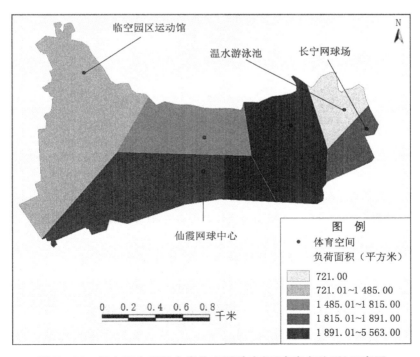

图7-21 长宁区大型健身类体育活动空间(泰森多边形)示意图

运动馆的服务面积较大，其整体负荷也相对较大。总体来看，区域大型健身类体育活动空间布局的特征呈现东面负荷弱，西、南面负荷较重的情况。

根据前人研究资料，并结合专家建议，将区域大型健身类体育活动空间的服务半径设定为2 500米。如图7-22所示，区域大型健身类体育活动空间整体的辐射区域较大，基本覆盖了大部分的区域。其中东部与中部的辐射区域还出现了交叉现象，只有小部分区域未辐射到。其中包括在东南边界处的中山西路、古羊路、古羊支路交界区域，还有长宁区西面除了虹桥国际机场和上海动物园外，福泉路上的绿园十居、十一居、十二居，外环线外的新泾家苑，以及靠近外环的龙柏地区。

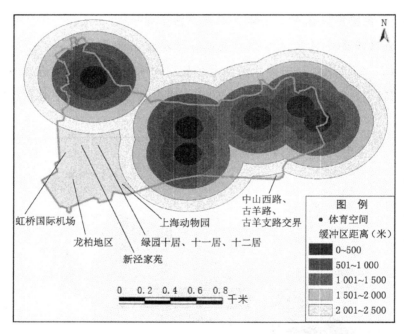

图7-22　长宁区大型健身类体育活动空间(多形缓冲区)示意图

② 城区中小学学生校园社区健身类体育活动空间布局

如图7-23所示：长宁区东部体育场地的位置分布比较集中，服务面积总体比较均匀，体育活动空间负荷小，服务压力较小；中部地区一些体育场地负荷相对较大，如中部偏东的建青实验学校运动场、虹桥街道文化站、古北市民文化中心、天山路第一小学运动场、天山路第二小学运动场、仙霞社区文化活动中心，以及中部偏西的延安中学运动场、新泾绿地社区公共运动场、程家桥社区文化活动中心负荷较大；而西部地区的一些场地负荷较重，比如新泾镇社区文化活动中心、新泾镇百姓健身房、新泾体育之光公共运动场等。总体从校园社区健身类体育活动空间布局来看，显示出东部较为合理，中部不均衡，西部较为薄弱的特征。

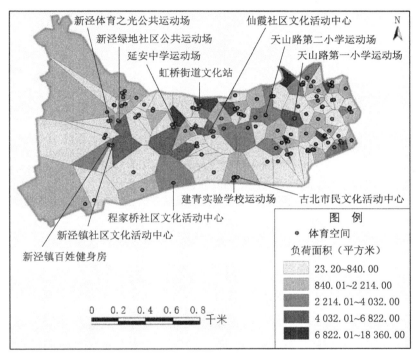

图 7-23　长宁区校园社区健身类体育活动空间(泰森多边形)示意图

　　根据前人研究资料，并结合专家建议，将校园社区健身类体育活动空间的服务半径设定为 1200 米。如图 7-24 所示：校园社区健身类体育活动空间整体的辐射区域较大，基本覆盖了大部分的区域。其中，东部地区的体育活动空间辐射区出现了多重交叉、重叠的现象，服务功能稍显重叠；仙霞新村及以新渔路为交界处的新泾镇街道与北新泾街道这块区域也呈现多重交叉的现象。而中部地区有两处的辐射程度相对较弱。分别是林泉路、可乐路的交界处附近起，向东南延伸至西郊宾馆这一区域，以及虹桥经济开发区、上海世贸商城区域。而西部的一些区域则完全没有辐射到，除了虹桥机场以外，包括北翟路以北的

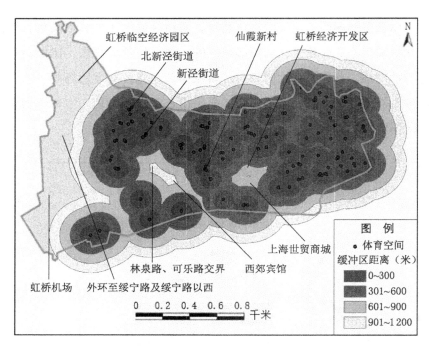

图7-24 长宁区校园社区健身类体育活动空间(多形缓冲区)示意图

虹桥临空经济园区、外环至绥宁路、绥宁路以西至区边界这块区域。

③城区中小学学生居住小区健身类体育活动空间布局

如图7-25所示:从居住小区健身类体育活动空间布局的情况来看,在长宁区东部地区的一些小区,如华敏世纪广场、东方剑桥、嘉里华庭、九尊大厦之内的体育健身场所服务面积较小、负荷较小。而东部地区的畅园小区及长二小区内健身活动场所的服务面积相较东部其他的一些小区内体育健身场所的服务面积稍大些。从东部的总体来看,各体育活动空间的服务面积都较为均匀。从区内其他地方来看,如华敏世纪广场、东方剑桥、嘉里华庭、九尊大厦这样具有集中的、服务面积小这两方面特征的区域还有三处,分别是在天山区域的天山河畔花园、仁恒河滨花园、雍景园、新天地河滨花园,及虹桥路上靠近西郊宾馆的温莎花园、明苑别墅、夏都花园及古北新城区域的居住小区。这一情况总体体现了一些高档住宅区区域的体育场所较为丰富、较为充足的情况。而在中部地区,仙霞新村街道内没有居住小区健身类的体育场地,这间接导致了靠近该街道边界区域居住小区内的体育场所服务面积较大的情况。而在西部地区，最靠西面外围一圈几个小区内的体育场所负荷巨大，分别是虹桥机场新村内的健身活动室、满庭花园室内游泳池、虹康花苑二期室外网球场，以及怡景苑内的健身场地。

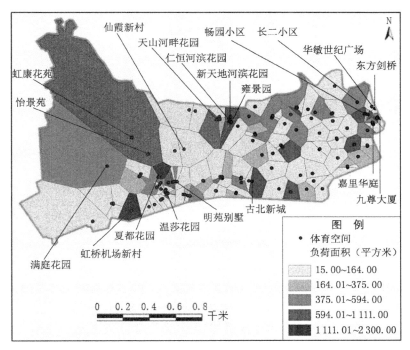

图 7-25　长宁区居住小区健身类体育活动空间(泰森多边形)示意图

　　根据已有研究资料，并结合专家建议，将居住小区健身类体育活动空间的服务半径设定为 800 米。如图 7-26 所示：从居住小区健身类体育活动空间来看，除了西部以外的区域，基本辐射情况较好。东部地区中，除了华东政法大学靠近苏州河的校园区域没有被辐射到，其他区域都得到了覆盖。而中部地区，除了仙霞街道中间地段没有获得辐射，以及周围辐射程度较弱以外，其余的地区都基本已覆盖。而以泰森多边形分析所得到的结果来看，一些高档居住小区区域，如江苏路、镇宁路、延安西路、昭化东路的住宅区域、天山靠近苏州河的住宅区域、虹桥路靠近西郊宾馆的住宅区域，以及古北新区的住宅区域的辐射区出现了重叠交叉的情况。在西部地区，居住小区类场地的设施情况比较差。北新泾街道几乎所有的区域，以及新泾镇虹桥临空经济园区和外环以西至长宁区西部边界都未辐射到，体现出该地区居住小区内体育健身设施建设力度的薄弱。

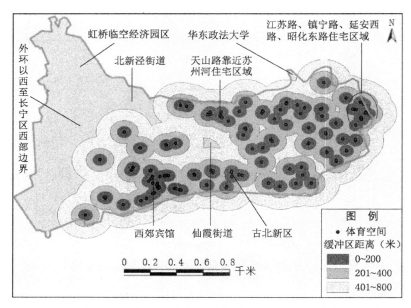

图 7-26 长宁区居住小区健身类体育活动空间(多形缓冲区)示意图

④ 城区中小学学生休闲漫步健身类体育活动空间布局

如图 7-27 所示，从休闲漫步健身类体育活动空间布局的情况来看，绝大多数的居住小区内设有健身步道或健身路径，甚至一些小区内还设有多处的健身路径。从东部地区来看，健身路径服务面积总体较为均匀，服务面积较小，负荷不大。在中部地区中，西至可乐路与剑河路交界处，北至林泉路、虹古路交界处，东、南至西郊宾馆的这一块区域呈现"花瓣"图形，区域内没有设置健身路径，以致周围健身路径设施所承受的负荷较大。包括以虹桥经济开发区为中心外，周围的健身路径也承受着一定的负荷。而在西部地区，包括新泾北苑、新泾家苑、虹桥机场新村、上航新村、广顺小区在内的五个小区内的健身路径承载的负荷较大，承载西面、西北面大片区域。在所有的健身步道、健身路径中，包括安顺小区健身步道、遵义城市健身步道、新光小区城市步道、仙霞新村街道茅台花苑健身路径、新泾未来之光健身路径等25处健身步道、健身路径的面积不足 15 平方米。因此，这些健身步道、健身路径几乎没有承担负荷。

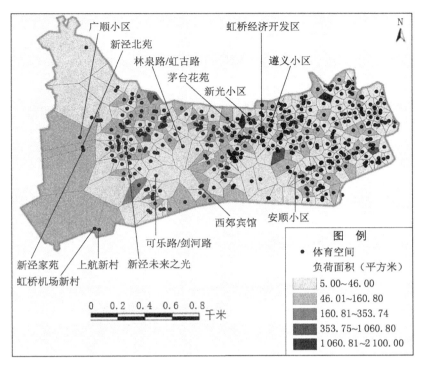

图 7-27　长宁区休闲漫步健身类体育活动空间(泰森多边形)示意图

　　根据已有研究资料，并结合专家建议，将休闲漫步健身类体育活动空间的服务半径设定为 300 米，见图 7-28。由于健身步道、健身路径的服务半径有限，虽然绝大多数的居住小区设有健身路径，但是一些地区也并未辐射到。比如，华东政法大学靠近苏州河区域处、长宁区东部边界兴国路与华山路的交界处、延安西路与新华路交界处附近区域、淮海西路与安顺路交界处附近区域、虹桥经济开发区、上海广播大厦附近区域、古北路/古羊路交界处附近区域、西郊宾馆及以西区域、上海动物园以南区域。而在长宁区的西面，除虹桥机场以外，虹桥临空经济园区、外环以西的大多数区域都未辐射到。总体而言，长宁区西部区域健身步道、健身路径的建设比较滞后。

　　⑤ 城区中小学学生高端消费健身类体育活动空间布局

　　如图 7-29 所示，从高端消费健身类体育活动空间布局的情况来看，东部与西部相较之下，还是呈现了东部服务面积较小，中、西部服务面积较大的情况。从东部区域来看，中山公园商圈附近有着较多的健身房、健身工作室，如

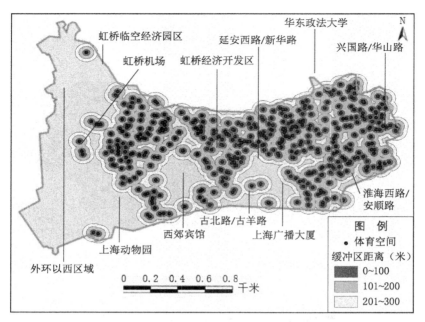

图 7 - 28 长宁区休闲漫步健身类体育活动空间(多形缓冲区)示意图

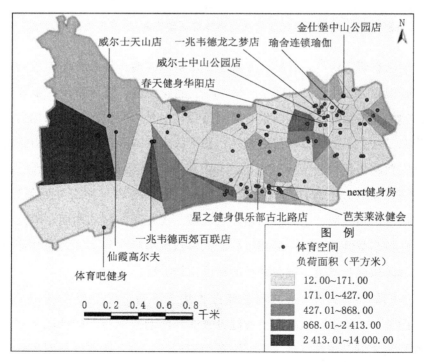

图 7 - 29 长宁区高端消费健身类体育活动空间(泰森多边形)示意图

威尔士中山公园店、金仕堡中山公园店、一兆韦德龙之梦店、瑜舍连锁瑜伽、春天健身华阳店等，它们服务面积小，承担的负荷亦小。而在古北新区的住宅区域多个健身房、健身工作室也呈现了类似的情况，如星之健身俱乐部古北店、芭芙莱泳健会、next健身房等，服务面积小，承受的负荷不大。然而在西部区域一些健身房、健身工作室的服务面积则较大，如仙霞高尔夫、体育吧健身、威尔士天山店、一兆韦德西郊百联店等。总的来看，一些商业营利健身房、私人健身工作室的选址以商业圈或高档的住宅区域为主。

根据已有研究资料，并结合专家建议，将高端消费健身类体育活动空间的服务半径设定为1200米，如图7-30。从高端消费健身类体育活动空间布局来看，东部区域与中部区域都在辐射范围内，而西部以及西部偏南的地区并未被辐射到。一些健身房、健身工作室的辐射区域出现了比较严重的交叉、重叠的现象，服务功能有所重叠。如中山公园商圈、天山商厦区域、古北新区区域及西郊百联。而有些地区则完全没有被辐射到，除了虹桥机场以外的区域，还有如虹桥街道的中部区域、西郊宾馆周围、虹桥临空经济园区，以及外环以西的区域。总体来看，一些商业密集圈、高档住宅区域成为了商业营利健身房、私

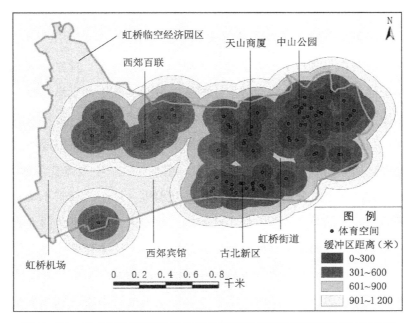

图7-30 长宁区高端消费健身类体育活动空间（多形缓冲区）示意图

人健身工作室的布局首选。

7.1.4　讨论与分析

（1）城区中小学学生体育活动空间分析

① 城区中小学学生体育活动空间集聚性分析

总体上静安区中小学体育场地的分布较为分散并不集中，但是在分散中又能窥见合理性，并没有过度聚集或零星散布，而是呈现随机分布的状况。具体而言，首先学校体育场地都处于静安区各街道边缘地带，尤其是江宁路街道与南京西路街道交叉处，学校体育场地聚集最多。其次各街道学校体育场地都比较靠近街道边线处，并又相对而言比较集中在某一块区域。从体育场地密度来看，静安区各小学体育场地呈整体分散、局部集中的形式，各学校体育场地密度分布整体并不集中，较为均匀地分散在每一个街道；但是每个街道中各学校体育场地密度成"团状式"。静安区小学体育场地分布较为合理，并没有过度地聚集，因此如果能够较好地利用小学的体育场地，便不会造成过度集中或局部缺少等不均衡的现象。

② 城区中小学学生体育活动空间耦合性分析

将静安区居住小区与中小学学校体育场地叠加后发现：首先，各居住小区分布与学校体育场地分布均较为分散。即各居住小区几乎都紧靠学校，因为上海市小学生实行就近入学，大部分都在本区入学，不排除一部分可能跨区入学。其次，街道局部的耦合性并不好，分布学校较多的江宁路街道所对应的居住小区也多，而石门二路街道居住小区多，相对而言，学校体育场地数量小；南京西路街道居住小区分布较为不集中，并且出现一片小区没有小学对应。学校体育场地密度大的周围有较多的小区围绕。静安区各居住小区的点状分布比较分散，与学校体育场地密度图叠加后我们发现，学校体育场地密度较为集中的江宁路街道附近并没有聚集较多的居住小区，而曹家渡街道与静安街道相交处的密度比较高，居住小区却少。学校体育场地密度较小的区域几乎没有居住小区分布，这个与上海市的九年一贯制教育实行就近入学有关。总体而言静安区各小学学校体育场地与居住小区耦合性较好，只有局部区域耦合性偏差。

③城区中小学学生体育活动空间服务性分析

静安区各学校体育场地总体情况呈现由内向外服务面积逐渐增大的趋势，其次在各街道交叉处各学校体育场地的服务面积最大，尤其是江宁路街道与曹家渡街道相交处，以及石门二路街道等学校体育场地服务面积均较大；而在静安区核心区域，我们发现学校体育场地较集中，因此服务面积小等。尤其是江宁路街道东南区域与南京西路街道西北区域，学校体育场地较为集中，学校体育场地服务面积小。但总体上而言，静安区小学体育场地服务性较好，因为静安区总面积较小，在可达性上均较为便捷，尤其是对于就近入学的小学生而言，出行均较为便捷。服务性尚有欠缺的一点，是由学校体育场地面积、规格等方面的不足造成的。

(2) 城区中小学学生体育活动空间综合分析

①"核心—边缘"结构特征明显

静安区体育活动空间密度分布和居住区分布均出现由内向外逐渐降低的态势。体育活动空间分布具有区域差异性，总体上呈现"核心—边缘"的结构特征。叠加分析发现，仅占静安区总面积43％的江宁和曹家渡两个街道，却拥有整个静安区城市体育空间的50％，平均密度67.3个/km²，组成了体育活动空间中心区。这主要是由于城市中心区发展较早，体育活动空间配套建设较为健全；随着都市"摊大饼式"的扩张模式，体育活动空间的配套建设远不及中心区快速发展的步调。根据城市空间结构理论，都市中心区居住功能由于承受不了高密度人口的压力将逐步向外圈层迁移；但其商业及服务功能逐渐增强，中心区的体育活动空间总量将逐渐减少，外围体育空间将逐渐增多。

②区际之间聚集程度差异大

从居住密度与体育空间密度的对比情况来看，如图7-31、图7-32所示，上海市静安区各街道居住密度依次为，曹家渡街道(23.65千户/km²)、江宁路街道(15.80千户/km²)、石门二路街道(14.18千户/km²)、南京西路街道(12.00千户/km²)、静安寺街道(8.94千户/km²)。体育空间密度的万户指标依次为静安寺街道(82.76个/万户)、江宁街道(79,77个/万户)、南京西路街

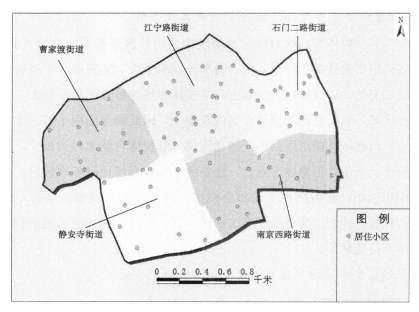

图 7-31 静安区中小学学生居住分布示意图

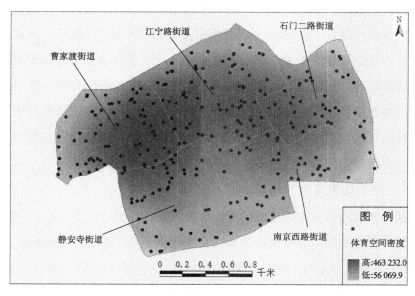

图 7-32 静安区中小学学生体育活动空间密度分布示意图

道(65.00 个/万户)、曹家渡街道(38.89 个/万户)、石门二路街道(35.97 个/万户)。总体来看,上海市静安区体育空间的布局与该结构有较高的吻合程度。在空间上形成了以曹家渡街道和江宁街道为核心的单中心圈层结构,不同圈层间体育空间布局的公平性具有比较显著的差异性,整体公平程度较低。静安区体育活动空间发展是自然因素、历史因素、供需因素、经济因素等综合作用的结果。

③ **基层体育活动空间建设不足**

借助 GIS 技术缓冲区分析功能,计算各区域的辐射面积;借助 GIS 技术将辐射区域与居住区点位进行叠加,获得各级体育空间的总体服务水平。如图 7-33 至图 7-35。研究发现:单从服务面积来看,居住区级体育活动空间整体服务水平高于乡镇街道级综合服务水平。虽然原城乡建设环境保护部、国家体委 1986 年颁布的《城市公共体育运动设施用地定额指标暂行规定》中对居住区级和居住小区体育活动空间的规模做出了明确的规定,但从实际情况来看,居住区级和居住小区体育活动空间的建设仍有很大的欠缺,基层体育空间建设的欠缺导致了整个城区的总体服务水平不高。

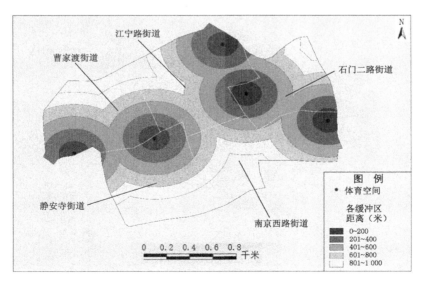

图 7-33 静安区乡镇街道级体育空间缓冲区示意图

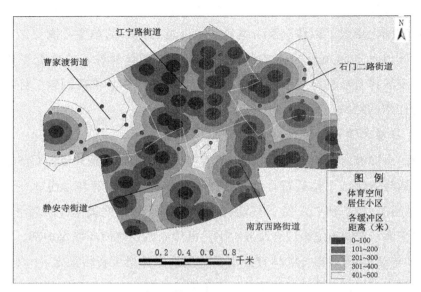

图 7 - 34　静安区居住区级体育空间缓冲区示意图

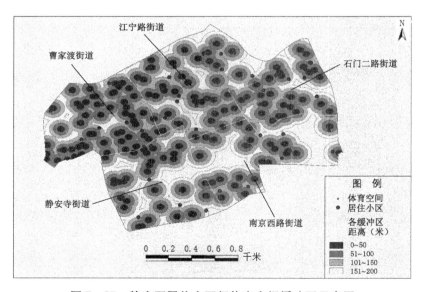

图 7 - 35　静安区居住小区级体育空间缓冲区示意图

7.1.5　小　结

城市体育活动空间结构合理与否，影响中学生参加体育活动的热情；规划建设能够引导和激发中学生体育活动的城市体育活动空间，是当前城市体育服务的重要内容，同时也是顺利完成全民健身计划的重要手段。

（1）上海市静安区中小学体育活动空间结构

城区中小学学生体育活动空间分布较为分散不集中，呈随机分布的状况，并且学校体育场地都处于城区各街道的边缘地带。城区中小学学生体育活动空间呈整体分散、局部集中趋势。各中小学学生体育活动空间密度分布整体并不集中，较为均匀地分散在每一个街道；但是每个街道各学校体育场地密度则成"团状式"。城区各中小学分布与居住小区分布叠加发现，城区中小学学生体育活动空间一致性并不好，总体上各居住小区分布与学校体育场地分布均较为分散。各居住小区几乎都紧靠学校，且学校体育场地密度较大区域集聚的小区较少，并且有些小区周围学校体育场地并不多。城区中小学学生体育活动空间的服务性不够好，较多学校体育场地并不能覆盖到各个小区。

城区中小学学生体育活动空间总体服务水平不高，而居住级体育活动空间情况较好。乡镇街道级体育空间严重不足，是影响区体育空间整体服务水平和制约中学生参加体育锻炼的重要原因。"核心－边缘"的结构是各级体育活动空间共同特征。未来建设的重心应由中心层逐渐向四周偏移。各级体育活动空间的具体布局的总体原则是公平和效率。公平和效率是一把"双刃剑"：过分追求效率会导致体育活动空间的服务范围过大；过于追求公平会易导致闲置浪费的现象。应根据各级体育活动空间的可达性、各区域人口密度，以及城市中长期发展目标构建城市体育活动空间的正确模式。中学生参加体育活动的规律与体育空间等级相关，参与锻炼的随机性随等级的降低而增加。体育活动空间具有相对固定性，体育活动项目多样化及闲暇时间的限制是影响中学生体育活动场所选择不固定性的主要因素；中学生的家庭属性影响活动场所的选择；空间因素是制约中学生体育活动出行的最主要因素，随着出行距离的增加，中学生体育活动的频率呈降低趋势。

城市空间的有限性决定了其功能多样化，城市体育空间的不足促使其形态朝着多样化趋势发展，与其他城市空间要素的结合，不仅拓展了城市体育活动空间，同时也赋予了这些城市要素新的功能，促进了竞技与健身、体育与游憩、体育与文化等空间的相互融合。以同质城市要素为载体的体育活动空间建设是城市体育活动空间建设的有益补充，但这并不意味着就可以减少专门设置的体育空间的数量。城市空间的拥挤性，决定了现阶段应采取专门与非专门设置的城市体育活动空间同步建设为主要策略，并形成专项规划，纳入城市总体规划，以便在城市更新的过程中对城市公共体育空间的选址与布局提供前瞻性的指导，从而形成公平、高效的城市公共体育空间结构。

（2）上海市长宁区中小学体育活动空间结构

可供中小学学生进行体育活动的场地类型种类较为丰富，部分类型的数量不足。从长宁区的体育场地总体类型来看，拥有 41 种类型的体育场地，除去棋牌室、台球房等不适合中小学学生进行体育活动的场地类型外，还是较为丰富的，甚至还拥有一些当下普及程度还不算很高的运动项目的体育场地。但是在看似较为合理的结构中，一些场地类型的数量、规格仍显示出整体结构尚不足之处。就以足球场地的类型数量来举例。长宁区的足球场数量不足，而标准的足球场数量更加紧缺。对于要举行正式、大型的足球比赛活动则需要借相关体育场地。这类场地共有四处，且都是属于学校教育系统的。而再来看看室外五人制足球场和室外七人制足球场。室外五人制足球场一共有九处，其中一处为不标准的场地。室外七人制足球场只有一处。而当下，我国足球事业发展至今，对中小学学生足球发展的期望值达到了一个新的高度。"足球进校园"是中小学体育教育的一项重大工程。而当下，长宁区足球场地数量尚嫌不足，如何增加足球场地已成为亟待解决的问题。

可供中学生进行体育活动的场地数量稍显不足，开放率有待提升。在《上海市全民健身实施计划（2016－2020 年）》中，把健身场地达标工程作为重点工程。其中提到，至 2020 年，人均体育场地面积达到 2.4 平方米。而目前长宁区人均体育场地面积为 0.77 平方米，离若干年后所需要达到的标准还相去甚远。而在长宁区的 1306 处体育场地中，可供中学生参加体育活动的场地数量只有 937 处，可见稍显不足。而在不可供中学生活动的体育场地中，不对外开放且适合中学生进行体育活动的体育场地有 187 处。在这一不对外开放的体育场地名单中，根据对数据的分析可以看到，其大多为一些企事业单位自建的体育场地，少体校运动队训练场，特殊学校、非公办国际学校的体育场地，等。这些场地不是仅对内部人员开放，就是只对一些特殊的中小学学生人群开放。这些场地资源往往无法发挥其最大的作用，所以，长宁区体育场地的开放率有待提升。而从这些未开放场地的所属情况来看，还是有较大的可争取、可利用的空间的。

中小学学生体育活动空间布局总体呈现区域不均衡的现象。在对五种分类的长宁区中学生体育活动空间布局特征的分析中，除了区域大型体育健身类体育活动空间以外，校园社区健身、居住小区健身、休闲漫步健身、高端消费健身，这四类体育活动空间，从分析的结果来看，基本出现了较多的共同点。从泰森多边形工具的分析中得出如下结论：长宁区东部的体育活动空间服务面积较小，所承载的负荷较小，所以能够提供的健身服务就多；而中部一些地区部分体育活动空间服务面积稍大，所承载的负荷稍大。这四类中学生体育活动空间在中部所呈现的负荷较重的区域具有较高的一致性，基本为西郊宾馆及虹桥经济开发区。而西部一些地区，最靠西面的体育活动空间都承载着较大的负荷，服务面积较大，服务局限大。西部的这些区域主要是虹桥机场和虹桥临空经济园区。在多形缓冲工具的分析中得出的结果与泰森多边形工具所分析得出的结论具有共通性。东部的区域基本都能够被体育活动空间所辐射到，且还出现众多体育活动空间辐射重叠、交叉的现象；中部部分地区被辐射到的程度相较东部区域则稍弱；而西部的一些区域则完全没有被辐射到，主要是出现在虹桥机场及虹桥经济开发区。可见，长宁区体育活动空间的布局特征主要显示出东部区域充实、中部区域不均衡、西部区域落后的现象。从整体来看，体育活动空间布局呈现不均衡的状态。

部分地块存在布局不合理的现象。不同类型的体育活动空间所能够具备的服务能力是不同的。区域大型健身类体育活动空间具备较高规格的场地空间，较先进的体育器械，能够提供的服务质量也高，故能吸引远处居住的中小学学生前来进行健身；而居住小区健身类体育活动空间，或是休闲漫步健身类体育活动空间所能够提供的场地空间、服务质量相对就较低，只能够吸引周围居住的中小学学生前来进行健身。所以，不仅区域内的体育活动空间布局要合理，区域内各个地块的体育活动空间布局也要合理。在对长宁区的 10 个行政区块空间布局的研究中发现，部分地块存在布局不合理的现象。其中，仙霞新村街道的情况最为典型。仙霞新村街道居住小区健身类的体育活动空间几乎没有。地块内所拥有的体育活动空间基本都是中小学的体育场地，以及社区街道文化中心、社区活动中心，健身路径、健身步道等体育场地。如果一个出行能力有限的中小学学生，他所在的居住小区或是周围隔壁的居住小区内只有健身步道，没有健身房或者健身点，而最近的学校场地、社区街道活动中心都有着比较长的出行距离，那他的健身选择性就会小很多，从而可能会抑制其健身的积极性。除此之外，新泾镇街道和北新泾街道的体育活动空间布局也存在不合理的现象。它们都存在部分地方布局稀少情况，主要是外环、虹桥临空经济园区这些区域。

（3）建　议

近十年，上海市城区体育活动空间的发展取得了长足进步，但是，还需清醒地看到，体育场地的增量很大程度上得益于全民健身路径的建设，专项化体育场地增长缓慢。在严峻的考验面前，城区体育管理部门需要勇挑重担，肩负起稳定和加快区体育事业发展的责任。

① 落实规划，加快城区体育场地建设

2013 年上海市政府批准了《上海市公共体育设施布局规划（2012－2020）》。规划本着"以人为本"的原则，以满足城乡居民多层次的体育需求，提供每位居民参与体育锻炼的机会为基本目标，建设全市"30 分钟体育生活圈"，构建了包括市级、区级、社区级的全市体育设施布局体系。规划层次分明、布局合理，为上海市未来体育场地建设提供了宏观路径和操作方案。上海市相关部门需要积极落实规划，加快上海市体育场地的建设和发展。

② 贴合需求，建设中小学学生喜闻乐见的体育场地

上海市静安区、长宁区体育场地建设需要不断迎合中小学学生健身需求。2014 年组织的上海市民体育场地需求状况调查结果显示，当前，居民喜爱并急需的场地排名前十位的分别为：健身步道、健身苑点、羽毛球馆、游泳池（馆）、乒乓球馆、健身房（馆）、综合性体育场、多功能体育馆、篮球场（馆）、舞蹈

房。成人与学生的场地需求既有共性又有区别，羽毛球馆、游泳池（馆）、乒乓球馆三类场地均在成人和学生体育场地需求排名前五位，可以看出该三类场地的大众需求度比较高。成人和学生体育场地需求因年龄特征差异反映出略有区别，排名前三的项目与名次不同：成人普遍偏好健身苑点、健身步道、羽毛球馆项目；学生的偏好排名则依次为羽毛球馆、游泳池（馆）、篮球场（馆），更倾向于运动强度较大的专项化项目。在今后的体育场地建设过程中，一方面，需要通过加强对健身步道、健身苑点等体育场地和设施的管理，及时维护修缮，并积极改善设施和场地的品质，满足市民健身需求；另一方面，结合成年与学生场地需求的共性与区别，突出体育场地专项化健身，大力建设足球场、篮球场、羽毛球馆、游泳馆、乒乓球馆、网球场、自行车绿道等专项型体育设施。

③ 加强合作，促进体育场地建设的跨部门融合

针对当前体育场地建设空间不足，尤其是中心城区（静安区、长宁区）土地资源有限的现状，在社区体育场地建设中，积极打破部门间隔，促进体育部门与城建、文化、教育、绿化等部门的合作，实现体育场地建设的跨部门融合发展。一是，在全区大型公园、绿地中，探索建设大量符合中学生健身需求的体育场地设施，并协调解决好健身免门票或免收费事宜，实现体育场地与绿地的完美融合互动，"让体育场地绿起来，让绿地动起来"。二是，积极探索社区体育场地建设与文化设施建设的融合，力争在空间布局上、在时间安排上、在活动内容与项目设置上、在活动组织上、在人员参与上实现体育与文化的友好嫁接与联动，提升体育场地的多功能使用价值，提高利用率与开放度。三是，加强各部门与街道社区的多方面合作与配合，充分发挥基层组织的积极性与能动性，充分确保各部门政策、资源的落地实施与整合利用，积极推进各街道市民健身驿站的建设，力争实现效益最大化，从而最终实现社区体育场地建设与文化设施、社区绿地通盘规划布局与综合设置。

④ 开拓渠道，保障体育场地建设的资金需求

将体育场地建设纳入到政府财政计划中，通过分步设施，确保财政拨款拨付到位。如当前上海市静安区体育场地建设的最主要投资来源为财政拨款，占所有投资额约 60%。上海市静安区体育场地建设对财政拨款的依赖度在未来几年内不会发生根本转变，需要积极落实财政拨款对体育场地建设的资金保障；

结合需求与场地建设布局规划，加大对体育场地建设的财政拨款力度，适度提高财政拨款数额与比重，使其满足上海市人口增长、居民体育健身需求增加、城市建设发展的需要。同时，还积极培育社会参与体育场地建设的热情，拓宽体育场地建设的投资渠道，鼓励社会力量参与面向社会的公共体育设施和体育经营场所的建设。

⑤ 加强管理，积极提升体育场馆服务能力

深化体育场馆改革，加强体育场馆管理，积极提升体育场馆服务能级。积极推进公共体育场馆的改革，探索公共体育场馆人事制度改革，实现资源配置优化。积极培育体育人才，特别是既懂经济管理又热爱体育的复合型体育场馆管理人才。加强职业培训，提升体育场馆经营管理的专业化水平。通过政策保障、政府购买服务构建经济补偿机制，多部门加强协调，探讨教育系统体育场地对外开放的管理模式。加大教育系统体育场地对外开放程度。通过财政补贴、购买服务等方式，鼓励体育场馆的公益性开放。

⑥ 提升品质，提高体育场地有效利用率

针对当前静安区、长宁区体育场地品质存在的不足，积极提升体育场地品质，从而提高体育场地的有效利用率。一是，对现有室外体育场地增加风雨棚，配备灯光照明等辅助设施。在今后新建室外体育场地时，如果有足够的资金保障，也要尽量增设风雨棚和夜间灯光照明等辅助设施，以提高场地的有效开放时间。二是，改善体育场地面层材料。对泥地、水泥等面层材质的体育场地，加快改造，有利于市民安全健身，并确保科学健身效果。三是，加快体育场地规范化建设。针对当前存在的场地健身区域规格尺寸不足、安全缓冲区预留尺寸不足等可能存在安全隐患的体育场地规范化问题，在条件具备的情况下，逐步改善。

（4）研究不足与展望

本研究中的城市体育空间结构，仅指由政府直接或间接供给的体育空间，不包括私人体育空间以及由以营利为目的的商业主体提供的体育空间，然而，这两者也是城市体育活动空间的重要组成部分，在中学生体育活动中也承担着一定的载体作用，希望在以后的研究中能够得以补充。

本章仅以上海市静安区与长宁区为研究范围。在以后的章节中，研究范围将逐步扩展到整个上海市市域，乃至其他城市。

对 GIS 技术的熟练掌握不够，因此在运用上略显生疏，没有能够完全展现静安区小学生体育空间的可达性以及服务性等，希望以后能够继续学习并向相关方面的专家多请教，以弥补不足。

7.2　超大城市中心城区中小学学生体育活动空间结构研究

近年来，有关城市空间方面的研究不断受到学者关注，城市体育空间是城市空间的一部分，体育公园等公共场所的建成，为城市居民提供了休闲体育的物质基础，为其开展体育锻炼提供了条件和主要场所。2016 年 7 月，国家体育总局发布的《体育产业发展"十三五"规划》中提出，统筹体育设施建设规划和合理布局，适当增加体育设施用地和配套设施配建比例，充分利用公园绿地、城市空置场所等区域，重点建设一批便民利民的健身场地设施，形成城市社区15 分钟健身圈。这些目标的提出，给我们带来了诸多启发。城市体育空间直接影响着居民参与体育锻炼的积极性和有效性，应体现以人为本的原则，即在以满足城市居民对体育锻炼的需求为原则的条件下，整体规划布局城市体育空间。因此，研究城市居民体育锻炼行为及需求是城市体育空间供给的重要依据之一。

7.2.1　文献回顾

（1）城市空间结构研究

恩格斯曾经说过，"一切事物存在的基本形式是空间与时间"。空间是包括城市在内的所有客观事物存在的基本形式。"空间"（space）的词义较为抽象，现代汉语词典解释空间是"物质存在的一种客观形式，由长度、宽度、高度表现出来，是物质存在的广延性和伸张性的表现"。在现实世界中，"空间"更是一个外延十分广泛的概念，一般意义上的空间是指物质空间。

对城市空间的研究，不同的学科有着不同的研究视角，于是便形成了各学科中不同的概念。社会科学侧重城市实证研究，从而得出城市内部空间的分异表征要素，进而判识城市空间的结构模式。在城市地理学中城市空间是以"点、线、面"的关系层次来体现。但是在现实的城市空间中，这些"点、线、面"并不是抽象的，而是具有丰富内涵的。它们不仅是物质性空间，同时还是社会性空间，即人与地域之间的关系得以体现与展开的空间。城市空间的研究主要是通过结构化的要素来具体把握的，空间结构一直是城市地理学、城市规划学研究的重点。

国外相关研究中，富利(L. D. Foley, 1964)提出了城市空间概念的四维空间结构：(1)城市空间包括文化价值、功能活动和物质环境三种要素；(2)城市空间包括空间和非空间两种属性；(3)城市空间包括形式和过程两个方面；(4)城市空间具有时间性。波纳(L. S. Bourne, 1971)用系统理论描述城市系统的三个核心概念：(1)城市形态指城市各要素的空间分布模式；(2)城市各要素的相互作用将城市要素整合成一个功能实体；(3)城市空间结构是以一套组织法则连接城市形态和城市要素之间的相互作用，并将它们整合成一个城市系统。

国内学者研究中，柴彦威(2000)认为城市空间是人类各种活动的载体，城市空间结构是各种人类活动与功能组织在城市地域上的空间投影，包括人口空间分布、生活活动空间结构、社会空间结构等(图 7-36)。宗耀光、顾朝林、甄峰(2004)把城市空间结构划分为节点、梯度、通道、网络，以及环与面等五大构成要素，认为城市结构实质上就是城市形态和城市相互作用网络在理性的组织原理下的表达方式。冯健(2004)在研究城市内部空间结构时指出，作为城市主体的人以及人所从事的经济、社会活动在空间上表现出的格局和差异。荣玥芳等人(2012)认为，随着城市功能空间的扩展，城市空间结构的研究由原来的单中心城市空间结构转向多中心，甚至是网络化空间等更为广阔的地域空间的研究，日常的城市体系研究和城市空间结构的研究会逐渐融合为一体。以历史的眼光看，中国城市空间结构发展演变过程中，"功能－结构"律决定城市结构发展的总体方向，"要素－结构"律决定城市结构的一般特征，"环境－结构"律决定城市结构的类型分异。综上所述，城市空间不仅是一个空间概念，而且还是城市中各项社会活动和居民生活的载体，城市空间的研究逐步由强调

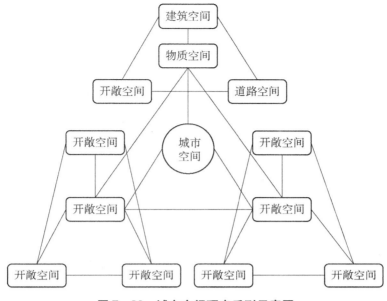

图7-36 城市空间研究系列示意图

城市物质空间发展向物质空间属性和社会空间属性并重。

城市空间理论研究为该领域进行实践研究做出了理论支持与贡献，在不断发展完善的过程中，逐渐形成了完整的理论体系。城市空间结构模式可以划分为两种，包括经典模式和现代城市空间结构模式，其中，经典模式又包括同心圈模式、扇形模式及多核心模式三种。

① 基于古典人文区位学的城市空间结构理论

20世纪20年代，美国社会学家伯吉斯运用古典人文区位学的理论和方法，通过对芝加哥城的土地利用调查资料进行了统计分析，创立了同心圈理论（concentric-zone theory）。伯吉斯认为，城市空间的扩展是竞争的结果，城市的发展呈放射状，由中心向外呈一环一环的同心圈扩展，共有五个环状。随后，1932年，巴布科克（F. Babcock）对同心圈理论进行修正，提出了轴向－同心圈理论。认为城市活动主要沿交通路线分布，加入了运输轴线对同心圈理论的影响，其实质是这个同心圈结构会随交通路线扭曲而变形（如图7-37）。20世纪30年代，另一位美国社会学家霍依特（H. Hoyt）提出了扇形理论。他认为，城市的发展是由市中心沿着交通路线及自然屏障最少的方向发展，呈放射状的扇形模式，而不是遵循同心圈的路线发展。
1945年，美国地理学家哈里斯和乌尔曼提出了多
核心理论。他们认为，城市中心区往往不是一个
圆圈形，一个城市的商业核心是由多个组成的，
并且功能也是多个核心的。由中心向外扩展，建
立各自完整的生活和服务设施，形成具有专业化
特点、多个相对独立的中心。

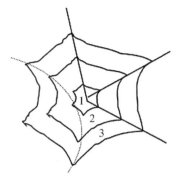

1. 中心商业区；2. 过渡地带；
3. 中产阶级住宅区

图 7 - 37　轴向—同心圆模式

② 现代城市空间内部地域结构模式

第二次世界大战以后，世界各个城市经济迅
速发展，传统的城郊二分法已不能适应现代城市
空间结构特征的发展，新的城区—边缘区—影响区三分法得到了发展。1947
年，迪金森在推崇伯吉斯的同心圈理论的基础上，提出了三地带理论（three
zones theory），即城市地域结构由内向外发展，按中央地带（central zone）→中间
地带（middle zone）→外缘地带（outer zone）或郊区地带（suburban zone）顺序排列。
1954年，埃里克森（E. G. Ericksen）提出了折衷理论（combined theory），这一城市
地域结构模式与现代工业城市地域结构更接近。1963年，塔弗、蒂特索思（M.
Teatsorth）和加纳建构了城市发展的结构模型，提出了城市地域理想结构模式。

③ 区域城市空间结构模式

经过地理学领域的很多专家系统研究之后，1975年，洛斯乌姆发现了在乡
村腹地与城市地区之间，有一个连续的统一体，于是此区域城市结构由内向外
分别是城市核心区、城市边缘区、城市影响区、乡村腹地。1981年，穆勒通过
用城市地域概念，扩展了多核心理论，构建出大都市空间结构模式。大都市的
区域划分由内至外依次是衰落的中心城市、内郊区、外郊区和城市边缘区。

综上所述，在城市空间结构模式研究方面，西方城市空间结构模型最初源
于伯吉斯对芝加哥土地利用结构的分析，由最初的同心圈模型，经历了不断修
改和完善的过程，逐渐完善并有了三大经典模型。后又随着工业经济的快速发
展和城市化阶段不断演化，模型的主要影响因素也在不断变化，并且在不同的
区域表现出很大差异。这些内容的变化，在发达国家与发展中国家的城市社会
空间结构模型之间显示出巨大差异。尽管研究方法的多样化导致模型更加复杂

和客观，但这些并未能脱离"三大经典模型"，他们只是在或大或小的空间尺度进行了多因素的实证分析与修正。传统与现代模式具有较强的对应关系，既体现了理论的继承与发展，也反映出一定的循环生长特点。与此同时，随着城市化不断发展，伴生问题的不断出现与变化，推动着城市空间模型的研究不断深入。

④ 行为空间理论

1960 年以后，针对物质空间决定论的批判，逐渐建立起一组理论。其通过对空间中所发生的行为进行分析来认识城市空间，即将空间与空间中的行为相结合进行研究，这些理论被称为"行为—空间理论"。生态学模型、新古典经济学对人类行为的分析存在着简单化的倾向，行为主义学派在对其进行批判的基础上产生。行为主义地理学派主张城市空间不单单是容纳人类活动的一种容器，它还是一种与人的行为联系在一起的场所（或称地方）。人与空间的互动关系是以人的认知为前提而发生的，因而应将空间研究的重点放在过程而非形式上，即以城市居民的（日常）活动及其对（日常）活动的需求为出发点，研究城市空间的形成与组织等。

⑤ 系统论

系统论是研究系统的一般模式、结构和规律的学问，它研究各种系统的共同特征，用数学方法定量地描述其功能，寻求并确立适用于一切系统的原理、原则和数学模型，是具有逻辑和数学性质的一门新兴的科学。系统论的基本思想方法，就是把所研究和处理的对象，当作一个系统，分析系统的结构和功能，研究系统、环境、要素三者的相互关系和变动的规律性，并优化系统观点看问题。研究者研究系统的直接目的就是为了认识系统的功能，进而对系统的功能利用和改造。体育是城市的一项基本功能，城市体育子系统是城市巨系统下的一个子系统，由城市体育空间承载其主要功能。城市空间和城市体育空间之间是母系统与子系统的关系，体育空间结构合理决定了城市体育功能的发挥。

（2）城市空间与体育活动研究

城市空间是当前研究的热点。一个充分发展的城市空间，能成为人们创新发展的动力，进而改变社会关系。已有相关研究用系统理论描述城市系统的核心概念：城市空间结构是以一套组织法则来连接城市形态和城市要素，将城市

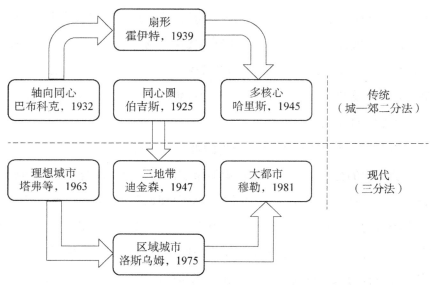

图7-38　城市地域结构模式演变关系图

要素整合成一个功能实体；我国学者柴彦威（1999）研究认为，城市空间结构是各种人类活动与功能组织在城市地域上的空间投影，将城市空间结构划分为节点、梯度、通道、网络，以及环与面等五大构成要素。本研究发现，学者对城市空间概念的理解已逐步由强调城市物质空间发展向物质空间属性和社会空间属性并重过渡。但已有研究仍存在不足：（1）空间治理的共识性理念不明朗。落实到城市区域或社区的空间治理、控制及其规划上，没有共识性理念机理及其规划路径；（2）传统的空间行为研究单一、不系统，仅考虑某一行为，没有将本来具有有机联系的个体、人际、学校、社区、社会关联起来，无法全面说明居民行为的决策机制，不能科学预测、引导居民行为。本研究认为，城市空间行为的研究不仅需要关注城市空间的布局，更需要关注个体、人际、学校、社区、社会之间的相互作用及其形成机制。

发达国家重视城市体育空间的规划，尤其是社区体育设施的建设，围绕社区体育建立体育服务网络，成立社区体育俱乐部。国外体育设施布局的特点：（1）呈现塔尖为大型竞技体育设施的金字塔式结构；（2）体育设施用途多样化、灵活化，注重考虑居民多样性需求；（3）强调与社区、人文景观相互融合。我国体育事业飞速发展，但城市体育设施布局仍存在诸多问题：（1）停留在数量与质量不高的初级层次；(2)分布规模不合理、文化认同感差；(3)缺乏可持续发展观念。刘华冰(2007)和宋金美、李航、徐向阳(2007)研究认为，城市人居环境建设应本着"以人为本"和"可持续发展"的社会发展理念，将体育植入城市文化的价值内涵，打造城市人居环境"关注人本生活、关爱身体健康、关爱生态环境"的文化品质。上海作为超大型城市的代表，其居民体育活动尚未达到世界都市的水平。蔡玉军、邵斌、魏磊等(2012)研究发现：上海市中心城区存在公共体育空间总体服务水平不高，居住区级公共体育空间严重不足，居住小区级公共体育空间建设不足，影响了"500 m 健身图"目标的完成等问题。这与其国际化大都市的地位不相吻合。因此，合理规划上海市体育活动空间，改变"核心－边缘"、内"优"外"患"结构特征成为当务之急，这既是国际化大都市发展的要求，也是增强公共服务的保证。

城市体育空间布局作为城市空间规划的重要组成部分，国内研究起步较晚。在近十年的发展过程中，虽然积累了很多理论和实践经验，仍然存在以下不足：(1)研究阶段上仍处于引进与学习西方理论和方法阶段，结合中国城市实际情况的探索性研究不足；(2)研究学科上仍局限于建筑、规划以及地理科学，多学科交叉的研究局面还未真正形成；(3)研究深度上没有考虑中国城市的特殊性，西方城市空间结构的解析理论在中国不完全适用；(4)研究方法上注重现象的描述，缺乏以数据为支撑的定量研究。

(3)国际城市体育空间研究

体育空间不只是单纯的空间存在，而是体现一定体育价值目标、文化意义、审美意向和富有内涵的健身环境。城市体育空间与城市空间概念相对应，城市体育空间有狭义和广义之分：狭义的城市体育空间是指专门供城市居民进行体育活动的空间，如体育场馆、公共运动场、健身房、健身苑(点)等。广义的城市体育空间指城市中一切可以供居民进行体育活动的空间。它不仅包括专门设置的体育空间，而且还包括潜在的体育空间，如附属或存在于道路、公园、绿地、广场、水体资源、山体资源、楼宇建筑等城市要素的非专门性体育空间。城市体育空间承载着作为现代城市基本功能之一的体育功能，它是城市发展到一定程度后的必然产物。城市体育空间是指由城市政府主导或直接提供的可供城市居民大众进行体育活动的场所。本研究提出城市体育空间主要是为了区别私人体育空间和非政府直接或间接提供的城市体育空间，它们与城市体育空间的主要区别就在于是否具有"公共性"上。城市体育空间结构的转型与升级，有利于提高全民健身的功效和参与度。

① 美国城市体育空间研究

美国是较早注意到并发展社区体育配套设施的国家之一，早在19世纪20年代的快速工业化和快速城市化时期，市民普遍产生心理压抑感和紧张感，环境污染及不健康的商业娱乐活动引发了对社区体育中心模式的探索。30年代，正处于经济大萧条时期的美国政府，拨重金打造社区体育中心，相应的设施标准随之产生。社区体育中心主要由室内和室外两部分组成，按照人口规模进行配置，如每2.5万人需建一个公共游泳池，每万人建一处健身路径，每千人建4英亩的休闲公园等。

② 日本城市体育空间研究

日本发展大众体育经历了发展社会体育和发展终身体育两个阶段，均对体育场馆设施给予了高度重视。在发展社会体育阶段，致力于完善国民参加日常体育活动环境，即侧重于体育设施（特别是公共体育设施）的完善，出台了公共体育设施完善标准，由市町村一级地方政府负责辖区内的社区公共体育设施建设，将社区规模划分为1万人、3万人、5万人和10万人四个等级，根据社区规模，提出所需完善体育设施的种类、数量及面积等指标。1969至1985年的16年间，日本公共体育设施增长了约6倍，大大改善了国民参加日常体育活动的环境。在发展终身体育阶段，侧重点转移到体育活动组织的培育（从硬件转到软件）上来；但仍然延续和继承了完善国民日常体育活动环境的理念，只是将重心转移到了公共体育设施的质量和利用的方便性上，社区规模重新划分为市町村级和社区级两个等级（由市町村政府根据人口及小学和初中的学区等实际情况而定）。

日本很早就注意到体育环境对国民活动的影响，认为国民参加日常体育活动与其环境之间存在因果关系，完善环境将会促进国民参加体育活动人口的增加，其第一个社会体育中长期计划《关于普及振兴体育的基本方策》（1972年）的指导方针即是通过完善所有国民能够实践的终身体育环境来发展社会体育。这里的终身体育环境指国民参加日常体育活动所需的设施、组织、指导者等条件。在社区体育中心的建设标准方面，日本文部省颁布的《关于普及振兴体育的基本方策》(1972年)主要从项目选择应简单易行(如篮球、排球、羽毛球、乒乓球等)、具有鲜明的民族特色(如柔剑道、棒垒球等)、满足不同人群的需求、按照人口规模进行建设等方面做出了比较详细的规定；《关于面向21世纪体育振兴计划》(1989年)对社区体育中心设施标准进行了完善，主要体现在层次性、多功能性及与其他文化活动结合等方面，将社区体育中心的建设分为都道府县、市区町村、基层社区三个层次。

③ 德国城市体育空间研究

德国是体育大众化发展的典型国家，德国奥林匹克体育联合会(German Olympic Sport Federation)，为鼓励人们多做体育锻炼，以"发胖的雕塑"为主题的公益做宣传。其中，雕塑底座的文字是："If you don't move, you get fat"(如果不活动活动，身材发胖就会伴随你)。在德国有着大量民间的体育协会，仅2015年在德国奥林匹克体育联合会登记的就有9万余个协会，注册会员达到了2 700余万人，体育协会的会员占到总人口的34%。海德堡是德国体育发展非常前沿的城市。海德堡城市的15个区都有自己独立的体育中心(包括足球场、篮球场、网球场、游泳池、健身中心等)。

海德堡丰富的绿色用地为市民提供了优良的户外运动场所。非正式的户外体育锻炼在德国是人们的日常生活习惯，这些活动大部分都在城市的绿地空间中进行，其中最受欢迎的要属城市公园、森林、田园小径及开放水域。海德堡市利用本身丰富的绿地资源(如森林、田园、河流等)，通过合理规划和开发，将其转变为受市民普遍欢迎的运动空间。这个过程的实现不仅仅是通过制定法律和推动市民参与等，更在于城市当局对于体育设施的建设上。海德堡城市通过将绿色用地运动空间化，为居民体育锻炼提供了好的去处。

④ 英国城市体育空间研究

20世纪80年代的英国体育理事会，制定了社区体育中心的设施标准(SASH)，主要体现在项目开展的多样性，根据社区人口规模进行配置，面向不同群体，注重环境的创设，设施的层次性、多功能性以及灵活性等方面。其中层次性主要表现为社区体育厅和村镇与社区厅两个层次，并对各自的建设标准提出详细的规定。要求每2.5万人的社区配备一处社区体育中心，且能够开展篮球、足球(5人制)、羽毛球等17个活动项目；除开展体育活动之外，还可以经常举办社会文化艺术类活动。

⑤ 新加坡城市体育空间研究

1975年，由新加坡体育理事会等15个部门联合制定体育设施蓝图计划，规定20万人规模的居民区须配建一个社区体育中心，全国共需建15个。每个体育中心须有运动场一个，由三个50米泳道游泳池组成的游泳中心、一个健身中心、一个户外健身站点、一个室内多用途体育馆、一个有氧运动影音室等组成，能够开展的项目灵活多样。

⑥ 我国城市体育空间研究

中国老年体育协会自1983年建立之后，中国老年体育的研究进入了一个新的发展阶段。近年来，我国学者开始对城市体育发展中的空间与环境问题加以关注，并试图以地理学及其相关理论研究城市体育空间环境。关于城市体育空间研究方面，史兵(2007)在《体育地理学理论体系构建研究》中首次提出运用地理学知识来研究体育场馆的方法。提出体育场的地理信息系统包括场馆的具体地点，场地建筑形式、面积、功能、投资和经营管理。研究方法有地图方法、地理调查法、地理信息系统空间分析法。田至美(2002)在其《体育文化的地理学解析》一文以体育和地理共同关注的空间和地方作为切入点，介绍和分析了体育与地理的联系、体育地理的兴起和发展状况。巴艳芳(2006)在《城市体育设施空间布局与体育产业发展对策研究》一文中运用中心地理论、城市意象和城市感应理论、马斯洛需求层次理论、体育产业理论的角度对武汉市体育设施的空间布局做出了详细分析，并总结了其布局规律。黄为为、何金廖、王宇彤(2016)在对德国城市体育空间的研究中发现，德国现代体育发展明显提高了市民生活质量、增强了国际竞争力，并深刻影响城市的规划与治理，进而为南京江北新区生态规划提供了相关经验与建议。

上海是一个国际化的大都市，土地资源十分紧缺。但是，为了增进市民健康，提升城市精神，上海市政府一直重视体育场馆的建设。金银日、姚颂平、蔡玉军等人(2015)通过在上海市居民休闲体育时空行为特征研究中发现，上海市居民的休闲体育活动的特征，具体表现为活动时间规律化、出行空间广域化、活动需求差异化及空间圈层化。张峰筠、肖毅、吴殷(2014)通过空间分析方法，对上海市杨浦区社区公共体育设施场地的空间布局研究发现：从杨浦区社区公共体育场面积、数量和人口密度关系可以看出，基本呈现人口密度大、场地数多的形态。从人口密度与公共体育设施场地数的耦合性看，整体结合程度较好，属于比较合理的形态；但是具体到各街道人口总数与社区体育公共场地面积的分布上尚不均匀，还未达到很好的正比例关系。建议指出，社区公共体育设施的建设要参考人口的区位密度情况合理分布。赵文杰(2009)指出上海的公共体育设施与亚洲和世界社会体育发达城市相比，存在着数量不足、功能不全的问题，社区体育设施偏向中老年群体，适合中小学学生的"时尚"运动设施缺乏，不能满足居民多元化的需求。他提出完善市级体育中心－区级体育中心－街道级健身基地－小区级健身苑(点)四个层次梯度的社区体育场地设施，新建住宅小区严格制定体育设施配套标准并严格验收，体育与园林部门协调实现"体育园林化、园林体育化"目标，加强校园健身工程建设，进一步开发山河湖海等自然资源的体育功能等措施。邱伟昌、杨卫民、陈雄等(2005)认为，上海市体育场馆存在总体结构布局不够合理，数量分布不均，中心城区多而边远地区少，室内体育场地数量明显少于室外体育场地，教育系统场馆优势明显但开放力度不够，因行政隶属关系而导致条块分割现象，老场馆前期论证不足致使建后功能受限等问题。

7.2.2 研究对象与方法

（1）研究对象

本研究以上海市中心城区中小学学生体育活动空间特征为研究对象。以上海市中心城区的黄浦区、长宁区、虹口区、徐汇区、杨浦区、普陀区、静安区和闸北区(鉴于分析需要，仍按合并前的静安和闸北)八个行政区为调查区域，选取开放性的公共体育场、体育公园、健身苑(点)等为主要体育设施，以在这些公共体育空间中进行体育活动的中小学学生为调查研究对象。

（2）研究方法

① 文献资料法

依据本研究的需要，通过华东师范大学图书馆和上海交通大学图书馆等查阅有关地理信息系统、地理学、体育学、心理学和城市规划等方面的教材和专著二十余部，并通过查阅上海体育年鉴(2012～2015)、上海统计年鉴(2012～2016)等相关书籍资料，获取上海市人口数据和体育事业的发展状况以及上海市中心城区体育场馆建设状况，并对相关数据资料进行整理分析。

通过华东师范大学数字图书馆，查阅中国期刊全文数据库、维普中文科技期刊数据库、EBSCO外文数据库等电子资源，以"空间特征""城市空间""体育锻炼""地理信息""中小学学生""公园"等为关键词进行文献资料的检索，检索到与本论文研究相关的文献995篇，其中有期刊论文682篇，学位论文245篇，其他形式的论文有68篇。研读相关文献资料，并进行了整理与总结，以期为本章的研究和撰写工作提供必要的依据。

② 实地调查法

设计访问提纲，在本研究调查中需要说明的是，为了分析与认知的便捷性，采用旧有的行政区划(闸北区与静安区未合并)进行分析，深入上海市中心城区各级公共体育空间，对参加体育活动的中小学学生进行访问，主要涉及个人、家庭属性，体育活动行为特征，出行方式，目前对体育活动场所的感知，等。

为了更好地阐述上海市中心城区中小学学生体育活动的空间特征，在对中心城区体育空间布局充分了解的基础上，选取具有代表性的公共体育空间，对在其中参加体育活动的中小学学生进行调查的同时，也对这些体育空间的建造年代、氛围及周边环境进行了实地考察，对于在地形图中提取的居住小区、公共体育空间、体育场馆等数据，若出现和已有地理数据中的信息存在不一致情况时，则通过实地考察进行确定。

③ 问卷调查法

在已有相关研究的基础上，收集整理与本论文研究相关的文献资料并通过专家访谈得以确定上海市中心城区中小学学生体育活动空间特征问卷条目。问卷共包括三方面内容：第一方面是上海市中心城区中小学学生体育活动特征的调查；第二方面是上海市中心城区中小学学生体育活动空间感知的调查；第三方面是上海市中心城区中小学学生个人属性的调查。选取专家评判的方法作为问卷效度检验方式，问卷的结构效度良好。通过重测法对问卷进行信度检验，在进行正式施测前，对上海市中心城区的 53 位中小学学生进行两次调查，前后间隔时间两周，共发放问卷 106 份，回收有效问卷 104 份，有效回收率是98.1％。通过计算前后两次的调查结果得出相关系数值等于 0.86，显示问卷重测信度良好。然后，对问卷发放点的选取是综合考虑其建设历史、住宅类型、区位特征、社会经济背景、人口年龄结构等因素，确定上海市中心城区中小学学生体育空间和地理位置，选取了上海市中心城区的 8 个小区和 4 个体育活动中心作为问卷的发放点，通过与居民委员会及物业公司等的配合进行问卷的发放和回收，以留置法让居民自己填写。本次共发放问卷 1 200 份，回收问卷1 151 份，回收率 95.92％，其中有效问卷 1 126 份，有效率 93.83％。

④ ArcGIS 空间分析法

将各种与空间有关的数据与地理位置信息连接在一起进行分析就是ArcGIS 最关键的特性之一，进而从空间的角度对数据进行分析和可视化表达。本研究需要分析并发现各种数据之间的空间关联性，而这些数据主要包括上海市中心城区体育空间的专项数据以及城市中小学学生人口的区位、分布等，运用ArcGIS10.2 软件中相应空间分析模块进行图层处理，以及运用矢量数据的处理分析，实现空间关系与专题地图的可视化表达，对研究结果起到辅助的表达效果。

⑤ 数理统计法

本研究通过运用上述方法，对获取的数据和资料进行整理、核对，建立"上海市中心城区中小学学生体育活动空间数据库"作为数据基础，并运用社会科学统计软件对数据进行处理与分析。

⑥ 案例分析法

本研究在理论研究的基础上，坚持与实践研究相结合，在综合梳理现有文献资料的基础上，选取上海市中心城区中静安区的静安雕塑公园进行个案研究，结合搜集的公园资料、调查获得的公园数据等，对上海市中心城区公共体育空间建设与静安雕塑公园建设进行系统整理并归纳分析，研究出公园体育生态系统的具体实现路径方式，为公园体育生态系统的建设提供参考。

（3）研究思路

本章通过引入 ArcGIS 空间分析技术的理论与技术方法、地理学的基本理论，在体育活动基本理论的基础上，在建立上海市中心城区中小学学生体育活动空间数据库的基础上，总结出一套准确高效的、应用合理的中小学学生体育活动空间特征分析方法。重点研究并讨论空间自相关分析、空间格局分析、领域分析、空间叠置分析、空间数据预处理及质量分析、空间测算分析和时空结构分异分析在上海市中心城区中小学学生体育活动空间特征研究中的分析应用。通过具有典型性和代表性的上海市静安区的静安雕塑公园为个案研究，分析具有公园体育生态系统且适合居民参与体育活动和健身活动的体育公园空间。

空间自相关分析主要从空间分布的特征的视角对中小学学生体育活动的空间进行分析，距离因素是空间自相关分析中的最基本要素。空间格局一直以来备受生态学家关注，空间格局分析通过不同地类板块的图形特征对其进行描述及定量分析，指标体系主要有数量、面积、周长三种及其衍生出来的其他的空间格局的指标。空间数据预处理及质量分析包括中小学学生参与体育活动场所的空间数据源和中小学学生体育活动场所数据的利用现状，这也是对中小学学生体育活动空间特征研究的基础与核心。空间测算和时空结构分异分析是以ArcGIS空间叠置分析为基础，创造性地引入年均变化量指数，通过可比性的指标描述中小学学生体育活动场所的时空结构分异特征，结合社会发展情况对出现这种情况的原因进行分析，以达到全面掌握上海市中心城区中小学学生体育活动空间特征的目的。通过主成分分析法，从众多影响因素中，选择能引发上海市中心城区中小学学生体育活动空间特征的最主要的因素，分析区位因素对中小学学生体育活动空间的影响。最后，以上海市静安区的静安雕塑公园进行个案研究，通过分析公园体育生态系统，生动形象地剖析城市居民体育活动的空间特征。

7.2.3 结果与分析

（1）上海市中心城区体育空间现状

① 上海市中心城区体育空间地理位置

上海（Shanghai），简称"沪"，中华人民共和国直辖市之一，地处东经

120°52′～122°12′，北纬 30°40′～31°53′之间。2014 年，上海市辖黄浦、徐汇、长宁、静安、普陀、虹口、杨浦、闵行、宝山、嘉定、浦东新区、金山、松江、青浦、奉贤 15 个市辖区和崇明县，全市总面积 6 340.50 平方千米。《上海市中心城分区规划（2004 年）》将上海中心城区规划范围划定为外环线（S20 公路）以内的区域，外环线以外的区域为郊区。上海中心城区主要包括：静安区（由静安和闸北区合并而成）、黄浦区（由老黄浦、南市区与卢湾区合并而成）、徐汇区、长宁区、虹口区、杨浦区、普陀区以及浦东新区的原南市区、黄浦区和杨浦区的浦东部分，面积约为 667.80 平方公里（如图 7 - 39）。

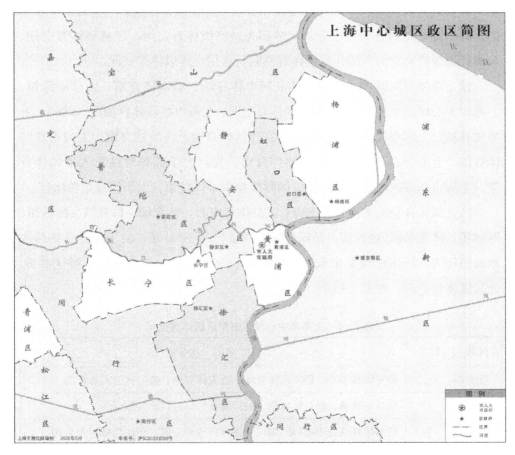

图 7 - 39　上海市中心城区图

在 2016 年公布的《上海市城市总体规划(2016-2040)(草案)》中,将构建"主城区-新城-新市镇-乡村"的城乡体系,将有九个主城副中心、五个新城中心和两个核心镇中心。浦东新增金桥、张江主城副中心。其中,中心城区是上海市城市化程度最高的区域。以上海市中心城区为主要范围,研究城市中小学学生体育空间,具有一定的代表性。本部分研究涉及的中心城区主要有静安区(鉴于本研究分析需要,仍按上海市区划调整前的静安区和闸北区)、黄浦区、长宁区、虹口区、徐汇区、杨浦区、普陀区。

② 上海市中心城区体育空间分布现状

根据上海市的行政区划和城镇体系,依据 2014 年上海市第六次全国体育场地普查数据以及 2014、2015 年上海市体育年鉴的统计数据,将上海市中心城区公共体育空间划分为五个等级,分别为城市级体育空间、区县级体育空间、乡镇街道级体育空间、居住区级体育空间、居住小区级体育空间。

城市级体育空间的主要形态有:城市体育场、城市体育馆、城市游泳馆。上海市中心城区主要有 12 个城市级体育空间:上海市虹口体育场(足球场)、上海体育场、上海市江湾体育场、上海虹口区体育馆、卢湾体育馆、上海市普陀体育馆、上海体育馆、上海市杨浦体育馆、复旦大学邯郸校区正大集团体育馆、上海市仙霞网球中心体育馆、国际体操中心体育馆、上海体育馆游泳馆。

区县级体育空间的主要形态有:区县体育中心、体育场、体育馆、游泳馆、网球场、体育公园(包括篮、足球公园,滑板公园……)等。由于体育场馆的占地面积较大,场馆建设要求较高,所以增长速度很慢,上海市中心城区共 30 处区级体育空间,如表 7-5。

表 7-5 上海市中心城区主要区级体育空间

区县	数量	名 称
静安	4	静安体育中心、静安区体育场、静安体育馆、静安区工人体育场
虹口	4	虹口足球场、虹口体育馆、虹口游泳馆、虹口工人体育场
杨浦	4	杨浦体育活动中心/场/馆、黄兴体育运动公园、新江湾城滑板公园、上海市中原体育场(分部)
普陀	3	普陀体育中心、普陀体育馆(普陀古越龙山体育馆)、普陀体育场

区县	数量	名　　　称
长宁	3	上海国际体操中心/游泳馆、长宁网球场、虹桥体育公园
闸北	5	闸北体育中心/馆、闸北体育场、上海(铁路局)火车头体育场、闸北网球馆、闸北区中小学学生活动中心
黄浦	5	沪南体育活动中心、黄浦区轮滑馆、黄浦体育馆/体育活动中心、黄浦区工人体育场、黄浦游泳俱乐部
徐汇	2	国际网球中心、徐汇区游泳馆

乡镇街道级公共体育空间的主要形态为公共运动场,上海市中心城区共有110处公共运动场(如表7-6),主要建设于乡镇街道级社区内的公园、绿地或附属于体育场馆。

表7-6　上海市中心城区各区公共运动场数量统计表

区县	静安	虹口	杨浦	普陀	长宁	闸北	黄浦	徐汇
数量	4	16	20	11	10	15	11	23

居住区级体育空间的主要形态为健身苑,上海市中心城区共有73个健身苑,如下表7-7所示,主要建设于居住区内的空地或绿地等。

表7-7　上海市中心城区各区健身苑数量统计表

区县	静安	虹口	杨浦	普陀	长宁	闸北	黄浦	徐汇
数量	2	9	12	8	10	5	5	22

居住小区级体育空间的主要形态为健身点,这一等级的公共体育空间是与城市小区规划和建设密切相关的,增长较快。最新数据显示,上海市中心城区共有3 105处健身点(表7-8),大多分布在居住小区中。

表7-8　上海市中心城区各区健身点数量统计表

区县	静安	虹口	杨浦	普陀	长宁	闸北	黄浦	徐汇
数量	172	379	520	423	357	394	415	445

（2）上海市中心城区体育场地发展现状

上海市中心城区体育场地分析主要是以调查所得数据为主，同时结合体育场地相关指标进行分析。从总体与结构角度考虑，围绕体育场地的基本建成情况和体育场地的专项指标两个维度，全面深入分析上海市中心城区体育空间特征。

① 上海市体育场地建成现状

根据上海市第六次全国体育场地普查数据和实地调查数据，上海市各类体育场地有 69 类 38 505 个。其中，室内体育场地 30 类 12 513 个，约占 32.5%；室外体育场地 39 类 25 992 个，约占 67.5%。满足规格体育场地 30 241 个，约占 78.5%；不满足规格体育场地 8 264 个，约占 21.5%。如图 7 - 40 所示。上海市所有体育场地中，室外体育场地的数量多于室外体育场馆，满足规格体育场地的数量多于不满足规格体育场地。

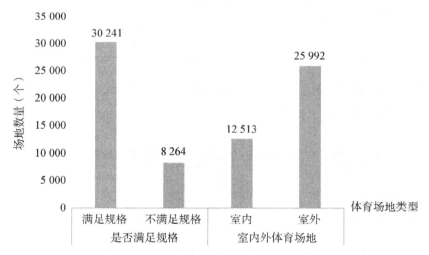

图 7 - 40　上海市不同规格室内、外体育场地数量

上海市体育场地总用地面积是 67 836 465.95 平方米。其中，室内体育场地的用地面积是 15 409 251.46 平方米，约占 22.7%；室外体育场地的用地面积是 52 427 214.49 平方米，约占 77.3%。满足规格的体育场地面积是 63 924 859.70 平方米，比例达到 94.2%；不满足规格的体育场地用地面积是 3 911 606.25 平方米，约占 5.8%。上海市体育场地总场地面积为 41 556 935.14 平方米。其中，

室内体育场地的场地面积 2 914 202.26 平方米，约占 7.0%；室外体育场地的场地面积 38 642 732.88 平方米，约占 93.0%。满足规格体育场地的场地面积是 38 238 110.64 平方米，约占 92.0%；不满足规格体育场地的场地面积是 3 318 824.50 平方米，约占 8.0%。如表 7-9 所示。

表 7-9　上海市室内和室外、满足和不满足规格体育场地数量和面积

体育场地		场地数量/个	比例/%	用地面积/平方米	比例/%	场地面积/平方米	比例/%
室内外	室内	12 513	32.5	15 409 251.46	22.7	2 914 202.26	7.0
	室外	25 992	67.5	52 427 214.49	77.3	38 642 732.88	93.0
是否满足规格	满足规格	30 241	78.5	63 924 859.70	94.2	38 238 110.64	92.0
	不满足规格	8 264	21.5	3 911 606.25	5.8	3 318 824.50	8.0
总计		38 505	100.0	67 836 465.95	100.0	41 556 935.14	100.0

与室外体育场地相比，上海市室内体育场地的用地面积和场地面积均比较少，上海市室内和室外体育场地的面积如图 7-41。无论从用地面积还是场地面积来看，上海市满足规格体育场地面积均超过不满足规格体育场地面积。上海市满足规格与不满足规格体育场地的面积如图 7-42。

按照上海统计局提供的人口数据，2013 年末，上海市常住人口 2415.15 万人。依据这个人口数据来计算，上海市平均每万人拥有体育场地 15.94 个。其中，室内体育场地 5.18 个，室外体育场地 10.76 个；满足规格体育场地 12.52

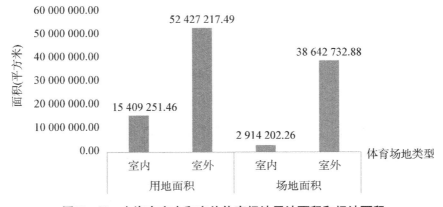

图 7-41　上海市室内和室外体育场地用地面积和场地面积

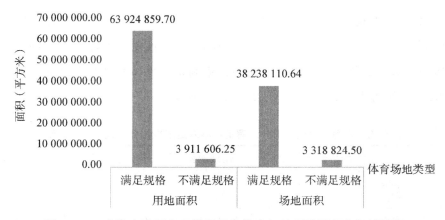

图 7-42　上海市满足和不满足规格体育场地用地面积和场地面积

个，不满足规格体育场地 3.42 个。上海市人均拥有体育场地面积 1.72 平方米。其中，室内体育场地面积是 0.12 平方米，室外体育场地面积是 1.60 平方米；满足规格体育场地面积是 1.58 平方米，不满足规格体育场地面积是 0.14 平方米，如表 7-10。

表 7-10　上海市室内和室外、满足和不满足规格体育场地人均数量和人均面积

体育场地		人均场地个数 /每万人	人均用地面积 /平方米	人均场地面积 /平方米
室内外	室内	5.18	0.64	0.12
	室外	10.76	2.17	1.60
是否满 足规格	满足规格	12.52	2.65	1.58
	不满足规格	3.42	0.16	0.14
总计		15.94	2.81	1.72

　　无论是从体育场地数量还是体育场地面积来看，上海市体育场地开放率处于较高水平。全天开放或者不分时段开放的体育场地较多。与此同时，上海市体育场地开放度较高。对外开放体育场地的年均开放天数为 237 天，平均每周接待健身人次有很大的提升空间。上海市全天开放的体育场地数量最多，达到 25 420 个，占到 66.0%；其次是部分时段开放的体育场地，数量有 7 144 个，所占比例为 18.6%；不开放的体育场地数量 5 941 个，比例达到 15.4%，如图

7－43。上海市全天开放的体育场地的场地面积达 17 446 739.88 平方米，比例占到 42.0%；其次是部分时段开放的体育场地，场地面积有 16 887 485.03 平方米，比例为 40.6%，仅次于全天开放的数量；不开放的体育场地的场地面积有 7 222 710.23 平方米，占到 17.4%。如图 7－44 所示。

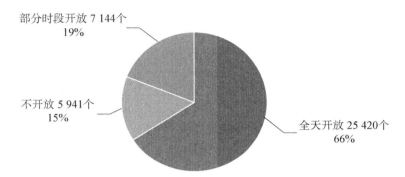

图 7－43　上海市各对外开放情况体育场地数量及比例结构图

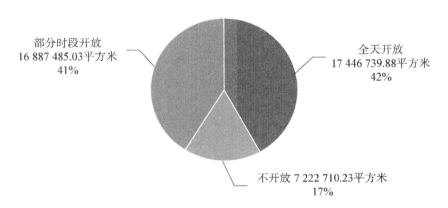

图 7－44　上海市各对外开放情况体育场地面积及比例结构图

上海市对外开放的体育场地中，年均开放天数为 237 天。全天开放的体育场地，年均开放天数是 248 天；部分时段开放的体育场地，年均开放天数为 197 天。不管是全天开放的体育场地还是部分时段开放的体育场地，平均每周接待健身人次最多的均为 500 人次每周/以下，所占比例分别是 82.6% 和 87.0%。数据显示，上海市对外开放体育场地在接待健身人次上有较大的提升空间。上海市对外开放的体育场地平均每周接待健身人次频数分布表如表 7－11。

表 7-11　上海市对外开放体育场地平均每周接待健身人次频数分布情况

平均每周接待健身人次	全天开放		部分时段开放	
	场地数量/个	比例/%	场地数量/个	比例/%
500 人次以下/周	20 998	82.6	6 216	87.0
501～2 500 人次/周	4 085	16.1	784	11.0
2 501～5 000 人次/周	256	1.0	109	1.5
5 001～10 000 人次/周	49	0.2	29	0.4
10 000 人次以上/周	32	0.1	6	0.1
合计	25 420	100.0	7 144	100.0

②　上海市中心城区体育场地建成结构分析

无论从体育场地数量还是场地面积上来看，上海市中心城区的八个区的体育场地分布呈现出不均衡态势：相对来说，中心城区的体育场地数量相对较少、场地面积相对较小。上海市中心城区的八个区的体育场地数量由高到低排列，依次是：徐汇区（2 585 个，比例为 22.4%）、杨浦区（2 237 个，比例为19.4%）、普陀区（1 712 个，比例为 14.9%）、长宁区（1 355 个，比例为11.8%）、黄浦区（1 112 个，比例为 9.6%）、虹口区（1 099 个，比例为 9.5%）、闸北区（911 个，比例为 7.9%）、静安区（516 个，比例为 4.5%），如图 7-45。

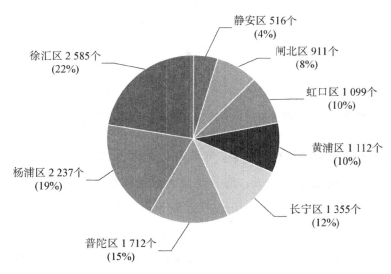

图 7-45　上海市中心城区各区体育场地数量分布图

上海市中心城区的体育场地面积总和是4 943 549.54平方米,其中的八个区的体育场地的场地面积分别由高到低依次排序为杨浦区、徐汇区、普陀区、长宁区、虹口区、闸北区、黄浦区、静安区。杨浦区的体育场地面积位居首位,其面积为1 270 757.27平方米,占整个中心城区面积总和的25.7%;徐汇区的面积仅次于杨浦区,位居第二,其体育场地面积为985 003.20平方米,所占比例为19.9%;静安区在与闸北区合并之前,由于其位置处于城市中心部位,所辖区域面积最小,相对的体育场地空间也较小,有187 534.83平方米,比例仅占到中心城区的3.8%,如图7-46。上海市中心城区体育场地建成空间的用地面积总计为6 198 860.01平方米。其中,杨浦区的用地面积居首位,用地面积为1 678 451.57平方米,占中心城区体育场地用地面将近三分之一;徐汇区虽然体育场地数量最多,但是体育场地的用地面积仅次于杨浦区,居第二位,用地面积总和为1 268 186.98平方米,所占比例为20.5%;静安区由于整体面积较小,相应的体育场地的用地面积在中心城区中是最少的,其比例仅占到3.0%。上海市中心城区各区体育场地数量、用地面积和体育场地面积及比例分布情况如表7-12。

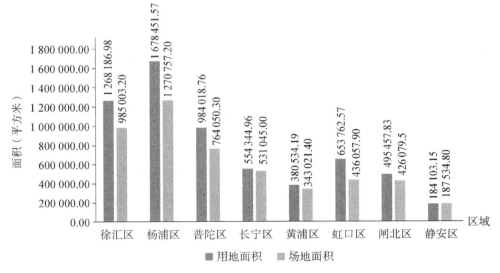

图7-46 上海市中心城区各区用地面积、体育场地面积

表 7-12 上海市中心城区各区体育场地数量、各类面积及比例分布情况

区域	场地数量/个	占比/%	用地面积/平方米	占比/%	场地面积/平方米	占比/%
徐汇区	2 585	22.4	1 268 186.98	20.5	985 003.2	19.9
杨浦区	2 237	19.4	1 678 451.57	27.1	1 270 757.2	25.7
普陀区	1 712	14.9	984 018.76	15.9	764 050.3	15.5
长宁区	1 355	11.8	554 344.96	8.9	531 045.0	10.7
黄浦区	1 112	9.6	380 534.19	6.1	343 021.4	6.9
虹口区	1 099	9.5	653 762.57	10.5	436 057.9	8.8
闸北区	911	7.9	495 457.83	8.0	426 079.5	8.6
静安区	516	4.5	184 103.15	3.0	187 534.8	3.8
合计	11 527	100.0	6 198 860.01	100.0	4 943 549.5	100.0

上海市中心城区各区的满足规格体育场地无论从数量还是面积来看,均超过了满足规格体育场地。同时,上海市中心城区各区为了破解体育场地发展受到土地的限制,建设了一些不满足规格条件但契合了群众健身需求的体育场地,这样就极大程度地适应并满足了广大群众对体育健身生活的需求。数据资料显示,在不满足规格的体育场地的数量统计中,全市前八位的均为中心城区。上海市中心城区的八个区中满足规格的体育场地的数量均超过了不满足规格的体育场地;而且,中心城区的八个区的不满足规格体育场地的数量所占的比例略有差异,如表7-13所示,从高到低依次排列为静安区(30.2%)、徐汇区(30.2%)、长宁区(28.9%)、杨浦区(24.9%)、普陀区(22.4%)、闸北区(21.0%)、黄浦区(20.1%)、虹口区(19.5%)。

表 7-13 上海市中心城区满足和不满足规格体育场地数量比例统计

区域	场地总数/个	满足规格数/个	占比/%	不满足规格数/个	占比/%
长宁区	1 355	964	71.1	391	28.9
虹口区	1 099	885	80.5	214	19.5
黄浦区	1 112	889	79.9	223	20.1
静安区	516	360	69.8	156	30.2

区域	场地总数/个	满足规格数/个	占比/%	不满足规格数/个	占比/%
普陀区	1 712	1 328	77.6	384	22.4
徐汇区	2 585	1 805	68.9	780	30.2
杨浦区	2 237	1 680	75.1	557	24.9
闸北区	911	720	79.0	191	21.0

　　上海市中心城区的八个区中，满足规格体育场地的场地面积均多余不满足规格的体育场地。在这八个区中，不满足规格体育场地的场地面积所占的比例差异较大，从高到低依次排列为：静安区（35.7%）、黄浦区（32.0%）、虹口区（30.7%）、长宁区（29.7%）、徐汇区（27.6%）、闸北区（25.3%）、普陀区（22.6%）、杨浦区（18.9%）。从调查的数据来看，排在前八位的均属于中心城区，如表7-14。

表7-14　上海市中心城区满足和不满足规格体育场地的场地面积及比例统计

区域	场地总面积 /平方米	满足规格面积 /平方米	占比/%	不满足规格面积 /平方米	占比/%
长宁区	531 045.01	373 356.50	70.3	157 688.52	29.7
虹口区	436 057.97	302 103.20	69.3	133 954.76	30.7
黄浦区	343 021.40	233 317.60	68.0	109 703.82	32.0
静安区	187 534.83	120 561.20	64.3	66 973.66	35.7
普陀区	764 050.30	591 618.70	77.4	172 431.57	22.6
徐汇区	985 003.20	712 997.10	72.4	272 006.14	27.6
杨浦区	1 270 757.27	1 030 060.10	81.1	240 697.17	18.9
闸北区	426 079.56	318 346.10	74.7	107 733.42	25.3

　　上海市中心城区的八个区充分利用现有室内建筑的资源建设体育场地，并且中心城区的八个区的室内体育场地的场地面积比例居上海市前八位。从整体上来看，上海市中心城区的八个区的室外体育场地无论是从数量还是面积来看，均超过了室内体育场地。上海市中心城区中室内体育场地的数量比例最高的是长宁区，比例为45.2%；紧随其后的是静安区，所占比例是45.0%；然

后由高到低排序依次是徐汇区(39.3%)、黄浦区(35.3%)、杨浦区(33.3%)、普陀区(33.3%)、闸北区(29.0%)、虹口区(23.7%)。如表7-15。

表7-15 上海市中心城区室内和室外体育场地的场地数量及比例统计

区域	场地总数/个	室内场地数/个	占比/%	室外场地数/个	占比/%
长宁区	1 355	612	45.2	743	54.8
虹口区	1 099	260	23.7	839	76.3
黄浦区	1 112	393	35.3	719	64.7
静安区	516	232	45.0	284	55.0
普陀区	1 712	570	33.3	1 142	66.7
徐汇区	2 585	1 016	39.3	1 569	60.7
杨浦区	2 237	746	33.3	1 491	66.7
闸北区	911	264	29.0	647	71.0

上海市中心城区中，各区室外体育场地的场地面积所占比例差异较大，由高到低依次为杨浦区(82.9%)、普陀区(82.8%)、闸北区(82.7%)、虹口区(82.0%)、徐汇区(79.0%)、长宁区(74.5%)、黄浦区(63.7%)、静安区(53.9%)。如表7-16。

表7-16 上海市中心城区室内和室外体育场地的场地面积及比例统计

区域	场地总面积/平方米	室内场地面积/平方米	占比/%	室外场地面积/平方米	占比/%
长宁区	531 045.01	135 462.81	25.5	395 582.20	74.5
虹口区	436 057.97	78 572.15	18.0	357 485.82	82.0
黄浦区	343 021.40	124 531.47	36.3	218 489.93	63.7
静安区	187 534.83	86 376.90	46.1	101 157.93	53.9
普陀区	764 050.30	131 768.15	17.2	632 282.15	82.8
徐汇区	985 003.20	206 506.81	21.0	778 496.39	79.0
杨浦区	1 270 757.27	217 207.98	17.1	1 053 549.29	82.9
闸北区	426 079.56	73 551.84	17.3	352 527.72	82.7

上海市中心城区八个区体育场地之人均占有情况呈现出非均衡态势，整体

来看，普陀区、闸北区和虹口区的人均拥有场地数量低于上海市平均水平；从
人均拥有体育场地面积来看，中心城区八个区的人均拥有场地面积低于上海市
平均水平。根据上海市统计局提供中心城区各区 2013 年底常住人口数据，计
算出八个区体育场地的人均占有情况，如图 7 - 47 所示。

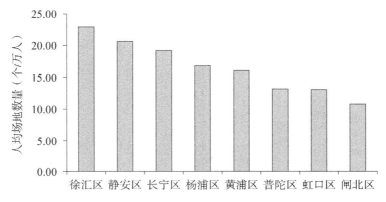

图 7 - 47　上海市中心城区各区人均拥有场地数量

　　根据调查数据和人口数据对人均拥有体育场地面积进行计算，从高到低排
序依次为：杨浦区(0.96 平方米/人)、徐汇区(0.88 平方米/人)、长宁区(0.75
平方米/人)、静安区(0.75 平方米/人)、普陀区(0.59 平方米/人)、虹口区
(0.52 平方米/人)、闸北区(0.50 平方米/人)和黄浦区(0.50 平方米/人)。通过
数据统计分析发现，八个中心城区的人均拥有场地面积均低于郊区县，位于上
海市排名的后八位。并且，这八个中心城区的人均拥有场地面积均低于上海市
的平均水平，如图 7 - 48 所示。

　　从不对外开放体育场地数量所占比例来看，上海市中心城区的情况相对偏
好；从不对外开放体育场地的场地面积比例分析，中心城区相对较低。中心城
区由于自身受限于行政区域面积的影响，在体育场地建设上存在着较大的限制
因素，再加上不对外开放的体育场地的面积比例较高，将雪上加霜，进一步减
少了中心城区可以实际使用的体育场地面积。通过对上海市中心城区的八个区
按照不对外开放体育场地数量在该区所有体育场地的场地数量所占比例从高到低
的顺序排列，依次为：徐汇区(25.2%)、静安区(22.7%)、长宁区(14.6%)、闸
北区(14.5%)、杨浦区(13.0%)、黄浦区(11.6%)、普陀区(11.5%)、虹口区

(8.8%)。其中，徐汇区不对外开放体育场地的数量比例最高，达到本区所有体育场地数量的四分之一，虹口区的比例最低，仅占8.8%，如图7-49所示。上海市中心城区中，徐汇区不对外开放体育场地的场地面积所占比例最高，并且中心城区八个区的不对外开放体育场地的场地面积之比例均超过了上海市的平均水平。将上海市中心城区八个区根据不对外开放体育场地的场地面积在该区所有体育场地的场地面积所占比例由高到低依次排列为：徐汇区（53.4%）、静安区（33.9%）、虹口区（27.3%）、闸北区（27.0%）、黄浦区（24.8%）、普陀区（23.8%）、杨浦区（23.4%）、长宁区（17.8%），如图7-50所示。

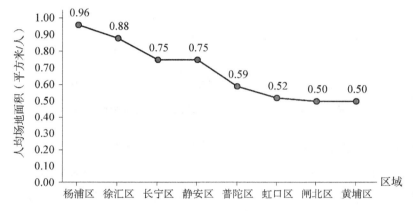

图7-48 上海市中心城区各区人均拥有体育场地面积

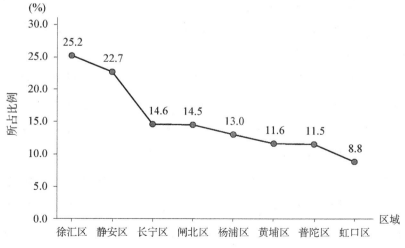

图7-49 上海市中心城区各区不对外开放体育场地数量比例

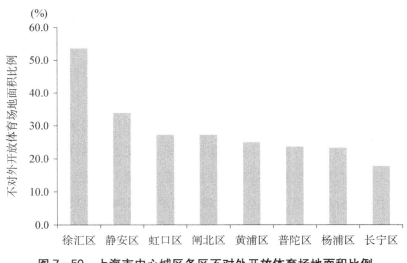

(%)

图 7-50　上海市中心城区各区不对外开放体育场地面积比例

③ 上海市中心城区体育场地空间发展分析

体育场地建设的总量明显上升：本次调查数据显示，上海市体育场地数量为 38 505 个，2004 年"五普"公布的体育场地数量为 14 425 个。与"五普"的数据对比发现，上海市体育场地数量增加了 24 080 个，增长了 167%，年均增长速度为 10.3%。同时，上海市体育场地的场地面积 41 556 935.14 平方米，在"五普"中的体育场地的场地面积是 29 261 512 平方米，上海市体育场地的场地面积增加了 12 295 423.14 平方米，增长了 42%，年均增长速度为 3.6%。上海市人均体育场地面积是 1.72 平方米，"五普"的人均体育场地面积是 1.75 平方米，上海市的人均体育场地面积减少 0.03 平方米。数据表明，上海市全民健身路径场地数量为 13 050 个，场地面积是 628 885 平方米，拥有运动器械 125 777 件；"五普"公布的数据显示，上海市全民健身场地数量为 3 850 个，场地面积是 233 870 平方米，拥有运动器械 46 774 件。相比而言，上海市全民健身路径场地数量增加了 9 200 个，运动器械增加了 79 003 件，场地面积增加了 395 015 平方米。

上海市中心城区以不同方式提高场地增量：近十年，上海市中心城区结合自身区域特点，采用不同的策略来开展场地建设。中心城区的八个区在土地资源相对紧张的情况下，因地制宜，充分挖掘和利用空间资源，综合开发建设了一批实用性强、用地面积小、受欢迎程度高的体育场地。增加的场地建设主要分布在社区体育场地和居住小区/街道体育场地，这些都是城市居民身边的场地，为市民健身锻炼提供了方便，为上海市构建市民 30 分钟体育生活圈奠定了基础。

上海市中心城区体育场地空间开放程度高：上海市中心城区体育场地向社会开放程度表现为开放性高、开放率高的特征。无论是上海市中心城区的体育场地面积还是体育场地数量，其对外开放率较高，其开放度已达较高水平。在现有场地中，部分时段开放和全天开放的场地面积和场地数量分别占全市的 82.6％和 84.6％。体育是城市大文化的重要组成部分，对于提高城市国际竞争力、提高市民健康素质和生活品质至关重要。要立足于不断提高满足老年市民对体育健身需求的能力、增加和完善体育设施，要立足更高起点，突出还体育功能、还公共空间功能，加快体育空间的开放式发展。

体育场地建设布局贴近社区，体育场地项目选择贴合市民需求：在现有的体育场地中，建设在街道/乡/镇和村民/居民委员会的社区体育场地数量达到 23 668 个，平均每个街道的社区体育场地拥有量大约是 110 个。通过和"五普"数据比较发现，近十年，新建的社区体育场地数量达到 16 837 个，是体育场地建设中最重要的增长点。从场地分布类型来看，居住小区/街道是体育场地建设最重要的分布区域，统计显示，位于居住小区/街道的体育场地新建数量为 12 659 个。社区体育场地和位于居住小区/街道的体育场地均是城市居民身边的场地，为城市居民健身和充实生活提供了巨大便利，也为构建上海市 30 分钟体育生活圈奠定了基础。

（3）上海市中心城区中小学学生体育活动空间特征

① 体育活动空间特征

在参加体育活动的中心城区的中小学学生调查对象中，选择在公园、绿地进行体育锻炼的人数量最多，占调查总人数的 33.8％；其次是空地或广场；接着是在健身苑、点进行体育活动。在调查中发现，中小学学生更倾向于选择户外进行体育活动，所以很少有人会选择在家中锻炼身体，如表 7-17 所示。

表 7 - 17　中小学学生进行体育活动的空间场所情况

排序	平时进行体育活动的场所	选择该场所的调查对象比例/%
1	公园、绿地	33.8
2	空地或广场	29.5
3	社区健身苑、点	20.2
4	公共体育场	16.5

② 体育活动频度特征

在对上海市中心城区中小学学生参加体育活动频度特征的调查时发现，其参加体育锻炼的频度中，所占比例最高的平均每周七次及以上，占比为53.09%；其次是平均每周参加六次，占比为13.58%；仅有4.94%的中小学学生选择一次及以下。如图7-51所示。

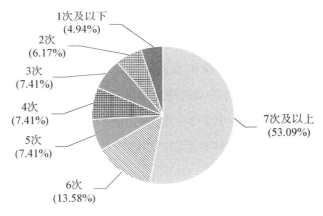

图 7 - 51　上海市中心城区中小学学生参加体育活动频度

③ 体育活动时间段特征

在被调查的中小学学生参加体育活动的对象中，有将近二分之一的中小学学生选择 8:00～11:00 点这个时间段进行体育活动，其占比为 48.15%。比例排第二的是 14:00～17:00，占到 27.16%（在调查中发现，在这个时间段参加体育锻炼的中小学学生也很多，但是由于调查问卷的设计选项为单选，所以在问卷统计上会出现一定的误差）。所占比例最小的是 17:00～20:00，比例为 6.17%。由于问卷设计的选项有六个，其中选项为"11:00～

14:00"和"20:00～23:00"的两个选项，时间段分别为午饭或午休时和晚上休息或家人聚在一起时，所以统计出来的结果近乎等于零，如图7－52所示。

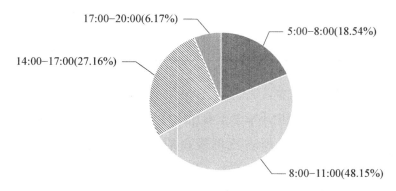

图7－52　上海市中心城区中小学学生参加体育活动时间段

④ 体育活动持续时间特征

如图7－53，有49.4％的中小学学生参加体育活动时，每次持续时间是30～60分钟，这一部分中小学学生参加的体育活动强度是在中等偏上的；有29.6％的中小学学生参加体育活动的持续时间是60～90分钟；有9.9％的比例是在2小时以上；7.4％的中小学学生参加体育活动时间在91～120分钟之间；仅有3.7％的中小学学生参加体育活动持续时间在半小时以内。

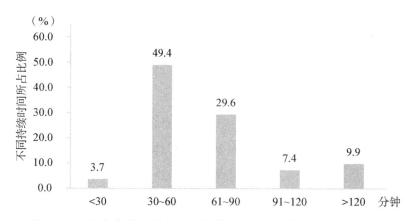

图7－53　上海市中心城区中小学学生每次参加体育活动持续时间

⑤ 体育活动路程特征

通过分析发现，中小学学生每次参加体育锻炼是路上所花费的时间主要集中在 5 至 15 分钟之间，所占比例为 53.09%；其次是在 5 分钟以内，占比为 17.28%。根据这两部分的中小学学生路上所花费时间可以看出，多数是集中在社区街道附近范围内的公共体育空间。有 14.82% 的中小学学生在参加体育锻炼的路程上花费时间在 25 分钟以上，其中，有 7.41% 的中小学学生在路上所需时间在 45 分钟以上，他们中的多数是通过公共交通工具到达体育活动场地，为的就是在空闲时间参加自己所感兴趣的体育活动项目，如图 7-54 所示。

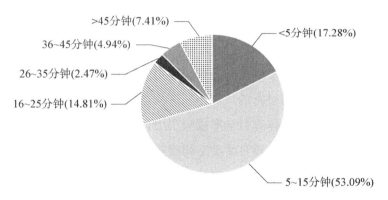

图 7-54　上海市中心城区中小学学生每次参加体育活动路程时间

结合上海市中心城区中小学学生每次参加体育活动路程时间扇形图，绘制上海市中心城区中小学学生参加体育活动时从出发地到目的地的路程距离如图 7-55 上海市中心城区中小学学生每次参加体育活动路程统计图，路程距离排序在第一位的是 500～1 000 米，其所占比例是 39.51%；路程距离处于第二位的是 500 米以内，其比例达到了 37.04%。从中小学学生参加体育活动由出发地到参加体育活动目的地的距离分析发现，他们的活动范围主要集中在 1 000 米以内的区域，这和中小学学生身体活动能力以及出行习惯等有关。以步行的方式计算，路程时间与路程距离正相关：距离近，花费时间就短；距离远，则花费时间较长。

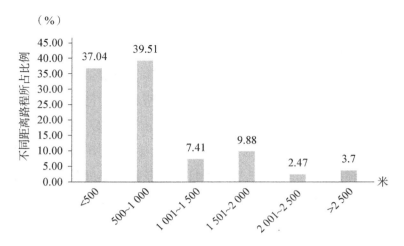

图 7-55　上海市中心城区中小学学生每次参加体育活动距离路程

⑥ 体育活动空间感知

上海市中心城区中小学学生的体育活动行为决策主要是依据他们对城市中心城区体育空间的感知而进行的，只有通过构建恰当合理的城市体育空间，对中小学学生走出家门参加体育活动形成吸引力，方能充分起到激发和引导他们参加体育活动的积极作用。体育活动空间感知是人们对体育活动场所的空间环境认知的心理过程，通常情况下，空间感知包括了若干层次和范围。首先是对个人出发地点到达活动场所的距离和场所开放等的感知，即可达性和可入性感知；其次是对场所内部设施条件、规模等感知，两种情况可归纳为外部环境感知和内部环境感知。因此，希望通过了解中小学学生对体育锻炼空间的感知，以期在城市规划设计中把中小学学生群体的体育健身的需求考虑进去。

通过对中小学学生体育活动行为空间感知问卷的 13 个条目进行编码，加以探索性因素分析，经 KMO 和巴特利特检验运算结果发现，KMO 的值是0.80，P 值为 0.00＜0.01，累积方差是 76.68％，问卷的结构效度较为理想，可以做因子分析。

利用社会科学统计软件 SPSS 进行因子分析，通过采用主成分分析方法提取因子，按照解释的总方差初始特征值大于 1 作为取值范围，经旋转后分析，存在三个空间感知公共因子，即三个维度。这三个公共因子对原变量的解释能力达到了 76.681％，因此，可以认为这三个体育空间感知公共因子能够解释调查指标变量，旋转后的成分矩阵如表 7 - 18。

表 7 - 18 旋转后的成分矩阵

条 目	成分		
	1	2	3
我认为到健身场地的交通费用少	0.842	0.279	0.242
我认为去的健身场地容易进入	0.821	0.405	0.202
我认为去的健身场地的开放性好	0.787	0.413	0.296
我认为去的健身场地的开放时间适合我的需要	0.773	0.434	0.289
我认为到健身场地的距离近	0.739	0.268	0.393
我认为去的健身场地的服务质量好	0.607	−0.281	0.058
我认为去的健身场地的服务内容多	0.599	0.246	0.492
我认为在该健身场地能促进与他人和谐交往	0.111	0.892	0.108
我认为在该健身场地健身很快乐	0.224	0.891	0.093
我认为去的健身场地的健身氛围好	0.272	0.776	0.285
我认为附近的健身场地数量多	0.162	0.015	0.889
我认为去的健身场地的健身指导水平高	0.321	0.351	0.725
我认为到健身场地的时间短	0.526	0.188	0.551

根据表 7 - 18 中每个维度包含的变量，将这三个维度命名为可达性维度、环境维度和服务性维度。可达性维度主要是指以交通费用感知和体育场所开放性的感知、时间和空间距离的感知等心理变化因素。可达性维度是中小学学生对体育活动空间的客观感知范围，最能直接反映体育活动空间对他们的影响；同时，也是对空间需求的基本判断因素。环境维度是指中小学学生在体育活动空间环境中的心理感受，主要包括健身快乐感、体育场所空间的健身氛围及活动过程中的互动。环境维度属于对场所空间的主观感知，表达的是中小学学生的心理体验和感受。服务维度主要是以中小学学生体育活动场所的服务内容、指导水平、管理水平等场所内部环境相关的感知变量的综合测量。服务维度属于体育场所内部环境感知范围，与中小学学生对场所的需求层次关系密切，同

时也是经营机构提升服务水平的重要参考指标。从以上中小学学生体育活动空间感知的维度来看，可将空间感知维度归纳为两方面：外部环境维度和内部环境维度。

实际上，中小学学生的体育活动行为对空间的需求是各种心理因素感知交织在一起的；但是从需求的层次来看，对内部环境的需求更能体现在空间中的心理体验和感受，层次上高于外部环境的需求。

⑦ 体育活动空间模式

家庭是中小学学生最重要的活动空间；中小学学生的居住小区是他们的基本生活的活动圈；社区/街道是生活的扩展范围圈，在这个扩展范围圈的活动约占到10%；区域是指中小学学生在社区以外、距离社区中心3 000米以内的高级活动圈，有一小部分的中小学学生健身活动是发生在高级活动圈内，此活动时间均为课外时间。所以，根据中小学学生在每个圈层内的活动空间的不同类型、活动频率的不同差异，形成了中小学学生体育锻炼活动空间的圈层模式格局，即"家—居住小区—社区/街道—区域"，如图7-56所示。

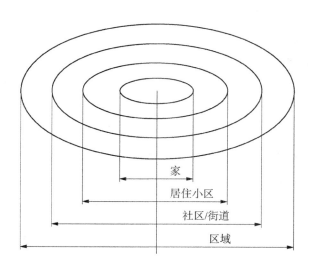

家

居住小区

社区/街道

区域

图7-56　上海市中心城区中小学学生体育活动空间圈层模式

（4）基于ArcGIS的上海市中心城区中小学学生体育活动行为空间特征

本研究以街道作为研究上海市中心城区中小学学生体育活动行为空间特征的最小空间尺度。人口数据主要来源于上海市2015人口普查资料，人口普查分乡、镇、街道资料和上海市统计局发布的最新人口统计数据资料。考虑到缺少比街道尺度更小的中小学学生人口数据，因此不能采用重心模型法来测算上海市中心城区中小学学生人口空间分布的重心，本研究采用街道面图层的几何质心作为街道人口数据进行空间分析。根据中小学学生身体和心理特点，本研究选取的城市体育空间主要以建设于乡镇街道级社区内的公园、绿地和中小学学生经常进行体育活动的健身苑点为主要城市体育空间，通过 ArcGIS10.2 软件分析平台，借助平台中的空间自相关分析、空间统计工具、叠加分析、邻域分析等空间分析模块，对上海市中心城区中小学学生体育活动空间进行分析，通过绘制专题图进行可视化表达。

① 中小学学生居住空间特征

根据上海市 2015 年人口普查数据，依据人口密度计算公式"人口密度＝人口总数/面积"，计算出上海市中心城区各街道中小学学生人口密度。公式中的面积是通过运用 ArcGIS10.2 软件，对上海市中心城区进行空间校正，经过裁剪，先将上海市中心城区图绘出，再通过相关区域的划分对上海市中心城区范围内的各个街道进行裁剪。由于此项任务的工作量非常大，所以本研究主要以街道为单位进行分析。通过 ArcGIS10.2 可视化分析可以比较直观地发现：上海市中小学学生人口密度最集中的地区以内环线以内的区域为主；中环线以内的部分区域的中小学学生人口密度较大；介于外环线以内和中环以外的区域中小学学生人口密度最小。

利用 ArcGIS10.2 中的标准差椭圆工具，通过对上海市中心城区中小学学生居住空间分布进行方向性分析，发现他们的居住空间在标准椭圆范围内分布较集中，具有一定的方向性特征。以标准差椭圆的长轴为方向，即东北—西南方向分布，椭圆方向与上海市中心城区的中小学学生人口密度和区域经济发展状况基本相符；所以上海市中心城区中小学学生居住空间分布与其人口密度和区域经济发展状况有关。如图 7-57 所示。

② 中小学学生体育场地空间特征

根据实地调查和实地访谈发现：上海市中心城区中小学学生参与体育活动的场所主要集中在居住小区级体育空间，如他们居住小区内的健身点等；居住区级体育空间，如中小学学生居住区内的健身苑等；乡镇街道级体育空间，如

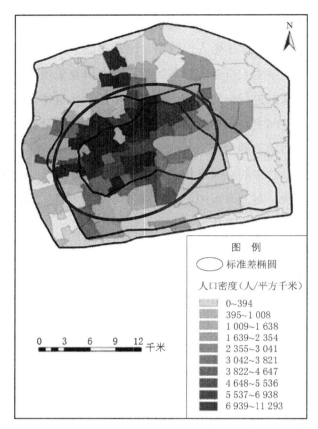

图 7-57　上海市中心城区中小学学生居住空间方向性特征

乡镇社区街道级社区体育场等。通过上海市第六次全国体育场地普查数据资料，2012～2015 年的《上海体育年鉴》以及实地调查并绘制上海市中心城区中小学学生参与体育活动场地的场馆图。依据实地调查和前人研究资料，对上海市中心城区中小学学生经常进行体育活动的健身苑点进行统计并绘制地图，如图7-58 所示。从整体上来看，呈现出"中心—边缘"的分布态势，距离核心区越近的地方，健身苑点的布局越密集，越靠近中心城边缘的地方，其布局越稀疏。

　　借助邻域分析模块工具中的缓冲区分析，缓冲区是一个范围圈，进行缓冲区分析的目的就是得到体育设施的理论空间服务范围，其半径是依据理论和实地调研判断的经验值。借助 ArcGIS 10.2 平台对体育空间设施按照一定的半径

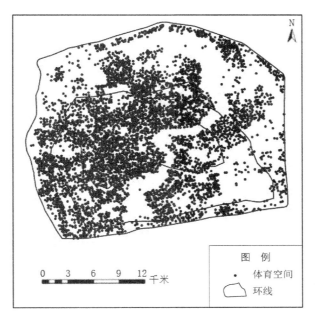

图 7 - 58　上海市中心城区中小学学生体育活动空间分布

画出缓冲区范围，分别计算缓冲区范围内的面积和人口。本研究中，建立半径设置为 500 米的直线距离缓冲区，对上海市中心城区中小学学生体育活动空间进行缓冲区分析。研究中进一步分析上海市中心城区外环线、中环线和内环线的空间特征，发现位于内环线以内的区域，其所占覆盖率和密度等最高，仅有少数斑状区域未设置体育空间，这和中小学学生的居住分布有关。与之相比，处于内环线以外与中环线以内的区域和处于中环线以外与外环线以内的区域未被城市体育空间覆盖的区域较多，与这些区域的面积大，中小学学生的居住密度较小有关，如图 7 - 59。

　　泰森多边形（Thiessen polygons）是空间分析方法之一，泰森多边形可以对体育空间设施密度进行判断，通过 ArcGIS 10.2 平台自带生成的泰森多边形，可以计算出其所给出的面积以及所包含的人口，从而计算出多边形的面积和人口负荷。本研究运用 ArcGIS 10.2 中的邻域分析模块，根据上海市中心城区中小学学生适宜进行体育活动的健身苑点的点位进行泰森多边形分析，再将此区域与外环线以内的重合区域进行裁剪，可以获得每个健身苑点的服务区域，如图 7 - 60。

　　泰森多边形也称冯洛诺伊图（Voronoi diagram）或狄利克雷图（Dirichlet

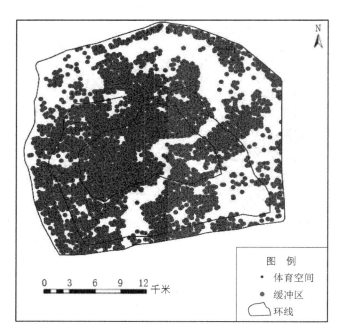

图 7 - 59　上海市中心城区中小学学生体育活动空间环线结构分布

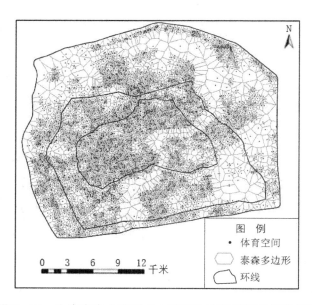

图 7 - 60　上海市中心城区中小学学生体育活动空间服务区域

diagram)是对设施或场所空间进行空间可达性分析的方法之一。图中所示的点就是健身苑点体育空间在多边形内的各居住小区点位，与该健身苑点体育空间之间的距离均小于到其他健身苑点体育空间的距离，意即指居住在多边形区域内的小区里的中小学学生，到多边形区域内健身苑点体育空间进行体育锻炼的出行距离最短。相较来说，内环以内区域空间可达性最好，中环区域次之，外环区域的空间可达性排第三。

为了更好地进行分析体育空间的绩效，以便进一步对健身苑点体育空间的服务承载能力进行分析，在本文提出了服务负荷一词，借此来直观地评价体育空间的绩效。在其他条件相同的情况下，健身苑点体育空间的负荷主要与人口密度和服务面积有关，本研究尝试用公式表达为：负荷 L＝系数 R×人口密度 M×服务面积 A。分析表明，人口密度和服务面积均与负荷呈正比例关系。人口密度越大，负荷越重；服务面积越大，其负荷也越重。从图 7－61 中可以看

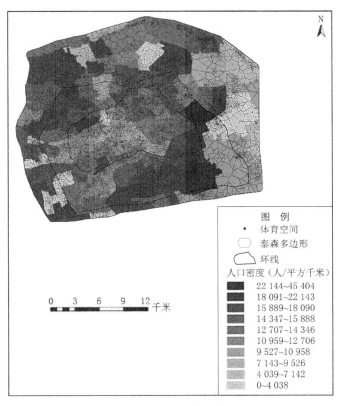

图 7－61　上海市中心城区中小学学生体育活动空间服务负荷

出，内环、中环和外环的每个圈层服务负荷相对集中不明显；而且每个区的服务负荷也分布不均。相对而言，上海市中心城区在服务区域和服务负荷方面，西部区域较东部区域略集中。

上海市中心城区中小学学生的体育活动行为主要是围绕在居住小区或是社区内的体育健身服务设施展开的，八成以上的中小学学生的体育活动行为是发生在距离家500米的范围内。无论是参加集体的中小学学生健身活动还是进行的个人健身锻炼，中小学学生的体育活动行为，基本遵循着以自家为中心表现出来的距离衰减规律。即随着离家距离的不断增加，中小学学生的参加体育活动人数的比例不断下降。本研究以步行不超过2000米为界限，按照上海市中心城区中小学学生体育活动行为的出行距离的集中程度，将上海市中心城区中小学学生体育活动行为空间划分为三圈层结构。研究发现，上海市中心城区中小学学生的体育活动行为空间具有较高的收敛性和集中性，体育锻炼空间相对较小，呈现出的三圈层的体育活动空间结构如下图7-62所示。

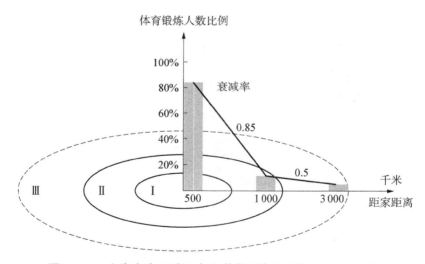

图7-62　上海市中心城区中小学学生体育活动空间圈层结构

第一圈层：中小学学生集中体育活动圈层（距离家500米以内的空间范围）。这一圈层结构中集中了八成以上的中小学学生体育活动行为，是上海市中心城区中小学学生最主要的体育活动圈层。

第二圈层：中小学学生分散体育活动圈层（距离家500～1000米之间的空

间范围）。这一圈层结构中小学学生体育活动参加人数急速下降，衰减率达到了0.85，仅剩下约10%的体育活动。

第三圈层：中小学学生体育活动边缘圈层（距离家1000～3000米之间的空间范围）。这一圈层，中小学学生的体育活动行为数量继续下降，但下降幅度变小，衰减率是0.5，剩下不足5%的中小学学生体育活动人数比例。

通过对上述圈层结构分析，上海市中心城区中小学学生的体育活动行为空间表现出以下特点：集中度高、收敛性较强、衰减率较高，体育活动的空间圈层的数量和范围都较小。

在上海这样的公共体育服务设施较为完善的大城市，居住小区级、居住区级和乡镇街道级的体育健身服务设施发展相对较好，使得中小学学生的体育健身锻炼行为，在其周边的体育空间的集聚现象非常明显。即上海市中心城区中小学学生的体育活动行为，高度集中在居住小区级、居住区级和乡镇街道级的体育空间。并且，上海市中心城区中小学学生的体育活动行为空间，也和其居住区的区位因素密切相关。

通过ArcGIS10.2软件对上海市中心城区中小学学生参加体育活动的场地空间进行空间自相关分析，其过程包括建立空间权重矩阵，通过运用恰当的计算方法计算距离，对每一次计算方法应考虑是否对属性值进行标化处理，这样可以对同一个分析对象建构出不同的空间权重矩阵。其中，根据研究内容的特点和实际需要，结合各种方法本身的特点和适用条件挑选恰当的方法和指标，建立空间权重矩阵，以获得最佳的分析效果。然后，通过绘制专题地图来直观地显示出具体聚集区域如下图7-63。图中的黑色区域表现出来的是高-高聚集模式，意即中小学学生参加体育活动的体育场地空间聚集度高，体育空间多的区域被周围体育空间多的区域包围着；图中深灰色区域表现为低-低聚集模式，即中小学学生的体育场地空间聚集度低，体育场地空间少的区域被周围体育场地上的区域包围着。同时，还存在高-低聚集模式，体育场地空间多的地方被体育空间少的地方包围着；低-高聚集模式，即体育场地空间少的地方被体育场地空间多的地方包围着。从整体上来看，上海市中心城区中小学学生体育活动的场地空间聚集现象表现为明显的"中心一边缘"现象，上海市中心城区的内环、中环、外环表现出明显的差异性，内环以内的内圈层区域表现为显著的高-高聚集，内环以外、中环以内的中圈层以混合模式为主，外圈层则聚集程度不明显。出现这种聚集特征也是和上海市中心城区中小学学生的居住区的区位因素有着很大的关系。

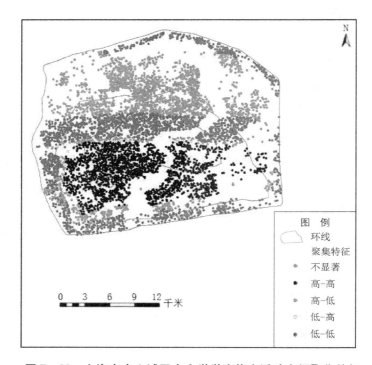

图 7 - 63　上海市中心城区中小学学生体育活动空间聚集特征

③ 中小学学生体育活动公园绿地空间特征

根据实地调研和官方数据统计的信息，利用 ArcGIS10.2 软件对公园绿地进行地图绘制和标注，如图 7 - 64 所示。通过图可以发现：内环以内的区域公园数量最多，且分布最密集；中环区域的公园在数量上和分布密度上仅次于内环；外环区域的公园绿地数量最少，分布上较为分散。从总体上来看，上海市中心城区的公园绿地呈现出由内向外依次递减的趋势。

为了满足日益增长的公园绿地等公共体育空间，上海市进一步扩大对公园绿地休闲体育空间改造和新建公园面积。据市绿化和市容管理局发布的消息，2017年上海市将启动对新一轮老公园的改造，提升公园管理水平，增加 20 座以上城市公园，公园总数达到 240 座；同时新建成并开放闵行浦江、嘉定嘉北、松江广

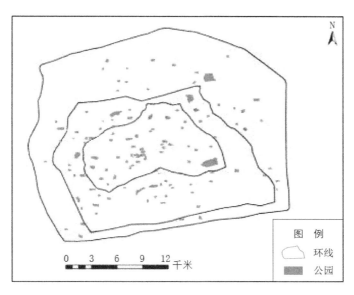

图例

◇ 环线

▨ 公园

0 3 6 9 12千米

图 7 - 64 上海市中心城区中小学学生体育活动公园绿地分布

富林等 3 座郊野公园。推动迪士尼绿地、黄浦江滨江绿地、大居绿地、外环生态专项等重点工程，建成虹梅路高压绿廊、马桥体育公园一期、金水湖绿地、赵巷公园、前滩休闲公园、周康航大居结构绿地等一批大型公园绿地。与此同时，还将建设改造一批口袋公园（街心花园），创建命名 20 条林荫道，新建储备 20 条林荫道，创建一批绿化特色道路，全年新建公园绿地 560 公顷。加快推进绿化特色街区建设，优化中心城区特色街区设计方案，完成 8 处绿化特色街区改造。

通过 ArcGIS 10.2 软件中的空间统计工具中的标准差椭圆（standard deviational ellipse)对上海市中心城区中小学学生体育活动的公园绿地体育空间进行方向分布分析（directional distribution)，借助专题制图进行可视化表达，如图 7 - 65。研究发现，上海市中心城区中小学学生体育活动的公园绿地体育空间在标准差椭圆范围内分布较集中，标准差椭圆长轴为所示方向，即东北-西南方向，与上海市中心城区中小学学生居住空间方向性相吻合。进一步分析发现，上海市中心城区中小学学生体育活动的公园绿地体育空间分布方向性与中小学学生的居住空间分布、中小学学生人口密度、区域经济发展状况有关。

（5）中小学学生体育活动公园绿地空间服务范围特征

为分析上海市中心城区中小学学生体育活动公园绿地空间的服务辐射范

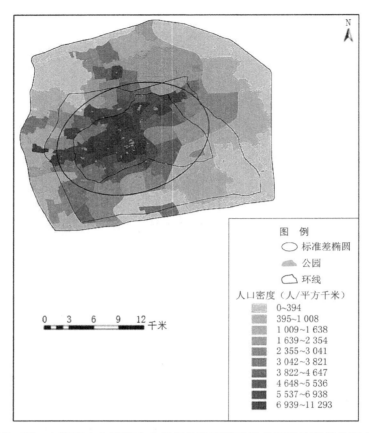

图 7-65 上海市中心城区中小学学生体育活动的公园绿地空间分布方向性

围，依据访问调查，结合中小学学生的移动能力和出行空间距离，确定其最大出行距离理论值为 1 200 米。以 400 米为单位半径建立多环缓冲区，共设置三个单元半径，通过 ArcGIS10.2 平台对上海市中心城区中小学学生体育活动公园绿地空间进行多环缓冲区分析(multiple ring buffer)，如图 7-66。

上海市中心城区中小学学生体育活动公园绿地空间整体上呈现出由中心向边缘扩散态势。在内环区域内，公园绿地的辐射范围几乎覆盖了中小学学生进行体育活动的整个区域，仅有少许未被辐射到的空白范围当属黄浦江流经区域；而且公园绿地分布较密集，中心位置重合区域面积较多。不仅能为中小学学生提供充足的体育空间，而且还可以由中小学学生自主选择体育空间，极大地满足了该区域中小学学生进行体育活动的体育空间需求。中环区域的公园绿地辐射范围程度不均，次于内环区域的辐射范围。外环区域的公园绿地空间分

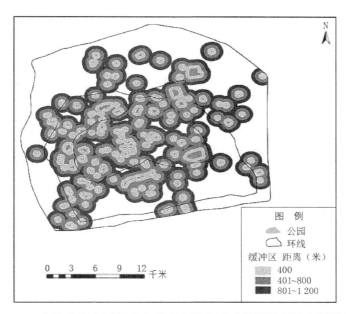

图 例

公园

环线

缓冲区 距离（米）

400

401~800

801~1 200

0　3　6　9　12 千米

图 7 - 66　上海市中心城区中小学学生体育活动的公园绿地空间服务范围

布稀疏，无论是在数量上还是在面积上均无明显优势。通过分析发现，这和中小学学生人口密度分布以及区县的经济发展状况均有密切的关系。

　　根据中小学学生的生理心理特点和实地调查结果，服务半径范围设置为 1 000 米。通过 ArcGIS 10.2 平台分析工具中的邻域分析模块，对上海市中心城区中小学学生体育活动公园绿地空间进行缓冲区分析；借助通过专题制图进行可视化表达，如图 7 - 67。在中心区域的位置，由于公园绿地的数量较多，分布较密集；所以服务区域存在交叉重合现象。这在一定程度上为中小学学生进行体育活动的公园绿地空间提供了较多的选择，满足了中小学学生在绿色环境中进行锻炼的体育需求。然而，由于公园绿地分布不均衡，造成了体育空间资源的不合理配置。相反，在外环区域范围以及中环区域的部分范围，虽也存在交叉重合现象，但更多的是由于公园绿地空间的不足，造成公园绿地体育空间的严重匮乏，由内到外呈现出非常明显的公园绿地体育空间分布不均的现状。

　　上海市中心城区中小学学生体育活动公园绿地空间有着鲜明的圈层结构特征。在学术界和规划部门，一直以来都把上海市的三条市内环线道路——内环、中环、外环线以内区域分割为三个自然环形区域的圈层结构，通过专题制图可以直观地表示出这三个圈层的公园绿地分布、街道位置分布、中小学学生

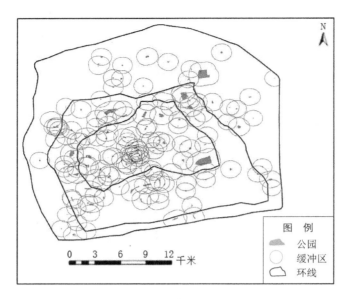

图7-67　上海市中心城区中小学学生体育活动的公园绿地空间服务半径

人口密度情况。如图7-68，从圈层特征来看，内圈层的街道由于其面积相对较小，但数量多且中小学学生人口密度也较大，与之相对应的公园绿地数量也较多。它们主要集中在淮海中路街道、南京东路街道、陆家嘴街道和石门二路街道等区域。中圈层的公园绿地在数量和面积上次于内圈层，公园绿地的数量和密度分布较集中的当属上钢新村街道、周家渡街道、虹桥街道等区域。该圈层的公园绿地相较来说分布均衡。外圈层的街道区域面积比较大，但公园绿地数量少，这也与该圈层的经济发展状况、中小学学生人口密度有一定的关系。

（6）中小学学生体育活动空间与居住区位

上海市中心城区中小学学生体育活动行为空间结构和聚集特征，均和其居住小区的区位因素有关。本研究从宏观区位和微观区位两个方面，分析居住区位因素对中小学学生体育活动行为空间的影响。宏观区位主要是指居住区在上海市中心城区的区域中的位置，包括中小学学生居住的小区到乡镇街道级、区级和城市级公共体育空间的距离和可达性。微观区位则是指以紧密环绕在他们居住的小区附近及周边的各种公共体育空间服务设施的布局，包括居住小区级和居住区级体育空间的距离和可达性。

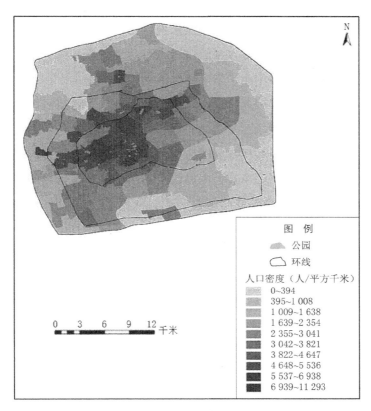

图 7 - 68　上海市中心城区中小学学生体育活动的公园绿地空间圈层结构

① 宏观区位对中小学学生体育活动空间的影响。

一方面，从中心城区中小学学生体育锻炼行为空间来看，从他们居住的小区到乡镇街道级、区级和城市级体育空间的距离，对其体育活动行为空间会产生一定影响。越是较高级别的体育空间，在距离家 1 000 米范围内缺乏较为完善的公共体育服务设施，通过步行或借助非机动车的出行方式较难满足中小学学生的体育活动需求，显示出体育空间收敛性较差；相比之下，位于他们居住的小区附近及周边的公共体育空间，显得收敛性较强。另一方面，由于受从中小学学生居住的小区到上海市乡镇街道级、区级和城市级公共体育空间可达性的影响，他们会首选距离近的体育空间进行锻炼。

② 微观区位对中小学学生体育活动空间的影响

中小学学生参加体育活动主要以步行方式为主，这就决定了他们的体育活动行为很大程度上有赖于居住小区周边的体育设施。他们对公共体育空间的利用更易受到微观区位的影响或制约。一般来说，在中小学学生居住小区附近的小区级和区级公共体育空间服务设施较完善且可达性较好的情况下，更能满足他们的体育锻炼需求；所以中小学学生体育活动就会高度集中在其居住小区周边的公共体育空间范围内，因此，这一区域的各种公共体育空间的收敛程度较高。居住区位是资源配置的重要基础，而且人口空间分布也是研究人与地理空间关系的重要指标。城市公共体育空间应建于区位中居住密度高的中心，这不仅可以确保服务范围内的居民享有公平的机会利用公共设施，也能维持中心城区各区公共体育空间的人口限制门槛。因此，依据居住空间布局公共体育空间，需遵循以下规则进行：人口居住密度高的地方增加公共体育空间建设；人口密度低的地方减少公共体育空间建设；在没有人居住的区位暂时或不考虑公共体育空间建设。公共体育空间布局与居住空间规划必须综合考虑，不仅要对当前的人口居住区位进行布局，而且还要具备前瞻性。

（7）个案研究——中心城区公园体育生态系统空间研究

随着《全民健身计划》推行的不断深入，日益增长的体育活动需求与体育资源短缺之间的矛盾日益显现。公园作为城市的公共开放的空间，是最受城市居民喜爱的城市空间形态。改革开放以来，我国城市公园发展进入了一个快速发展时期，在数量上和质量上都有了很大的改变，从 1996～2013 年，我国城市公园从 3 630 个增长到 12 401 个。当前上海市的公园绿地建设已经比较成熟，已初步形成"环、楔、廊、园、林"相结合的绿化系统。截至目前，上海市公园数量达 160 余座。据上海市绿化部门介绍，到 2020 年，上海将新建 130 座公园，使全市公园数量达到 300 个。在城市中，公园会形成"口袋公园－社区公园－地区公园"三级体系。在体育场地严重不足的条件下，公园的建设对体育场地的补偿起到了很大的作用，成为城市居民锻炼和休闲的重要公共场所。城市居民爱把健康和绿色联系在一起，体育与绿色相结合，更能促进他们的健康。在上海这样城市的"天然氧吧"中，不但可以健身，而且还能怡情养性，真正做到身心的健康。在参加体育锻炼的城市居民中，有相当多的居民锻炼者喜欢在公园中进行体育锻炼。因此，如果能从体育锻炼和休闲的视角重新认识公园，对我国全民体育的开展具有重大意义。社区公园内锻炼活动、休闲活动与环境相互作用、彼此影响，共同形成一个整体——社区公园休闲生态系统，公园体育在其中起着至关重要的作用。

① 研究区域

本研究以上海市静安区静安雕塑公园为个案，经过历时八个月的调查研究，通过实地调查、深入访谈、随机访谈和文献资料调研等方法对静安雕塑公园展开研究。访谈多为半开放半结构性，以便更深入获取第一手资料，深入访谈的对象主要有：公园的管理者、老员工，休闲组织的重要骨干人员，普通的休闲者。尤其是那些在公园休闲时间比较长、居住离公园较近的人，这是访谈比重最大的一个群体。文献资料调研主要包括前人关于公园城市居民休闲与健身的一些研究成果、相关的一些政策文件资料，如公园的各种文件、法规及该地区的一些档案材料如县志等。

静安雕塑公园位于上海市中心城区静安区东部，总占地面积约为 6.5 万平方米。基地东至成都北路，依托交通主干道南北高架与上海各区域形成紧密联系；南至北京西路，与北京西路相连；西至石门二路；北至山海关路，与苏州河相邻。静安雕塑公园主要由六个景观区域构成：入口广场、流动展示长廊、中心广场景观区、白玉兰花瓣景观区、梅园景观区、小型景观区。整个公园以流动展示长廊为主线，将各个主题景观空间串联起来，相对集中并有组织地将不同创意的雕塑放置在公园各个景观区域里，形成一系列各具特色的空间；从而丰富了公园景观构成，激发了游客探索的兴趣。公园不仅有现代化的娱乐设施，还有各类雕塑设计以及对外开放的自然博物馆。静安雕塑公园是一个开放式的城市公园，是以人为本，以绿为主，以雕塑为主题。公园内各空间尺度怡人，空间布局结合雕塑规划布置，通过景观步道将各场地串联起来，兼有生态功能、艺术功能和文化功能的统一、有序的展示空间。

静安雕塑公园为城市居民的体育锻炼活动提供了很好的环境条件，在这里可以进行个体的和集体的体育锻炼活动，项目不同，异彩纷呈。城市居民在公园中进行的这些体育锻炼活动没有专人管理，均是自发的；但却日复一日地存在着。城市居民的锻炼休闲状况布满整个公园，各种老年体育锻炼活动丰富多彩，充满着生机勃勃的活力景象，却在布局章法上似乎稍嫌欠缺。公园中城区居民集体性活动项目众多，群体规模参差不齐，多则几十人，少则三五人；个体锻炼行为分散在公园的各个角落，有打太极拳的、有跑步的、有练剑的、有跳广场舞等。

② 公园体育生态系统的空间关联

静安雕塑公园整体的体育锻炼行为和休闲状况，貌似无序，但是通过长期地实地仔细观察，很多锻炼活动尤其是集体性的体育锻炼都是在相对固定的时间和空间中进行的。在人员流动的高峰时段，体育锻炼活动虽然显得"拥挤"，但均能保证体育锻炼的"有秩序"进行，在这貌似无序的表象下，却存在着一个稳而不"乱"、耦合共进的结构作支撑。通过长时间的实地调查并深入分析，发现在静安雕塑公园中存有以下几个基本的空间耦合关系：

A. 体育活动主体之间空间关联

在公园中，个体大都来自该公园附近的居民，其中，大多是朋友关系、同事关系、街坊邻居关系等，他们社区认同感比较强，在这个公园的特定空间里，有共同的锻炼方式，搭建了彼此交流的平台，可以拉近城市居民彼此之间的关系和距离，体育锻炼和休闲行为成为了他们日常沟通交流的共同话题。并且，通过体育锻炼建立起来的人与人之间的关系，不仅丰富了公园的人际关系网络，而且个体与集体的开放性因此而关联更加密切，使得彼此之间因信息交流与互通、资源的共享而产生了耦合共生的关联。

B. 体育活动行为之间的空间关联

如图7-69所示，这是在静安雕塑公园利用空地的区域发生的一些锻炼活动的空间群体关联图。静安雕塑公园内的锻炼群体之间并非孤立的，他们会因

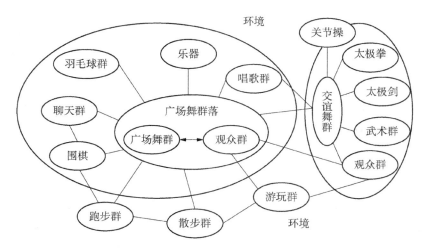

图7-69 静安雕塑公园锻炼个体、群体、群落之间耦合

历时态发生人员的流动以及共时态的互动发生很多的关联活动。在历时态角度下可以发现，参加广场舞的居民在正式开始前会在公园中的其他空间上进行散步、聊天、看下棋等活动，待到广场舞正式开始，大家会纷至沓来，跟随音乐的伴奏，舞动起来，形成一个很大的广场舞群体。当广场舞结束之后，这些居民又会自由安排，有聊天的、参加交谊舞的、打太极拳的、回家的等。不同群体之间可以随意流动，择取各自喜欢的活动项目进行锻炼。

从共时态方面可以发现，各群体间存在着流动性：广场舞群体与交谊舞群体之间的流动；锻炼活动的群体与观众群之间的流动；个体之间的流动。经过历时态的信息流与人员流动，以及共时态的信息互动，个体耦合成群体，经过群体间的信息流和人员流动耦合成一个系统。

C. 体育活动与公园环境的空间耦合

在公园中，自然空间的多样性为个体体育活动的多样性提供了空间条件，个体在不同的人工自然空间下可以进行不同的锻炼行为。比如：小亭可供休息，长廊可供唱歌，报纸栏可供阅览当日时事新闻，长廊下的长凳便于居民在此下棋、打牌，公园中的绿道便于居民散步。太极拳、剑锻炼者喜欢较僻静的场所，聊天群则选择在向阳、背风且面向公园小径的长椅凳上。

公园中的居民在进行较大的群体性锻炼行为时，一般都会占据较大的时空资源。如广场舞群体会在紧邻石门二路的西门，唱歌群的居民一般会在东门的花草竹林的小径。公园中大的群体一旦在一个地方进行经常性的体育锻炼活动，就会相对固定地占有该片区域的时空生态位，且挪动性很小。当然，群体性活动也具有一定的趋向性，越是优雅宜人的空间，则群体性体育锻炼行为越多。比如在静安雕塑公园的偏东南角方向的一个文化长廊，右侧是一堵墙，左侧的视野开阔并有一池清水。冬天能挡风，夏天可遮阳，还可赏景观水。就是这样的一块"风水"宝地，吸引了众多喜欢打太极拳和舞太极剑的居民在这里进行锻炼。

D. 公园系统与外环境的空间耦合

静安雕塑公园的空间系统主要是由人、体育锻炼活动、空间环境三部分构成。在公园外的社区休闲环境(主要有社区体育资源、休闲及体育设施等)、社区的区域特点(附近社区居民的文化特点、锻炼聚集点等)、餐饮(包括早餐和午餐)、交通(距居民区的距离、道路状况等)、购物(便利店、书报亭等),以及各种经营服务等共同构成了公园空间系统的外环境,两者之间有很强的关联性,耦合成共生关系。

一位去早市菜市场买菜的居民这样说:"早上去买菜不想绕远路,从公园穿过很方便,不仅可以省时间,更重要的是还可以锻炼身体,心情愉快。"住在静安雕塑公园附近的居民长时间如此,逐渐产生了依赖,形成了习惯。

③ 公园体育生态系统的空间组成

本节中的"公园",是指静安雕塑公园这样的以服务附近、能辐射到社区居民日常活动的公共园林。这类公园具有两个突出的特性:一是空间上的便利性;二是具有体育锻炼和休闲活动的经常性。

公园体育生态系统是指在公园所辖范围的空间、在规定的开放时间段进行体育锻炼的主体——人(包括个体、群体)与公园空间内的实体环境、社会环境、场地设施环境,通过人员流动、信息流动、能流等相互作用共同依存构成的,满足居民锻炼休闲的身体和心理两个维度的需要、体育锻炼行为的生存发展需要、日常生活的基本需要,并具有特定结构和功能的一个复合空间,如图7-70所示。

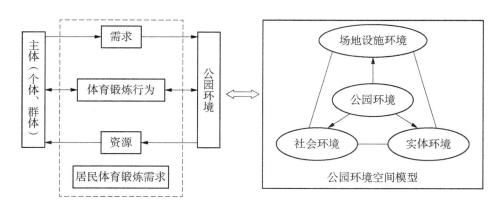

图 7-70 公园体育生态系统示意图

该公园体育生态系统基本组成包括主体、体育锻炼需要及公园环境。公园环境通常是指公园空间的各种环境的总和,主要有以下三个方面:各种设施条件、自然条件和地区社会环境。公园环境空间模型,主要由社会环境、实体环境和场地设施环境构成。社会环境是指在公园内及其附近居民居住的社会结构等。公园内的社会环境有其约束条件体系：其一，法律。主要指公园内的治安状况，打架斗殴甚至犯罪行为受法律所约束的状况。法律是强制性的，属国家权力范畴，是个体或群体行为的基本约束条件。其二，约定或习惯。主要是针对公园的时空资源的使用情况，其主要根据个体或群体的习惯，以及主体间的约定来协调，大都遵循先到先得和惯常使用的原则。其三，道德。其约束主要是靠个体内心的自觉和社会的谴责。其四，公园的管理条例。其五，独特的体育锻炼行为氛围。人们在这种环境的潜移默化的影响下，自然地形成了一种浓厚的体育锻炼空间氛围，一些在其他地方会被认为非正常的行为，被公园内的空间所充分接纳。实体环境是指在公园周围的空间形态，包括各种门、四通八达的路径、道路布局、街道的土地利用情况等。场地设施环境主要指公园及其周边的公共体育场地和休闲配套设施的方便和完善程度等，主要包括公园植被、水环境、地形地貌、其他的公益性休闲体育设施（乒乓球台、健身路径等），以及经营性休闲设施（休闲活动馆、自然博物馆、儿童乐园）。

城市居民体育锻炼需要的主要是个体或群体在公园中因自身发展所形成的、可以满足个体体育锻炼行为需求的条件。在公园内的资源和空间可以满足个体体育锻炼行为的需求、日常锻炼需求的一些活动，公园的体育资源和空间不仅满足居民的锻炼需求，还可以在公园内得以生存并很好地发展和充分利用。

静安雕塑公园，这一公园体育生态系统不仅具有一般生态系统的特征，而且还具有其一些相对独特的特征。首先，它以人为本，以体育锻炼行为为本。生态后现代主义承认"人的特殊性并对之有适度的凸显"，而没有像绝对生态主义那样走向反人类中心主义的迷途。公园建立初衷主要也是为居民健身和休闲服务的，当然，个体如果不能处理好各种关系的话，会在损害系统的基础上损害到自身。以人为本、以体育锻炼活动为本，即是对"人的适度凸显"，也并不以损害整个系统为前提，这本身也是对系统整体和谐的维护。其次，公园体育生态系统形成的自发性和发展的自组织性。自下而上自发的体育锻炼活动具有顽强的生命力，只要生存土壤不出问题，它一般就会一直存在下去。当然，如果给予适当的自上而下的帮扶，那么，其可能会苗壮成长。由于历时态人员流与信息流以及共时态的相互作用，使公园体育生态系统内的体育锻炼行为和休闲活动具有了共生、互生的特点，再加上体育锻炼行为和休闲活动与环境的长期相互作用，经由一定时间的演替，便经由自组织达到一种相对稳定的"平衡"，这个过程便是一个自组织的过程。第三，自我调控和人工调控相结合。公园体育生态系统主要靠正负反馈调节机制自我调控独立运行，系统的生成与发展主要是在缺乏人为有意识干预的前提下进行的；但肯定需要人为调控才能更好地运行。第四，时空动态性。公园体育生态系统是以主体的体育锻炼行为和休闲活动作为核心而构建起来的，而体育锻炼行为和休闲活动本身就具备时空性的特点，这使得公园体育生态系统也处于不断的时空动态变化之中，在这个动态变化过程中也包括了自身内在运行的规律。

④ 公园体育生态系统的空间结构

根据本研究中的公园体育生态系统的作用和影响层次，可以把该公园体育生态系统分为宏观、中观和微观三个结构层级。

宏观结构层级主要是从整体层面上反映构成该系统的各组成部分之间的对比关系、相互作用，彼此形成的宏观整体架构。

中观结构层级是与公园体育生态系统紧密相关的，是中心城区居民对公园体育生态系统的主要影响因素之一，也是城市规划设计的典型，具有很大的现实研究价值（需要特别关注的是对公园中体育行为的空间使用状况的分析和共性研究）。同时，也是连接宏观结构层次与微观结构层次的纽带桥梁。

如图 7-71 所示，在这个公园体育生态系统中的体育锻炼个体、锻炼群体、群落、公园体育生态系统和整个社区（街道）的体育锻炼和体育休闲活动系统借助信息、人员个体等组成要素的流动，形成一个复合体，不同组成要素之间的互动、协调和共生进而形成公园生态关系系统。

微观结构层级是指组成该公园体育生态系统的体育锻炼行为及其量比关系，体育锻炼行为在时间和空间上的分布，通过体育锻炼行为中的人员流动、信息流动、物质流动、能量流动等的途径和传递关系，其组成主要包括时间结构层次、空间结构层次、体育锻炼活动的内容结构层级。

时间结构层次主要是指因时间的先后产生的变化，导致公园体育生态系统结构上发生的变化。首先，日相变化是公园内的体育锻炼行为在一天之中，随

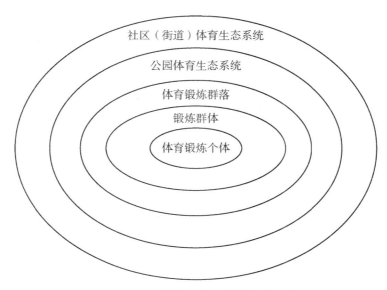

图 7-71　公园体育生态系统的结构层级图

时间变化而产生的变化情况。个体的精力曲线和在公园中参与体育锻炼行为和休闲活动的变化曲线，具有较高的相关关系。居民每天的精力和锻炼行为，受到其个体参与体育锻炼的行为习惯、锻炼方式，参与体育锻炼群体的活动时间、空间及天气因素等条件的影响。本研究中的日相变化如果形成规律，以程序化方式运转，成为公园体育生态系统的一个固定模式化的时间顺序结构，便会跟随时间的脚步发生有规律的日相变化。

其次是体育锻炼行为的先后顺序。在公园中，集体性锻炼行为的活动时间和活动内容基本上是比较固定的，如广场舞这样人数较多的群体锻炼项目，锻炼的时间和内容顺序都是相对固定的；人数相对较少的锻炼项目，如果是居民常年参加的体育锻炼项目，也会有自己较为固定的锻炼时间和顺序。如关节操、拍打操，他们可能会在同一场地分先后顺序进行锻炼，也许会在不同的场地空间中分先后顺序进行锻炼。参加体育锻炼活动的同种群体也会因参加者的锻炼习惯、锻炼时间的不同而占据不同的时空。个体性的体育锻炼行为因不受集体行为的时间和空间约束，相对来说随意性较大。

空间结构层次指的是在公园体育生态系统中，居民参与体育锻炼行为中的各种体育活动的空间分配情况。公园中的实体环境的空间布局和场地设施环境的资源配置,直接影响了体育锻炼活动的空间分布情况和公园整体的空间布局,也间接影响了公园社会环境。随着时间的沉淀,便会逐渐形成居民体育锻炼行为活动的生态位。这种空间结构的变化是与时间的要素紧密联系的,并随着时间的变化而发生改变。短期之内(如一天),在同一空间中可能会在历时态上存有个体或群体不同的体育锻炼活动行为;中期之内(如按月或季节划分),在同一公园空间内,居民的体育锻炼活动会随着时间的推移而发生不同的变化;长期之内(如按年计算),在公园的同一空间内,也会随时间的变化可能变换着不同的体育锻炼活动。虽然在公园中很多居民体育锻炼活动的时空是相对固定的,尤其是那些老年群体性体育活动;但也会随着季节的变化,以时间为单位发生较小的调整。同样的,对于居民参加的某一体育锻炼活动来讲,在不同的时间周期内也可能在空间上发生不同的变换。在公园中发生这种空间的变动或变化,可能是因为公园中居民原有的体育活动空间被别的体育活动所挤占,或者是因为居民体育活动自身的主动选择。

体育锻炼活动的内容结构,指的是构成该公园体育生态系统的各种由居民参加的体育锻炼项目,以及他们之间的数量组合关系的范畴。根据体育锻炼需求,可以将公园中居民的体育锻炼活动分为以身体健康为主和以心理健康为主两种类型,如图 7-72 所示。

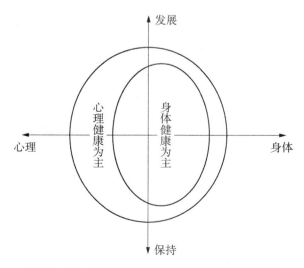

图 7-72　公园居民体育活动内容结构示意图

⑤ 公园体育生态系统的功能作用

自净功能：公园体育生态系统的公园环境的自净功能的实现主要是有赖于相关利益各方相互作用的结果。静安雕塑公园的管理规定条例从指定到落实，再到有效影响公园中个体行为，这需要一个长期的过程，不仅需要公园提高管理水平，也需要锻炼者提高道德素质修养。同时，公园体育生态系统自身也要保护环境的内在动力和行为，公园周边环境服务配套设施会随着公园体育生态系统的发展而越来越完善。

社会功能：在中国快速老龄化的社会现实面前，静安雕塑公园周围多数是老年人的居住小区聚集区域，对于老年人尤其便利，越来越多的老年人喜欢到居住区附近的公园进行锻炼和休闲。在公园，他们不仅可以欣赏美景、观看"演出"，还可以从事丰富多彩的体育活动。这可以系统性地提高老年人的生活质量、锻炼效益。公园体育生态系统在解决我国老龄化社会所面临的老年人的体育锻炼和娱乐休闲问题时，具有非常大的现实意义和社会功能。

文化功能：居民体育活动的多样性主要源于环境的适应性以及活动间的共生性。公园这种特殊的健身环境，将它从民俗表演演变成完全的日常健身活动了，这也是对公园体育文化的一种传承。公园是一个相对自由的公共空间，没有太多的限制与束缚，人们的聪明才智在此被极大地激发出来，进行着很多的创造活动。其一就是体育活动内容形式创新。关节操、太极柔力球、自然养生功、太极拳、手抛接网球、太极功夫扇、武术，以及个性化的、五花八门的身体锻炼形式。其二是活动器材创新。比如，用于健身的可以抽的鞭子、自制的"地书水毛笔"、可以抖的"长绫"、健身花篮等。

生态美功能：和谐共生之美是生态美的最高表现形式，是对公园体育生态系统的最根本的美学阐释。系统具有耦合并进、主客兼具、共生新质的整体结构。系统中，自然与人文、体育与艺术、休闲与生活的共生，中国与西方、城市与乡村、传统与现代的共荣，土与客、雅与俗的碰撞与对接，贫富贵贱、男女老幼和谐共处。这种美对每一个进入公园的锻炼者都具有强大的吸引力，同时，它也是公园吸引锻炼者的不竭的动力源泉。公园自然美在于自然事物本身的客观物质属性。公园休闲美在于社会活动的人文属性。公园生态美将二者融合起来，渗入了人与自然的交流与共鸣、活动与环境的融合与并存。公园体育生态系统的生态美具有时空性、创造性、和谐性和参与性的特点，自然节律与锻炼者的体育锻炼节奏达到某种共振，形成"诗意地栖居"之美。

经济功能：在静安区静安雕塑公园内，位于北门位置的是上海市自然博物馆，依托该公园良好的实体环境和社会环境、公园内人口流量大等优势，可以为自然博物馆带来可观的经济效益。同时，在参观自然博物馆前后，游客均可在公园内欣赏雕塑之美，享受自然生态系统之美，从而走进大自然，亲近大自然。由于公园面积较大，在欣赏美景之时，也让人们的身心得到了放松。

⑥ 公园体育生态系统的可持续发展

公园休闲生态系统由于其活动的多样性和时序性，可以在有限的空间和时间范围内满足人们身心两个维度、多类型和多层次的休闲需要。公园休闲生态系统的这种特性，使公园休闲在我国城市人口稠密、活动空间狭小、资源紧缺的社会条件下具有巨大的发展优势。由于具有资源共生和功能互依互补的特性，且能够自我组织、自我调节、自我再生和自我繁殖，使得公园休闲生态系统在设计基本合理、配置基本得当的条件下，通过演替机制，可逐渐进入良性循环的稳定状态，从而大大降低管理的难度和成本。于是，公园休闲生态系统具有集约化和简易化的管理优势。这给我国城市公园的管理和运作提供了新的思路：在宏观层面，整合政府的各相关部门，协同园林局、体育局、文化局、工商局、妇联以及城管等单位，将注意力集中于资源的共生、多重利用和功能互动上，建立政府主导、各部门协同、休闲公众参与的公园休闲生态系统的生态管理协作机制；在中观层面，提高公园资源的使用效率，优化公园内、外环境，增强系统的休闲承载力；在微观层面，提高休闲主体的生态服务水平，满足其多样化的休闲需求，优化系统结构与功能，提高休闲活动的多样性以及休闲系统的弹性。最终，实现公园体育生态系统高层次的生态平衡，并促进公园体育生态系统的可持续发展。

7.2.4 小 结

（1）体育健身场地设施显著增加

上海市中心城区体育健身场地不论是从体育场地的场地数量上还是从场地面积上来看，均有显著提升。不断完善的城市居民的公共体育设施建设和管理，也基本满足了上海市中心城区中小学学生的体育活动健身需求，基本实现了社区公共运动场全覆盖。同时，各区县形成了相应规模的体育健身活动中心，进一步拓展了社区文化活动中心的体育健身规模和功能。

（2）上海市中心城区体育空间呈现出层次性、渐变性和开放性

层次性主要表现为不同级别的城市体育空间发挥的功能不同，可以满足中小学学生参加体育活动的不同需求，或为其提供不同层次的健身服务；渐变性主要包括"量"和"质"的变化，为了满足中心城区中小学学生不断增加的体育需求，提高其生活质量，城市体育空间从场地数量上和项目种类上有了很大改善。这种优化组合，正是化解需求矛盾和构建合理体育空间结构的重要方式和主要手段。开放性使城市体育空间功能转化，也使中小学学生体育锻炼的空间类型得到了转化。这不仅可以推进"体育园林化、绿地体育化"的进程，同时，也可以进一步补充中小学学生的体育活动空间（如体育公园等）。

（3）城市体育空间结合中小学学生居住空间结构进行布局

研究城市体育场地空间布局的重要环节就是人口分布，根据其居住空间结构，合理配置体育场地设施资源。依据中小学学生人口的居住空间分布，合理建设城市体育空间——在人口居住密度高的地方增建城市体育空间；在人口居住密度低或无人居住的地方减少体育空间的建设。同时，还要结合城市规划——《上海市城市总体规划（2016－2040）》进行合理布局。

（4）公园体育生态系统获得认可与完善

城市公园是城市公园体育生态系统与城市居民生活紧密联系的空间，也是其发挥最大社会和生态价值的城市绿地。在中心城区建设体育公园，可以形成一整片景观优美、绿意盎然、运动氛围活跃的公共开放空间，同时也增加了绿化空间和室外体育场地，同时，满足了城市居民进行户外锻炼和休闲的需求，可以提升区域活力。为此，相关部门加大了建设的力度，根据居民健身需求不断开辟或增添适合居民健身锻炼的体育空间或设施。

7.2.5 建 议

（1）合理规划体育场地布局，建设体育场地生态网络

建立体育场馆电子信息服务平台，整合上海市中心城区的公共体育场馆资

源，进一步完善上海市中心城区居民进行体育锻炼的公共体育场馆布局与地域分布和人口分布等相匹配的形态结构，优化公共绿地布局体系，合理规划建设公园、公共绿地和绿色休闲空间，形成上海市中心城区以功能区为中心，以街、镇公共运动场为枢纽，以社区健身苑（点）为依托的网络化体育场地生态布局，不断强化生态网络、优化生态空间格局。结合各个区的特点，打造属于自己区县特色的"15分钟体育生活圈"，如未来的静安的"15分钟体育生活圈"：居民只要步行5分钟就能到达小区健身苑、晨晚练点这样的"点"上体育设施；10分钟到达包括居委、楼宇健身室在内的"线"上设施；15分钟到达公共健身步道、综合性的体育中心这样的"面"上设施。

（2）巩固和提高城市居民健身条件

加强社区体育设施与社区服务设施的功能衔接，支持社区利用各类场地空间，组织开展适合居民的体育健身活动，为居民科学健身提供便利和科学指导，发挥全民健身的作用。健全和壮大市、区两级体育协会，不断完善街镇体育组织。积极鼓励并推广适合不同年龄段的体育项目，开发针对不同体质状况的专门健身项目，组织开展各种形式的体育健身比赛。

（3）修正城市规划的指导思想，迎合市民需求

城市规划是实现城市人口活动和城市经济活动需求的最根本的手段，在城市老龄化不断加速的进程中，老年人成为了城市人口中越来越不能被忽视的一部分。老年人的需求和城市其他年龄群体不同，其健身锻炼的空间特征与年轻人群体有着很大的差异。在城市规划的过程中，因人口结构的改变而衍生的需求、需要得到重视并被重新审视，以至不断进行调整和规划。本着"以人为本"原则，不断接近和达到迎合市民需求的目标。通过关注老年人的体育锻炼需求和日常活动的需要，进一步了解老年人的行为特征或特殊需求，对指导城市社区规划有着重要的参考价值。

（4）建立完善的中小学学生体育锻炼与休闲服务设施体系

为应对人口老龄化趋势，不断加快构建多元化的公共服务体系。提升公共文化体育活动的内涵品质，发挥现有公共设施功能作用，加快高品质项目建设。对于中小学学生的体育锻炼和休闲服务设施，应该本着公益性、可达性、安全性、多样性和配套性的原则进行建设与完善。同时建立城市级、区级、乡

镇街道级、居住区级、居住小区级五级体育锻炼服务设施体系，以居住小区为主，五级体育服务设施的数量呈金字塔形。居住小区级体育服务设施最为普遍，为避免各居住小区之间的建设完全相同，应在建设中注意邻近小区间的灵活性与互补性，充分利用体育服务设施和公共体育空间。可以在居委会中推广"社区健身墙"，在街道社区和楼宇设立"运动加油站"，街道社区之间利用公园绿地公共场地空间挂牌落成文体广场，形成"公园＋各街道健身小广场"的文体广场体系。加强对健身苑、点的建设与维护，加大公共体育场馆公益性开放力度。

7.2.6　研究不足与展望

（1）本研究主要是以上海市中心城区的八个行政区为研究区域，希望在以后的研究中将范围扩大到整个上海市，乃至长三角和其他城市的比较研究。

（2）本研究主要是基于体育活动空间，未考虑交通、道路等因素，而且，区位因素对于上海市中心城区体育活动空间的影响作用比较复杂，希望在未来的研究中得以纳入分析。

（3）对 ArcGIS 空间分析软件技术的掌握有待提高，由于技术方法掌握不够熟练，希望在以后的学习和研究中，多向专家请教，以弥补不足。

7.3　超大城市郊区中小学学生体育活动空间结构研究

随着社会的发展，群众经济能力的提高，不断加快的城市化的进程，城市规模早已不是旧有范围基础上的小步前进，而是大步跨越、成倍增长，超出人们的预设。广大群众的生活需求激增，更有多元、高层次的特征。第一，广大群众的健身意识越来越高，需求日渐增强。现代科技让人们的生活变得更加智能化、高效化，居民的生活也不再只是基于温饱，而是注重强调生活质量。越来越多的人讲求时尚、高品质，金字塔底的物质基础已经牢固，还需要不断满足人们精神方面的需求。"工作的目的在于服务生活",人们不再是单纯地机械式工作,而是要在工作中展现自我的魅力,融入时尚,让工作变得轻松、自如、怡然自得。更多的人开始重视和关注自身的身体健康状况,并且追求较为休闲没有大强度的工作和生活方式。与此同时,上海是一座生活节奏非常快的城市,在这里生活的居民不论生活、工作还是学习,各方面都承受了非常巨大的压力,减压已成为当下至为重要的需求,体育健身具有缓解身心压力和发泄不良情绪的功效。其次,人们对社会属性的需求日益增强。在体育活动中,不仅能够强身健体,而且可以建立人与人间交流的纽带。就像最近几年报名参加马拉松比赛的选手逐年增加,报名参与者的年龄跨度也在不断扩大,从中学生到老年人,都积极响应。第三,中国社会老龄化状况越来越严重,现阶段参与社区体育活动的人群,主要以老年人为主,因此,老龄化问题加剧了体育健身的需求。当前主要的问题是人们的健身需求不断增强、人们的社交需求和健身参与的人数呈上升态势,由此可见,便于老龄人活动的社区体育的建设问题亟待解决。然而,当前突出的问题是数与量的矛盾问题,即缺乏社区体育健身设施数量阻碍了社区居民进行体育锻炼。因此,应当确定适合群众的体育设施类型,以及根据居民具体人口分布决定体育设施的规模和数量,这已成为城市社区体育建设过程中的一项重要而艰巨的任务。

与此同时,体育场馆不仅可以运行正常的体育赛事、组织运动员进行专业训练、丰富市民锻炼,同样也是城市经济发展和社会发展程度的重要标志。据不完全统计,上海目前有近万所体育场馆,包括了政府、社会、社会团体多种形式的运动场馆。具体为:(1)由政府投资新建的公益性大型综合场馆;(2)学校和生活社区的健身场馆和健身路径等;(3)由社会力量建设的盈利性的体育场馆。尽管如此,体育场馆的地理位置,仍然呈现出点状分布,而没有形成串联似的线条;所属同一行政区域内的相关整体,在统计和展示方面也略显不足,更无法帮助老百姓方便快捷地梳理到最适合的运动场地,选择喜欢的项目。同时,体育场地相关的现有资源在利用效率上依然没有得到实际的提升,资源利用率明显不足;政府进行新建场地选址时得不到协助,区域内的场地规划决策也会受到相应阻碍。为了贯彻上海体育"十二五"规划中提出的数字化体育的要求,掌握完整的体育场地基本信息,上海有关部门积极参与了第六次全国体育场地普查。

上海作为中国经济最为发达的城市之一，城市人口众多，社区居民居住活动用地都较少，体育场地面对的压力更加巨大，同时体育场馆各方面成本巨大。相对上中心城区，闵行区、宝山区等非中心区域由于近几年的发展势头较猛，GDP 和财政收入名列前茅，在上海市的地位也是非常的重要。但是由于地理位置关系，闵行区、宝山区大部分都是城乡结合的布局，发达区域主要集中在及格区域群，围绕区域群的体育场馆相对较为集中，对整个乡镇区域的辐射程度还不够明显；而像浦江镇和吴泾镇等地区还处于开发的阶段，体育场馆的进一步发展的空间还很大，这样的情况也比较有代表性。通过研究能够在一定程度上对后期的闵行区、宝山区等乡镇体育场馆的规划提供依据。

7.3.1　文献回顾

（1）城市公共体育空间的含义

国务院 2003 年所颁布的《公共文化体育设施条例》中明确提到：公共文化体育设施是在政府背景下方便群众进行运动的场所，作为集免费性和公益性于一体的多元化设施，对提升城市形象意义重大。例如我们日常经常用到的图书馆，用于红色教育的革命纪念馆，增加民众知识量的博物馆、中小学学生活动中心、文化中心、美术馆、体育场馆、工人文化宫等。因此，我们如此界定公共体育场馆："公共性"是城市公共体育空间的典型特征，主要由政府主导，其主要目的在于服务体育活动。"公共性"主要涉及服务和供给两点：其一，对于服务公益性，即它的服务对象是任何城市居民，没有限制性和约束性。使用公共体育设施进行体育活动是居民应当享有的权利。其二，对于供给的公益性来说，政府负责提供。政府主导下的市场可以提供；政府主导下的第三方组织也可以提供。只有同时满足以上两点，城市公共体育空间的概念才真正成立。

公共体育空间是一个复杂的、多元的、动态的系统。虽然它和城市公共空间只有"体育"二字的区别，然而二者在层次上，或者是空间的结构、空间能够达成的功能上都具有相同性。城市公共体育空间包含着各种要素，它们相互之间会产生各种关系。各要素相互作用，使它们保持一定的固有序列。城市公共体育空间主要服务于居民的体育活动，这一服务具有怎样的时效性，就要看它的结构是否合理。这一结构直接影响了城市居民对于体育活动的参与度和积极性。

郭晓勇（2006）在《城市公共休闲空间刍议》中指出，城市公共空间可以满足不同文化阶层、不同经济阶层的人群，他们可以完全自由地进入城市空间。在这一空间内，他们保有高度的自由，并可以根据个人的实际情况展开有效的交流和互动。李蓉（2009）在其硕士论文《重庆市主城区公共体育设施需求及分布研究》一文中，定义公共体育设施就是由政府或者社会投资建造或者所提供的运动员参与竞技比赛所使用的比赛场地，同时也是满足人民群众进行体育锻炼和观看体育比赛的场所。金银日（2013）的《城市居民休闲体育行为的空间需求与供给研究——以上海市为例》博士论文中指出，建设体育设施不仅仅是数量上的增加，更是对布局的合理规划以及合理搭配周边各种不同类型的空间。并且同时还要考虑不同阶层人群的体育需求和生活方式，这样才能达到实现公共资源的公平性。张玉超（2006）在《我国体育场地建设现状与发展对策》一文中认为，体育场是群众可以公共使用的、有常规的运动设施和器材，可以让市民举行运动会及运动健身的场所。钟天朗（2010）主编的《体育经营管理——理论与实务》一书中认为，公共体育场馆的主要目的在于服务大众，其设立主体是国家或社会，可以用作运动表演以及开展社会体育活动，由国家体育总局负责直接管理。殷瑞、吴瑶、杜娜（2012）《学校体育资源整体优化研究》，专门针对事业单位这一特定部门进行了研究，探究它所配属的公共体育场馆的相关问题，特别在场馆分类改革方面加以深入探讨，把场馆分为公益性、营利性和混合性三类。杨凤华（2007）在对《公共体育场馆服务的有效供给》的研究中认为，公共体育服务要想顺利地应用于民，必须要考虑我国的体育发展现状，政府在这方面的服务职能也要进一步加强，这样才能真正取之于民、用之于民。

通过对上述各专家学者的观点进行总结发现，关于城市公共体育空间研究的相关资料文章多集中在"公共"的探讨上，通过对公共体育空间的分析，明确了"公共性"主要体现在体育空间内的体育设施、基本资源的供给、占有和使用公共体育空间的区域的公共性质上。也有少部分专家提出了关于城市空间布局要结合城市交通、各项规划等观点。如卢耿华（2005）、毕红星（2012）、张峰筠（2014）等对城市公共体育设施的研究调查，表明公共体育设施不断地向着多功能化趋势日渐凸显，形成以中心带动区域性集合，并根据城市人口行动的规律，建立建设城市体育设施的框架。因此，本研究通过对上述专家学者的研究进行总结归纳，并且结合本书研究内容的目的和实际，将公共体育空间概念定义为：城市公共体育空间是城市中以政府为主导、开放的市场和社会辅助所建设并参与经营，目的是为城市居民提供各种建设相关服务的，城市居民体育活动的集合和载体，并能较好地满足于居民的锻炼需求。主要包括城市公共体育场馆、广场公园、社区街道等具体场所。

（2）城市公共体育空间的特征

① 层次性

所谓层次性是指服务和服务内容的范围将被划分为若干个公共体育空间，城市公共体育空间的水平发挥不同的功能，以满足不同社会群体的愿望，或实现同样的人群提供不同等级的服务宗旨。据初步调查，全市公共体育空间被分为五个等级：城市级、区域级、乡镇街道、居住区和居住小区。其所显示出的特征有所不同。

② 开放性

开放即意味着公开，无论是公共的体育空间还是非公共的空间，都在不断地发展变化，相互之间可以转化。现代城市的发展越来越要求空间的多样化、多功能化，这也就必然决定着空间要高度地开放。首先，城市空间，无论是公共空间还是非公共空间，二者都可以相互吸纳或者相互补充，共同为城市的发展服务。其次，公共体育空间也可以充分发挥其多样性的功能，在特定时间作为非公共空间使用。只有真正的开放，城市体育空间才能在规模上和速度上稳步提升，否则，很难适应当今城市发展布局的要求。因此，开放是先决和首要条件。

③ 渐变性

城市功能在不断地变化，同时，城市的空间也在变化，两者之间相互适应、互相转换。渐变是一个相对中庸的阶段，城市环境没有大规模的改变，却也不是不变，而是速度趋于缓慢。城市功能因为环境的缓变在不断充实和完善，这里面主要谈及的是量的变化。新城市功能在不断催生，为迎合功能要求，城市空间结构也要不断地调整；然而调整的力度要具有弹性和缓冲性。新功能更多的是对旧有功能的推陈出新。

（3）城市公共体育空间的布局

考量社会和谐度的重要指标在于城市公共体育设施布局是否合理，一座城市的未来发展直接受到公共体育设施空间布局状况的影响。当前，经济全球化已经不仅是一个时代词汇，更多的是它所带来的全方位变化对人类生活的影响，政府职能也及时转变。其对公共体育资源的管理模式，已经不再是传统的管理型，而要转变成服务型。寻找城市新项目，与原来的旧时代的相关资源互通有无，取长补短。其主要目的在于推动城市发展，更好地发挥它们的促进作用。近几年以来，全民健身的概念已经深入到千家万户，体育健身成为人们日常饭桌上经常聊起的热门话题，体育观念也不断丰富，体育已经成为人们日常生活中的一部分。然而，在当前的体育建设中，体育硬件的缺失严重制约了人们体育健身的积极性。为切实解决这一问题，国务院制定了一系列政策并颁发了相关文件，比如在条例方面的《全民健身条例》（2009年颁发，2016年修订），以及文化体育方面的《公共文化体育设施条例》（2003），他们的推行都有效推动了当前体育建设的进度，政策引起了人们对体育建设的极大关注度。在具体实施过程中，我们不能忽视建设的体系化、规范化，要有完整的服务于公共体育的专门平台。体育建设的开展要基于这一平台，二者协同发展，这样才能有效提升资源使用效率和群众满意度，从而搭建一个平等交流的平台，促进群众体育的健康发展。综上所述，要把平等、高效作为服务体系建设完善的基本准则和出发点，以实现体育建设的互惠互利、均衡有效、长足发展，充分展示民众的权利意识。加强体育硬件设施建设，切实使民众能健身、可健身、想健身、会健身，提升民众满意度，这对实现基本公共服务均等化具有重要的现实指导和参考意义，切实改善政府在公共服务方面的职能形象，促进社会和谐建设、高速建设。

（4）城市郊区体育空间的规划

《上海市全民健身实施计划（2016—2020）》中提出，因时因地因需开展群众身边的健身活动；大力发展和开发一些群众喜闻乐见的运动项目，例如：健身跑、散步、骑行、登山、户外、游泳、球类、广场舞等；期望开发的运动项目较为全面和有特色地适合不同人群、不同地域、不同年龄差距和不同行业特点。在健身意识和素养方面要强化，促使市民积极参加健身跑、散步、骑行、登山、游泳等健身活动，充分满足民生，使得健身体系覆盖城乡，使得市民健身达标化。体育健身不仅要切实融入生活，更要科学健身、便民健身，坚持天天运动、坚持健康为本，创新发展、创新工作，促进全民健身的加速发展。公共体育作为全民健身开展的重要阵地，是提供体育公共服务的主体之一，不仅可以改善市民的身体健康和生活质量，同时也促进了社会和谐和文明进步。

《"十二五"公共体育设施建设规划》(2012)对我国体育设施面积做了相应规定，文件指出 2015 年这一数值须达到人均 1.5 平方米以上；发达区域，县级公共体育场须完备；"全民健身活动中心"基本上覆盖了百分之五十以上的县、市、区；城市公共体育场馆的建筑选址与建设，必须要遵循服务区位理论的基本原则，同时引导城区居民健身要朝着科学的发展方向。

上海宝山 1988 年前一直定位要发展成为上海郊区大型工业区以及配套生活区。在长江三角洲城市群体化的发展背景下，上海市城市空间发展战略重心不断由城中心向郊区转移。宝山区作为上海中心城区的拓展区，近年来不断有人口导入，截至 2016 年底，区域常住人口已达到了 190 多万人，因此社会体育资源增加和建设的速度跟不上城市居民日益增长的体育需求；同时区域内不断增加的人口资源，对于相对不足的体育资源来说更是雪上加霜。宝山区到 2016 年底拥有各类体育场地总面积近 350 万平方米，人均占有体育场馆面积 1.89 平方米。然而市政府要求宝山区到 2020 年人均体育场馆面积要达到 2.60 平方米，存在 140 多万平方米的巨大缺口。同时，还面临要求不断优化体育健身环境、体育产业发展等方面的诸多挑战。

《宝山区全民健身实施计划(2016－2020 年)》着重指出：为了满足人民群众日益增长的精神文化需求，公共体育设施必须设立且能够满足城市居民正常的体育运动休闲，体育设施是城市综合功能的重要载体。公共体育是现代城市必须具备和不断完善的重要公共服务功能，在提高人们生活幸福指数以及构建和谐社会公共体育方面起到了至关重要的作用。

(5) 中小学学生体育活动的研究

章建成、平杰、任杰等(2012)指出，在过去的 10 多年里，有调查显示中小学学生体质健康状况呈下降趋势，中小学学生体质的下降与锻炼的不足有直接的关系，而锻炼的不足与场馆地器材管理制度和社会环境等因素直接相关。吴南斐、朱玉芳(2014)指出，我国小学生体质健康状况不容乐观，连续20多年来呈持续下降态势。社会各界普遍将原因归咎于学校体育，解决办法主要集中于加强体育课及保证"每天1小时校园体育活动的执行力上"。陈雁飞(2005)通过对北京市中小学学生家庭体育的现状调查，提出家庭体育的开展对推动我国全民健身和终身体育的发展具有重要意义。陈雁飞指出北京城区小学生在空间上主要表现出：家庭周围体育设施的利用率较高，而体育经营者场所占14.4%、自然空间扩展占6.3%。在家庭周围活动场地或空地上进行体育活动占68.3%，而公共体育设施供需不足。郝利楠，马冠生(2010)发现儿童少年超重肥胖不仅在发达国家广泛流行，而且已波及到发展中国家，我国儿童少年超重/肥胖率已接近发达国家水平。肥胖的发生除了与遗传因素有关外，社会环境尤其是社会文化因素的作用也不容忽视。丁玲娣、陈彩香(2000)对北京、上海市中小学学生暑期体育活动的调查表明，北京市和上海市中、小学生暑假的体育活动状况并不乐观，他们花费大部分的时间看电视、游戏及参加各种文化补习，参加体育活动的时间很少。学生们普遍反映，学校很少组织体育活动，社会上缺少可供中、小学生活动的体育场(馆)。

随着科学技术的不断发展、经济水平的不断提升，我国各大城市对中小学学生体质健康的发展进入分外重视的阶段，近年来我国大城市特别是上海这类超大型城市特别重视中小学学生体质健康的发展。上海市将游泳纳入了中考选考项目中，让学生有了更多的选择。近两年，上海市试点进行高中生综合评价标准，体育在综合评价中的比重也逐渐提高。2012年6月20日发布了全国学生体质健康调研情况，上海市此次调研覆盖卢湾(原)、徐汇、闸北、闵行、浦东、奉贤6个区的47所中小学，以及上海交通大学、同济大学、上海大学、上海师范大学4所高校的7~22岁城乡男女学生，调研人数为15 959人。调研的情况具有代表性，有中心城区，也有城乡接合和上海边缘区域。结果显示：学生形态发育水平继续提高，肺活量、耐力素质有所提高，营养状况有明显改善。在改善提高的同时也存在着一定的问题：虽然上海市学生的身体状况总体是好的，但仍然存在一些较突出的问题，力量、力量耐力素质指标呈下降趋势，不同指标下降呈现不同特点，特别是肥胖学生继续增多的趋势以及学生近视率居高不下，仍未得到遏制。研究发现出现上述情况的具体原因为：（1）学生课业负担较重，近距离用眼时间较长。本次9～22岁学生问卷调查显示，学生平均每天做家庭作业大于2小时的占调查人数的43.96%。高中生（16～18岁）最高，其次初中生（12～15岁），小学生（7～11岁）最低。尤其是16～18岁学生做作业大于2小时占76.44%，30.53%的学生认为课业负担较重或很重，其中高中生达到55.72%。（2）睡眠时间不足。61.44%学生睡眠时间不足8小时，中小学随年级升高呈上升趋势，高中生高达93.19%。（3）体育活动时间过少。每天体育锻炼不足1小时的占调查学生的71.61%。同群体占比随年级升高而上升，大学生最高（91.08%），其次为高中生（81.73%）、初中生（72.95%），小学生（53.37%）最低。（4）学生在锻炼中怕吃苦。"愿意参加长跑锻炼"的仅占调查学生的44.29%。（5）力量锻炼少。由于学校怕造成学生伤害事故，器械运动大量减少，学生的上肢力量锻炼较少，可能是造成力量素质下降的原因之一。

上海市中小学学生假期占全年总天数的近半，中小学学生体质健康状况不佳，也并非全是学校的原因，家庭体育和社会体育也应为祖国未来的"花朵"肩负起一份责任。因此同时考虑学校—社区—家庭—政策—个体等联动因素，具体了解中小学学生日常生活中有哪些因素影响他们的体育活动，需要从不同的视角进行有益探索。探讨中小学学生体育活动的空间制约因素，对于他们养成体育锻炼习惯，形成终身体育意识，缓解我国中小学学生群体体质健康状况下降趋势具有重要的现实意义。虽然对中小学学生的研究很多，但是结合中小学学生日常体育活动的体育场馆设施的可达性以及服务负荷等分析却凤毛麟角。因此亟待结合地理科学城市规划学，运用GIS对中小学学生的体育活动空间结构进行研究。

（6）GIS在城市规划领域的应用

GIS最早用于城市规划，规划管理部门是它的使用主体，后来逐渐向教学研究及城市规划设计部门推广。早期的应用程序主要是使用GIS的传统功能——地图展现功能、数据管理与存储功能和数据编辑与更新功能，例如区域缓冲区统计报表、各类数据分析、泰森多边形等。本节主要重点介绍GIS可以做什么并进行一些GIS的实验系统的建设。过去的30年中，地理信息系统研究取得了显著的进展，广泛应用于山川、水系资源调查，道路环境的评价与估量，建筑物灾害的预测，行政区域城市规划，通信计算等领域。现对地理信息系统的应用总结如下。

① 资源配置

社会上各式各样公用设施、防救减灾物资分配，国家层面的能源供应等都是资源配置问题。GIS 将保证资源配置最优化和效益最大化。

市场潜在消费能力是决定商业的重要因素。例如，在规划大型商业综合体时，如果不考虑周边待建小区和人流量的分布，有可能竣工之后无法达到预期的收效。其实，在最初规划时，必须考虑到精细的影响因素，包括：小区待建的人口结构（年龄、性别、文化）、消费等综合因素，制定有计划的商场销售的品种和市场定位，GIS 就是为此而生。除此之外，还可以解决房地产开发和销售过程中决策和分析遇到的问题。

② 城市规划

空间规划是地理信息分析系统重要的应用领域，城市的管理与未来城市的规划是其中的重要内容。例如：在城市的整体规划中，怎么样保证城市绿化的比率，保证学校的合理布局，保证公共设施、公共空间、运动场所能够有最大的效益等（资源配置问题）。还包括地区生态规划、环评现状、预期环评影响因素、主要影响的污染处理、城市整体的可持续和谐发展决策支持等。

③ 设施管理

基础设施包括电信、自来水、交通排污、邮电服务、科研与技术服务、设施绿化、环境保护等。这些设施不仅在城市中无处不在，同时也都具有相应的地理信息参照的特征。所有具有地理特征的数据都可以通过 GIS 统计完成，由此来提高工作效率。

④ 选址分析

以数字模拟建模为基础、区域内规划最优原则，系统思考城市区域资源配置、市场潜力、交通建筑工程条件、旅游地形特征等因素，以保证区域内规划最优，GIS 在这些领域应用十分突出，展现了 GIS 的分析功能。如中学、大型超市的选址、城市区域信息的检索、知名名胜景点的三维建模、个别规模性的建筑工程 360 度呈现……此项技术运用面广，城市布局和区域规划，大型工程的集中管理、旅游规划与布局等都可运用。

7.3.2 研究对象与方法

（1）研究对象

本章以闵行区、宝山区中小学学生体育活动空间结构为研究对象，收集各系统体育运动场馆信息，包含所属单位、面积、开发情况等方面的信息。闵行区包含华漕镇、虹桥镇、吴泾镇、古美路街道、江川路街道、梅陇镇、七宝镇、马桥镇、浦江镇、颛桥镇、莘庄镇等地，宝山区包含吴淞街道、友谊路街道、张庙街道、罗店镇、大场镇、杨行镇、月浦镇、罗泾镇、顾村镇、高境镇、庙行镇、淞南镇等地。

（2）研究方法

① 文献资料法

翻阅华东师范大学图书馆的书籍资料，同时定位网络数据库（中国知网、万方资源等），辅助电子图书馆，通过对收集的资料进行仔细的阅读和理解，得到适合本次研究所需要的理论概念。研读与本研究相关的体育学、地理学、空间经济学等学科的文献著述，采集国内外与中小学学生体育活动、空间结构的相关文献和统计资料，通过文献梳理，了解他们的研究视角与方法，为本章撰写提供参考。

② 实地调查法

以 2014 年第六次全国体育场地普查相关数据为基础，参照第六次全国体育场地普查方案，对上海市闵行区、宝山区各级公共体育设施数据的获取，各系统、各行业、各种所有制形式新建、改建、扩建的体育场地的场地数量、种类、面积、收费情况、开放程度、坐标落点和使用状况等进行全面调查，建立完整的体育场地建设基础数据库，为上海市闵行区、宝山区体育场地空间布局研究提供重要的素材。

③ 专家访谈法

依据文献资料选取出的有关空间布局的评价指标，对体育学、地理科学等专家进行访谈，从而选出全面、有效的体育场地空间布局评价指标；就体育场地规划与建设、影响体育场地布局的相关因素等向长期在基层一线从事体育管理的相关人员进行咨询；并通过对小学生的体育活动空间结构现状的了解，再次邀请专家、基层体育管理工作者、体育教师、民众、家长、中小学学生等，通过打分确定各类影响指标的权重。

④ 问卷调查法

本研究采用《儿童中小学学生课外活动调查问卷》，对闵行区、宝山区学生课外体育活动锻炼情况进行调查，以期了解郊区学生课外活动的具体情况。

⑤ 数理统计法

依据全国第六次体育场地普查数据库及上海市体育场地专项调查结果，运用 Excel 软件就上海市闵行区、宝山区体育场地数量、种类、面积、收费情况、开放程度、坐标落点和使用状况等进行整理、汇总、统计、分析等操作，为上海市闵行区中小学学生的体育活动空间结构规划提供参考依据。

⑥ GIS 空间分析法

研究借助 GIS 空间分析技术对数据处理和空间分析，对上海市闵行区、宝山区中小学学生体育活动空间的分布以及体育场馆的可达性进行分析，总结其主要的规律；再次结合 GIS 强大的空间处理、模型建立等功能，对上海市闵行区、宝山区中小学学生体育活动空间结构进行优化布局。利用 GIS 空间分析技术深入挖掘闵行区体育场馆以及人口分布特点，并通过 GIS 的数据分析技术，对闵行区中小学学生体育活动空间分布以及主要的资源的信息进行分析，总结规律。

（3）研究思路

本研究依托第六次体育场地普查的闵行区、宝山区调查数据，在全面掌握上海市体育场地、居住人口、群众锻炼行为特征等的同时，查阅一定的文献资料；实地调研，听取专家的相关建议；借助 GIS 平台进行空间方面的剖析。切实摸清宝山区体育场地的相关信息，诸如整体特点、城乡之间的相关特征、系统服务方面的特征。揭示了上海市闵行区、宝山区中小学学生体育活动的基本特征，并以国务院颁发的《全民健身条例》(2016)作为思想指导，参考闵行区、宝山区总体城市的宏观规划，提出建议和参考，服务于体育场地空间布局。本文研究技术路线如图 7 - 73。

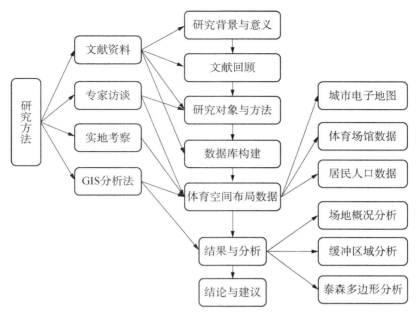

图 7 - 73　文章结构技术路线图

7.3.3　数据库构建

（1）软件介绍

研究中主要使用到的几种计算机软件如表 7 - 19 所示。

表 7 - 19　研究涉及主要计算机软件介绍表

名称	软件功能介绍
ArcGIS	GIS 可以完成地图的制作，对于导入数据的管理和分析，对空间信息进行发布和共享等功能。功能包括以下初级 ArcGIS 领域，围绕地理分析和处理：可以高级的借助建模和分析工具，增强阅读决策能力。强大的编辑工具：简化数据设计、导入和清理程序。完整的地图制作流程：主要以自动化为主，方式多元化，兼具地图功能，制图时间和消耗低。数据和地图互通：本研究使用的是 ArcGIS 10.2 版官方中文版。
GPSspg	GPSspg 可以直接在线将所输入的地址转换成为经纬度，其中有四种地图可提供经纬度供参考，方便导入到 Excel 进行后期的分析。
BAIDU MAP	通过百度地图可以查询到任何具体建筑、路线、自然环境(例如：湖泊、景点等)的具体位置。

（2）数据获取与准备

涉及的原始数据：上海市闵行区、宝山区人口数据；闵行区、宝山区行政区域布局结构图；闵行区、宝山区现有的为公共体育服务的相关的场馆信息和数据。研究软件：Excel2010软件、ArcGIS10.2软件、GPSspg程序、百度地图软件。研究资料数据采集来源：上海市体育局，闵行区、宝山区体育局，闵行区、宝山区统计局，上海市闵行区、宝山区政府网，等。

（3）数据采集与整理

以全国第六次体育场地普查的相关数据作为研究上海市闵行区、宝山区公共体育场馆的相关信息和数据的基础，利用上海市体育局所提供的文献档案资料，以及对照全国第六次体育场地的普查方案，用Excel来统计闵行区、宝山区公共体育场馆的相关信息，涵盖场地面积、包含数量的多少、涉及具体的运动项目、场馆设计建筑面积、场馆地址、属性等。通过百度地图获得闵行区、宝山区地图图片信息和资料，并用GPSspg软件确定各公共体育场馆的坐标，导入Excel。对上海市人民政府门户网站获取的人口数据进行了分析，得出闵行区、宝山区人口基本情况。通过两区行政图和体育场馆数据进行图像校正、整合、叠加，得到两区的系列信息，涵盖城市的具体边界图、城市公共体育场馆具体位置图、城市公共体育场馆大小面积数据、社区边界、社区居民人口数据，建立本研究所使用的地理信息系统数据分析所需要的数据库。

（4）数据录入与分析

① 数据录入与分析

为制成闵行区、宝山区公共体育场馆空间数据库，首先将所获得的相关数据，主要是公共体育场馆方面的，输入到地理信息分析系统；然后引入闵行区、宝山区行政地图进行图层数据叠加，利用该软件中"领域分析"功能，对所需研究的图层分别处理，从而对研究所需要的空间数据进行分析。其次将分析所得数据导出，借助Excel软件，充分发挥其数据处理功能，匹配达成可视化图形，建立相应模型；然后围绕模型调整提升，剖析探讨相关问题并加以提炼总结。

② 图片制作与分析

首先对闵行区、宝山区的行政地图在地图上定位并进行矢量化影像处理，然后通过研究需要对体育场馆进行属性、归属区域的分类。在图层中标注出闵行区、宝山区所有的公共体育场馆位置。遵循相同的坐标系，构建图层，在区域行政图层中，对公共体育场馆所在点的位置进行分类，分别是学校、公园、广场、工矿、居住小区、乡镇村、机关事业单位。然后配合公共体育场馆面积数据、社区居民人口数等，进行具体分析。

（5）数据库构建流程

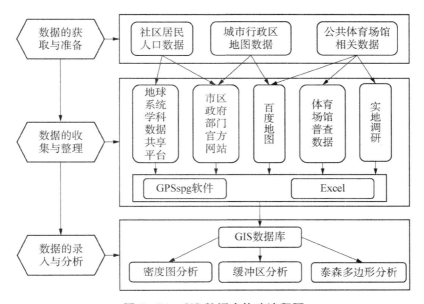

图 7-74　GIS 数据库构建流程图

7.3.4　结果与分析

（1）上海市闵行区体育场地现状

体育场地是中小学学生进行体育活动的必备条件，缺少了体育场地的硬件支持，体育活动将变得举步维艰。因此，本研究在调查数据的基础上，针对闵行区体育场所属系统性质、是否对外开放两个维度来进行上海市闵行区体育场地信息的分析。

① 上海市闵行区体育场地数量

调查结果显示，上海市闵行区体育场所总计数量为 1036 个。其中，归属其他教育系统单位的个数为 3 个，占 0.3%；归属于中小学体系的场所 34 个，占 3.3%；归属于高等院校的体育场所 11 个，占 1.0%；归属于其他系统的体育场所 982 个，占 94.8%；归属于中专系统体育场所为 6 个，占 0.6%。可见，上海市闵行区从归属系统来看，主要归属于其他系统。参见表 7 - 20。其次，从开放的程度来看：不开放的体育场所有 190 个，占 18.3%；部分时段开放的场所为 295 个，占 28.5%；全天开放的场所为 551 个，占 53.2%。可见，上海市闵行区体育场所全天开放的场所仍占据主导地位。参见表 7 - 20。

表 7 - 20　闵行区体育场地数量、面积与占比情况

体育场地		场所数量/占比		场地面积/占比	
		数量/个	占比/%	面积/平方米	占比/%
上海市闵行区		1 036	100.0	392 151.5	100.0
所属系统	其他教育系统	3	0.3	11 006.0	2.8
	中小学	34	3.3	52 897.4	13.5
	高等院校	11	1.0	77 168.0	19.7
	其他系统	982	94.8	248 094.5	63.2
	中专中技	6	0.6	2 985.6	0.8
开放程度	不开放	190	18.3	155 946.9	39.8
	部分时段开放	295	28.5	80 602.7	20.6
	全天开放	551	53.2	155 602.0	39.7

② 上海市闵行区体育场地面积

上海市闵行区体育场馆总面积为 392 151.5 平方米，其中按体育场馆归属的体系来统计：其他教育系统单位体育场地面积为 11 006 平方米，占总面积的 2.8%；中小学体育场地面积为 52 897.37 平方米，占总面积的 13.5%；高等院校体育场地面积为 77 168 平方米，占 19.7%；其他系统体育场地面积为 248 094.5 平方米，占 63.2%；中专中技体育场地面积为 2 985.62 平方米，占 0.8%。可见，其他系统体育场地面积占上海市闵行区体育场地面积的绝大部分。从体育场馆开放程度来看：不开放场馆场地面积为 155 946.9 平方米，占 39.8%；部分时段开放体育场馆面积为 80 602.67 平方米，占 20.6%；全天开放

的体育场馆占地面积为 155 602 平方米，占 39.7%。不开放场地面积占据体育场地总面积的大部分。如表 7 - 20 所示。可见，上海市闵行区体育场馆占地面积中，不开放的场地面积与部分时段开放的体育场地面积占据了大部分的体育场地面积，体育场地的有效利用率较低，大部分的场地没有得到合理的利用。

③ 上海市闵行区体育场地人均占有量

按 2016 年闵行区最新人口统计数量来计算，上海市闵行区常住人口数量为 242.937 2 万，则上海市闵行区每一万人拥有的体育场馆个数为 4.26 个。其中，全开放场地个数为每万人 2.27 个，部分时段开放场地个数为每万人 1.21 个，不开放体育场馆个数为每万人 0.78 个。上海市闵行区人均场地面积为每人 0.16 平方米，其中不开放体育场地面积人均为 0.06 平方米，部分时段开放体育场馆面积为 0.03 平方米，全天开放体育场馆面积为 0.06 平方米。如表 7 - 21 所示。可见，上海市闵行区人口基数巨大，人均占有场地面积狭小，特别是可使用场地面积非常少。

表 7 - 21　闵行区体育场地人均占有情况

体育场地		人均场地面积个数（个/万人）	人均场地面积（平方米/人）
上海市闵行区		4.26	0.16
开放程度	全天开放	2.27	0.07
	部分时段开放	1.21	0.03
	不开放	0.78	0.06

④ 上海市闵行区各街道社区体育场地

调查结果显示，上海市闵行区各街道与社区体育场地数量和面积均呈现分布不均衡的特点。调查显示，上海市闵行区调查结果的街道与社区中体育场地总计 1 036 个，华漕镇为 20 个，占 1.9%；虹桥镇为 95 个，占 9.2%；古美路街道 102 个，占 9.9%；吴泾镇 81 个，占 7.8%；江川路街道 132 个，占 12.8%；梅陇镇 107 个，占 10.3%；七宝镇 27 个，占 2.6%；马桥镇 47 个，占 4.5%；浦江镇 288 个，约占 27.8%；莘庄工业区 19 个，占 1.8%；颛桥镇 77 个，占 7.4%；莘庄镇 41 个，约占 4.0%；详见表 7 - 22。

上海市闵行区各街道社区体育场馆总面积为 392 151.5 平方米，其中华漕镇为 26 612.0 平方米，占 6.8%；虹桥镇为 57 030.6 平方米，占 14.5%；古美路街道 22 747.1 平方米，占 5.8%；吴泾镇 109 348.5 平方米，占 27.9%；江川路街道 31 990.1 平方米，占 8.2%；梅陇镇 31 175.9 平方米，占 8.0%；七宝镇 17 678.6 平方米，占 4.5%；马桥镇 9 974.5 平方米，占 2.6%；浦江镇 48 372.4 平方米，占 12.3%；莘庄工业区 9 091.3 平方米，占 2.3%；颛桥镇 12 324.5 平方米，占 3.1%；莘庄镇 15 806.0 平方米，占 4.0%。参见表 7 - 22。

表 7 - 22　闵行区不同乡镇、街道、社区场馆数量、面积与占比

乡镇与街道	场馆数量/占比		场地面积/占比	
	数量/个	占比/%	面积/平方米	占比/%
华漕镇	20	1.9	26 612.0	6.8
虹桥镇	95	9.2	57 030.6	14.5
古美路街道	102	9.9	22 747.1	5.8
吴泾镇	81	7.8	109 348.5	27.9
江川路街道	132	12.8	31 990.1	8.2
梅陇镇	107	10.3	31 175.9	8.0
七宝镇	27	2.6	17 678.6	4.5
马桥镇	47	4.5	9 974.5	2.6
浦江镇	288	27.8	48 372.4	12.3
莘庄工业区	19	1.8	9 091.3	2.3
颛桥镇	77	7.4	12 324.5	3.1
莘庄镇	41	4.0	15 806.0	4.0
合计	1 036	100.0	392 151.5	100.0

各乡镇、街道、社区不同开放程度体育馆数量与面积呈现多级分化，分布不均衡现象明显。调查结果显示，上海市闵行区不开放场馆总数为 190 个，部分开放总数为 295 个，全天开放总数为 551 个。华漕镇不开放场馆数量为 4 个，占比 2.1%；部分开放体育场馆为 2 个，占比 0.7%；全天开放体育场馆为 14 个，占比 2.5%。虹桥镇不开放场馆数量为 17 个，占比 9.0%；部分开放体育场馆为 40 个，占比 13.5%；全天开放体育场馆为 38 个，占比 6.9%。古美路街道不开放场馆数量为 5 个，占比 2.6%；部分开放体育场所为 0 个，占比

0%；全天开放体育场馆为 97 个，占比 17.6%。吴泾镇不开放场馆数量为 49 个，占比 25.8%；部分开放体育场馆为 13 个，占比 4.4%；全天开放体育场馆为 19 个，占比 3.4%。江川路街道不开放场馆数量为 35 个，占比 18.4%；部分开放体育场馆为 23 个，占比 7.8%；全天开放体育场馆为 74 个，占比 13.4%。梅陇镇不开放场馆数量为 8 个，占比 4.2%；部分开放体育场馆为 71 个，占比 24.1%；全天开放体育场馆为 28 个，占比 5.1%。七宝镇不开放场馆数量为 3 个，占比 1.6%；部分开放体育场馆为 5 个，占比 1.7%；全天开放体育场馆为 19 个，占比 3.4%。马桥镇不开放场馆数量为 17 个，占比 8.9%；部分开放体育场馆为 1 个，占比 0.3%；全天开放体育场馆为 29 个，占比 5.3%。浦江镇不开放场馆数量为 21 个，占比 11.1%；部分开放体育场馆为 97 个，占比 32.9%；全天开放体育场馆为 170 个，占比 30.9%。莘庄工业区不开放场馆数量为 7 个，占比 3.7%；部分开放体育场馆为 0 个，占比 0%；全天开放体育场馆为 12 个，占比 2.2%。颛桥镇不开放场馆数量为 20 个，占比 10.5%；部分开放体育场馆为 17 个，占比 5.8%；全天开放体育场馆为 40 个，占比 7.3%。莘庄镇不开放场馆数量为 4 个，占比 2.1%；部分开放体育场馆为 26 个，占比 8.8%；全天开放体育场馆为 11 个，占比 2.0%。参见表 7 - 23。

表 7 - 23　闵行区不同乡镇、街道、社区不同开放程度、场所数量与占比

| 乡镇与街道 | 不同开放程度场所数量/占比 | | | | | | | |
| | 所有场地 | | 不开放 | | 部分开放 | | 全天开放 | |
	数量/个	占比/%	数量/个	占比/%	数量/个	占比/%	数量/个	占比/%
华漕镇	20	1.9	4	2.1	2	0.7	14	2.5
虹桥镇	95	9.2	17	9.0	40	13.5	38	6.9
古美路街道	102	9.9	5	2.6	0	0.0	97	17.6
吴泾镇	81	7.8	49	25.8	13	4.4	19	3.4
江川路街道	132	12.8	35	18.4	23	7.8	74	13.4
梅陇镇	107	10.3	8	4.2	71	24.1	28	5.1
七宝镇	27	2.6	3	1.6	5	1.7	19	3.4
马桥镇	47	4.5	17	8.9	1	0.3	29	5.3
浦江镇	288	27.8	21	11.1	97	32.9	170	30.9

乡镇与街道	不同开放程度场所数量/占比							
	所有场地		不开放		部分开放		全天开放	
	数量/个	占比/%	数量/个	占比/%	数量/个	占比/%	数量/个	占比/%
莘庄工业区	19	1.8	7	3.7	0	0.0	12	2.2
颛桥镇	77	7.4	20	10.5	17	5.8	40	7.3
莘庄镇	41	4.0	4	2.1	26	8.8	11	2.0
合计	1 036	100.0	190	100.0	295	100.0	551	100.0

调查结果显示，上海市闵行区体育场馆不开放场地总面积为 155 947.0 平方米，部分开放总面积为 80 602.6 平方米，开放总面积为 155 601.8 平方米。其中华漕镇不开放体育场地面积为 11 292.0 平方米，占比 7.2%；部分开放体育场所面积为 650.0 平方米，占比 0.8%；全天开放体育场地面积为 14 670.0 平方米，占比 9.4%。虹桥镇不开放体育场地面积为 30 653.0 平方米，占比 19.7%；部分开放体育场地面积为 9 262.6 平方米，占比 11.5%；全天开放体育场地面积为 17 115.0 平方米，占比 11.0%。古美路街道不开放体育场地面积为 7 839.1 平方米，占比 5%；部分开放体育场地面积为 0，占比 0%；全天开放体育场地面积为 14 908.0 平方米，占比 9.6%。吴泾镇不开放数量场地面积为 42 683.9 平方米，占比 27.4%；部分开放体育场地面积为 27 732.0 平方米，占比 34.4%；全天开放体育场地面积为 38 932.6 平方米，占比 25%。江川路街道不开放体育场地面积为 19 952.0 平方米，占比 12.8%；部分开放体育场地面积为 1 124.0 平方米，占比 1.4%；全天开放体育场地面积为 10 914.1 平方米，占比 7.0%。梅陇镇不开放体育场地面积为 3 421.0 平方米，占比 2.2%；部分开放体育场地面积为 17 583.1 平方米，占比 21.8%；全天开放体育场地面积为 10 171.8 平方米，占比 6.5%。七宝镇不开放体育场地面积为 1 296.5 平方米，占比 0.8%；部分开放体育场地面积为 2 250 平方米，占比 2.8%；全天开放体育场地面积为 14 132.0 平方米，占比 9.1%。马桥镇不开放体育场地面积为 5 180.6 平方米，占比 3.3%；部分开放体育场地面积为 270，占比 0.3%；全天开放体育场地面积为 4 523.9，占比 2.9%。浦江镇不开放体育场地面积为 21 934.6 平方米，占比 14.1%；部分开放体育场地面积为 7 542.4 平方米，占比 9.4%；全天开放体

育场地面积为18 895.4平方米，占比12.2%。莘庄工业区不开放体育场地面积为5 701.1平方米，占比3.7%；部分开放体育场地面积为0，占比0%；全天开放体育场地面积为3 390.2平方米，占比2.2%。颛桥镇不开放体育场地面积为4 534.2平方米，占比2.9%；部分开放体育场地面积为3 070.5平方米，占比3.8%；全天开放体育场地面积为4 719.8平方米，占比3%。莘庄镇不开放体育场地面积为1 459平方米，占比0.9%；部分开放体育场地面积为11 118.0，占比13.8%；全天开放体育场地面积为3 229.0平方米，占比2.1%。参见表7-24。

表7-24　闵行区不同乡镇、街道、社区不同开放程度场地面积与占比

乡镇与街道	不同开放场地面积/占比							
	所有场地		不开放		部分开放		开放	
	面积/平方米	占比/%	面积/平方米	占比/%	面积/平方米	占比/%	面积/平方米	占比/%
华漕镇	26 612.0	6.8	11 292.0	7.2	650.0	0.8	14 670.0	9.4
虹桥镇	57 030.6	14.5	30 653.0	19.7	9 262.6	11.5	17 115.0	11.0
古美路街道	22 747.1	5.8	7 839.1	5.0	0.0	0.0	14 908.0	9.6
吴泾镇	109 348.5	27.9	42 683.9	27.4	27 732.0	34.4	38 932.6	25.0
江川路街道	31 990.1	8.2	19 952.0	12.8	1 124.0	1.4	10 914.1	7.0
梅陇镇	31 175.9	8.0	3 421.0	2.2	17 583.1	21.8	10 171.8	6.5
七宝镇	17 678.6	4.5	1 296.5	0.8	2 250.0	2.8	14 132.0	9.1
马桥镇	9 974.5	2.6	5 180.6	3.3	270.0	0.3	4 523.9	2.9
浦江镇	48 372.4	12.3	21 934.6	14.1	7 542.4	9.4	18 895.4	12.2
莘庄工业区	9 091.3	2.3	5 701.1	3.7	0.0	0.0	3 390.2	2.2
颛桥镇	12 324.5	3.1	4 534.2	2.9	3 070.5	3.8	4 719.8	3.0
莘庄镇	15 806.0	4.0	1 459.0	0.9	11 118.0	13.8	3 229.0	2.1
合计	392 151.5	100.0	155 947.0	100.0	80 602.6	100.0	155 601.8	100.0

上海市闵行区乡镇街道体育场所占有数量呈现多样化态势，分布不均衡，因为闵行区人口基数大，各乡镇、街道、社区体育场地与上海市其他区相比，人均均值处在较低的位置。上海市闵行区各乡镇、街道与社区体育场所每万人拥有场地数调查情况为：华漕镇为0.08个/万人，虹桥镇为0.39个/万人，古美路街道

为 0.42 个/万人，吴泾镇为 0.33 个/万人，江川路街道为 0.54 个/万人，梅陇镇为 0.44 个/万人，七宝镇为 0.11 个/万人，马桥镇为 0.19 个/万人，浦江镇为 1.19 个/万人，莘庄工业区为 0.08 个/万人，颛桥镇为 0.32 个/万人，莘庄镇为 0.17 个/万人。整个闵行区人均每万人拥有的场地个数为 4.26。参见表 7-25。

表 7-25　闵行区不同乡镇、街道、社区人均占有场所数量与面积

乡镇、街道、社区	人均场所数量/万人均个数	人均场地面积/人均平方米
华漕镇	0.08	0.01
虹桥镇	0.39	0.02
古美路街道	0.42	0.01
吴泾镇	0.33	0.05
江川路街道	0.54	0.01
梅陇镇	0.44	0.01
七宝镇	0.11	0.01
马桥镇	0.19	0.00
浦江镇	1.19	0.02
莘庄工业区	0.08	0.00
颛桥镇	0.32	0.01
莘庄镇	0.17	0.01
闵行区	4.26	0.16

上海市闵行区各乡镇、街道与社区体育场所人均面积调查情况为：华漕镇为 0.01 平方米/人，虹桥镇为 0.02 平方米/人，古美路街道为 0.01 平方米/人，吴泾镇为 0.05 平方米/人，江川路街道为 0.01 平方米/人，梅陇镇为 0.01 平方米/人，七宝镇为 0.01 平方米/人，马桥镇为 0 平方米/人，浦江镇为 0.02 平方米/人，莘庄工业区人均场地面积为 0 平方米/人，颛桥镇人均场地面积为 0.01 平方米/人，莘庄镇为 0.01 平方米/人。整个闵行区人均场地面积为 0.16 平方米/人。参见表 7-25 可见，闵行区人均拥有的可活动的场地面积较少。

⑤ 上海市闵行区不同类型的体育场地

上海市闵行区场地类型丰富，总计有 32 个种类，且各类场地数量呈现不

均衡的态势。排名靠前的场地为乒乓球房、棋牌房、健身房及室外网球场。数量排名前十的场地情况为：乒乓球房(馆)195个，占比18.8%；棋牌房(室)142个，占比13.7%；健身房(馆)96个，占比9.3%；室外网球场72个，占比6.9%；体操房(馆)69个，占比6.6%；城市健身步道61个，占比5.9%；游泳馆44个，占比4.2%；台球房(馆)32个，占比3.1%；室外游泳池22个，占比2.1%；羽毛球房(馆)20个，占比1.9%(参见表7-26)。

表7-26　闵行区不同类型体育场所不同开放程度数量与占比

体育场地类型	不同开放程度场所数量/占比							
	所有场所		不开放		部分开放		全天开放	
	数量/个	占比/%	数量/个	占比/%	数量/个	占比/%	数量/个	占比/%
田径场	2	0.2	1	0.5	0	0.0	1	0.2
小运动场	7	0.7	6	3.2	1	0.3	0	0.0
体育场	2	0.2	1	0.5	1	0.3	0	0.0
游泳馆	44	4.2	11	5.8	10	3.4	23	4.2
室外游泳池	22	2.1	6	3.2	14	4.8	2	0.4
棋牌房(室)	142	13.7	0	0.0	38	12.9	104	18.9
健身房(馆)	96	9.3	24	12.6	27	9.2	45	8.2
羽毛球房(馆)	20	1.9	12	6.3	2	0.7	6	1.1
乒乓球房(馆)	195	18.8	37	19.5	95	32.3	63	11.4
综合房(馆)	5	0.5	2	1.1	1	0.3	2	0.4
网球房(馆)	2	0.2	0	0.0	0	0.0	2	0.4
台球房(馆)	32	3.1	7	3.7	6	2.0	19	3.4
篮球房(馆)	11	1.1	6	3.2	2	0.7	3	0.5
壁球房(馆)	1	0.1	1	0.5	0	0.0	0	0.0
保龄球房(馆)	1	0.1	0	0.0	0	0.0	1	0.2
摔跤柔道拳击跆拳道空手道房(馆)	2	0.2	0	0.0	1	0.3	1	0.2
室外五人制足球场	8	0.8	5	2.6	0	0.0	3	0.5
室外网球场	72	6.9	14	7.4	31	10.5	27	4.9

体育场地类型	不同开放程度场所数量/占比							
	所有场地		不开放		部分开放		全天开放	
	数量/个	占比/%	数量/个	占比/%	数量/个	占比/%	数量/个	占比/%
室外七人制足球场	5	0.5	4	2.1	0	0.0	1	0.2
篮球场	72	6.9	38	20.0	7	2.4	27	4.9
三人制篮球场	10	1.0	2	1.1	1	0.3	7	1.3
足球场	1	0.1	1	0.5	0	0.0	0	0.0
室外门球场	2	0.2	0	0.0	0	0.0	2	0.2
排球场	1	0.1	0	0.0	0	0.0	1	0.2
乒乓球场	1	0.1	0	0.0	0	0.0	1	0.2
攀岩馆	1	0.1	0	0.0	0	0.0	1	0.2
城市健身步道	61	5.9	0	0.0	1	0.3	60	10.9
全民健身路径	137	13.2	4	2.1	5	1.7	128	23.2
体操房(馆)	69	6.6	5	2.6	46	15.6	18	3.3
武术房(馆)	2	0.2	1	0.5	1	0.3	0	0.0
羽毛球场	4	0.4	1	0.5	0	0.0	3	0.5
其他类体育场地	6	0.6	1	0.5	5	1.7	0	0.0
合计	1 036	100.0	190	100.0	295	100.0	551	100.0

上海市闵行区体育场地总计 32 类，按开发属性可分为不开放、部分开放及全天开放三种，总计 1 036 个。其中不开放场地 190 个，部分开放场地 295 个，开放场地为 551 个，开放与不开放基本均分。不开放程度排名居前的场馆类型为：篮球场 38 个，占比 20.0%；乒乓球房(馆)37 个，占比 19.5%；健身房(馆)24 个，占比 12.6%；室外网球场 14 个，占比 7.4%。部分开放程度排名居前的场馆类型为：乒乓球房 95 个，占比 32.3%；体操房(馆)46 个，占比 15.6%；棋牌房(室)38 个，占比 12.9%；室外网球场 31 个，占比 10.5%。全天开放场地中，排名居前的为：全民健身路径 128 个，占比 23.2%；棋牌房(室)104 个，占比 18.9%；乒乓球房(馆)63 个，占比 11.4%；城市健身步道 60 个，占比 10.9%。参见表 7-26。

上海市闵行区场地类型丰富总计有 32 个种类，且各类场地面积呈现不均衡的态势。面积排名靠前的场地为篮球场、室外网球场、体育场与小运动场。面积排名前十的场地情况为：篮球场 63 802.4 平方米，占比 16.3%；室外网球场 54 877.2 平方米，占比 14.0%；体育场 29 739.0 平方米，占比 7.6%；小运动场为 28 134.8 平方米，占比 7.2%；健身房（馆）为 27 893.7 平方米，占比 7.1%；游泳馆 17 123.3 平方米，占比 4.4%；乒乓球房（馆）15 165.7 平方米，占比 3.9%；综合馆 13 528.7 平方米，占比 3.4%；羽毛球房（馆）12 488.5 平方米，占比 3.2%；室外五人制足球场 10 855.0 平方米，占比 2.8%。参见表 7 - 27。

表 7 - 27　闵行区不同类型体育场地不同开放程度面积与占比

体育场地类型	不同开放程度场地面积/占比							
	所有场地		不开放		部分开放		全天开放	
	面积/平方米	占比/%	面积/平方米	占比/%	面积/平方米	占比/%	面积/平方米	占比/%
田径场	25 833.0	6.6	10 466.0	6.6	0.0	0.0	15 367.0	9.9
小运动场	28 134.8	7.2	26 538.8	16.9	1 596.0	2.0	0.0	0.0
体育场	29 739.0	7.6	14 372.0	9.2	15 367.0	19.5	0.0	0.0
游泳馆	17 123.3	4.4	4 436.0	2.8	4 086.0	5.2	8 601.3	5.5
室外游泳池	9 745.0	2.5	3 451.0	2.2	5 451.0	6.9	843.0	0.5
棋牌房（室）	10 424.4	2.7	0.0	0.0	2 592.0	3.3	7 832.4	5.0
健身房（馆）	27 893.7	7.1	3 528.8	2.2	3 577.9	4.5	20 787.0	13.4
羽毛球房（馆）	12 488.5	3.2	6 746.5	4.3	270.0	0.3	5 472.0	3.5
乒乓球房（馆）	15 165.7	3.9	5 832.3	3.7	5 456.0	6.9	3 877.4	2.5
综合馆	13 528.7	3.4	3 016.7	1.9	8 632.0	10.9	1 880.0	1.2
网球房（馆）	4 004.0	1.0	0.0	0.0	0.0	0.0	4 004.0	2.6
台球房（馆）	6 061.7	1.5	686.5	0.4	282.9	0.4	5 092.3	3.3
篮球房（馆）	8 222.2	2.1	4 965.0	3.1	2 132.6	2.7	1 124.6	0.7
壁球房（馆）	68.9	0.0	68.9	0.0	0.0	0.0	0.0	0.0
保龄球房（馆）	990.0	0.3	0.0	0.0	0.0	0.0	990.0	0.6
摔跤柔道馆	264.0	0.1	0.0	0.0	120.0	0.2	144.0	0.1

体育场地类型	不同开放程度场地面积/占比							
	所有场地		不开放		部分开放		全天开放	
	面积/平方米	占比/%	面积/平方米	占比/%	面积/平方米	占比/%	面积/平方米	占比/%
室外五人制足球场	10 855.0	2.8	7 781.0	4.9	0.0	0.0	3 074.0	2.0
室外网球场	54 877.2	14.0	11 835.4	7.5	18 223.2	23.2	24 818.6	16.0
七人制足球场	17 859.0	4.6	12 334.0	7.9	0.0	0.0	5 525.0	3.6
篮球场	63 802.4	16.3	31 815.2	20.3	4 443.4	5.6	27 543.8	7.7
三人制篮球场	2 900.5	0.6	1 122.0	0.7	50.0	0.1	1 728.5	1.1
足球场	6 678.0	1.7	6 678.0	4.2	0.0	0.0	0.0	0.0
室外门球场	800.0	0.2	0.0	0.0	0.0	0.0	800.0	0.5
排球场	3 432.0	0.8	0.0	0.0	0.0	0.0	3 432.0	2.2
乒乓球场	85.0	0.0	0.0	0.0	0.0	0.0	85.0	0.1
攀岩馆	140.0	0.0	0.0	0.0	0.0	0.0	140.0	0.1
城市健身步道	4 592.1	1.2	0.0	0.0	8.0	0.0	4 584.1	2.9
全民健身路径	5 720.0	1.5	190.0	0.1	175.0	0.2	5 355.0	3.4
体操房（馆）	7 715.0	2.0	617.7	0.4	5 070.0	6.4	2 027.3	1.3
武术房（馆）	365.1	0.1	163.5	0.1	201.6	0.3	0.0	0.0
羽毛球场	843.3	0.2	369.7	0.2	0.0	0.0	473.6	0.3
其他体育场地	1 800.0	0.4	657.0	0.4	1 143.0	1.4	0.0	0.0
合计	392 151.5	100.0	157 672.0	100.0	78 877.6	100.0	55 601.9	100.0

上海市闵行区体育场地总计 32 类，同时按开发属性可分为不开放、部分开放以及全天开放，面积总计 392 151.5 平方米。其中不开放场地面积157 672.0 平方米，部分开放场地面积 78 877.6 平方米，全天开放场地面积为155 601.9 平方米，不开放场地面积与全天开放场地面积基本相当。不开放场馆面积居前场馆类型为：篮球场为 31 815.2 平方米，占比 20.3%；小运动场为26 538.8 平方米，占比 16.9%；体育场为 14 372.0 平方米，占比 9.2%。部分开放场地中，面积居前的场地类型为：室外网球场为 18 223.2 平方米，占比23.2%；体育场为 15 367.0 平方米，占比 9.5%；综合馆为 8 632.0 平方米，占

比 10.9%。开放场地中，面积居前的场地类型为：篮球场为 27 543.8 平方米，占比 17.7%；室外网球场为 24 818.6 平方米，占比 16.0%；健身馆为 20 787.0 平方米，占比 14%。参见表 7 - 27。

调查结果显示，上海市闵行区不同类型体育场地无论是人均占有个数还是面积占有率都相对较低。其中整个体育场占有率为 4.26 个/万人（见表 7 - 28），面积整体占有率且为 0.16 平方米/万人（见表 7 - 29）。场馆个数占有率中前五者为：乒乓球房 0.80 个/万人，棋牌房 0.58 个/万人，全民健身路径 0.56 个/万人，健身房（馆）0.4 个/万人，室外网球场与篮球场，均为 0.30 个/万人（见表 7 - 28）。人均面积占有率中，场馆类型居前五的为：篮球场 0.03 平方米/万人，室外网球场 0.02 平方米/万人，体育场 0.01 平方米/万人，小运动场 0.01 平方米/万人，健身房（馆）0.01 平方米/万人（参见表 7 - 29）。

表 7 - 28　闵行区不同类型体育场所人均占有数量

类型	个数	万人均个数	类型	个数	万人均个数
田径场	2	0.01	室外五人制足球场	8	0.03
小运动场	7	0.03	室外网球场	72	0.30
体育场	2	0.01	室外七人制足球场	5	0.02
游泳馆	44	0.18	篮球场	72	0.30
室外游泳池	22	0.09	三人制篮球场	10	0.04
棋牌房（室）	142	0.58	足球场	1	0.00
健身房（馆）	96	0.40	室外门球场	2	0.01
羽毛球房（馆）	20	0.08	排球场	1	0.00
乒乓球房（馆）	195	0.80	乒乓球场	1	0.00
综合房（馆）	5	0.02	攀岩馆	1	0.00
网球房（馆）	2	0.01	城市健身步道	61	0.25
台球房（馆）	32	0.13	全民健身路径	137	0.56
篮球房（馆）	11	0.05	体操房（馆）	69	0.28
壁球房（馆）	1	0.00	武术房（馆）	2	0.01
保龄球房（馆）	1	0.00	羽毛球场	4	0.02
摔跤柔道拳击跆拳道空手道房（馆）	2	0.01	其他类体育场地	6	0.02
			合计	1036	4.26

表7-29　闵行区不同类型体育场地人均占有面积

类型	面积/平方米	万人均平方米	类型	面积/平方米	万人均平方米
田径场	25 833.0	0.01	室外五人制足球场	10 855.0	0.00
小运动场	28 134.8	0.01	室外网球场	54 877.2	0.02
体育场	29 739.0	0.01	室外七人制足球场	17 859.0	0.01
游泳馆	17 123.3	0.01	篮球场	63 802.4	0.03
室外游泳池	9 745.0	0.00	三人制篮球场	2 900.5	0.00
棋牌房(室)	10 424.4	0.00	足球场	6 678.0	0.00
健身房(馆)	27 893.7	0.01	室外门球场	800.0	0.00
羽毛球房(馆)	12 488.5	0.01	排球场	3 432.0	0.00
乒乓球房(馆)	15 165.7	0.01	乒乓球场	85.0	0.00
综合房(馆)	13 528.7	0.01	攀岩馆	140.0	0.00
网球房(馆)	4 004.0	0.00	城市健身步道	4 592.1	0.00
台球房(馆)	6 061.7	0.00	全民健身路径	5 720.0	0.00
篮球房(馆)	8 222.2	0.00	体操房(馆)	7 715.0	0.00
壁球房(馆)	68.9	0.00	武术房(馆)	365.1	0.00
保龄球房(馆)	990.0	0.00	羽毛球场	843.3	0.00
摔跤柔道拳击跆拳道空手道房(馆)	264.0	0.00	其他类体育场地	1 800.0	0.00
			合计	392 151.5	0.16

(2)上海市闵行区中小学学生课外活动

① 上海市闵行区中小学课外生活方式调查

调查结果显示，上海市中小学学生上学或放学的方式中，主要以家长接送与步行为主，其中男女生家长接送的比例分别为：47.0%与47.7%；步行的比例分别为：26.0%与30.9%。睡眠时间的调查中，上海市中小学学生睡眠时间基本集中在6—8小时与8小时以上时段，基本满足睡眠的要求。其中6小时以上8小时以下男女比例分别为：45.1%与49.1%；8小时以上男女比例分别为：47.9%与45.0%。一天看电视时间和玩游戏时间主要集中在用时不足1小时与1小时以上到2小时以下，其中1小时不足的男女比例为37.3%与30.1%，1小时以上与2小时以下为35.2%与33.8%。可见，闵行区中小学的课外生活方式上除了游戏花费的时间有点多外，基本属于正常范围。

上海市闵行区男生除了体育课以外，课外进行体育活动的情况基本上每天（或每周 3 次以上）所占比例为 31.5％，有时（每周 1～2 次左右）所占比例为 43.0％。除了体育课以外，一天从事体育运动的情况中，30 分钟以上 1 小时以下占的比例为 44.9％，不足 30 分钟的比例为 28.5％。上海市闵行区女生除了体育课以外，课外进行体育活动的情况基本上每天（或每周 3 次以上）所占比例为 21.5％，有时（每周 1～2 次左右）所占比例为 49.7％。除了体育课以外，一天从事体育运动的情况中，30 分钟以上 1 小时以下占的比例为 53.2％，不足

表 7-30　闵行区中小学学生课外生活方式情况　　　　　　　　（％）

指　　　标		男生比例	女生比例
上学或放学的方式(a1)	步行	26.0	30.9
	自行车	5.5	5.7
	公交车或的士	15.0	14.3
	地铁	0.4	0.2
	家长接送	47.0	47.7
	其他	6.2	1.2
1 天睡眠时间	6 小时不到	7.0	5.9
	6 小时以上 8 小时以下	45.1	49.1
	8 小时以上	47.9	45.0
1 天看电视和玩游戏的时间	1 小时不到	37.3	30.1
	1 小时以上 2 小时以下	35.2	33.8
	2 小时以上 3 小时以下	17.0	20.0
	3 小时以上	10.5	16.1
除了体育课以外，从事体育运动的情况	不运动	3.5	3.1
	偶尔（每月 1～3 次左右）	22.0	25.7
	有时（每周 1～2 次左右）	43.0	49.7
	基本上每天（或每周 3 次以上）	31.5	21.5
除了体育课以外，一天从事体育运动的情况	不足 30 分钟	28.5	20.5
	30 分钟以上 1 小时以下	44.9	53.2
	1 小时以上 2 小时以下	15.7	18.0
	2 小时以上	11.0	7.3

30分钟占的比例为20.5％。可见，闵行区中小学学生课外活动水平处在中等状态，仍有许多中小学学生达不到课外身体锻炼的水平。

②上海市闵行区中小学课外体育场地使用情况

调查结果显示，上海市闵行区中小学学生课外体育活动场地使用中，主要集中在小区与家里。其中上海市闵行区男生在家进行体育活动的比例为18.5％，女生比例为19.2％；在小区进行体育活动的男生比例为30.2％，女生比例为33.4％；在社区活动中心或公园进行体育活动的男生的比例为13.8％，女生比例为11.5％；在营业性体育活动场所进行体育活动的男生的比例为17.6％，女生比例为17.0％；在体育培训中心进行体育活动的男生的比例为12.1％，女生比例为12.9％；其他场所进行体育活动男女比例分别为7.8％与6％（参见图7-75与图7-76）。可见，闵行区中小学学生进行课外体育活动场地主要集中在小区附近，同时包含部分付费体育场所。其原因在于小区进行体育活动相对来说较方便，抵达场地不需要花费太多时间与财力。

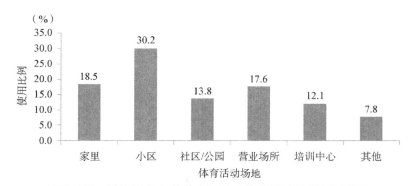

图7-75 闵行区中小学学生(男生)体育活动场所使用情况

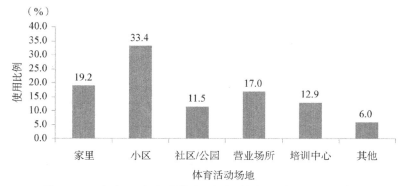

图7-76 闵行区中小学学生(女生)体育活动场所使用情况

（3）上海市闵行区中小学学生体育活动空间布局

① 上海市闵行区中小学学生体育空间分布密度

体育场所是体育锻炼的保证与前提，可以说巧妇难为无米之炊，可见，体育场馆在体育锻炼中的积极作用。通过，ArcGIS 对闵行区区县级与乡镇街道级以及小区级体育场所进行定位与编码，可以从图 7-77 至图 7-79 上清晰看

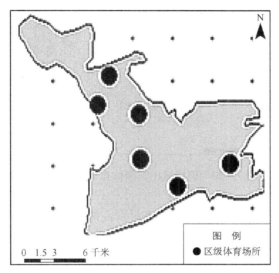

图 7-77　闵行区区级体育场所密度示意图

图 7-78　闵行区街道社区体育场所密度示意图

图 7 - 79 闵行区小区级体育场密度示意图

出，闵行区体育场馆的分布情况。整体而言，闵行区中部地区场馆覆盖程度密集，无论在区级、乡镇街道级以及小区级中，都覆盖相对密集。西北部，无论在区级、乡镇街道级以及小区级，体育场馆密度均较低。整体上，闵行区体育场所，分布较随机，不具备一定的规律性。

② 上海市闵行区中小学学生体育空间整体特征

采用 ArcGIS 缓冲功能进行分析，得出区体育场所空间图，可以看出，区体育场所大部分集中在闵行区东西向的中部，在中北部顶端与西南部底端，体育场所空间服务的区间小。图 7 - 80，反映了区级体育场所缓冲区的范围，整体而言，缓冲区的范围较小，辐射的范围不大。图 7 - 81，反映了乡镇街道级体育场所缓冲区情况。整体而言，东西向的中部区域体育场馆辐射的范围较大，其他地区辐射的范围相对狭小。图 7 - 82，反映了小区级体育场所缓冲区的情况，相比区级与乡镇街道级体育场所，小区级体育场所辐射的范围较大，特别是东西向中部地区，小区级体育场所辐射强，基本覆盖了大部分地区，能基本满足闵行区绝大多数居民锻炼的要求。

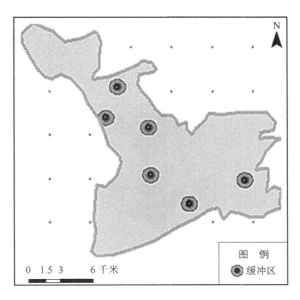

图 7 - 80 闵行区区级体育场所缓冲示意图

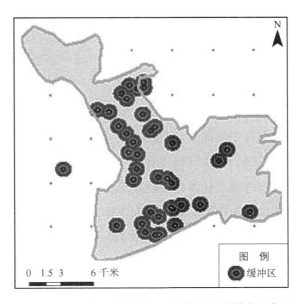

图 7 - 81 闵行区街道社区级体育场所缓冲示意图

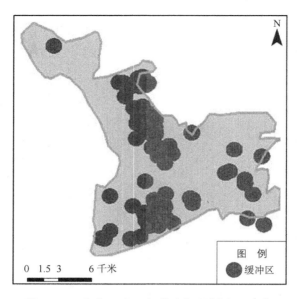

图 7 - 82 闵行区小区级体育场所缓冲区示意图

③ 上海市闵行区中小学学生体育空间服务负荷

空间服务负荷能直观地体现体育活动空间的有效使用程度，常用的方法为ArcGIS 邻近分析中的泰森多边形。本研究采用通用的空间负荷表示方法，及体育活动的空间服务面积来计算负荷，公式为：负荷＝系数×空间面积。常见特征是体育活动负荷规律为由内向外逐步递增。

如图 7 - 83 所示，区级体育场所的密度分布图可以看出，上海市闵行区区级体育活动场所均集中在中间部位，西南、西北与东南、东北部区级体育场所覆盖的面积少，密度较低。其中区级体育活动中，华东师范大学、浦江镇文化体育事业发展中心与颛桥镇文化体育事业发展中心服务面积较大，承载的体育活动负荷大；而虹桥镇龙柏中学、莘庄镇文化体育事业发展中心，服务的面积较小，承担的体育活动负荷较小。如图 7 - 84 所示，在乡镇街道级体育场所服务区中，区东西向中部，乡镇街道级体育场所服务的面积相对集中，服务的点较多，相对其他片区而言，服务的压力较小。东南方向浦江镇附近，体育空间服务的面积甚大，承受的压力相对加大。图 7 - 85，反映了小区级体育场所服

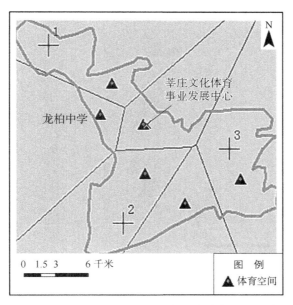

图 7-83　闵行区区级体育空间泰森多边形分布

图 7-84　闵行区乡镇街道级体育空间泰森多边形分布

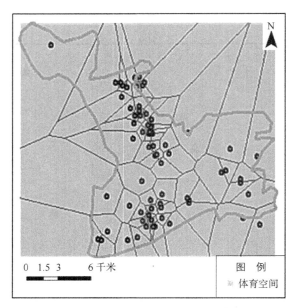

0   1.5 3   6千米

图 例
体育空间

图7-85　闵行区小区级体育空间泰森多边形分布

务的情况，同样表现为区东西向中部与西南部服务的体育空间较密集，单个体育场所服务的面积较小，体育空间服务的压力较小。区西北部与东南部方面，体育场所承受的空间服务压力较大。

（4）上海市宝山区中小学学生体育空间分布结构

体育空间是大众进行体育活动的场所，其供给主体是城市政府。评价城市体育场馆服务水平的重要因素，主要是通过体育场馆的数量、面积和项目类型。通过 Excel 数据统计功能以及 GIS 对数据的分析和图形显示，体育空间和行政区，二者要进行一定的比较，主要围绕管理属性和布局梳理总结，得出相关体育空间在分布上的系列特点。另外，一定的居民人口需要配置一定的服务设施，供给情况要和人口数量一一对应起来，调查区域内人口数量决定着供给设施的配置。

① 上海市宝山区体育空间整体概况

社会发展以及居民经济水平的提升改善，城市化进程也在极速推进，城市规模以惊人的速度不断发展，广大群众的需求变化巨大，更有多元、高层次的特征。为适应这些特征，宝山区体育设施建设大踏步发展。蓬勃发展的健身步道、场馆的设立都成为市民健身的首选，各类场所也广受欢迎。排在第二位的是公园，排在最后的是收费性质的场馆，例如，学校用于师生日常训练的体育场地和企事业单位便于职工休闲娱乐健身的场地。本研究通过实地调研宝山区体育局、宝山区群众体育的负责人，结合自身整理的第六次全国普查数据，围绕宝山区内公共体育场所，周边的广场公园、综合性体育场馆、游泳馆，或者是一定范围的健身路径进行布局分析。

上海市宝山区体育场地总面积为 3 497 912.45 平方米。其中：校园体育场地面积为 745 990.33 平方米，占 21.33%；居委街道场地面积为 2 377 344.34 平方米，占 67.96%；公园体育场地面积为 206 725.23 平方米，占 5.91%；其他体育场地面积为 81 665.14 平方米，占 2.33%；乡镇/村体育场地面积为 50 031.86 平方米，占 1.43%；宾馆商场饭店体育场地面积为 14 917.80 平方米，机关企事业单位楼院体育场地面积为 11 437.75 平方米，广场体育场地面积为 5 250.00 平方米，工矿体育场地面积为 4 550.00 平方米，共占 1.04%。参见表 7 - 31。

表 7 - 31　宝山区场地分类面积和占比

场地分类	面积/平方米	百分比/%
校园	745 990.33	21.33
居委街道	2 377 344.34	67.96
公园	206 725.23	5.91
其他	81 665.14	2.33
乡镇/村	50 031.86	1.43
宾馆商场饭店	14 917.80	0.43
机关事业单位楼院	11 437.75	0.33
广场	5 250.00	0.15
工矿	4 550.00	0.13
总计	3 497 912.45	100.00

由图 7-86、图 7-87、图 7-88 对比后发现体育场地密集程度最大的是居住小区,体育空间的分布是以组团式形式出现的;其次是乡镇、村和校园,体育空间分布是以小聚式和离散式为主;其余的公园、广场、宾馆商场饭店、机关事业单位楼、工矿、其他都是以大分散的形式出现。

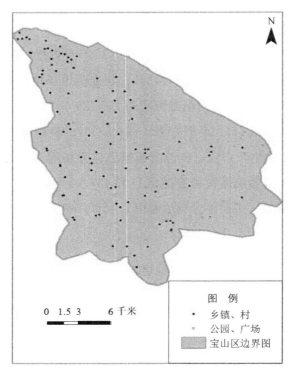

图 7-86 宝山区乡镇、村、公园、广场密度

② 上海市宝山区体育空间人均占有

按照 2015 年上海市宝山区常住人口 190.49 万人计算,上海市宝山区平均每人拥有体育场地 1.84 平方米。其中,面积最大的是居委街道,人均拥有 1.25 平方米;但只能满足最基本的体育运动,且场地大多不规则,以健身路径为主,面向的锻炼群众是年纪较大的居民,占据 69%。但是,专业的场馆占据的百分比不高,居民需求人群以中小学学生为主,进行有针对性、技术性的体育锻炼。少年儿童主要进行锻炼的体育场地是校园,占据 22%。见表 7-32、图 7-89。

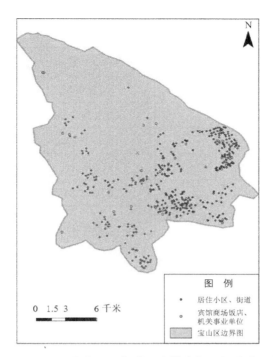

图 7 - 87 宝山区居住小区、街道、宾馆商场、机关事业单位密度

图 7 - 88 宝山区校园、工矿、其他密度

表 7 - 32　宝山区场地分类面积和人均面积

场地分类	面积/平方米	人均面积/平方米
校园	745 990.33	0.39
居委街道	2 377 344.34	1.25
公园	206 725.23	0.11
其他	81 665.14	0.04
乡镇/村	50 031.86	0.03
宾馆商场饭店、广场、工矿、机关企事业单位楼院	4 550.00	0.02
合计	3 497 912.45	1.84

③ 上海市宝山区体育空间属性分类

宝山区体育空间中所属教育系统的体育场馆总数为 294 个，总面积为 745 990.33 平方米，体育系统的体育场馆总数为 103 个，总面积为 112 569.56 平方米。所属其他系统的体育场地个数为 806 个，总面积为 2 629 252.5 平方米。由表 7 - 33 数据中可以发现体育系统场地面积最少，体育系统的体育场馆主要服务

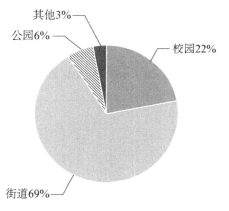

图 7 - 89　宝山区人均场地分布

于举办大型赛事和进行体育专业化的训练。教育系统中体育空间主要服务于学生，学习基本技能和提高身体素质。其他系统的体育空间主要是服务群众，政府为了提高全民体质投入建设了一系列的健身空间，让广大群众在闲暇时间通过最基本的健身器械或者健身步道进行体育锻炼。由表 7 - 33 可以看到场地面积平均值其他系统最高，其次是教育系统，最后是体育系统。场地面积平均值越大，服务的群众数量也越多。

④ 上海市宝山区体育空间不同类型

按六普数据共计有 16 个运动项目，如排球、棋牌、台球、击剑、手球、

表 7 - 33　宝山区体育场馆总量

各系统	场地数/个	场地面积/平方米	场地面积平均值/平方米
教育系统	294	745 990.33	2 537
体育系统	103	112 569.56	1 092
其他系统	806	2 639 352.56	3 275
总计	1 203	3 497 910.75	2 907

摔跤、柔道、空手道、门球、高尔夫等。在数据中可以看出，广受欢迎的是篮球场地设施，日常休闲首选的羽毛球，我国特有的国球(乒乓球)、足球、网球等球类方面，跑步、游泳等日常常见活动项目设施较为丰富；而不常见的击剑、摔跤、柔道、空手道、高尔夫球、门球、攀岩等场馆资源相对较少。由图7-90、图7-91对比可以发现，乒乓球场地设施、棋牌场地数目虽然比较多，但是占用的体育空间并不是很多；而广受欢迎的健身步道、篮球，日常健身首选的羽毛球，室内健身较受青睐的网球等。这是因为项目的特性，对场地面积有一定的要求，因此所占的场地面积也较大。

（5）上海市宝山区体育空间缓冲区分析

体育空间的缓冲区分析是利用 GIS 空间分析方法，比较梳理宝山区体育空间在地理空间中的影响范围，缓冲区半径的大小决定了影响范围的大小。运用缓冲区分析体育空间数据可以得到体育空间在一定范围内的服务区，以及服务

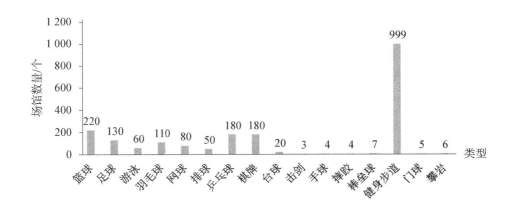

图 7 - 90　宝山区各运动项目所属场馆数量

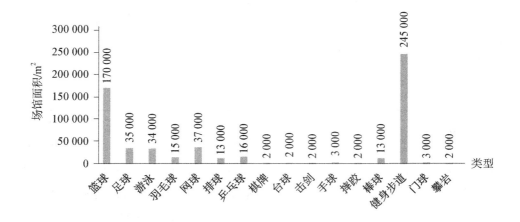

图 7 - 91　宝山区各体育场地面积

的对象和资源分布情况。接下来我们需要做的是确认参与缓冲区分析所需要计算的体育空间及缓冲区分析的半径。首先围绕体育空间，比如学生学习的校园，居住的重点乡镇、村；居民日常休闲的公园、广场、居住小区、街道；游客与居民短时休闲、居住的宾馆、商场、饭店；机关事业单位楼、工矿、其他；等。将它们当作一个量本，来进行缓冲区的分析。以服务半径大小（分别以 300 米－800 米－1 500 米和 200 米－500 米－1 000 米）作为一个最终的结束条件，运用地理信息分析系统中的缓冲区分析法，对体育空间做缓冲区分析，如图 7 - 92 至图 7 - 97 所示。

① 居住小区、街道体育空间缓冲区分析

图 7 - 92 显示宝山区沿海的区域，特别是大场镇、庙行镇、淞南镇、高境镇、张庙街道和吴淞街道的体育设施的数量非常庞大。该区域缓冲半径 200 米的距离就有一小部分的体育空间已经重叠；缓冲区半径 500 米的体育空间重叠的更为明显，可提供居民参与体育健身的器械和场地分配比较充分；内陆城市缓冲区 1 000 米的体育空间也可以达到重叠，体育健身场地和器械的分布没有沿海区域密集，但是也能够满足居民基本的运动需求。

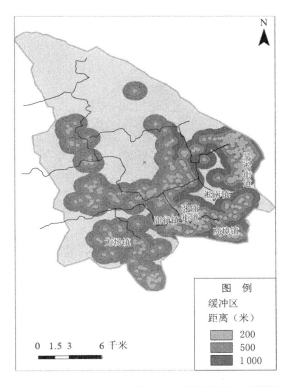

图 7 - 92　宝山区居住小区、街道体育空间缓冲区

② 乡镇、村体育空间缓冲区分析

从图 7 - 93 中可知,乡镇、村所包含的体育空间在宝山区的分布相对比较平均,各个区域都有分布,相对比较分散。主要集中在罗泾镇,缓冲区半径是200 米的区域有轻微的重叠情况;缓冲区半径为 500 米的体育空间有"小群体"的覆盖情况。其次是月浦镇和罗店镇的体育空间分布相对集中,在缓冲区半径为1 000 米的体育空间呈相邻的分布。东部沿海乡镇、村的体育空间分布较为稀疏。

③ 校园体育空间缓冲区分析

宝山区校园的体育空间从体育场馆的面积上有了大幅度的提升,从运动项目上也更为专业化,可以服务的群体范围较为广泛。从图 7 - 94 中可以看到,分布较为密集的是友谊路、吴淞、张庙三个街道,缓冲半径为 300 米的区域已经有了明显的叠加情况。其余缓冲半径为 800 米和 1 500 米也都已经有不同程度的叠加,校园在正常开放服务群众参与体育健身时,基本能够满足群众的需求。

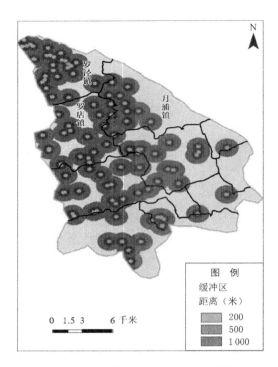

图7-93 宝山区乡镇、村体育空间缓冲区

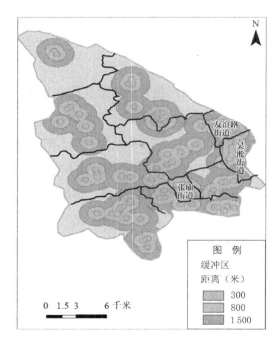

图7-94 宝山区校园体育空间缓冲区

④ 公园、广场体育空间缓冲区分析

从图7-95中可以看出，宝山区公园广场体育空间分布相对不足，特别罗泾镇只有一处；罗店镇只有两处；其余的区域属于稀疏的分布状态。这对于居民要参与到运动健身中去有着较大的阻碍，需要通过合理的规划和布局进行新建，以保证可以满足居民的正常健身需求。

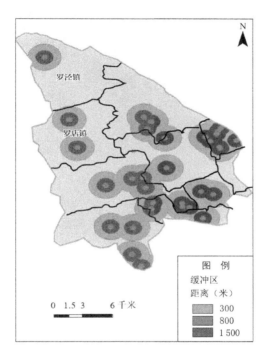

图7-95　宝山区公园、广场体育空间缓冲区

⑤ 宾馆商城饭店、机关事业单位体育空间缓冲区分析

从图7-96中可以看出，宝山区宾馆商场饭店和机关事业单位的体育空间分布不均衡，并且分布松散，只有在服务半径为1500米的时候才有了叠加的情况，并且开放程度不高，归属于营利性的体育空间。分布较为密集的是友谊路街道和吴淞街道；而该区域人口密集，群众生活水平较高，对于体育空间有一定的要求。所以还应该根据实际情况，做出相应的举措。

⑥ 工矿、其他体育空间缓冲区分析

图7-97显示：罗泾镇的体育场馆分布最为密集，在缓冲区半径为800米

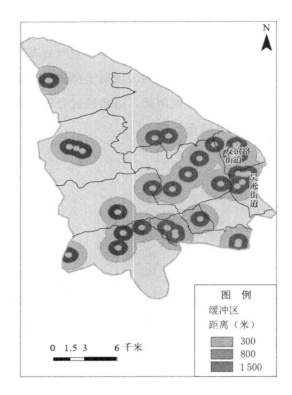

图 7 - 96　宝山区宾馆、商场、饭店、机关事业单位体育空间缓冲区

时重叠的区域较大；其余的区域非常稀缺，有三三两两的重叠，总体覆盖情况不明显，只能解决一小部分居民的体育健身。在目前群众高涨的健身需求情况下，会导致体育空间人口过满，影响群众很好地投入到体育健身中去。

⑦ 基于多级缓冲区分析体育空间布局

缓冲区的半径大小直接影响了服务区的划分，服务区服务效果的好坏主要取决于缓冲区半径，缓冲半径不能过于大，也不能过于小，应当取一个中间值。如果缓冲区半径较小会有遗漏，使得个别区域不在体育空间的服务范围内；过大则会出现兼容现象，即多个体育空间并存。因此，通过对图 7 - 92 至图 7 - 97的对比可以明显地发现，居住小区、街道、乡镇、村的缓冲区域较大，其中很大一部分有相互重叠的地方。主要原因首先是附近居住的人口比较密集，很多都是居住区域配套的健身器材和健身路径，可进行体育锻炼的具体使用场地面积较小，服务的人群主要是年纪较大的居民和儿童。其次，校园的缓冲区域较大，密集程度

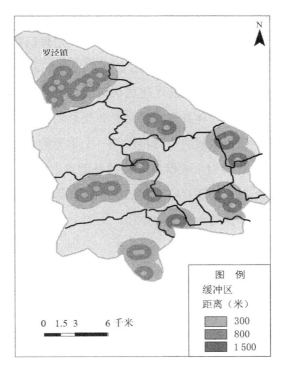

图7-97　宝山区工矿、其他体育空间缓冲区

也较大；但由于校园体育场地面积较大，有基本的专业体育场地，可以服务的人口较多，主要以学生为主，服务的项目也相对更专业化。除校园之外的其他体育场所，诸如日常休闲健身公园、休闲广场、工矿企业的空余地，短时休闲居住的宾馆商场饭店、机关事业单位的空余楼层等分布较为分散，缓冲区服务的面积不能全面覆盖。其中有专业的体育场馆，服务的对象主要针对专业化训练和比赛的运动员、进行体育训练的中小学学生、有一定专业体育技能的群众等。

（6）上海市宝山区体育空间服务能力分析

根据人们日常生活和工作的习惯，除了对参与运动的项目有很高场地要求，一般选择原则是就近。除了公共体育场馆的规模以外，还有一些因素会影响居民到公共体育场馆进行锻炼。场馆设立的训练项目是否齐全，场馆在开放时间上是否迎合居民的闲暇时间，训练方式是否可以自由选择，场馆的配备是否达标，等。其中，公共体育场馆的规模和居民到该区域的距离影响最大。即规模的大小和相关的吸引力成正比，和相应的距离成反比。

体育场馆应满足公共体育空间辐射范围内的居民以最短距离到达，通常每个服务单位包括体育场馆和居民区都一一对应，一个居民区被几个场馆重叠辐射或者没有场馆辐射的现象不应出现。由泰森多边形的特性可知，泰森图与GIS空间分析功能相结合，可以辅助优化居民区和场馆的数量使其合理，满足人们日常生活和工作的习惯，体育锻炼参与者和规划者将在这里享受更加优质的服务。系列探讨中，研究区域的边界将作为一个重要的结点，本章所研究的公共体育空间位置点的数据为生成泰森多边的基础点，应用 ArcGIS 邻域分析工具生成校园、乡镇、村、公园、广场、居住小区、街道、宾馆商场饭店、机关事业单位楼、工矿、其他的泰森多边形图，见图 7-98 至图 7-103。分析生

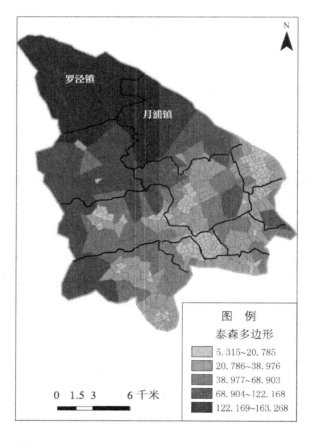

图 7-98　宝山区居住小区、街道体育空间泰森多边形

成的一个泰森图形对应一个体育空间，研究区内所有地区都在泰森多边形图中，由此得出，公共体育空间服务区分布数据。制作泰森多边形首先应用ArcGIS软件，以公共体育空间(校园、乡镇、村、公园、广场、居住小区、街道、宾馆商场饭店、机关事业单位楼、工矿、其他)为基础点建立相应的研究区域，这一研究区域要求划分边界，且以此边界为基础搜集泰森多边形数据。

① 居住小区、街道体育空间服务能力分析

以上海市宝山区所有的居住小区和街道的公共体育场馆作为基础点，进行泰森多边形图分析和应用研究。从图7-98可以看出，居住小区和街道的公共体育场馆的分布非常不平衡。沿江区域泰森多边形的长度属性较短，服务面积较小，服务压力相对较小。而罗泾镇和月浦镇的长度属性较大，要求服务的面积也较大，这直接降低这一区域内的居民参与体育锻炼的积极性。

② 乡镇、村体育空间服务能力分析

在图7-99中可以看出，宝山区乡镇和村的公共体育场馆分布相对较为平

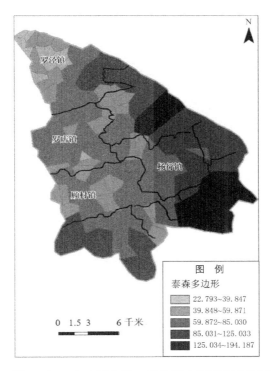

图7-99 宝山区乡镇、村体育空间泰森多边形

均，基本每一个镇都能够普及。其中分布最为密集的是罗泾镇，其次是罗店镇、顾村镇和杨行镇。这些区域内制成的泰森多边形的长度属性差距不大，空间服务的面积差异也不大。

③ 校园体育空间服务能力分析

从图7-100中我们可以发现，在宝山区校园泰森多边形体育空间服务区划分上，罗泾镇、罗店镇和顾村镇的服务面积较大；但该区域内的公共体育场馆数量较少，直接导致这三个镇的泰森多边形图长度属性数值较大。而张庙街道和吴淞街道的体育场馆数较多；所以，长度属性值较小，服务区内的体育场馆负荷和压力并不严重。

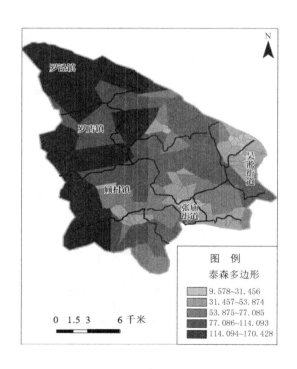

图7-100　宝山区校园体育空间泰森多边形

④ 公园、广场体育空间服务区划分

在图7-101中可以看到，根据公园和广场的公共体育场馆位置做泰森多边形，得到宝山区内公园和广场的服务范围。其中罗泾镇、罗店镇和月浦镇的泰森多边形的长度属性最大，达到了151 970～266 098平方米。居民到达运动场地的距离太远，直接影响了居民参与体育健身的积极性。其余的区域分布相对比较平均，城市居民参与体育锻炼的积极性相对较高。

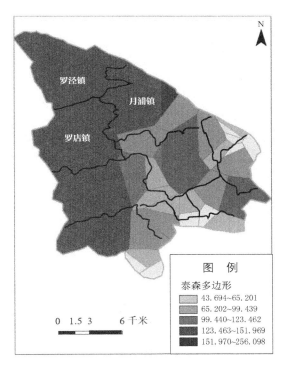

图 7-101　宝山区公园、广场体育空间泰森多边形

⑤ 宾馆商场饭店、机关事业单位体育空间服务能力分析

宾馆、商场、饭店、机关事业单位楼，总体本身总拥有的公共体育场馆数并不多，这直接导致以这些区域所制定的泰森多边形图的长度属性较大，所要服务的区域面积也大，其中最为明显的是月浦镇。图 7-102 显示，从整个宝山区来看长度属性最大的区域分布在宝山区的南北两侧，其他的区域由东至西长度属性依次增大。

⑥ 矿区等其他体育空间服务能力分析

在图 7-103 中明显可以看到，以宝山区工矿和其他所有的公共体育空间所制成的泰森多边形，长度属性最大的是杨行镇和罗店镇。其他的区域公共体育空间分布比较平均，长度属性和面积差距不是很大，部分近江城区相对分布较少一些。

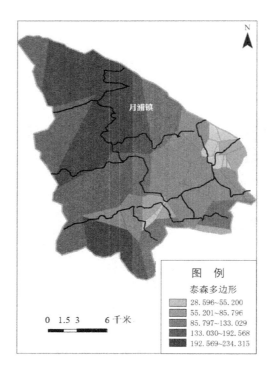

图 7 - 102　宝山区宾馆、商场、饭店、机关事业单位楼体育空间泰森多边

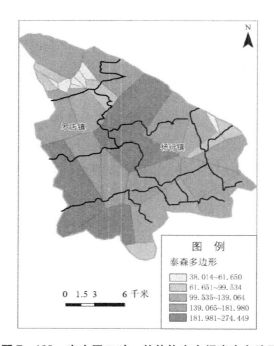

图 7 - 103　宝山区工矿、其他体育空间泰森多边形

应用泰森多边形图结合 GIS 空间分析方法，划分体育场馆服务区满足参与体育锻炼群众相关要求。由服务区划分结果得知，城市周边地区服务区的面积远远小于其他地区公共体育空间服务区的面积。其中最为明显的就是居住小区、街道。由此可以得知：首先，在居住小区、街道的体育空间设施配置得很好，能保障居民正常的身体锻炼。其次是乡镇、村，比较全面和均匀的分布在整个宝山区内。再次，就是校园，同样是沿海地区和中心城区更为密集，服务的群众较多。最后是公园、广场、宾馆商场饭店、机关事业单位、工矿、其他，所得到的图形面积分布较大，服务的区域也较大。

各体育场馆数与服务区内参与体育活动的人口的比值也存在很大差异。沿海和中心城区服务区内，体育场馆的利用率更好，群众参与度更高；而有些地区则相对比较空旷，参与体育锻炼的群众、公共体育空间分布情况非常不均匀。

7.3.5 小 结

（1）上海市闵行区体育场地建设投入逐年增加，体育场地数量与面积得到逐步改善。面向中小学学生的体育活动场地类型丰富，开放程度较高，但人均占有数量与面积相对较少。

（2）上海市闵行区中小学学生体育活动空间服务水平较低，在县级、乡镇级与小区级体育空间上均表现不足，特别是小区级体育空间上，居住社区体育活动空间得不到保证，体育活动服务能力中间地段承受的服务压力较大，难以满足服务需求。上海市闵行区中小学学生课外身体活动水平较低，其中主要的原因之一为体育活动空间得不到保障。

（3）考量上海市宝山区体育空间的系统属性，最多的是其他系统的体育场馆的数量，第二是教育系统，第三是体育系统。在数据中可以看出，广受欢迎的篮球，日常休闲首选的羽毛球，我国特有的国球（乒乓球）、足球、网球等球类方面，跑步、游泳等日常常见活动项目设施较为丰富；而不常见的击剑、摔跤、柔道、空手道、高尔夫球、门球、攀岩等场地设施和场馆资源相对较少。

（4）上海市宝山区体育空间缓冲区分析结果表明，在管理系统属性的对比和分析中可以发现，平均占地面积更大的是体育系统；但是，教育系统总体的场馆数量要比体育系统多很多。以所归属系统进行比较可以发现：居住小区、街道和乡镇、村体育空间个体缓冲区域较小，个体的数量较大；其他的区域都围绕着人口的分布，全面和均匀地服务群众尚嫌不足。

7.3.6　建　议

（1）立足以人为本，紧跟城市文化脚步

体育空间是一个复杂的、多元的、动态的系统。城市公共体育空间所包含的各类要素，它们相互之间所产生的各种关系，各类要素相互间的作用，都要考虑城市公共空间所涵盖的结构要素。各类要素要遵循一定的结构规律，这一规律是内在形成的，而不是人为提升的。不论是形式、序列、规模，还是相互组合关系，公共体育场馆的未来规划是一个多元的设计，要综合考量社会、地理两方面要素。涉及社会因素，特别是在经济、人口、风俗习惯，地理环境上的地形、气候，以及城市文化环境也应该融入设计中。这有利于促进弘扬城市文化，维护城市特色。根据城市特点和城市体育运动资源，开展相适应的城市运动项目，力求使大众体育成为城市生活中的一大亮点，在生活习惯上增添时尚新元素。

上海市闵行区在体育场馆布局上，呈现不均衡性，主要表现在中部地区压力巨大。在秉承"以人为本"的服务原则上，《上海体育设施布局计划（2012—2020）》，城市规划系统领域和体育设施的社区建设，包括城市的"30分钟运动人生"建设，构建包括市级、区级、社区级的全市体育设施布局体系，规划层次分明、布局合理，为上海市未来体育场地建设提供了宏观路径和操作方案。同时，上海市相关部门需要积极落实规划，加快上海市体育场地的建设和发展。

（2）把握宏观调控，改造公共体育场馆

在城市建设中，城市体育空间是必不可少的，它有着很多不可替代的功能。城市体育空间主要看它的"公共性"，这是最为核心的特征，私人体育空间肯定不具备这种特性，政府直接或间接管理也要看这一表征。公共性的体现方式具有多样性。城市体育空间具体分多少等级，建立的空间能够服务多大的区域和范围，空间选址何处比较适宜，空间设立的数量多少和规模大小等都可以显现公共性。政府宏观调控，比如说举办大型比赛；将举办地点设立在中心城区体育公园内、投放运动和训练设施；提升大型运动会能力；对旧体育场馆实施新建和改造，改善他们以往的不良形象；重点改造服务能力差的体育空间，使其服务能力有明显的进步。不论是从场馆的面积、所容纳的人数，还是可举办运动项目的种类，都要综合考量，切实增强场馆在综合运营方面的相关职能。

（3）增加经费筹措，注重社会力量投入

在体育产业不断地成为城市居民不可或缺的资源时，对于提升和新建体育场馆是势在必行的。但是建设体育空间需要投入巨大的资金和土地，这直接给政府带来无形的压力。所以完全可以将民间资本融入进来，由政府制定有效共赢的政策，适当地与社区体育组织进行合作。利用社会资源缓解体育空间的压力，多方面筹集资金，合理并且充分地利用社会资源缓解压力，真正做到取之于民、用之于民。在体育场的建设方面，为了确保财政分配的合理性，预先制定政府的财务计划。现在，上海市闵行区每年都有一定预算用于体育事业，其中包含部分体育场馆的使用费用。今后数年间，闵行区体育会场的建设需结合闵行区现有场地设施情况做到合理配置。同时，应该拓宽资金的来源渠道，如可以利用现有场馆，在一定时间段实现有偿使用，保障后期场馆建设、维护的资金来源。

（4）切合群众需求，建设适宜体育场地

面对闵行区体育场地人均面积较少的事实，以及无法满足中小学学生及成人锻炼需求的情况，上海闵行区的体育设施需进一步提升满足群众需求的能力。一方面，在体育场馆建设期间，需要加强健身可查询性、运动会场和设备的管理、及时数据维护等，积极地提升设施和场馆质量。同时，针对中小学生体育学习的需求，进一步改造和改建体育场馆，实现体育场馆的合理搭配与多功能拓展，实现一个场地满足学生不同的锻炼需求。

（5）优化资源管理，提升场馆服务品质

加强运动场馆管理改革，加强体育场馆的管理，积极提升运动场馆的服务品质。积极促进运动场馆发展，为达到资源的最佳分配，探索运动场馆管理人才制度的改革。积极培养体育管理方面的人才，特别是了解经济管理，了解体育复合设施管理职位的人才。加强职业训练，提高体育场所管理的专业水平。优化资源管理，提升场馆服务品质离不开政策支持、政府采购服务和经济补偿机制的确立，也离不开多部门的协作和体育场所管理办法的创新。同时，可以尝试实施财政补贴和购买服务，提高体育场馆的福利。

（6）多元安全利用，优化场地利用效率

考虑到上海闵行区体育场的品质与服务方面的短板，需提升运动场质量和运动场有效利用率。第一，改善照明和其他的配套配置。在未来，建设室外运动场需有足够的资金，增加场馆有效开放时间，有必要增加夜间照明等附加设施。第二，改善体育运动场地层。水泥地面、其他材料的地面运动场馆，需做到地面材料合规，确保科学健身功效，保证公共健身安全。第三，加快球场建设的标准化。运动场的安全性是首要考虑的问题，需确保排除一切隐患，提升风险管理的能力，逐步提升体育场馆的标准化程度。

第8章 超大城市中小学学生体育活动行为时空特征 研究

随着我国综合实力的不断增强，互联网技术、城市结构和环境的不断优化，越来越多的学生不愿外出，宅在家里。此外，在我国现行的高考入学制度下，不堪重负的学习压力和社会压力使中小学学生的生活方式和学习方式在潜移默化中发生着巨大变化，他们进行体育活动的时间被迫减少。当前我国学生的体质健康水平明显下降，表现为肺活量水平越来越低，力量性运动（如引体向上）和耐力性项目（如 800 m）的测试成绩越来越差，肥胖型体质的学生人数不断上升等；而缺乏体育锻炼则是最重要的影响因素。新的体育与健康课程标准的基本理念中第一条就是健康第一，这表明体育活动在促进中小学学生身心健康方面具有重要意义。

上海在经济与生活质量等方面的水平远远超出全国其他省份，教育更是处于领头羊地位；然而中小学学生的体质健康状况却不容乐观。2007 年，增强青少年体质健康作为体育领域急需完成的一项紧迫性任务在《中共中央国务院关于加强青少年体育增强青少年体质的意见》中被提出。2015 年 4 月，习近平就南京第二届夏季青奥会成功举办作出重要指示："更加重视青少年体育工作，引导广大青少年继续弘扬奥林匹克精神，积极参与体育健身运动强健体魄、砥砺意志，凝聚和焕发青春力量，为中华民族伟大复兴作出应有贡献。"[①]《2008美国人身体活动指南》指出：身体活动能使每一个参与活动的人受益；规律的身体活动是人们主动预防身体健康问题的有效途径。因此，中小学学生经常参与体育活动有利于增强他们的体质，在降低超重、肥胖学生的人数方面具有重要的影响。但是，有研究表明，中小学学生的课余时间很多都用在了写作业和参

---

① 中国教育报.2015.引导广大青少年弘扬奥林匹克精神[2015 - 04 - 08].人民网·教育.http://edu.people.com.cn/n/2015/0408/01053-26812637.html。

加辅导班上面，互联网的普及和不充分的城市体育活动空间等社会因素，使得很多的学生的体育活动时间大大减少。

8.1 研究背景与意义

上海不仅是我国的经济、金融中心，它还是我国教改的综合实验基地。上海的教育无疑代表了我国最前沿的教育现状，具有很强的典型性和前瞻性；但是上海市中小学学生体质下降、体育活动不足却也是一个值得重视的问题。就目前情况来看，对中小学学生体育活动所进行的研究绝大部分都是从生理学、心理学和社会学等领域进行考察的，从时空间的角度对与中小学学生体育活动参与有关的建成环境的研究很少，相应的研究成果也比较缺乏。因此我们对上海市静安区中小学学生体育活动的时空特征进行研究具有重要意义。

从中小学学生参与体育活动现状出发，对与中小学学生体育活动参与密切相关的家庭属性、时间分配以及活动场所的选择及原因等因素进行考察，探索中小学学生参与体育活动的时空特征，这在研究视角上补充和丰富了中小学学生体质健康促进研究的理论体系。本研究成果将为促进中小学学生体育活动参与提供有力的指导，同时还可以为相关部门在进行体育场馆设施的兴建、布局时提供可资参考的依据。因此，对中小学学生体育活动的时空特征进行研究，具有重要的实践意义。

8.2 文献回顾

8.2.1 国内中小学学生体育活动研究

（1）体育课相关研究

体育课作为学校体育教学的基本组织形式，是学生获取体育与健康知识，促进健康、增强体质、增进社会性交流的重要方式。自改革开放以来，学校体育教学工作的开展取得了很大的突破，但同时也遇到了重重阻力。

20世纪20年代普遍使用的体育教学大纲以及21世纪的体育课程标准都是不同的历史时期学校进行体育教学的依据，不同的依据折射出了不同的教育理念和教育过程。于晓东、张纯一、张春宝（2010）对新中国60年以来的体育课程的内容选择做了梳理，指出在不同的历史时期，新中国体育课程出现了基本教材、选用教材、自选内容等。伴随着时代的发展，选用教材、自选内容比例逐渐增加，表现出历史合理性；但仍存在明显的不足，具体表现在教师的"他选内容"与学生"自选内容"之间的比例失衡，且缺乏有效的整合。李忠堂、阎智力（2010）从教学理念的创新、教学内容的改进、教师的培养与教学的改善、课程评价体系等方面对课程改革的历程进行了回顾，指出新课改在体育教学方面更加注重学生的主体地位，传统的教师、教材为中心的观念已经不适应学校体育的发展。在体育教学方法方面，学者们积极借鉴国外优秀的体育教学方法，"游戏教学法"以及"快乐体育"理念的提出为我国的体育教学提供了思路。

体育课的上位理论研究为基层学校体育工作的开展指引了道路，但是在体育课程的实施过程当中，出现的问题也非常多。许良（2013）对我国中小学的学校体育开展情况作了调查，结果显示全国中小学每周体育课大多数是一周两节，选项课教学作为中小学体育课改的成功案例之一，只是在一些省会城市才得以开展。郭震（2013）对我国中小学体育课的开展现状作了调查，结果显示中小学普遍出现体育课开课率低、缺勤率高，体育场地器材严重缺乏的状况。随着国家经济的发展，在一些发展相对较好的城市，体育器材的供应基本上能够满足日常体育课教学，但是却又出现了另外一个问题，不敢使用体育器材。周丛改（2014）认为，目前学校普遍存在器械不敢用甚至被禁用、未能充分利用场地器材、器材创新不当等问题。不能使用既有的场地、器材意味着学生进行体育活动的场地、空间将会变小，这有违促进学生身心健康、提高学生体质的目标。

综上所述，体育课的发展正处于不断摸索阶段，体育课时间和场地器材的问题还需要政府有关部门和各级各类学校努力解决。不过，体育课越来越重视学生的主体地位，尊重学生的体育需求是未来体育课取得飞跃性发展的突破口。

(2) 课外体育活动研究

良好的身体是人们高品质学习、工作和生活的前提，中小学学生体质健康成为社会各界都很关心和重视的问题，学校体育工作的开展也受到国家高度重视。新一轮课程改革指出，学校体育教育应该树立"健康第一"的指导思想。在校期间要保证不挤占体育课的活动场所和时间，确保学生体育课和课外体育活动的正常开展，且各级政府要为学校体育工作的开展提供必要条件。2013年，中国共产党第十八届中央委员会第三次全体会议通过的《中共中央关于全面深化改革若干重大问题的决定》(以下简称《决定》)指出要"强化体育课和课外锻炼，促进青少年身心健康、体魄强健"[①]。这是国家层面对促进中小学学生体质健康工作的一个重大要求，各级省、市、自治区政府及相应的教育部门、各个领域的学者们都积极响应国家政策，关注学校体育工作的开展。上海市历来对中小学体育课和课外锻炼比较重视，早在 2007 年 6 月 14 日，市教委就印发了《上海市中小学 2007 学年度课程计划》，明确指出中小学体育活动课时需要增加，各级中小学统一实行三课、两操、两活动，每个年级每周都要安排 3 节体育课、2 节体育活动课，每天安排活动操、眼保健操。此外，每天下午课后至 17：00 前，学校应该积极组织学生开展多种形式的课外文化教育活动和体育活动，一系列政策都为学校课外体育活动的开展提供了保障。赵卫民 (2002)、关颖(2005)、罗炯、唐炎、公立政(2012)对我国不同地区、不同城市的中小学学生的体育活动现状进行调查研究，结果显示学校体育活动开展相对顺利，学生都能在具体的规定下积极参与体育活动，但同时也存在小部分不参与体育运动的学生。范立仁、顾美蓉、王华倬等(2000)通过调查发现在课间时间利用方面，小学、高中的学生基本都是抓紧时间写作业，而初中则是进行其他休息方式。在课余时间分配方面，学生也都是写作业、上网等，参与体育活动的比例较小。通过对中国知网上有关的中小学课外体育活动文献进行整理发

---

① 国务院：《中共中央关于全面深化改革若干重大问题的决定》，[2013－11－16]中国共产党新闻网，http://cpc.people.com.cn/n/2013/1115/c64094-23559163-12.html。

现，在中小学，课外体育活动一直都被看作是体育课的重要组成部分；但是对于学校课外体育活动的价值和意义的认识却有偏颇。马赛、李丹等人以及一大批体育教学研究者(含硕士研究生)等都认为，课外体育活动是学校体育课的延伸；而吕中凡等人则认为，课外体育活动应该与体育课并重，学校应建立双中心的体育教学模式，突出学、练结合。还有的学者也认为，两者应该共同发展。随着基础教育的改革与发展，课外体育活动的形式也日渐丰富，例如中小学课外体育活动社团、俱乐部的设立，课间操的开展等方面。

综上所述，当前我国课外体育活动的开展不仅有政策上的支持，还有各级各类学校的实践经验作支撑。但是课外体育活动作为发展学生兴趣特长、增强学生体质的重要方式之一，其活动时间却得不到保障；而在场地整合利用方面的研究也相对较少。此外，人们对于课外体育活动的认识还有很大偏颇。

（3）校外体育活动研究

校外体育活动主要指学生放学或者放假回家后所进行的体育活动。有调查显示，我国四分之三的中小学学生放学后会去参加各种课外辅导班(包括学科辅导、特长辅导等)。2011年，吴键在《我国青少年体质健康发展报告》中指出，学生在国家规定的休息时间首要任务是集中精力学习和完成作业，其次是休闲。他们休闲时间安排首选是看电视、上网，其次是阅读课外读物，再次是与同伴游戏、玩耍，通过体育活动的方式来放松身心的时间最少。范立仁、顾美蓉、王华倬等(2000)对全国学生参加课外体育活动状况研究中发现，在体育活动场所的选择上，中、小学生课外体育活动场所主要在自家附近空地和学校体育活动场地，而选择在收费体育场馆、公园、街道进行活动的人数均比较低，男女学生在这方面表现出很大的一致性。我国在中小学学生体育活动参与的影响因素方面也有大量研究。关颖(2005)通过调查指出，少年儿童运动量不足主要原因在于没有时间、主观因素(如运动太辛苦、要花钱等)和没有合适的运动场所。周丽君(2006)认为，影响中小学学生参与体育活动的因素是多方面的，主要表现在心理类因素(为了获胜、喜欢挑战和从中获得乐趣)、健康因素(保持身材，为了健康和强健体格)、家庭类因素(父母意愿、父母参与情况、兄妹参与情况)、社会类因素(社会整体锻炼氛围的强弱、广告宣传等)、体育设施因素(场地因素和器材因素)、学校因素(体育课内容的丰富程度、学校体育活动满足需要的程度、可自由支配时间的多少等)、集体效应(团队活动氛围、班级同学的运动水平等)和成就感(可以学习新的运动技能、享受运动时的高峰体验、结交到新的朋友等)。因此,合理分析中小学学生进行体育活动的影响因素,对增加中小学学生体育活动量具有重要的引导作用。在中小学学生体育活动的干预方面,从国家的政策到中小学学生个体对体育活动认识方面都有体现。教育部出台的"每天锻炼一小时""中考体育考试加分"等多项政策都旨在促进中小学学生体育活动。家庭、社区和学校一体化的中小学学生体育活动促进策略已经得到很多学者的认可,如谢宜轩(2013),杨燕国(2012),宋学岷、赫秋菊、张绍礼等(2013)。

综上所述,目前对中小学学生校外体育活动的研究主要集中于体育活动时间的安排、课余体育活动时间的分配利用、中小学学生体育活动参与的影响因素和体育活动促进四个方面。校外体育活动的时间往往被一些文化课的任务挤占,相当一部分学生更愿意将时间花在休息放松上面;而造成这一现象的原因则是多方面的。

8.2.2 国外中小学学生体育活动的相关研究

金季春翻译的《世界体育教育峰会主报告论文》(*Procdings Word Summit on Physical Education*)一书对不同国家的体育教育现状进行了总结。威尔科斯(S. Wilcox,1996)在其调查中提出了一些十分尖锐的问题,其中包括体育教育地位下降、缺乏文化特点、无法与公众机构进行有效的沟通、设备缺乏、维修不力等。大多数欧洲国家都存在着体育课时数不够的问题,在被调查的 25 个欧洲国家中,仅有三个国家在 6~18 岁年龄阶段的中小学中每周开设 2 小时的体育课程。新西兰国家规定学生每天至少进行 30 分钟的体育活动,但由于削减经费和缺乏仪器设备,学校体育课程的时间正在减少,其他课程争抢课时。在很多国家,国家政策的实施情况非常不容乐观。美国的中小学参与体育课学习的人数逐年急剧降低,有些学校甚至将学生走进、走出体育馆以及休息的时间算作体育课时间。由此可见体育课的开展极其艰难,更别说其他体育活动了。随着社会的发展,由体育活动缺乏所带来的体质问题逐渐显现,各个国家开始重视体育活动在增强学生体质方面的积极作用。2003 年，美国政府为了提高中小学学生的身体健康水平，开始把工作重点放在他们的日常体育活动上。张怀波(2008)对美国中小学学生体育的发展进行梳理发现：其体育活动主要通过体育课和课外体育的形式开展。在美国，多达八成的中小学学生参加课外体育活动，5～12 年级每周课外活动时间平均达到 12.6 小时。其中 7～9 年级参与体育活动的时间最长，平均每周 13.2 小时；10～12 年级减少为 12.1 小时。但美国中小学学生每周体育课时间只有 2.35 小时。杜俊娟(2010)对美国的体育课现状进行了研究发现：尽管美国绝大部分的小学生都接受正规的学校体育教育，但从具体统计资料来看，每天参与学校体育教育的学生却只有 36%，其中包括参与体育课和课外体育活动者。然而，美国因为教会体育的发展，社区体育发展速度非常快，校外体育活动将学校、家庭、社区紧密联系在一起。

8.2.3 中小学学生健康促进与其体育活动行为的相关理论研究

汪晓赞、郭强、金燕等(2014)青少年健康促进经历了两次重要转向，即由早期疾病诊疗的辅助手段转向提倡积极健康的生活方式，由制定健康公共政策的理论探索转向推动行动计划的实践实施。陈佩杰、翁锡、金林等(2014)认为，建成环境、体力活动与健康的关系是运动健康促进研究的新领域。在美国、澳大利亚等国家，建成环境、体力活动与健康的关系在运动健康促进、城市规划、公共健康领域蓬勃发展；然而，国内该研究领域尚处于起步阶段。近几年来，体育健身热潮在我国大城市顺势而来，中小学学生体育健康促进已经成为各个领域关注的焦点。欧美发达国家在 1979 年就已经开始对中小学学生体育健康问题进行探索，并取得了许多先进的理念和理论成果，我国也在借鉴西方的研究成果的基础之上不断地进行众多探索性工作。

随着研究的不断深入，中小学学生体育活动促进的方法和途径越来越多，大部分研究是通过对中小学学生参与体育活动的现状及影响因素进行分析，并制定相关促进策略。锻炼行为生态学模型是中小学学生体质健康促进研究方面的最新应用研究成果，融合社会学、心理学和生理学等学科知识于一体，认为个体的锻炼行为是受环境情境和生理心理因素综合影响的。首先，从政策方面来看，国家对中小学学生的体育活动促进就起到了很大的作用。2001 年，全国第八次体育课程改革明确提出要通过增加学生课内外体育学习与活动，帮助学生形成体育锻炼的意识和习惯，从而增进健康。2004 年，一项名为"快乐 10 分钟"的健康促进活动由疾控中心发起，旨在促进学生积极参与体育活动。2007 年的"全国亿万中小学学生阳光体育运动"提出"每天锻炼 1 小时"的口号。在个人层面，传统的体育活动理论倾向于对个体特征、自我效能、运动动机等变量进行研究；而在家庭层面、学校层面以及社区层面，林少娜、陈绍艳、胡英宗等(2004)人则主张采取三位一体的观点，认为三者的密切结合，能共同、有效地促进中小学学生积极参与体育活动。

8.2.4 时空特征的相关研究

（1）时空特征在地理学中的发展及研究

爱因斯坦曾在相对论中提出，时间、空间、物质三者是相互联系、相互作用的，不能分开解释。对人类行为的研究，既要从空间的角度进行分析，也要从时间的角度加以分析；而关注空间特征是地理学的特色。因此，运用地理学的相关理论与研究方法来研究人类的体育行为是非常有必要的。随着社会的发展，人文地理学研究方向也在发生变化，对人与社会的实际问题进行考察成为重要的研究切入点，研究者们越来越趋向于对事物微观的考察，而建立在个人微观层面上的研究成为热点。时间地理学不仅是地理学的分支学科，它也成为跨学科、跨领域、可广泛应用于解决实际问题的一种研究方法。它表现并思考在时空上人类行为与客观环境之间的关系，是一种方法论。欧美时间地理学应用研究领域比较有影响力的人物是普雷德（Allan Pred），他将时间地理学与现实生活紧密结合，开拓出许多新的研究领域，例如将城市发展与个人生活关系研究结构化理论与时间地理学的结合等。在未来的社会的发展中，越来越关注现实的社会问题将不仅是地理学的研究内容，还将是研究社会问题的一种方法。

（2）时空特征在购物消费行为中的研究

辩证唯物主义认为，时间和空间是运动的两个要素构成，任何物质都存在一定的时间、空间当中，因而运动是物质的本质属性。任何行业、任何行为都离不开对时间和空间的探讨。

购物消费行为是人类特有的行为，在竞争日益激烈的当今社会，人们的消费行为也发生了很大的改变。购物时间和空间作为制约人们进行相应消费的重要因素，越来越为研究者们所重视。韩会然、焦华富、王荣荣等人（2011）从国外研究进展及国内研究重点两个方面回顾了居民购物消费行为的相关研究及最新进展，认为国内外购物消费行为研究都经历了由宏观供给层面到微观需求层面研究的转变。国外研究主要集中于基础理论、购物消费行为特征及影响因素、模型预测与模拟等方面；国内研究主要表现为宏观层面的商业空间研究、购物消费行为的时空特征、影响因素及行为决策机制研究等。蔡晓梅、赖正均（2008）对具体的饮食购物行为的时空特征进行了研究，他们从饮食消费频率、消费时段和消费持续时间三方面对广州居民饮食消费行为的时间规律进行了分析，提出了不同类型饮食消费行为的圈层分布图和高低档次饮食消费行为的空间带状图。柴彦威、李昌霞（2005）从宏观区位、微观区位的角度分析了居住区位对老年人购物行为的影响，对老年人购物活动的空间圈层结构进行研究。柴彦威、马静、张文佳（2010）采用出行距离、时间敏感性这两个指标，对人们购物消费行为的时空间特征进行描述，还用空间圈层结构图作了清楚的展示。总体而言，对人们的购物消费行为的时空间研究，很多都通过空间圈层结构和时间敏感性两方面进行描述和分析，且研究比较前沿。这对中小学学生体育活动的时空特征的研究具有重要的借鉴价值。

（3）时空特征在体育领域中的研究

目前，城市交通、城市规划及资源配置等领域对城市空间以及时间的研究有很多。孙维亚、周凌焱、宋志豪（2014）通过运用 GIS 软件并基于时空数据模型，对成都市 3 个环线上交通流的时间特征、空间特征及时空特征进行研究，旨在分析造成交通拥堵的原因。肖京格、周廷刚、姚林虎等人（2015）对重庆市 38 个节点区县的陆路交通网络可达性时空演化特征及规律进行了探索。樊立惠、蔺雪芹、王岱（2015）对城市空间中教育医疗设施资源配置进行了研究。

蔡玉军、邵斌、朱昆等（2012），蔡玉军、邵斌（2014）等从上海市居民体育活动的场所特征、出行方式和体育活动空间圈层特征，对体育活动的空间特征进行描述，从活动频率、活动时段、活动持续时间和活动出行时间这几个方面，对上海市居民的体育活动时间特征进行研究。此外还从上海市居民体育活动的场所特征、出行方式、体育活动空间圈层结构及体育活动时间段、持续时间、频率和出行时间几个方面，对城市居民体育活动的时空特征进行研究。目前，从地理学的角度对中小学学生体育活动的时空特征进行研究的论文还很少。蔡玉军等人（2011）从人文地理学与社会学相结合的角度，对上海市小学生校外时间体育活动行为时空规律进行了相应的研究。研究中对中小学学生的校外活动场所、出行方式、居住地与锻炼场所的距离等方面进行调查来反映空间特征；对活动频率、活动时间段、活动持续时间进行调查来反映时间特征。

国内外对中小学学生的体育活动行为的研究较多，但从时空间结合的角度对中小学学生的体育活动行为进行研究的论文还很少、很不成熟，很大的原因是目前还没有能够为研究者提供足够、大量、便利的研究工具，这还需要广大研究者不断去开发。此外，当前的教育观念还存在着很大的偏差，从而导致相关研究变得举步维艰。

8.2.5 核心概念的界定

中小学学生：小学生一般指接受小学教育的学生，由于上海市的中小学目前实行的是五、四学制，同时考虑到小学生认知能力的发展规律，因而本研究主要以年龄在10～11岁左右小学四、五年级学生为调查对象。中学生是指年龄在12～18岁左右、接受中等教育的学生，包括初中生和高中生。

体育活动：我国学者多根据《牛津英汉双解辞典》对"physical"一词的译文解释为"身体的，肉体的，体力的"，据"activity"的译文解释为"行为，活动"而将"physical activity"译为体力活动或身体活动（PA）。卡斯柏森（Carl Caspersen）、伯查德（Claude Bouchard）、赛瑞德（John Sirad）等一批国外学者普遍将physical activity定义为经骨骼肌的收缩而引起的能量消耗和身体移动，而这种身体活动贯穿于人们的生活之中，排除有规律的、有意识的、长期的身体活动如健身健美外，人们平时的购物、家务、上下班行为都属于体力活动。我们通常将有计划、有规律、有组织的，以增强人体体能为目的的体力活动视为体育锻炼。而身体活动不仅仅包含规律性的体育锻炼，因而身体活动概念更为广泛，其中就包括了体育锻炼。日常的体力劳动并不是体育运动，在研究中，笔者是对中小学学生参加体育运动和游戏中的时空特征进行的调查研究，并不是中小学学生在日常的体力劳动。同时考虑到他们的理解能力，我们在量表中选择了体育活动这一概念。体育活动对于中小学学生而言包含体育课的活动和闲暇时参与的体育活动。

时空特征：时空特征主要是指时间特征和空间特征。时间特征表现为某一行为的起始、持续及结束特征，包括行为的起始时间、行为频率、行为时间段、行为持续时间、行为结束时间等。空间指一件物体占位大小和相对位置的度量。目前，很多领域的学者都试图通过对某一行为或者现象进行时空分析，从而为指导实践提供理论支撑。本章考虑到中小学学生体育活动空间和时间的有效配置问题，特将时间作为一种社会因素。该社会因素主要以两种方式影响社会互动——一是作为一种社会资源，二是作为一种社会意义（时间社会学）引入到中小学学生体育活动行为的研究中。

8.3　研究目的

通过调查，对上海市中小学学生的体育活动的时间、空间现状进行分析，明确不同年龄、不同性别学生在进行体育活动时所表现出的特征及差异，对影响中学生锻炼行为的因素及各因素与中学生锻炼行为之间的关系进行梳理，试图从学生需求的角度对当前体育运动场馆的建设进行分析，从而为相关决策机构提供可参考的建议，并为上海市中学生的体质健康促进工作提供指导（研究思路如图 8-1）。

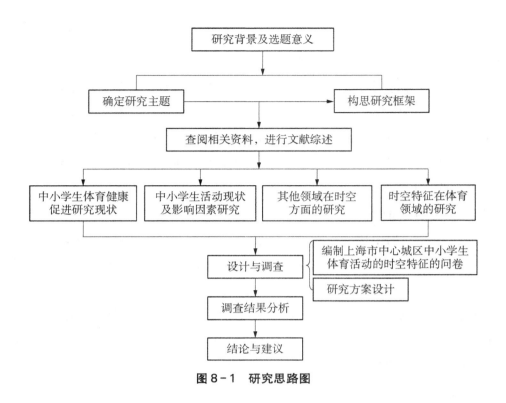

图 8-1　研究思路图

8.4　研究设计

8.4.1　研究内容

　　主要通过问卷对上海市静安区中小学学生体育活动时空现状进行调查。在前人的研究基础之上，对与中小学学生参与体育活动相关的个人属性、家庭属性、空间因素和时间因素进行综述，同时参考其他领域在时空特征研究方面所采用的研究指标，确定本研究的调查指标。本研究内容包括以下三个部分：

　　（1）中小学学生及其家庭基本属性（包括被调查者的居住地、性别、年级、年龄、常用的交通方式、家庭收入等)与体育活动参与之间的相互关系及所呈现的特征研究。

(2)中小学学生在体育课、课后、校外所进行体育活动(包括出行方式、活动时间、活动频率、活动持续时间、活动场地的选择及原因等)的时空特征研究;

(3)中小学学生体育活动时空感知和活动动机分析研究。

8.4.2　研究对象

以中小学学生体育活动的时间特征和空间特征为研究对象,以上海市静安区为例,选取静安寺街道、南京西路街道、江宁路街道、石门二路街道、曹家渡街道上不同等级的中小学为问卷发放及调查的目标区域,以所选学校的学生为调查对象。

8.4.3　研究方法

(1)文献资料法

通过华东师范大学图书馆、南京师范大学图书馆、上海图书馆、当当网上书店等途径,以查阅、借阅、购阅等方式收集整理资料。收集的资料对象主要为关于社会学、行为地理学、时间地理学等方面的论著,总共 10 余部。

本章利用中国三大期刊网(包括中国知网、万方数据库、维普中文论文数据库)和 EBSCO 总站、ScienceDirect、Google Scholar 等外文期刊网,以"体育活动""体育行为""锻炼行为""空间""时间""地理学"等为关键词进行组合检索,获得相关的、具有重要意义的文章 100 多篇,其中期刊论文 60 篇,学位论文 30 篇,其他形式论文 10 篇。通过文献资料的整理与分析,了解相关研究的进展,获取立题与研究所需的基本理论知识构架。

(2)访谈法

专家访谈:就上海市静安区体育活动场所的空间布局,特别是交通空间、居住空间等相关问题对华东师范大学资环学院相关领域专家 1 名进行访谈;就上海市中小学学生体育活动行为相关问题对华东师范大体育与健康学院相关领域专家1名进行访谈。

教师访谈：随机抽取调查区域内小学、初中、高中体育教师各1名进行访谈，对中小学学生校内外体育活动行为状况进行详细了解。

（3）问卷调查法

问卷的设计及制作：上海市中小学学生体育活动的时空特征问卷通过文献整理和专家访谈得以确定。调查问卷分为四个部分：第一部分为学生及其家庭基本属性；第二部分主要是中小学学生体育活动的时空间总体特征，包括校内体育活动时空特征和校外体育活动时空特征；第三部分是中小学学生体育活动的时空感知；第四部分是中小学学生体育活动参与动机调查。

预调查及信效度检验：采用专家效度检验问卷的内容效度，经检验，问卷的内容效度较高。采用探索性因素分析检验问卷中小学学生体育活动时空间感知和活动动机两个部分的建构效度(结构效度)，结果，17个题项的中小学学生体育活动的时空间感知量表共萃取三个共同因素：要素拉力性感知、场所适宜性感知和场所可达性感知。要素拉力性感知层面包括第1、2题，13～16题；场所适宜性感知包括第6～12题；场所可达性感知包括3～5题和第17题。体育活动参与动机量表不能够再进行萃取，其内部一致性系数 $\alpha=0.928$，效度较高。

问卷发放与回收：2015年11月进行了问卷的发放与回收工作。问卷发放前，先对静安区中小学的数量和地理位置进行收集、整理和统计，最终选取5所小学、6所初中和3所高中为问卷的目标发放点；然后向拟发放问卷的各所学校的老师讲解问卷的主要内容、结构以及发放和填写要求。本次共发放问卷2 080份，回收1 894份，回收率为91.1％；剔除无效问卷后，有效问卷1 738份，有效率91.8％(如表8-1)。

表8-1 问卷发放与回收情况一览

学　　校	发放数 /份	回收数 /份	有效数 /份	回收率 /％	有效率 /％
上海市静安区第一中心小学	100	98	89	98.0	90.8
上海市一师附小	100	71	54	71.0	76.1

学　　校	发放数/份	回收数/份	有效数/份	回收率/％	有效率/％
上海市静安区西康路第三小学东部	80	68	58	85.0	85.3
上海市静安区第三中心小学	100	90	81	90.0	90.0
上海市静安区市西小学	100	91	85	91.0	93.0
上海市民立中学	200	190	186	95.0	97.9
五四中学	200	197	194	98.5	98.5
七一中学	200	171	164	85.5	95.9
育才初级中学	150	141	137	94.0	97.2
时代中学	200	191	171	95.5	89.5
静教院附校	100	82	74	82.0	90.2
市一中心	200	198	193	99.0	97.5
市西中学	250	207	160	82.8	77.3
民立中学	100	99	92	99.0	93.0
总计	2 080	1 894	1 738	91.1	91.8

（4）数理统计法

首先将回收的问卷进行整理、筛选，然后采用 SPSS 录入和处理数据，量表的检验也主要通过 SPSS 完成，运用因素分析法来检验问卷的效度，最后根据拟达成的论文目标处理相应的数据。

8.4.4　研究工具

本章主要运用 SPSS 19.0 软件对调查收集的数据进行描述统计，筛选初测问卷条目，提取公因子，划分问卷维度，最后进行图表分析和相关性分析。

8.5 上海市中小学学生体育活动的时空特征

上海作为新一轮课程改革的前沿阵地，各类学科的发展都快于其他地方，体育的发展也同样如此。从 2007 年开始，上海市中小学的体育活动课时全部增加，实现"三课、两操、两活动"的目标，这从政策上保障了学生每天 1 小时的体育活动量。然而真正落实每天 1 小时的体育活动的工作还是非常困难的，很多学生在课间操活动期间还是会选择带着书本或者是与同学聊天，甚至有学生对自己每周上几节体育课都不是很清楚。这从侧面反映了中小学学生体育活动的意识比较淡薄。此外，由于学校及家庭的压力也因为体育活动场地、文化课作业等因素的影响，很多学生在课余、校外的休息时间，不能够进行体育活动。

8.5.1 上海市中小学学生的体育活动空间特征

（1）上海市中小学学生体育活动场所

① 中小学学生校内课余时间体育活动场所利用分布情况

据图 8-2 可知，静安区中小学学生在校内课余时间进行体育活动时，对运动场地的使用具有一定的随机性，三成左右的人都没有固定的体育活动场所，而初中生表现出明显的随机倾向。在早晨 8:00 上课之前，中小学学生最常做的事情是起床、吃饭、上学，很多都是就近选择场所稍微活动一下；因此对体育活动场所的要求并不高。但有晨练习惯的中小学学生还是会选择一些较为合适的场地，例如室外宽敞的空地、篮球场、田径场等。在 8:00～11:00 点这段教学时间，小学生依然选择在室外空地活动；而中学生则更多地选择在室外专项运动场做一些自己喜欢的运动，如篮球、足球等。午休是中小学学生可自由分配的时间。小学生去专项运动场馆和综合馆的人数较多；高中生在这一时间段活动的人较少，这与他们繁重的学习任务应该有很大关系，很多高中生表示

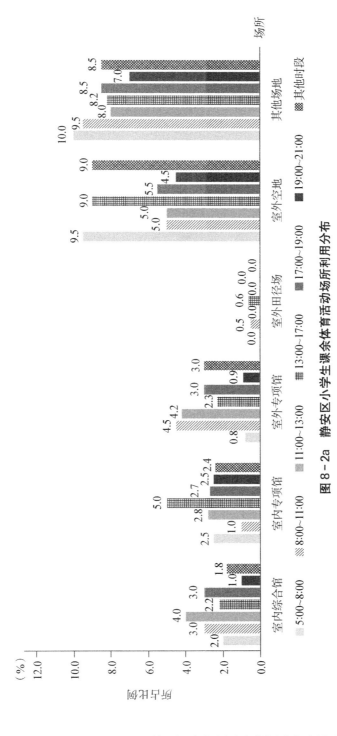

图 8 - 2a　静安区小学生课余体育活动场所利用分布

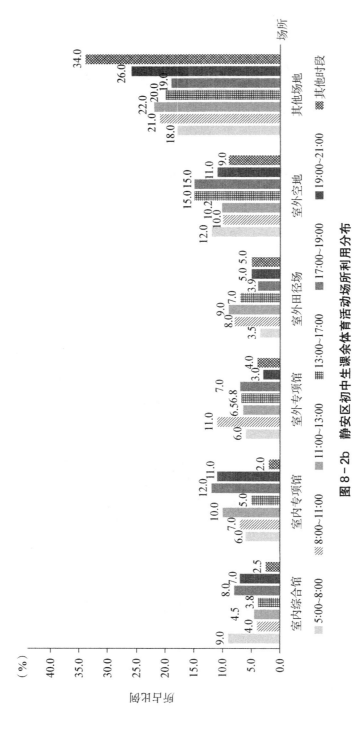

图 8 - 2b 静安区初中生课余体育活动场所利用分布

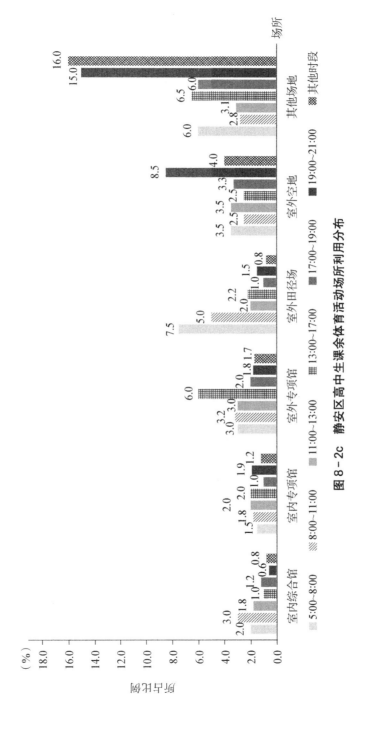

图 8 - 2c　静安区高中生课余体育活动场所利用分布

要进行午休。下午，作为进行体育活动的黄金时间，中小学学生普遍选择在室外空地进行一些体育活动。下午及放学后的空闲时间，室外空地依然是学生们进行体育活动的重要场所。此外，从图中可知，室外田径场及室内专项运动馆的利用率较其他体育活动场地低。

　　② 中小学学生校外体育活动场所利用分布情况

　　随着经济的发展，商业用地比例加大，城市公共空间在逐渐缩小，中小学学生到营业性体育活动场所进行锻炼的人数比例逐渐增加。据统计，中小学学生周一～周五校外体育活动范围主要集中在营业性体育活动场所、社区活动中心、公园及小区范围内，表现出明显的近家倾向。图8-3显示，高中生在家里锻炼的人数比例明显高于小学生和初中生，在小区和社区范围内活动的人数比例相差较小。此外，接受课余体育运动培训的人数比例小学生比中学生高，且随年级的增长而下降。

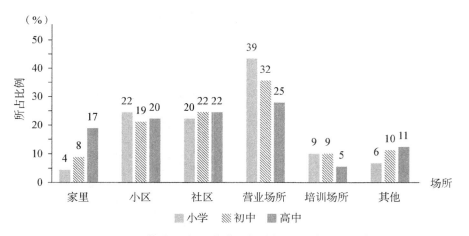

图8-3　静安区中小学学生校外体育活动场所分布

　　周末，中小学学生的体育活动场所依然集中在小区、社区活动中心和营业性体育活动场所三个地方（如图8-4）。上午8:00前，高中生进行体育活动的人数明显高于小学生、初中生，初中生主要在小区及社区范围内活动，高中生则主要在家里活动；而通过访谈得知，小学生8:00前的活动主要集中在营业场所和小区、社区内。上午8:00～11:00点以及下午13:00～21:00点，中小学学生活动范围开始变大，去营业性体育活动场所的学生人数比例较其他场所

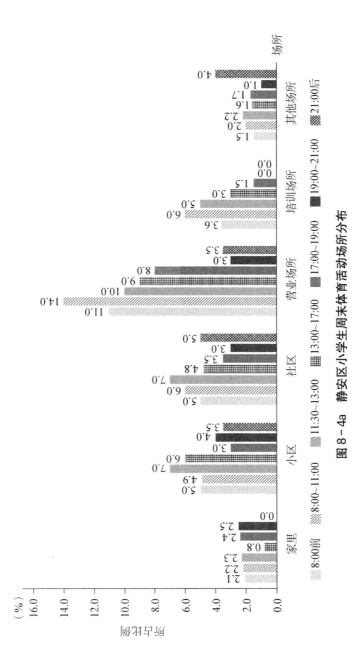

图 8-4a 静安区小学生周末体育活动场所分布

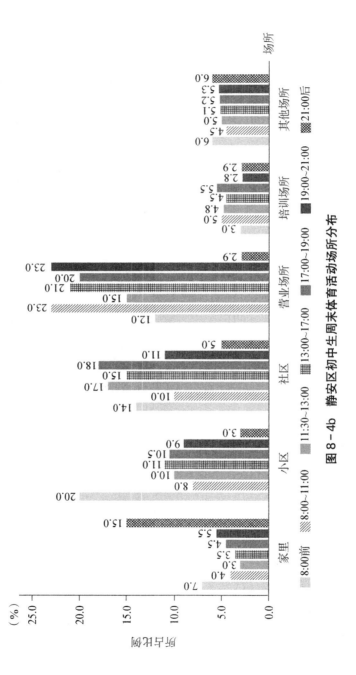

图 8-4b 静安区初中生周末体育活动场所分布

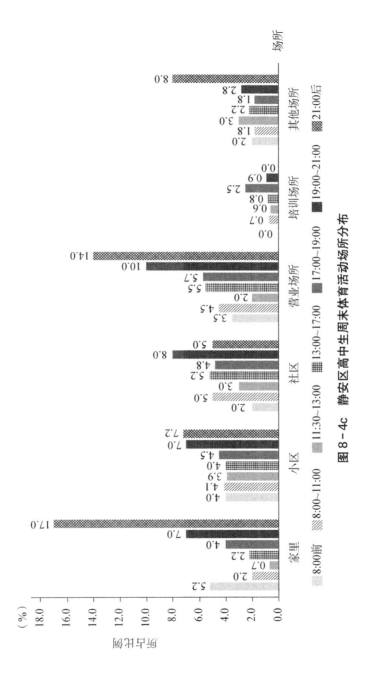

图 8 - 4c 静安区高中生周末体育活动场所分布

要大，很多学生在这个时间段都会去营业性的体育活动场馆。去社区活动中心的人数比例仅次于营业性体育活动场所。

（2）上海市中小学学生体育活动距离的空间圈层结构

由图8-5可知，上海市中小学学生课外体育活动空间范围较大，总体来说，中小学学生体育活动参与度随距离的增加而降低，中学生和小学生的体育活动距离表现出相同的趋势。在0～1.5千米范围内，中小学学生活动人数占比下降得较为缓慢，表明在1.5千米范围内学生普遍集中在自家小区进行体育活动。1.5～3.5千米范围内，中小学学生体育活动的人数占比快速下降，进一步表明上海市中小学学生体育活动行为主要发生在小区或社区的范围内，呈现出鲜明的就近锻炼规律。3.5千米至最大活动出行距离之间仍有起伏，这从侧面显示居住小区以及社区的公共体育设施并不能完全满足中小学学生的体育活动需求，在交通、经济以及时间等条件能够获得满足的情况下，他们会在适当的休息时间选择距离较远的公园、体育场（馆）及俱乐部等场所进行活动。

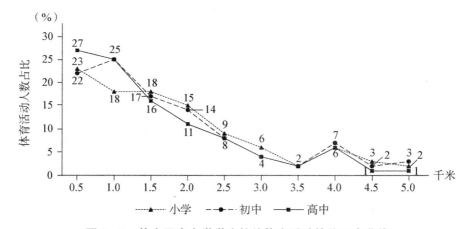

图8-5 静安区中小学学生校外体育活动炼住距离曲线

笔者对上海市中小学学生课外体育活动的出行距离资料进行整理、分析和总结，最后发现中小学学生体育活动空间呈现出如图8-6所示的圈层结构。

第Ⅰ圈层：0.0＜D＜1.5千米，为强聚集地带，有40%～46%在此距离内参加体育活动，是上海市中小学学生进行体育活动的主要圈层；

第Ⅱ圈层：1.5＜D＜3.5千米，为弱聚集地带，有20%在此距离内参加体

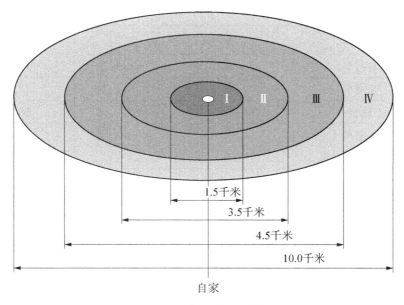

1.5千米

3.5千米

4.5千米

10.0千米

自家

图 8-6　静安区中小学学生体育活动空间的圈层结构

育活动，上海市中小学学生在这一圈层活动的人数随着距离的增大而骤降；

第Ⅲ圈层：3.5＜D＜4.5千米，为分散聚集地带，有 8%～10% 在此距离内参加体育活动，这一圈层的活动学生人数减缓速度变小；

第Ⅳ圈层：4.5＜D＜10千米，为边缘聚集地带，在这一圈层活动的学生非常少。

（3）上海市中小学学生体育活动出行方式

不同年级段学生在出行时对交通工具的选择是不一样的，且交通工具的便利性也逐渐成为中小学学生体育活动出行的重要影响因素。由表 8-2 可知，一半以上的中小学学生步行去体育活动场所，除此以外，最常用的交通工具是私家车和公交车。其中小学生倾向于使用私家车和摩托、电动车；初中生倾向于使用私家车和公交车；高中由于自理能力相对较强，出行方式主要集中在公交汽车、自行车和地铁这三类交通工具上。

表 8-2　上海市中小学学生体育活动出行方式一览　　　　　　（%）

出行方式	小学	初中	高中
步行	40.3	54.4	51.3

出行方式	小学	初中	高中
自行车	5.7	8.8	10.6
公交车	7.3	9.4	12.1
地铁	5.5	7.5	10.1
私家车	24.0	13.2	8.4
摩托车、电动车	13.9	4.1	1.1
其他	3.3	2.6	6.4
合计	100.0	100.0	100.0

8.5.2　上海市中小学学生的体育活动时间特征

（1）上海市中小学学生体育活动频率

不同年龄段的学生有着不一样的体育活动需求，因此，每周课后参加体育活动的习惯和频率也会有所不同。通过调查统计得知，高中生不参加课外体育活动的人数占到受调查高中生总人数的四分之一，而小学生和初中生仅占16%与9%。笔者认为上海市公立学校的初中生、小学生都是非住校的，出于回到家里后受家人的影响以及较低的学业压力原因，活动的频率会稍高；而高中生因为有晚自修，住宿者居多，学校里面高压的环境、做不完的作业会促使学生放弃进行体育活动的权利。在有体育锻炼习惯的中小学学生当中，小学生每周参加3次以上体育活动的百分比较高，为31%；初中生居其次，为21%；高中

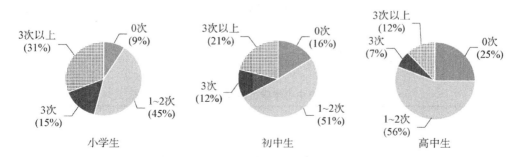

图8-7　上海市中小学学生课外体育活动频率分布

生则最低，为12％。总体来看，中小学学生每周参加课外体育活动的次数主要集中在1～2次。其中高中生1～2次体育活动的人数百分比最高，为56％；初中生居次，为51％；小学生最低，为45％。

（2）上海市中小学学生体育活动时段

在校期间，中小学学生体育活动的时间段主要集中在课前、体育课、课间、午休、活动课及放学回家前的那一段时间。早晨上学之前，即8点之前，参与体育活动的学生人数一般较少。在中午11:00～13:00之间，中小学学生参与体育活动的人数较少，主要因为这段时间是午餐以及午休时间。下午13:00～17:00的非文化课时间是上海市中小学学生参与课外体育活动最主要的时间段，且初中学生人数最多。其次，上午8:00～11:00、晚上17:00～19:00也是中小学学生参与体育活动的重要时间段，很多学生在放学之后会参与学校的一些运动训练和兴趣社团。

周末是学生休息、充电的重要时间，选择体育运动来释放压力的学生非常多（如图8-8）。超过三分之一的中小学学生选择在午后进行体育活动。其中小学生选择在上午8:00～11:00进行体育活动的人数也比较多，为25.9％，而中学生则相对较少。早晨8:00之前，中小学学生参与体育运动的人数较少，高

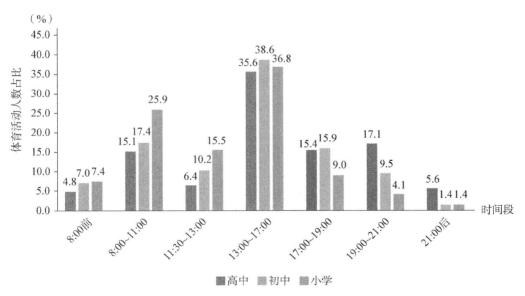

图8-8　上海市中小学学生周末体育活动时间段分布

中生仅有 4.8％的人早起锻炼，大部分人可能会选择睡觉、看视频等休息方式。因为中小学学生的身心发展水平差异，选择在晚上 19:00 之后进行体育活动的人群分布也呈现出明显差异。具体表现为高中生活动人数最多，为 22.7％；初中生次之，为 10.6％；小学生活动人数最少，为 5.5％。

（3）上海市中小学学生用于体育活动的时间分配

图 8-9 显示，中小学学生每天可自由支配时间主要集中在 1~2 小时。小学生每天的可自由支配时间较多，超过 20％的人有 2~3 小时的自由支配时间，近 20％的人有 6 小时以上的自由支配时间，因此，用于课外体育活动的时间也相对宽裕。

调查显示（图 8-10），小学生有 33％左右的人课外体育活动时间在 30 分钟至 1 小时之间，1 小时及以上的人都占到总人数的 20％以上。30 分钟及以下的学生人数相对较少。中学生有 30％左右的人有 1~2 小时的自由活动时间，有约 15％~20％的人觉得自己的可自由支配时间少于 1 小时，因此，他们用于参与体育活动的时间也相应降低了很多，锻炼时间在 30 分钟及以下的人数随年级的上升而上升。

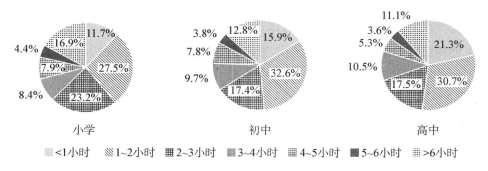

图 8-9 上海市中小学学生平均每天可自由支配时间分布

图 8-10 上海市中小学学生每天用于参与课外体育活动的时间分布

（4）上海市中小学学生体育活动单程出行时间

城市交通的发展对人们的体育活动行为有着重要影响，在各种优势条件的吸引下，人们将更多地关注时间距离，而不仅仅是将空间距离作为选择锻炼场所的唯一标准。目前，国内外的很多学者如蒂默曼、蔡平、柴彦威等都认为，使用时间距离来研究出行行为更为合理。图8-11显示了被调查中小学学生体育活动单程出行所需时间，可以看出不同学段、不同性别学生单程出行的时间距离表现出相似的发展趋势，即在选择体育活动场所时，5～20分钟的行程距离是中小学学生普遍能够接受的，且没有太多的顾虑，活动出行的比例最高。

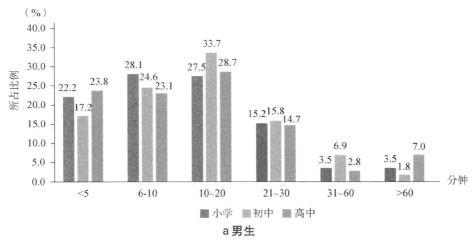

a 男生

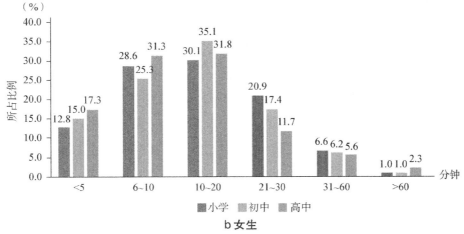

b 女生

图8-11　上海市中小学学生校外体育活动单程耗时分布

5分钟以内的活动距离是中小学学生体育活动单程出行的基本时间范围，绝大多数活动出行单程时间都在此范围内。30分钟及以上的出行时间则相对较少。

（5）上海市中小学学生每周体育活动课时数

按上海市教委中小学每周必须保证"3课2操2活动"，基本落实每天锻炼1小时的政策要求。由表8-3可知，上海市中小学学生每周体育课基本维持在3～5节，初中生对自己每周的体育课时数有着清晰的概念，相比较之下，高中生则不能明确这一点。此外，部分学生对自己每周上几节体育课还不是很清楚，少部分中小学学生认为自己每周只有1～2节体育课。

表8-3　上海市中小学学生每周体育课时数统计

课时	小学				初中				高中			
	男		女		男		女		男		女	
	人数/人	占比/%	人数/人	占比/%	人数/人	占比/%	人数/人	占比/%	人数/人	占比/%	人数/人	占比/%
1节	0	0.0	2	1.0	2	0.8	6	1.2	2	1.4	7	3.3
2节	3	1.8	5	2.6	15	3.0	11	2.2	13	8.9	12	5.6
3节	47	27.5	68	34.7	136	26.8	121	24.1	43	29.5	62	28.8
4节	36	21.1	41	20.9	91	17.9	99	19.7	44	30.1	87	40.5
5节	85	49.7	80	40.8	262	51.6	264	52.6	44	30.1	47	21.9
总计	171	100.0	196	100.0	508	100.0	502	100.0	146	100.0	215	100.0

（6）上海市中小学学生校外体育活动持续时间情况

周一至周五，中小学学生校内体育活动持续时间并没有太大差异，而校外体育活动的持续时间存在较大差异。如图8-12所示，中小学学生每次参与校外体育活动平均持续时间在30分钟及以下的人数占到总人数的三分之一。其中高中女生参与体育活动的持续时间低于30分钟的人数非常多，中小学学生在校外体育活动持续时间为30分钟的人数比例基本都在20％左右。校外体育活动持续时间在30～60分钟之间的人数表现出明显的年级差异，小学和初中的人数百分比相近，维持在40％左右；而高中生只有25％。校外锻炼时间超过60分钟的中小学学生人数大约占总人数的20％。从图8-12可以看出，上海市高中学生体育活动持续时间较短，初中生和小学生体育活动持续时间则相

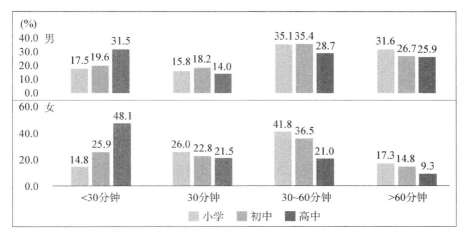

图8-12　上海市中小学学生每次校外体育活动的平均持续时间分布

对较多，主要在30~60分钟。

　　周末作为中小学学生短暂的休息时间，他们的体育活动参与计划发生了变化。在周末，中小学学生的锻炼持续时间大多集中在30~60分钟，其次是1~2小时。对比图8-12和图8-13可以发现，中小学学生体育活动持续时间低于30分钟的人数都有所下降，高中女生体育锻炼的持续时间低于30分钟的人数明显降低；小学生、初高中活动时间超过1小时的人数比例有所上升。周末活动时间超过2小时的中小学学生人数比例分别在18%、17%、9%左右。可以看出，在时间允许的情况下，中小学学生非常愿意增加体育锻炼活动。

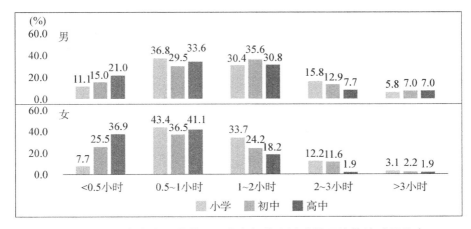

图8-13　上海市中小学学生周末参与体育活动的平均持续时间分布

8.5.3 上海市中小学学生体育活动时空特征的影响因素分析

研究中小学学生体育活动的时空特征，不仅能反映中小学学生在体育活动时对相关场地设施的利用程度与相应设施的配置情况，还能通过引入时间维度，综合说明其与周边环境的相互作用关系。

（1）学生个人属性对其体育活动行为的影响

① 年龄

从生理学的角度来说，中小学学生的运动系统（骨骼、肌肉和骨连接）随着他们年龄的增长在不断地发育，他们对体育活动的认知及自主支配时间的能力也会有所提高。如图 8-14 所示，我们不难看出，9～10 岁的中小学学生缺乏锻炼的人数明显上升，体育活动参与次数在 3 次及 3 次以上呈现波浪式下降趋势；14 岁时不参与体育活动的女生人数比例达到 17%；14～18 岁呈现下降趋势，男生不参与体育活动的人数比例也呈现同样的特征，但是总体不参与体育活动人数较女生少。通过对学生和教师的访谈，我们发现上海市中小学学生随着学龄的增大，其所受到学习和考试压力越来越大，空闲时间也越来越少，导致的结

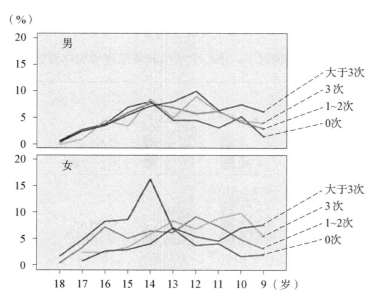

图 8-14 上海市中小学学生课外体育活动次数的性别、年龄差异分布

果就是活动次数也成下降趋势。另一方面，年龄越大的学生，自主活动的能力比年龄小的学生强，因此表现出无家长带领的运动次数随着年龄的增加而增加。

②性别

中小学期间，男女学生的生理发育特点会发生明显的变化，在体育活动参与方面同样能够体现。如表8-4所示，我们发现三个阶段的学生在运动次数上有明显的共性，也就是活动次数在1～2次的学生占多数，基本上能达到或接近50%，特别是高中生，都超过了54%。然后在0次和3次的选项上明显偏低。最后在3次以上小学与初中逐渐增多，高中明显偏低。这说明学生处于运动量成两极分化的状态，但是由于学习压力，喜欢运动的学生又不得不控制运动量，维持在1～2次。如果时间允许的话，这一群体的学生的运动量会剧增。从男生和女生的对比中，我们可以发现，大致在活动次数上都保持着一致。唯有小学男生与女生的0次活动量和高中男生与女生的3次活动量的差距比较大。小学男生0次活动量占到了11.1%，小学女生的0次活动量占到了6.7%，这说明在小学，不运动的男生数量多于女生。高中男生3次以上活动量占到了16.4%，高中女生的3次以上活动量占到了8.8%，这说明在高中有更多的男生活动量超过3次，女生则只有较少的数量能够到达3次以上。

表8-4　上海市不同性别学生每周体育活动次数分布

| | 小学 | | | | 初中 | | | | 高中 | | | |
| | 男 | | 女 | | 男 | | 女 | | 男 | | 女 | |
	人数/人	占比/%	人数/人	占比/%	人数/人	占比/%	人数/人	占比/%	人数/人	占比/%	人数/人	占比/%
0次	19	11.1	13	6.7	68	13.4	98	19.5	31	21.2	58	27.0
1～2次	77	45.0	90	46.2	252	49.6	264	52.6	79	54.1	125	58.1
3次	20	11.7	35	17.9	60	11.8	60	12.0	12	8.2	13	6.0
3次以上	55	32.2	57	29.2	128	25.2	80	15.9	24	16.4	19	8.8

（2）家庭属性对中小学学生体育行为的影响

①父母的受教育水平

上海市中小学学生每天用于参与课外体育活动的时间长短不同，通常校内体育活动受学校的氛围影响更多些，但是课外体育活动参与人数比例都随父母的受教育程度的上升而增加，统计分析显示，中小学学生在周末体育活动的频率也呈现出同样的特点。

统计结果显示：小学生不参与体育活动的学生人数随父母的受教育程度上升而上升，至本科为最高；本科以上学历者，比例逐渐降低。初中学生体育活动次数随父母的受教育程度呈 M 字型变化。父母受教育程度在小学、专科及硕士程度时，学生活动人数较低。高中学生体育活动次数随父母受教育程度的增高而增加；但是当受教育程度超过本科时，次数则呈下降趋势。参见图 8-15 与图 8-16。

② 家庭收入

本章通过实证的方式研究体育活动行为与家庭收入情况的关系。我们将小学生家庭收入划分五个等级，即：3 000 元以下为低收入，3 000～5 999 元为中低收入，6 000～9 999 元为中等收入，10 000～15 999 元和 16 000 元以上为高收

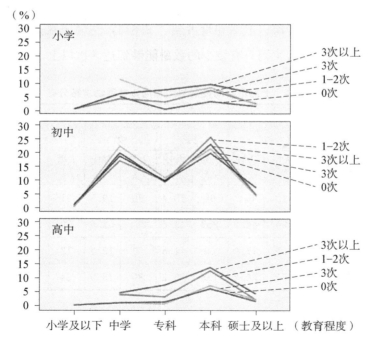

图 8-15　父亲受教育程度对中小学学生课外体育活动参与的影响

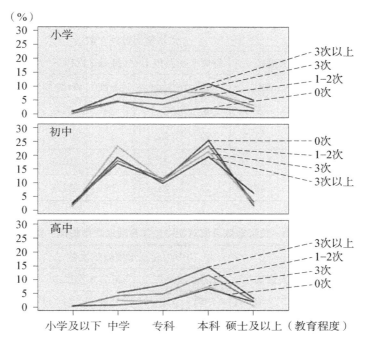

图 8 - 16　母亲受教育程度对中小学学生课外体育活动参与的影响

入段。人们的生活质量一方面是由收入的多少来决定的，根据马洛斯的需求理论，人们只有在最基本的生活得到保障后才能够去考虑更高层次的需求。现实生活中，只有当人们的收入水平能够满足基本生活需求，并有能力支付健身相关费用时，相关的体育活动行为才会出现。但统计结果显示，上海市中小学学生的家庭月收入与其参与运动的次数、活动量、选择运动地点并没有显著的关系。在计划生育政策的影响下，当前上海大多数中小学学生都是独生子女，望子成龙、望女成凤的心理使家长们支持鼓励孩子参与各种各样的活动。此外，静安区居于上海市的市中心，其经济的发达程度相对较高，影响学生参加体育锻炼的家庭收入因素并不占特别的重要地位。

③ 家长的锻炼行为

调查表明，父母的体育活动习惯往往对孩子产生一定的影响。如表 8 - 5 所示，父亲每天都进行体育锻炼的小学生，其参加体育活动的次数明显比父亲不每天进行体育锻炼者要高。家长参加体育活动的次数越少，则小学生运动的次数也会随之下降。然而，父亲的体育锻炼习惯对中学生的影响却不同于小学生，

表 8-5a　父亲锻炼习惯对小学生体育活动次数影响一览

学生每周参加锻炼次数	父亲每周锻炼次数							
	每天锻炼		每周 3 次及以上		每周 3 次以下		不锻炼	
	人数	占比/%	人数	占比/%	人数	占比/%	人数	占比/%
0 次	10	8.3	6	5.1	6	7.6	10	20.0
1～2 次	38	31.7	59	50.4	47	59.5	22	44.0
3 次	18	15.0	25	21.4	8	10.1	5	10.0
3 次以上	54	45.0	27	23.1	18	22.8	13	26.0

表 8-5b　父亲锻炼习惯对初中生体育活动次数影响一览

学生每周参加锻炼次数	初中生父亲每周锻炼次数							
	每天锻炼		每周 3 次及以上		每周 3 次以下		不锻炼	
	人数	占比/%	人数	占比/%	人数	占比/%	人数	占比/%
0 次	31	14.1	25	8.9	39	13.4	71	32.6
1～2 次	110	50.0	149	53.0	160	55.2	96	44.0
3 次	28	12.7	47	16.7	31	10.7	14	6.4
3 次以上	51	23.2	60	21.4	60	20.7	37	17.0

表 8-5c　父亲锻炼习惯对高中生体育活动次数影响一览

学生每周参加锻炼次数	高中生父亲每周锻炼次数							
	每天锻炼		每周 3 次及以上		每周 3 次以下		不锻炼	
	人数	占比/%	人数	占比/%	人数	占比/%	人数	占比/%
0 次	11	19.0	12	21.8	23	17.8	43	36.1
1～2 次	31	53.4	37	67.3	82	63.6	54	45.4
3 次	5	8.6	2	3.6	11	8.5	7	5.9
3 次以上	11	19.0	4	7.3	13	10.1	15	12.6

中学生的锻炼次数主要集中在 1～2 次，并不因为父亲的锻炼习惯而发生大的变化；但是，在不进行体育活动的中学生人数却随着父亲不进行体育锻炼的人数的增加而增加。统计结果表明，母亲的锻炼习惯对孩子有着同样的影响。父

母有体育活动习惯的小学生平均体育活动出行距离较远，平均持续时间较长。但是，虽然中学生因为有了自己的交际圈和出行能力，其出行距离也较远，却由于升学压力，其锻炼持续时间相对较短。

④ 家庭类型

受我国传统文化与政策的影响，当前我国居民承担着养老的责任与义务，因此三代家庭非常常见。据调查显示，小学生的家庭类型主要是三代家庭（他们与自己的父母及爷爷奶奶同住）、核心家庭（与父母同住）和部分与其他人员一起同住的家庭。初中生和高中生的家庭类型更偏向于核心家庭，其次是三代家庭。中小学学生的家庭类型对他们的日常生活有着很大的影响，统计得知，三代家庭中的小学生在爷爷奶奶的陪同下进行体育活动的比例较大，而中学生的比例较小。高中生因为家庭类型二分之一是核心家庭，可能因为父母正在为事业而奋斗，独自一人进行体育活动的比例较大。

图 8-17　上海市中小学学生家庭类型分布

（3）中小学学生校外体育活动的陪同人员

由图 8-18 可知，随着学生的成长，他们进行体育活动时陪同人员在发生着变化。小学生在进行课外体育活动时，主要由父母陪同，其次是同学和朋友，独自一人的比例较小。初中生则倾向于与同学、朋友一起参与体育运动，而父母陪伴的也占有很大比重。随着年龄的增长，初中生独自进行体育活动的比例增大。高中生选择同学、朋友一起进行体育活动的比例较小学和初中都高，是因为校内的社交需求变大；由于他们自我意识比较强烈，独自一个人参与体育

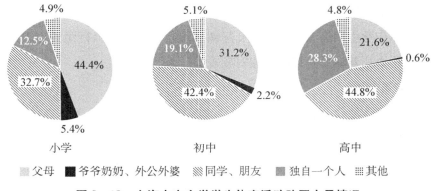

图 8-18　上海市中小学学生体育活动陪同人员情况

活动的比例也很大，由爷爷奶奶等人陪同进行参与体育活动的比例较小。

（4）上海市中小学学生体育活动行为决策分析

当个人因需求改变或外界环境变化的刺激而采取行动时，就会产生一个决策过程，该过程是个体的思想动机向外在行为的转换过程。中小学学生在参与不同的体育活动时都会有不同的需求，对待同一事物的看法也会有很大的差异，所以我们根据中小学学生体育活动行为的具体现象，从社会学、生理学、心理学和地理学等相关理论入手，来解释其体育活动行为的决策过程。

① 中小学学生体育活动的时空感知

随着人们观念的转变，教育不再是学校单方面的事情，中小学学生体育教育以及体育活动行为往往受多方面因素的影响，最常见也最基本的影响因素有两个，分别是家长的日常体育活动习惯和学生在学校里获得的体育相关知识与技能。上海市中小学目前使用的都是统一的教材，除去校本课程内容，学生参与体育活动的行为也相对稳定，即都是在学校的统一安排下进行。不同年龄的学生，其受家长的影响程度也有很大不同。很多中学生大部分时间是与朋友在一起，与家人一起活动较少；而小学生则与父母在一起的时间较长。然而，随着社会和经济的发展，中小学学生体育行为的影响因素越来越复杂。交通的便利性使得时间与距离越来越成为人们出行考虑的重要因素；而服务质量也成为了人们评价某一商品的重要指标。中小学学生体育活动行为也同样受这些因素的影响。戈尔德基（Golledge，1997）等认为，空间感知是对结构、实体和空间关系的内心描绘或认识。也就是说，空间感知是对空间和思想的重建和内在反映。通过对上海市中小学学生体育活动时空间感知问卷的 17 个条目进行探索性因素分析，巴特利特球性检验 KMO 值为 0.926，P＝0.00，表明条目间存在共同因子。维度被萃取为三个子维度，分别是拉力性感知因子、适宜性感知因子和可达性感知因子。

表 8-6 报告了性别在拉力性感知、适宜性感知以及可达性感知三个方面所呈现出的差异性。经检验（Levene 检验用于检验两组方差是否同质），拉力性感知依变量的 F 值等于 0.739，P＝0.390＞0.05，未达 0.05 的显著水平；适宜性感知依变量的 F 值等于 0.226，P＝0.634＞0.05，未达 0.05 的显著性水平；可达性感知依变量的 F 值等于 0.146，P＝0.703＞0.05，未达 0.05 的显著性水平。因此应将男女生在拉力性、适宜性、可达性三个感知维度的方差分别视为相等。其中，拉力性感知性 t 值等于 3.032，df＝1 736，P＝0.002＜0.050，达 0.050 显著水平；平均数的差异值等于 0.121 01，表示男女生体育活动参与的拉力性感知有显著差异存在，其中女生的拉力性感知（M＝3.731 1）显著低于男生的拉力性感知（M＝3.852 1）。适宜性感知性 t 值等于 0.470，df＝1 736，P＝

表 8-6　独立样本 t 检验

因子		方差相等 Levene 检验		均数相等 t 检验						
		F 检验	显著性	t	自由度	显著性	平均差	标准误差	95％置信区间	
									下界	上界
拉力性	假设方差相等	0.739	0.390	3.032	1 736	0.002	0.121 01	0.039 91	0.042 74	0.199 29
	不假设方差相等			3.013	1 653	0.003	0.121 01	0.040 16	0.042 25	0.199 78
适宜性	假设方差相等	0.226	0.634	0.470	1 736	0.639	0.017 85	0.038 00	−0.056 60	0.092 39
	不假设方差相等			0.470	1 714	0.639	0.017 85	0.038 02	−0.056 70	0.092 42
可达性	假设方差相等	0.146	0.703	2.134	1 736	0.033	0.082 85	0.038 83	0.006 69	0.159 00
	不假设方差相等			2.127	1 692	0.034	0.082 85	0.038 95	0.006 46	0.159 24

表 8-7　组别统计量

因子	性别	样本量	均值	标准差	标准误差
拉力性	男	825	3.8521	0.88338	0.03076
	女	913	3.7311	0.78026	0.02582
适宜性	男	825	3.9661	0.79504	0.02768
	女	913	3.9482	0.78761	0.02607
可达性	男	825	3.9618	0.83339	0.02901
	女	913	3.8790	0.78500	0.02598

0.639>0.05，未达 0.05 显著水平；平均数的差异值等于 0.01785，表示男女生体育活动参与的适宜性感知没有显著差异存在，女生的适宜性感知（M＝3.9482）与男生的适宜性感知（M＝3.9661）相近。可达性感知性 t 值等于 2.134，df＝1736，P＝0.033<0.05，达 0.05 显著水平；平均数的差异值等于 0.08285，表示男女生体育活动参与的拉力性感知有显著差异存在，其中女生的可达性感知（M＝3.8790）显著低于男生的拉力性感知（M＝3.9618）。由此可知，男生对自己参与体育活动时的时空拉力性因素感知比女生强烈，男生更易参与到体育运动当中去。

由表 8-8 可知，拉力性感知依变量在三组平均数的 95％置信区间估计值分别为 4.0532 和 4.2284、3.7458 和 3.8433（包括 3.7886）、3.3340 和 3.4933（不包括 3.7886），方差分析整体检验的 F 统计量也达到显著水平。适宜性感知依变量在三组平均数的 95％置信区间估计值分别为 4.1346 与 4.2827、3.8912 与 3.9912（包括 3.9567）、3.6678 与 3.8201，其中，三个群体中有两个组别群体的方差分析整体检验的 F 统计量达到显著水平。可达性感知依变量在三组平均数的 95％置信区间估计值分别为 4.0647 与 4.2337、3.8495 与 3.9455（包括 3.9183）、3.6557 与 3.8277，其中，三个群体中有两个组别群体的方差分析整体检验的 F 统计量达到显著水平。

从表 8-9 方差分析结果可知：就拉力性感知，适宜性感知、可达性感知三个依变量而言，整体检验的 F 值分别为 75.380（P＝0.00<0.05）、33.045（P＝0.00<0.05）、24.518（P＝0.00<0.05），均达到显著水平，因此不同学段的学

表 8-8　单因素方差分析－描述性统计量

因子	组别	个数	平均数	标准差	标准误	95%置信区间		最小值	最大值
						下界	上界		
拉力性感知	小学	367	4.140 8	0.853 50	0.044 55	4.053 2	4.228 4	1.00	13.00
	初中	1 010	3.794 6	0.789 14	0.024 83	3.745 8	3.843 3	1.00	8.00
	高中	361	3.413 7	0.769 81	0.040 52	3.334 0	3.493 3	1.00	5.00
	总计	1 738	3.788 6	0.832 76	0.019 98	3.749 4	3.827 7	1.00	13.00
适宜性感知	小学	367	4.208 6	0.721 09	0.037 64	4.134 6	4.282 7	2.00	9.00
	初中	1 010	3.941 2	0.809 71	0.025 48	3.891 2	3.991 2	1.00	12.00
	高中	361	3.744 0	0.736 00	0.038 74	3.667 8	3.820 1	1.00	5.00
	总计	1 738	3.956 7	0.790 97	0.018 97	3.919 5	3.993 9	1.00	12.00
可达性感知	小学	367	4.149 2	0.822 99	0.042 96	4.064 7	4.233 7	1.50	10.50
	初中	1 010	3.897 5	0.777 39	0.024 46	3.849 5	3.945 5	1.00	5.00
	高中	361	3.741 7	0.830 58	0.043 71	3.655 7	3.827 7	1.00	5.00
	总计	1 738	3.918 3	0.809 16	0.019 41	3.880 2	3.956 4	1.00	10.50

表 8-9　方差分析结果

因子	组别	平方和	自由度	均方	F	显著性
拉力性感知	组间	96.303	2	48.152	75.380	0.000
	组内	1 108.294	1 735	0.639		
	总计	1 204.598	1 737			
适宜性感知	组间	39.876	2	19.938	33.045	0.000
	组内	1 046.842	1 735	0.603		
	总计	1 086.718	1 737			
可达性感知	组间	31.260	2	15.630	24.518	0.000
	组内	1 106.014	1 735	0.637		
	总计	1 137.273	1 737			

生在拉力性感知、适宜性感知和可达性感知间均有显著性差异存在，但是哪几组组别间的差异达到显著还需要通过多重比较进行分析。

在拉力性感知方面，小学生群体明显高于初中生群体，初中生群体明显高于高中生群体；在适宜性感知方面，小学生群体明显高于初中生群体，初中生群体明显高于高中生群体；在可达性感知方面，小学生群体明显高于初中生群体，初中生群体明显高于高中生群体。参见表8-10。

表8-10 多重比较结果

因子	学段（I）	学段（J）	均差（I-J）	标准误	显著性	95％置信区间	
						下界	上界
空间吸引力感知	小学	初中	0.346 23*	0.048 71	0.000	0.226 9	0.465 6
		高中	0.727 12*	0.059 25	0.000	0.582 0	0.872 3
	初中	小学	-0.346 23*	0.048 71	0.000	-0.465 6	-0.226 9
		高中	0.380 89*	0.049 01	0.000	0.260 8	0.501 0
	高中	小学	-0.727 12*	0.059 25	0.000	-0.872 3	-0.582 0
		初中	-0.380 89*	0.049 01	0.000	-0.501 0	-0.260 8
空间舒适性感知	小学	初中	0.267 48*	0.047 34	0.000	0.151 5	0.383 5
		高中	0.464 68*	0.057 58	0.000	0.323 6	0.605 7
	初中	小学	-0.267 48*	0.047 34	0.000	-0.383 5	-0.151 5
		高中	0.197 20*	0.047 63	0.000	0.080 5	0.313 9
	高中	小学	-0.464 68*	0.057 58	0.000	-0.605 7	-0.323 6
		初中	-0.197 20*	0.047 63	0.000	0.313 9	-0.080 5
空间可达性感知	小学	初中	0.251 66*	0.048 66	0.000	0.132 4	0.370 9
		高中	0.407 49*	0.059 18	0.000	0.262 5	0.552 5
	初中	小学	-0.251 66*	0.048 66	0.000	-0.370 9	-0.132 4
		高中	0.155 84*	0.048 96	0.006	0.035 9	0.275 8
	高中	小学	-0.407 49*	0.059 18	0.000	-0.552 5	-0.262 5
		初中	-0.155 84*	0.048 96	0.006	-0.275 8	-0.035 9

＊表示平均差异在0.05水平上显著。

② 中小学学生体育活动参与动机分析

当前，中小学学生对体育活动的认知不仅通过学校体育教育，还包括家庭、社会媒体对他们体育认知的影响，而他们的体育活动行为通常受他们的体育认知影响。邱茜在健康行为生态学模型中指出，倾向性因素、促成性因素和强化性因素是影响行为的三大因素。如表 8 - 11 所示，中小学学生体育活动动机多样，且不同动机层面上中小学学生进行体育活动的动机强弱呈现差异。总体表现为中小学学生对问卷中所列举的体育活动动机的相应加总均分都在 3 分以上，即都持有一般偏赞同的中立态度。在有些题项上甚至表现出非常赞同的态度，如体育锻炼可增强体质的动机条目的均分为 4.24。

表 8 - 11　中小学学生体育活动动机描述统计量

条目	样本量	最小值	最大值	均值	标准差
1	1 738	1	5	3.975 3	0.963 33
2	1 738	1	5	4.149 0	0.883 03
3	1 738	1	5	3.886 1	1.024 58
4	1 738	1	5	3.824 5	1.053 40
5	1 738	1	5	4.080 0	0.911 73
6	1 738	1	5	3.880 3	0.986 12
7	1 738	1	5	4.016 7	0.929 44
8	1 738	1	5	4.098 4	0.919 99
9	1 738	1	5	4.245 1	0.827 56
10	1 738	1	5	3.807 2	1.139 25
11	1 738	1	5	4.151 3	0.911 51
12	1 738	1	5	3.985 0	1.000 75
13	1 738	1	5	3.814 7	1.036 56
14	1 738	1	5	3.809 6	1.037 01
15	1 738	1	5	3.756 6	1.049 73

如表 8 - 12 所示。多数男生认为参与体育活动是为了满足自己的兴趣爱好，因此更容易积极主动地去参与体育活动；而女生在这方面的动机则显得欠缺一些。40％左右的男生认为，体育运动可以使自己精力充沛，更好地去完成任务，并且可以预防疾病的发生。持有同样看法的女生人数也较多，但总体来说

表 8-12 不同性别学生的体育活动动机分布

条目	性别	非常不同意		不同意		一般		同意		非常同意		总人数/个
		人数/个	占比/%	人数/个	占比/%	人数/个	占比/%	人数/个	占比/%	人数/个	占比/%	
1	男	24	2.9	27	3.3	142	17.2	315	38.2	317	38.4	825
	女	20	2.2	42	4.6	215	23.5	369	40.4	267	29.2	913
2	男	16	1.9	18	2.2	101	12.2	322	39.0	368	44.6	825
	女	11	1.2	32	3.5	154	16.9	389	42.6	327	35.8	913
3	男	31	3.8	39	4.7	171	20.7	292	35.4	292	35.4	825
	女	31	3.4	47	5.1	221	24.2	354	38.8	260	28.5	913
4	男	39	4.7	50	6.1	183	22.2	283	34.3	270	32.7	825
	女	28	3.1	56	6.1	240	26.3	328	35.9	261	28.6	913
5	男	18	2.2	21	2.5	133	16.1	332	40.2	321	38.9	825
	女	19	2.1	32	3.5	144	15.8	406	44.5	312	34.2	913
6	男	22	2.7	40	4.8	175	21.2	292	35.4	296	35.9	825
	女	19	2.1	55	6.0	255	27.9	345	37.8	239	26.2	913
7	男	18	2.2	28	3.4	162	19.6	294	35.6	323	39.2	825
	女	13	1.4	39	4.3	187	20.5	392	42.9	282	30.9	913
8	男	15	1.8	26	3.2	139	16.8	304	36.8	341	41.3	825
	女	16	1.8	28	3.1	171	18.7	357	39.1	341	37.3	913
9	男	8	1.0	14	1.7	99	12.0	310	37.6	394	47.8	825
	女	10	1.1	16	1.8	137	15.0	368	40.3	382	41.8	913
10	男	66	8.0	51	6.2	165	20.0	272	33.0	271	32.8	825
	女	44	4.8	53	5.8	190	20.8	339	37.1	287	31.4	913
11	男	15	1.8	18	2.2	124	15.0	285	34.5	383	46.4	825
	女	19	2.1	22	2.4	162	17.7	362	39.6	348	38.1	913
12	男	28	3.4	29	3.5	140	17.0	314	38.1	314	38.1	825
	女	33	3.6	35	3.8	185	20.3	364	39.9	296	32.4	913
13	男	37	4.5	53	6.4	184	22.3	283	34.3	268	32.5	825
	女	30	3.3	37	4.1	268	29.4	335	36.7	243	26.6	913

続　表

条目	性别	非常不同意		不同意		一般		同意		非常同意		总人数/个
		人数/个	占比/%	人数/个	占比/%	人数/个	占比/%	人数/个	占比/%	人数/个	占比/%	
14	男	38	4.6	36	4.4	202	24.5	283	34.3	266	32.2	825
	女	30	3.3	51	5.6	260	28.5	329	36.0	243	26.6	913
15	男	47	5.7	46	5.6	218	26.4	262	31.8	252	30.5	825
	女	31	3.4	41	4.5	273	29.9	344	37.7	224	24.5	913

低于男生的认同度。体育的强身健体作用为中小学学生所认可，而这应该也是中小学学生参与体育运动的根本动因。男女生在运动项目的偏好方面存在差异：男生一般钟爱竞争比较激烈的对抗性运动项目，如篮球、足球；女生则比较喜欢柔和一点的运动项目，如健美操、羽毛球等。因此，他们感受到的快乐体验在某种程度上也是有差异的。调查结果发现，更多的男生认为参与体育运动是为了获得运动乐趣。在中小学，体育运动为枯燥的学习生活带来了很多乐趣，近一半的男女学生都认为体育活动能够丰富学业生活。此外，虽然中小学学生的肥胖率在逐渐上升，但依然有相当一部分男生极不认同参与体育运动是为了保持体形与减肥。

不同年龄段学生的体育活动动机也会呈现出不一样的特征。小学生正处于生长发育期，他们对减肥的概念并不是很敏感。很多小学生都认为，参与体育运动是为了学习一项新的运动技能、满足自己的好奇心和求知欲，他们希望通过体育运动来增强体质、预防疾病并获得运动的快乐。随着年龄的增长，初中生的自我意识逐渐增强，他们开始关注自己与同学、朋友、家人之间的交流。随着学业水平的上升，他们开始有了学业压力，很多人也都意识到体育运动可以缓解学习压力，为自己保持积极的心态提供了帮助。高中生由于年龄的增长，对自己外貌的重视程度逐渐增加，在体育运动的动机方面明显表现出保持体形及减肥的倾向。在高中阶段，学生开始追求个人独立与自立，在进行体育活动时更愿意与朋友一起，与家人增进情感的需求较小。在学业压力下，高中生没有时间通过体育运动的方式释放自己压力的人数增加。

表 8-13 不同年龄学生的体育活动动机分布

条目	性别	非常不同意		不同意		一般		同意		非常同意		总人数/个
		人数/个	占比/%	人数/个	占比/%	人数/个	占比/%	人数/个	占比/%	人数/个	占比/%	
1	小学	10	2.7	12	3.3	51	14.0	106	28.9	188	51.2	367
	初中	27	2.7	41	4.0	218	21.6	398	39.4	326	32.3	1 010
	高中	7	1.9	16	4.4	88	24.4	180	49.9	70	19.4	361
2	小学	5	1.4	13	3.5	26	7.1	113	30.8	210	57.2	367
	初中	19	1.9	31	3.1	160	15.8	404	40.0	396	39.2	1 010
	高中	3	0.8	6	1.7	69	19.1	194	53.7	89	24.7	361
3	小学	26	7.1	19	5.2	62	16.9	91	24.8	169	46.0	367
	初中	31	3.1	49	4.9	238	23.6	375	37.1	317	31.4	1 010
	高中	5	1.4	18	5.0	92	25.5	180	49.9	66	18.3	361
4	小学	13	3.5	24	6.5	65	17.7	92	25.1	173	47.1	367
	初中	40	4.0	55	5.5	249	24.7	363	35.9	303	30.0	1 010
	高中	14	3.9	27	7.5	109	30.2	156	43.1	55	15.2	361
5	小学	8	2.2	12	3.3	46	12.5	107	29.2	194	52.9	367
	初中	25	2.5	29	2.9	166	16.4	424	42.0	366	36.2	1 010
	高中	4	1.1	12	3.3	65	18.0	207	57.3	73	20.2	361
6	小学	9	2.5	17	4.6	68	18.5	104	28.3	169	46.0	367
	初中	29	2.9	54	5.4	254	25.2	375	37.1	298	29.5	1 010
	高中	3	0.8	24	6.7	108	29.9	158	43.8	68	18.8	361
7	小学	1	0.3	10	2.7	53	14.4	107	29.2	196	53.4	367
	初中	26	2.6	36	3.6	211	20.9	404	40.0	333	33.0	1 010
	高中	4	1.1	21	5.8	85	23.6	175	48.5	76	21.1	361
8	小学	7	1.9	11	3.0	40	10.9	88	24.0	221	60.2	367
	初中	18	1.8	26	2.6	180	17.8	395	39.1	391	38.7	1 010
	高中	6	1.7	17	4.7	90	24.9	178	49.3	70	19.4	361
9	小学	3	0.8	7	1.9	34	9.3	73	20.0	250	68.1	367
	初中	14	1.4	18	1.8	138	13.7	407	40.3	433	42.9	1 010
	高中	1	0.3	5	1.4	64	17.7	198	54.8	93	25.8	361

条目	性别	非常不同意		不同意		一般		同意		非常同意		总人数/个
		人数/个	占比/%	人数/个	占比/%	人数/个	占比/%	人数/个	占比/%	人数/个	占比/%	
10	小学	41	11.2	26	7.1	70	19.1	87	23.7	143	39.0	367
	初中	54	5.3	69	6.8	219	21.7	347	34.4	321	31.8	1 010
	高中	15	4.2	9	2.5	66	18.3	177	49.0	94	26.0	361
11	小学	5	1.4	5	1.4	36	9.8	87	23.7	234	63.8	367
	初中	22	2.2	28	2.8	174	17.2	382	37.8	404	40.0	1 010
	高中	7	1.9	7	1.9	76	21.1	178	49.3	93	25.8	361
12	小学	16	4.4	14	3.8	54	14.7	106	28.9	177	48.2	367
	初中	34	3.4	39	3.9	194	19.2	395	39.1	348	34.5	1 010
	高中	11	3.0	11	3.1	77	21.3	177	49.0	85	23.5	361
13	小学	15	4.1	15	4.1	65	17.7	109	29.7	163	44.4	367
	初中	38	3.8	52	5.2	272	26.9	363	35.9	285	28.2	1 010
	高中	14	3.9	23	6.4	115	31.9	146	40.4	63	17.5	361
14	小学	17	4.6	16	4.4	76	20.7	99	27.0	159	43.3	367
	初中	40	3.9	58	5.7	276	27.3	355	35.1	281	27.8	1 010
	高中	11	3.0	13	3.6	110	30.5	158	43.8	69	19.1	361
15	小学	13	3.5	22	6.0	84	22.9	100	27.2	148	40.3	367
	初中	45	4.5	47	4.7	275	27.2	369	36.5	274	27.1	1 010
	高中	20	5.5	18	5.0	132	36.6	137	38.0	54	15.0	361

　　人们对事物的主观感知往往会引起他们某种行为动机的产生，而动机的强弱往往受各种因素的影响。统计可知（表 8－14），中小学学生体育活动的动机与其参与体育活动时的时空感知之间具有相关性。体育活动动机与拉力性感知之间的相关系数 r＝0.637，与适宜性感知因子之间的相关系数 r＝0.503，两者均具有显著相关性；而体育活动动机与可达性感知因子之间的相关系数 r＝0.464，二者具有低度相关性。

表 8-14　体育运动动机与体育活动时空感知相关性一览　　（n＝1738）

	1	2	3	4
1. 拉力性感知	1.000			
2. 适宜性感知	0.639*	1.000		
3. 可达性感知	0.537*	0.602*	1.000	
4. 动机	0.637*	0.503*	0.464*	1.000

＊表示相关性在 0.01 水平上显著。

8.6　结论与建议

基于上述调查与研究，可以得出以下三方面结论。

（1）上海市中小学学生体育活动空间特征：中小学学生课外体育活动的主要场所具有很大的随机性，空地使用率最高。上海市中小学学生体育活动行为主要发生在小区或社区的范围内，呈现出鲜明的就近锻炼原则；1.5 千米是上海市中小学学生体育活动出行距离的基本范围，活动出行方式以步行为主，且其行为空间表现出四圈层结构。

（2）上海小学生体育活动时间特征：高中生不参加课外体育活动的人数占到受调查高中生总人数的 1/4，而小学生和初中生仅占 16％与 9％；下午1:00～5:00 是上海市中小学学生参与课外体育活动最主要的时间段；上午8:00～11:00、晚上 5:00～7:00 也是中小学学生参与体育活动的重要时间段。周末，超过 1/3 的中小学学生选择在午后进行体育活动。在 5～20 分钟的时间距离内，中小学学生体育活动范围较为广泛，活动出行比例最高；0～5 分钟是上海市中小学学生体育活动的基本出行范围；30 分钟及以上的出行时间占比则相对较小。

（3）上海市小学生体育活动行为影响因素：影响上海小学生体育活动行为的主要因素有学生个人属性、家庭属性及学生对体育活动时空的感知。其中，学生个人属性包括年龄、性别；家庭属性包括父母受教育程度、父母的月收入以及他们的体育活动习惯等。体育活动的时、空间感知则包括学生对体育活动拉力性的感知（活动吸引力）、适宜性的感知和活动时间、空间可达性的感知。

为此，我们提出三方面建议。

（1）对学校的建议：上海市中小学学生在校期间进行课外体育活动时，场地的随机性很大，空地的使用率也很大，因此学校可以考虑在教室附近设置一些小的活动场地，配备一些危险性小的器材，便于学生随时运动。

（2）对家长的建议：很多学生参与体育活动是为了满足自己的兴趣爱好，家长需要时刻关心学生的成长，对于他们感兴趣的体育活动要给予大力支持。

（3）对政府的建议：上海市政府相关部门需要积极构建家—校—社区一体化的体育活动场所联动模式，充分利用已有的场地资源，提高服务意识，激发中小学学生能够有想要去活动的意识。

本研究通过查阅文献，访谈和问卷进行调查，针对研究对象的方法主要是设计问卷进行分析。在内容设计以及研究手段方面尚存在一些缺憾，主要体现在如下两点。

（1）不同年级、不同年龄段学生对体育活动问卷的理解程度存在一定的差异，本研究问卷在制作时已经考虑到这个问题，在条目的设计上尽可能地做到通俗易懂；但是没有特意针对某个年龄段学生的特点设计问卷，这需要在进一步研究中去完善。

（2）对中小学学生体育活动的实际活动时间和场所的调查，仅依靠学生凭记忆进行填写，没有使用有效的 GPS 定位系统对之进行追踪，不失为本研究的缺憾之处。

第 9 章　生态学视角下超大城市中学生体育活动行为研究

面对此种现状,美国的儿童中小学学生心血管健康试验研究项目(Children and Adolescent Trial for Cardiovascular Health,CATCH)、学校综合性身体活动项目(Comprehensive School Physical Activity Programs,CSPAP)、活力校园项目(Let's Move! Active Schools,LMAS),欧洲的中小学学生能量平衡与抗击肥胖研究项目(EuropeaN Energy balance Research to prevent excessive weight Gain among Youth,ENERGY),我国的《中共中央、国务院关于加强青少年体育增强青少年体质的意见》(2007)、《国家学生体质健康标准(2014 修订)》以及《健康中国 2030 规划纲要》政策等都是针对中小学学生群体体育活动促进的相关参照标准。然而,国家发布的一系列关于中小学学生体育活动的法规、政策,只是在一定程度上缓解了中小学学生体质健康下降的趋势,并没有改变为数不少的中小学学生不参与体育活动的事实,中小学学生体质的现状仍不容乐观。因此寻找到影响中小学学生参与活动的关键因素,制定出促进中小学学生参与体育活动,并坚持体育活动的干预措施是改善目前现状的重要环节。

中小学学生群体是社会中特殊的一类群体,同时也是国家发展的后备力量,增强中小学学生体质、促进中小学学生健康成长,是关系国家和民族未来的大事。随着社会、经济的快速发展,生活节奏加快,社会竞争加剧,中小学学生的学习压力迅速增加,生活、学习方式发生了巨大的变化。近年来,越来越多的研究表明,体育活动对中小学学生的身心健康大有裨益。在身体健康方面,体育活动可以有效防治肥胖、骨骼发育不良、心血管等疾病;在心理健康方面，体育活动对中小学学生自尊、自我效能、主观幸福感、认知功能等方面都有积极效应。但是由于不堪学习的重负，中小学学生运动参与的时间被迫减少，大量研究表明，中小学学生群体参与体育活动情况有随着年龄增长而呈现逐渐下降的趋势。据世界卫生组织（World Health Organization，WHO）报道："体育活动不足"已经成为第四大死亡危险因素，全球范围内导致每年约 320 万人死亡；体育活动不足与中小学学生慢性疾病发生率密切相关，如心血管疾病、肥胖等。基于此，美国运动医学会提出儿童、中小学学生每天至少参加 60 分钟中等强度的体育活动。令人遗憾的是，国际上的研究表明大量的中小学学生并没有达到这一标准。此外，研究表明随着儿童、中小学学生年龄的增加，参与到大强度体育活动的时间大幅度减少。在我国这一问题更加凸出，据《2014 年全民健身活动状况调查公报》调查数据显示，我国 6～19 岁儿童、中小学学生每周参加体育活动的次数随着年龄增长而减少，仅有 21.2％的儿童、中小学学生参与每次持续 60 分钟以上的课外体育活动。《2014 年全国学生体质与健康调研结果》的调查结果显示，中国中小学学生体质健康继续呈现下降趋势，各年龄段学生肥胖检出率持续上升；因此促进中小学学生群体积极参与体育活动，改变现有的健康状况刻不容缓。

随着社会的发展、研究的深入，国内外学者开始将生态学观点引入体育活动行为领域的研究。其中社会生态学模型是一个强调人的行为受个体、社会、文化及物质环境因素影响，各因素间相互作用，多重水平共同影响个体行为的模型；所以对社会生态学模型的深入研究，有助于我们全面理解个体的活动行为。此外，国内基于社会生态学理论针对中小学学生体育活动促进的研究，主要体现在影响因素和体育活动促进模式构建并提出干预策略，进行实证性干预性研究比较欠缺。部分实验干预只是针对单一方面或者几个方面进行，比如以校内体育活动干预、家庭体育活动干预，或者是联合家庭、学校、社区进行综合干预；但是结合社会生态学理论进行全方位多维度的干预几乎没有。特别值得关注的是对体育相关政策以及中小学学生生活的体育活动空间重视度还不够。

社会文化环境、新闻媒体的宣传、体育场地设施、运动器材获得的便利性、气候环境、地理位置等社区环境因素是影响中小学学生运动参与的重要因素。赵洪朋、王颖韬、张绍礼（2013）以辽宁省 562 名中小学学生为被试对象，分析影响中小学学生体育活动特点的因素，结果发现社区公共体育设施的缺乏是影响城镇中小学学生运动参与的主要因素。家庭周边的运动设施、场地器材的便利性，活动环境的好坏，体育活动的开展情况都会对中小学学生运动参与的形式、运动项目的选择、活动意识、活动态度、活动行为、努力程度和耐久性产生影响。国外关于社区水平对中小学学生体育活动的影响研究认为，可使用的运动设施、可供散步的区域是影响运动参与的主要环境因素。

本章沿着理论构建——因素探索——因素再验证——实证论证——实践创新的思路，采用定量与定性相结合的方法，试图从实践层面探索超大城市中小学学生体育活动行为的社会生态学理论模式干预途径。研究探索出了影响超大城市中小学学生参与体育活动的多方面因素，对多种因素进行载荷，寻找出了对超大城市中小学学生体育活动行为影响最为显著的预测因子。

9.1 文献回顾

增强中小学学生体质、促进中小学学生健康成长，是关系国家和民族未来的大事。随着社会、经济的快速发展，生活节奏加快，社会竞争加剧，中小学学生的学习压力不断加大，生活、学习方式发生了巨大的变化。体育活动具有增强体质、缓解精神压力、促进身心健康发展的功效，但是由于不堪学习的重负、社会的压力，中小学学生运动参与的时间被迫减少，尤其是中学生。大量研究表明，中学生的运动时间随着年级的增长而呈现逐渐下降的趋势。随着社会的发展、研究的深入，生态学观点、生态学模型开始用于体育活动行为领域的研究。生态学模型是一个强调人的行为受个体、社会、文化及物质环境因素影响，各因素间相互作用，多重水平共同影响个体行为的模型。生态学模型源于西方，在中国的东方文化背景下，影响个体活动行为的各因素必然不同于西方社会人群，尤其在社会心理因素影响作用的具体维度上会有较大差别，而且具体维度也应根据中国国情制定。已有的大量心理学层面的活动行为理论研究和实证研究，忽略了社会文化物质环境因素对行为的影响，所以借助生态学模型加以深入研究，有助于我们全面理解个体的活动行为。

首先，与个体层面的行为理论模型相比，生态学模型对行为的解释更为合理；其次，全方面多水平的共同干预往往能够达到个体水平干预所无法达到的效果；再次，学校、社区等组织可以经常性地借鉴运用健康促进措施，加强活动促进的实施性，并且体育活动促进需要各组织相互协作配合。因此以生态学模型为指导，研究超大城市中小学学生的活动行为是值得深入探索的研究路径。通过调查明确影响中小学学生活动行为的因素、特征及差异，分析各因素与中小学学生活动行为之间的关系，构建适用于上海市中小学学生活动行为的生态学模型，为上海市中小学学生的体质健康促进工作提供指导，为营造适于中小学学生积极活动的环境和氛围提出针对性的策略和建议。

生态学模型多被看作是生态学的一种观点、思维方式、指导行动的模型。生态学一词源于生物学，指代生物体、环境的相互作用关系。生态学的观点逐渐从自然环境领域发展到社会学、心理学、经济学及公共卫生等领域，发展后的"生态学"特指人与其所处的物质环境与社会文化环境之间的相互交流与作用。由于生态学强调人与环境的关系，所以它往往以"生态学观点"（ecological perspectives）、"生态学模型"（ecological models）等形式出现。空间意义的范围大小是环境的最初定义，因此具有明显的空间边界，即环绕个体以外的整个空间区域。随着社会的发展，环境空间属性的局限性逐渐被突破，社会、人文意义开始与环境接轨。所以，现在所指的环境即包括物质环境也纳入了社会文化环境。随着研究的不断深入，活动行为理论不断推陈出新，用于指导实践干预的生态学模型便孕育而生。基于前人的研究，生态学模型强调环境因素与个体行为的相互作用，同时结合各环境水平因素和认知因素对个体行为进行干预，提高个体行为水平，促进健康。

当代生态学模型的发展，以传统的行为科学和社会科学丰富的概念为基础。早期的一大进步主要体现在：从只有感知到的环境才是重要的莱温和卡特赖特（Lewin and Cartwright，1951）这一概念到环境对行为具有直接作用（Barker，1968）的转变。很多模型都广泛应用于行为的研究，近年来大量模型开创性地应用于健康行为和健康促进，如麦克罗伊（McLeroy，1988）、斯托克洛斯（Stokols，1992，2003）、弗莱和佩特蕾蒂斯（Flay and Petraitis，1994）、科恩、斯科利布纳和法利(Cohen，Scribner and Farley；2000)、菲希尔(Fisher，2005)、格兰斯(Glanz，2005)、格拉斯和麦卡蒂(Glass and McAtee，2006)。生态学模型从布朗芬布伦纳(Bronfenbrenner，1979)的微环境、中间环境和外环境过渡到了麦克罗伊(McLeroy，1988)的五影响因素：个体因素、个体间因素、制度因素、社区和政策因素。国外一些新构建的主要用于健康行为研究的模型主要有科恩、斯科利布纳和法利(Cohen，Scribner and Farley，2000)、格拉斯和麦卡蒂(Glass and McAtee，2006)、斯托克洛斯(Stokols，1992)、斯托克洛斯等(Stokols et al.，2003)。

(1)生态学模型概述

① 健康行为生态学模型的三要素说

健康行为生态学模型认为倾向性因素、促成性因素和强化性因素是影响行为的三大因素。倾向性因素是行为改变的先行因素，先于行为促使个体行为的产生，包括知识、信念、价值观、态度、自信心，以及现有技能、自我效能等。促成性因素是指允许行为动机或愿望得以实现的先行因素，即实现或达到某行为所必需的技术和资源，包括干预项目、服务、行为和环境改变的必需资源，有时也包括行为改变所需的新技能。强化性因素是紧随行为之后，为行为的长期坚持或重复提供持续奖赏或激励的因素。例如社会支持、同辈影响等。埃文斯、巴特和马默(Evans，Barter and Marmor；1994)把影响个体行为的因素归纳为以上三类。1999年劳伦斯·格林和马歇尔·克罗特(Lawrence Green and Marshall Kreutre)在教育诊断评价中倾向强化及促成因素模式(Predisposing，rein-forcing，and enabling causesin educational diagnosis and evaluation，简称PRECEDE模式)的基础上，顺应健康促进生态学模式的发展，提出了PRECEDE-PROCEED模型(简称格林模式)，使其更好地适应现代健康促进研究与实践工作的需要。格林模式，是基于目标人群和目标社区需求的、综合性的计划制定体系，以评价社区和人群需要的研究和分析开始，倒推满足这些需要的步骤和措施。该模式分为诊断、实施和评价三大部分。各种行为、环境、机构的诊断是教育诊断评价中倾向、强化及促成因素模式的主要内容，而教育环境发展中政策、法规及组织模式(Policy，regulatory，and organizational constructs in educational/enviromental develop-ment，简称

PROCEED 模式），则以实施和评价为主。健康促进医学领域中，徐娟（2012）则基于健康促进生态学理论对患者的寻医行为展开研究，针对患者个体和医疗机构提出了不同的建议，从寻医行为、影响因素和干预措施三大层面，构建了患者寻医行为模式。

在体育活动领域，张戈（2011）基于健康生态学模型，对影响北大学生活动行为的三类因素进行了研究，并将促成因素和强化因素归结为环境因素。其中促成因素主要以学校对体育活动制定的相关政策为研究内容，而强化因素则以体育类社团为主。研究结果表明，健康行为生态学模型可以有效解释大学生的体育活动行为，同时，拓展了体育活动行为研究环境层面与社会层面的方向与途径。陈培友、孙庆祝（2014）借鉴"格林模式"，将其构建的中小学学生体力活动促进社会生态系统模式，从组织、诊断、实施、评价到最后的组织反馈进行运作。结果表明，多阶段的组织流程模式，有助于提高组织能力、实现组织变革与创新，从而提高项目的实施效果，改善体力活动环境，增强中小学学生体力活动能力。

当前我国关于健康行为生态学模型的行为影响三要素理论，主要用于健康医学领域的研究，将个体行为与其影响因素相结合，对个体行为进行诊断与评价，从而为个体行为干预策略的制定提供指导。但是，多趋向于理论研究，实证研究相对缺乏。

②　行为生态学模型四维度观

行为生态学模型的四维度，即微观系统维度、中间系统维度、外围系统维度和宏观系统维度。在环境情境的最里层是微观系统维度，由社会特性（如，言语支持）和物理特性（如，安全的活动场地）构成。在个体活动行为的决策过程中，可能有两个或多个微观系统起作用。在中间系统维度中，有两个或多个微观系统交互作用对活动行为施加影响。外围系统维度则由那些与个体没有直接联系，却对个体的活动行为产生影响的两个或多个微观系统构成。环境情境是最外层的宏观系统维度的主要内容，该维度存在于以上三个系统的文化、亚文化和社会环境等因素中。行为生态学模型四维度观的形成，最早是由布朗芬布伦纳（U. Bronfenbrenne）于 1979 年发表的《人类发展生态学》（*The Ecology of Human Development*）为标志，强调人与环境的关系、环境和人的相互作用，并把环境因素按其与个体行为的密切程度分成层层相扣的不同等级。现阶段我国多集中于微系统和宏系统的应用研究，中系统和外系统的影响缺乏全面深入考量，缺乏实践干预研究。斯彭斯（Spence，2003）认为高水平调节变量主要包括生物遗传因素和心理因素，并以活动行为为研究内容，构建了活动行为的生态学模型。该模型认为，环境情境和生理心理因素共同影响个体的活动行为，而环境情境根据距离个体远近密切程度又分成四个不同的系统。即与个体直接发生相互作用的微观系统，不少于两个微观系统相互作用的中间系统，一个较大的能通过多渠道影响个人和环境的外围系统，包括前三个系统在内的宏观系统。微观系统主要指工作场所、学校、家庭和公园；中间系统可理解为那些影响个体体育活动水平的家庭言语支持微观环境或是学校物理、社会微观环境因素；家长工作场所健康促进计划与子女学校体育活动之间的关系通常被划分到外围系统；宏观系统则指个体所在社区的社会等级结构和文化价值观念等大范围的社会文化环境。

我国学者霍兴彦、林元华（2012）基于该理论构建了中小学学生健康促进的服务体系，呼吁政府行政组织加强干预，树立系统观念，形成政府领导、依托社会、共同营造中小学学生体质健康促进事业的科学合理格局。李俊、张惠红（2013）对活动行为生态学模型进行了简要介绍并指出，较高维度的系统干预可以改变较低维度的系统环境和个体行为，较低维度的系统环境同样也能对较高维度的系统环境产生影响，越接近个体的系统环境对个体行为有着越直接的影响。

行为生态学模型的四维度观常见于社会科学领域，心理学、社会学、行为学领域的运用较普遍。运用该理论来解释各领域中不同群体的行为现象，从不同角度综合分析影响各群体行为的因素。但是，由于宏观系统维度难以具体化，且各研究观点不一，当前生态学模型在我国中小学学生体育活动中的理论应用研究，多立足于微系统，对中系统和外系统的影响缺乏全面深入的考察，鉴于实践的体育干预研究也相对缺乏。

③ 社会生态学模型的五层次论

社会生态学模型的五层次论，主要是指个体层面、人际间水平、机构层面、社区层面和公共政策层面。第一，个体层面，是社会生态学模型的最近端水平，前期传统的身体活动理论主要围绕着这些变量进行。如个体特征、自我效能、动机、信念、态度等。第二，社会支持是反映人际间层面的重要维度，社会支持和人际关系是影响中小学学生体力活动参与的重要因素之一。第三，在机构层面中，学校被认为是通过体力活动促进中小学学生健康最合理的环境。第四，社区的设计、布局影响中小学学生的体力活动水平，便利性较低社区的中小学学生在家里面进行体力活动的可能性更大。第五，政策是社会生态学模型的最远端水平，它对中小学学生体力活动的影响作用比近端水平上的变量或因素作用更大。麦克罗伊（McLeroy，1988）指出，尽管行为决定的五层次模型没有指定环境因素，但是环境因素仍是身体活动生态学模型的基本要素。活动行为发生在特定的环境中，而且环境会对运动量和运动项目产生一定的影响。当前有关该理论应用于体育活动行为领域的研究相对较多。如格兰斯等人（Glanz et al，2008），张戈（2011），罗明宇、马伟、伊向仁等（2012），付道领、郭立亚（2012），苏传令（2012），戈莎、郭雪鹏、颜芳（2012），张屹立（2013），巴尼奇（Barnidge，2013）等。

张戈（2011）基于健康行为生态学模型，以北大学生为研究对象，编制了"北京大学学生体育活动影响因素问卷"，研究学校体育政策措施和体育社团对学生体育活动行为的影响。结果表明，以学校政策规定形式实施的学生体育活动措施，是促进大学生体育活动行为的一条确切有效的途径。行为促进的政策应以加强奖赏和激励为主要手段，以使被干预者的目标行为更具主动性。同时，体育类社团对于大学生的体育活动行为和体质健康水平具有确切的促进作用，是大学生健康促进的有效途径。王淑康（2012）基于社会生态学模型对健康行为的决定因素进行了架构，研究老年人群体的人口统计学因素、个体健康知识、社会资本、社会支持、环境条件、健康状况、慢性病、焦虑抑郁等因素与规律性体育活动的关系。研究结果显示，城市老年人规律性体育活动行为的影响因素是多维的，多维的影响因子相互作用共同影响老年人的体育活动行为。其中，部分因子既是体育活动行为的直接作用因子，又是某些因子间接作用的中间变量。人口老龄化带来的一系列社会问题，促使老年人的活动行为研究有所升温，如李文川（2011）对上海市老年人的体育生活方式进行了研究，运用健康促进理论探索都市老年体育生活方式的发展策略，并基于格林模式设计都市老年人体育生活方式理论模型。范畴、曹乾、蒋露露等（2012）则运用健康生态学模型来解释老年人的慢性病影响因素。

（2）体育活动行为影响因素

① 个体层面因素与体育活动行为关系

个体因素是中小学学生体育活动行为首要因素，是运动行为的必备条件。个体生理因素决定个体的活动行为，心理因素促进个体运动行为的发展。

个体生理因素是影响中小学学生运动参与的重要因素之一，中小学学生的身高、体重、体质健康状况、体型等因素是研究中常见的研究变量。如尹博（2005）在大学生活动习惯形成因素的研究中指出，减肥、塑造形体美的动机可促进大学生改变活动行为，受先天遗传因素影响的个体运动能力也会影响个体的活动行为。戈莎、郭雪鹏、颜芳（2012）从性别、年龄、身高、体重方面来研究中小学学生的身体活动量，研究生理因素、心理因素、社会文化因素、环境因素对中小学学生身体活动的影响。

个体成就感与个体的性格存在一定的关系，科克利（Coakley）曾指出，那些具有冒险性、挑战感的中小学学生，可能偏爱于竞技运动项目；运动使其得以满足，产生愉悦感；运动参与提供个体展示运动能力水平的机会，强化个体的自尊和自豪感。具有动力性、持久性并可以决定行为强度的运动动机是激发个体参与运动不可或缺的因素。孙晓强（2006）采用因子分析，提取影响体育参与行为的三大约束因素（结构约束、内在约束、人际间约束），把运动参与的七个动机概括成外部动机、内部动机和无动机三大类，对我国中小学学生的运动参与行为约束因素、动机和参与行为之间的关系加以研究。结果表明，结构约束与内部动机和外部动机呈显著正相关关系，且约束因素影响外在动机。

家庭因素既有满足中小学学生运动条件和环境的物质环境因素，也有促进中小学学生个体内部动机，提高个体运动动机水平的内部心理因素，家庭因素的影响不可小觑。

符明秋、李彬彬（2004）从双亲的体育行为、体育情感和态度、体育信念三方面对国内外双亲对子女运动参与动机的影响进行了综述。同时从双亲的主观信念、客观物质条件、工作生活环境多方面研究少年儿童运动参与行为的影响因素。研究表明，家长的运动参与行为对中小学学生体育观念的形成起主要促进作用，而且家长的实际活动行为和活动观念可促成中小学学生子女的运动内部动机。双亲和家庭成员的体育信念、运动动机与中小学学生运动参与的可能性呈显著正向相关。特罗斯特(Trost，2003)对家长体育活动定向、家长支持和儿童感知到的运动参与自我效能的概念模型进行了研究。特罗斯特认为家长体育活动定向与家长支持积极相关，儿童体育活动与自我效能积极相关。家庭成员的运动信念越强，家庭运动氛围越好，家庭成员的运动动机越强烈，运动参与的意向就会越高，运动参与行为的可能性就越大。关颖(2005)对我国大城市儿童体育活动影响因素的研究发现，运动兴趣缺乏的家长很难在行为上给子女积极的示范。

董宏伟(2010)将家庭文化层次分成四个等级并指出，中小学学生活动认知度对家庭文化层次影响达到显著水平。研究表明，家长文化程度越高，主动摄取家庭教育知识的可能性就越大，教育子女的态度也越科学。对于来自经济状况的影响之研究，许欣、姚家新(2013)运用相关父母投入量表，研究父母的投入程度与中小学学生运动参与的双向影响机制。研究结果表明，家长的运动投入与中小学学生的运动行为积极相关，但是中小学学生所感知到的父母运动投入程度偏低，如若增加投入强度，中小学学生的运动行为将会得到更好的发展。家长的鼓励和支持对中小学学生的运动参与行为特别重要，而且中小学学生的运动参与行为需要以家长的物质支持为基础，并在此基础上得以持续。徐婧、陈虹(2007)认为家庭经济状况优越的中小学学生运动参与的程度趋于高水平，多参与较高雅、较流行且费用较高的项目，而经济状况相对较差者则多参与较基础、费用相对较低的运动项目。

家庭结构的研究包括核心家庭/单亲家庭、家庭子女数量与排行的研究。王梅等人把家庭结构划分成双亲、单亲及双亲祖辈共同抚养进行研究，结果显示，双亲抚养的中小学学生的健康相关行为总体状况略优于单亲抚养和双亲祖辈共同抚养的中小学学生，且后者抚养的中小学学生更容易出现不健康的饮食行为和活动不足等问题。家庭结构越复杂，对中小学学生健康行为的影响越大，影响运动参与行为的因素也越复杂。中小学学生时期是培养各种良好生活、学习习惯与方式的最佳时期，良好的家庭生活、行为方式对中小学学生的发展至关重要。

② 学校层面因素与体育活动行为关系的研究

学校是培养中小学学生活动行为的最佳场所，学校体育课程肩负着培养中小学学生运动兴趣的重大使命，学校体育活动的多寡也将直接影响中小学学生的体育活动行为。

学校体育是中小学学生运动参与的主要形式，是中小学学生体育活动的主渠道。合理的体育课程可以激发学生的运动动机、诱发行为的改变、满足学生的自我实现和成就感，也可以用来解释行为改变的原因及其内部作用机制。目前我国中小学普遍存在的现象是：每周体育课次数、课间操次数、学校运动会的参与度均随年级的增长而减少，学校体育成了促进既无活动意识也无活动能力学生参与锻炼的主要手段。学校是中小学学生体育活动参与的主要场所，学校体育活动组织得好坏直接影响中小学学生的体育活动意识的强弱和运动参与度的强弱。

体育教师是体育教学工作的实施者，是课外体育活动的组织者，中小学学生学校体育活动量的多寡与体育教师密切相关。学校组织的游戏类、比赛类活动次数，学校的体育文化氛围，以及活动同伴等方面存在的问题，是制约学生运动行为的主要因素。学校教师对中小学学生的鼓励与支持、课业教师和班主任对学生参与体育运动的态度，直接影响中小学学生的运动参与情况。体育课被挤占的现象是当前制约学校体育开展的重要因素，"应试教育"下教育价值观严重倾斜，许多学校片面追求升学率，随意挤占、挪用学生体育课和课外体育活动时间的现象较严重。

学校运动环境是教育环境的一个方面，对学生的运动行为会产生极大的影响。杨少文(2011)指出，大学生体育活动行为的影响因素可分成促成因素和强化因素两大类，即学校体育物质环境和社会心理环境。张戈、钱俊伟(2011)则基于健康行为生态学模型把影响行为的因素分成倾向性因素(如个体的活动意识、态度、自我效能等)，促成性因素(即允许行为得以实现的客观物质条件、场进设施等)和强化性因素(指来自个体人际关系中的社会的支持)。

③ 社会层面因素与体育活动行为关系的研究

社会支持包涵众多因素，如家庭因素中的父母家长的支持、兄弟姐妹的支持，学校因素中的学校老师的支持、同学朋友的支持等。影响中小学学生运动参与的同学或朋友也受一定条件的制约，只有那些与中小学学生个体关系密切且积极运动的同学、朋友，才会对个体的运动行为产生影响。重要关系者对中小学学生运动参与充满期望，希望他们参与体育活动，他们的这种主观期望无形中给个体造成了运动参与的压力，对中小学学生的主观规范产生影响。重要关系者的运动期望是中小学学生运动主观规范的构成要素，中小学学生个体迫于众人的期望而参与体育运动，尤其是中小学学生个体对重要关系者期望的感知，会增加中小学学生个体执行运动行为的可能性，提高中小学学生个体运动参与的比例。

家长支持与中小学学生体育活动密切相关，并且对自我效能产生直接或间接的影响。研究者曾对肥胖中小学学生和正常体重中小学学生的亲子交流、家长支持和中小学学生心理风险因素进行了比较，结果发现亲子交流和家长支持对正常体重中小学学生产生重要影响，而家长支持对肥胖中小学学生的影响则更明显。家长支持在年龄、性别、家长体育活动、家长体育活动的愉悦度，以及体育活动重要性感知方面的差异最为明显；而父母支持对口小学学生自我效能的影响则相对较弱。

社会文化环境、新闻媒体的宣传、体育场地设施、运动器材获得的便利性、气候环境、地理位置等社区环境因素也会影响中小学学生的运动参与行为。赵洪朋、王颖韬、张绍礼（2013）以辽宁省562名中小学学生为被试对象，分析影响中小学学生体育活动特点的因素，结果发现社区公共体育设施的缺乏是影响城镇中小学学生运动参与的主要因素。家庭周边的运动设施、场地器材的便利性，活动环境的好坏，体育活动的开展情况都会对中小学学生运动参与的形式、运动项目的选择、活动态度、活动意识、活动行为、努力程度和坚持性产生影响。国外关于社区水平对中小学学生体育活动的影响研究认为，可使用的运动设施、可供散步的区域是影响运动参与的主要环境因素。

安全问题和学校运动设备的安全性是影响中小学学生体育活动的关键因素，对中小学学生的运动参与行为产生直接影响。威克斯勒（Wechsler，2011）的研究主要涉及相关运动设备是否符合国家安全标准，学校是否定期检查运动设备，学校与社会共同努力营造的运动环境是否安全，中小学学生个体运动参与时能否获得饮用水，以及运动休息场所是否便利等方面。斯莱特（Slater，2010）则发现，低水平社区安全感与体育活动水平密切相关，且安全性较低的社区居民其肥胖率较高，BMI指数也较大。中小学学生对学校与家之间这段路程安全性的感知与体育活动参与度密切相关。安全感越低的个体，其体育活动参与度也越低；且安全性问题对女性体育活动参与度的影响远远大于男性。

④ 政策层面因素与体育活动行为关系的研究

查阅国家体育总局官网获得截至 2010 年 12 月 31 日我国现行的有效体育法律法规目录表，其中包含：由全国人大常务委员会通过的《中华人民共和国体育法(2009 年修正本)》，16 个由国务院批准的行政法规和规范性文件，130 个部门规章和规范性文件(综合类 15 件，群众体育 31 件，竞技体育 21 件，体育经济 18 件，劳动人事 31 件，科技教育 4 件，外事、监察 2 件，其他 8 件)。刘宁、刘静民、张威(2009)对改革开放以来我国学校体育政策、法规的演变过程进行了梳理，提出"三阶段、三导向"的发展脉络和格局，认为这对探索我国学校体育的发展规律具有重要意义，对我国未来学校体育发展具有重要作用。针对不同的人群制定与之相适应的相关体育政策，促进公民的体育活动，满足公民的日常体育活动需求，政策制定部门的初衷都是为了公民的体育与健康。

国家、政府或相关部门制定或提出的任何政策、策略都需要相关机构的配合才能得以实施，政策、策略的效用方能得以实现，政策执行的好坏对受益群体产生直接的影响。周国雄(2007)认为，政策执行力不仅影响到政策的落实情况，而且对经济、社会，甚至是国家都会产生重要影响。刘峥、唐炎(2014)分析了我国现行有效的 61 个全国性公共体育服务的法律、法规、政策性文件，对公共体育服务政策中的选择性、象征性和替代性政策执行阻滞问题的表现、成因进行了解释并提出了改善治理策略。关于政策执行力，学校体育政策执行力的相关研究较多，如陶克祥(2012)详细介绍了学校体育政策、学校体育政策执行力，并从利益冲突、运行机制、执行机构管理、教育行政主管部门、政策自身的科学化程度、执行资源和执行者的素质七个方面对影响学校体育政策执行力的因素进行总结。同样，以学校体育政策执行力为出发点，王书彦(2010)建立了学校体育政策执行力的评价指标体系，实证研究发现执行资源与环境建设、执行效力是学校体育政策执行力建设的薄弱环节，研究最后提出了提高学校体育政策执行策略的三步曲。当前，相关政策执行部门针对上级提出的各种体育政策法规落实各大政策，但是各政策的落实情况参差不齐，政策科学性、执行资源、执行力度、执行者的素质等因素均会对其产生影响。

（3）体育活动行为生态学模型

① 体育活动行为生态学模型的提出

1979 年，布朗芬布伦纳对传统发展心理学进行批判，从生物生态角度来看待人类的发展，在真实情境中研究儿童的不同行为变化情况，发表《人类发展的生态学》，强调人与环境的关系、环境和人的相互作用，并把环境因素按其与个体行为的密切程度分成层层相扣的不同等级。但是，布朗芬布伦纳忽略了个体因素对行为的影响，仅对外界环境因素进行了解释。1992 年瓦克斯（Theodor Wachs）基于布朗芬布伦纳的生态系统理论，增加社会支持、物理特征和高水平调节变量，构建了对儿童发展具有重要作用的环境结构模型（Structural model of the environment），认为各因素相互影响、相互作用，通过高水平调节变量间接影响个体行为。2003 年，斯彭斯在瓦克斯的基础上，对环境结构模型的四个等级、高水平调节变量的定义和具体内容这两大问题进行深入研究，并将其运用到体育运动领域，构建了体育活动行为生态学模型。

② 体育活动行为生态学模型的内涵

体育活动行为生态学模型的主要观点：第一，体育活动行为生态学模型是用来描述环境因素、生理因素和心理因素相互作用、共同影响个体体育活动行为的模型。第二，影响个体体育活动行为的环境因素，又根据距离个体远近密切程度分成四个不同的系统。即距离个体最近的、直接作用于个体的微观系统，不少于两个微观系统相互作用的中间系统，一个较大的能通过多渠道影响个人和环境的外围系统，包括前三个系统在内的最远端的宏观系统。第三，社会环境和物理生态环境对个体活动行为产生间接影响，其影响路径可分为：宏观系统的调节作用和通过生物遗传因素、心理因素的间接作用。第四，各系统维度既可直接影响个体活动行为，也可通过高水平调节变量（生物遗传因素和心理因素）间接影响活动行为。第五，各维度间既有一对一的直接作用，也有一对多的跨系统维度的相互作用。各系统相互作用相互影响，任一维度的变化都会对其他维度产生影响。体育活动行为生态学模型的结构模型如图 9-1 所示。

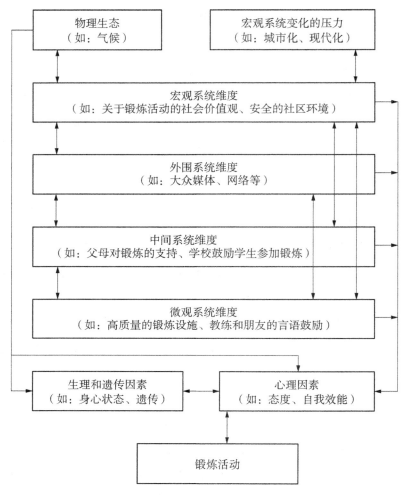

图 9-1　体育活动行为生态学模型

③ 体育活动行为生态学模型的研究进展

为了便于研究，研究人员将该理论与个体实际活动行为相结合，把影响个体活动行为的因素具体化，将各系统维度的因素具体到某一个变量；但是，各层次的划分方式并没有达成共识。如麦克罗伊 McLeroy 认为，决定行为的因素主要有个体内因素、个体间因素、组织因素、社区因素、公共政策因素；萨利斯（James Sallis，2006）认为生态学模型的核心概念指的是行为受多水平因素的影响，影响行为的因素主要有个体内因素（生理、心理）、个体间因素（社会、文化）、组织因素、社区因素、物理环境因素和政策因素。我国关于该方面的研究可归纳为：直接影响个体行为的微观系统分为学校、家庭维度，中间系统则体现在学校、家庭维度的相互作用上，社区、家长工作场所是外围系统的主要内容，政策环境代表宏观系统。另外，个体身心因素也是不容忽视的因素。当前，国外关于活动行为生态学模型的研究已涌现出大量的描述性研究，干预性研究也正蓬勃发展；而我国关于体育活动行为生态学模型的研究则相对滞后。

（A）描述性研究

早期的描述性研究以总结前人研究，初步归纳影响个体活动行为因素为主，未对各影响因素进行深入研究。为了制定有效的健康促进干预策略，萨利斯基于生态学观点，将影响体育活动和活动行为的因素分为个体因素、环境因素和活动特征属性三大类。特罗斯特等人（Trost et al，2002）将1998～2000年38篇关于影响成人活动行为和活动坚持性的研究进行分析。结果表明，影响个体活动行为的因素主要有婚姻状况、肥胖、吸烟、活动时间、以往活动行为和八大环境因素，并且该研究开始关注少数民族、中年人和残疾人群体。

研究内容方面，国外主要集中在影响个体行为的社区因素上，如布赖恩等人（Brian et al，2003）用环境量表来评估社区居民体育活动情况和体重现状差异。该量表包括社区环境特征、社区步行适宜度、社区居住密度、土地结构利用复杂性、街道连通性、美观度和安全问题等变量。结果表明，该量表具有较好的重测信度，步行适宜度较高的社区其居住密度、土地结构利用复杂度、街道连通性、美观度和安全性都较高，居民的体育活动时间较长，肥胖率也较低。与此同时，布赖恩等人（Brian, et al.，2003）对社区环境特征进行深入研究，认为社区环境特征影响居民的步行/骑行行为。人口密度越大、连通性越好、土地利用越复杂的社区，居民骑行/步行比例也越高。交通、城市设计、城市规划等因素的研究为体育活动领域跨学科研究呈现了一片全新的领地，为拓展影响个体行为的社区因素指明了方向。尽管如此，活动行为领域相关研究应从实情出发，借鉴国外研究观点，中西结合，解决当前所面临的实际问题。

就研究对象而言，学生群体各方面的特殊性使其成为研究者们所偏爱的对象，久尔奇克（Gyurcsik，2006）对大学生的体育活动障碍进行了研究。结果显示，学生感知到的运动障碍与年级呈显著相关关系，且大一新生的运动障碍明显高于其他年级。与其他研究所不同的是，该研究强调用生态学模型对运动障碍进行分类，而不是简单地将运动障碍分成个体内部因素和个体外部因素，同时也为以后的干预设计提供指导。

为了促进学龄学生体育活动参与行为，实现大众健康促进，张涛和所罗门（Zhang T，M. Solmon；2013）开启了活动行为生态学模型研究方式的新征程，将影响行为发展的个体因素（自我决定理论）与环境因素（社会生态学模型）相结合，研究在校学生的体育活动行为。结果表明，学生的体育活动与其个体心理因素密切相关，积极友好的非结构性学校体育活动环境可以增加学生的即时运动体验，提高学生的社会交往能力。该研究为在校学生积极体育活动的决策提供了一个理性思路，为学生体育活动参与的干预策略阐明了深刻的见解。

近几年我国在该领域的研究主要集中在以中小学学生为研究对象的描述性研究上，如付道领、郭立亚（2012）基于活动行为的生态学模型，研究影响活动行为的学校、家庭因素，并指出进行充分的调查研究后深入开展更为严密的实验研究和更为深入的质性研究，将是活动研究领域的发展方向，也是活动行为研究的必经之路。同样，戈莎（2012）基于生态学健康理论模型以天津市六区的初中生为研究对象，对中小学学生体质健康影响因素进行分析，构建了城市中小学学生体质健康的生态学模型。该模型主要包括五个层面，不同层面中又包含了影响中小学学生体质健康状况的不同因素，并从宏观角度清晰地解释了五个层面的相互影响、相互作用关系。并建议进一步探索影响中小学学生体质健康的其他因素。宋学岷、赫秋菊、张绍礼等（2013）以中小学学生为研究对象，基于健康促进生态学模型，对家庭教育、社区教育、学校教育三个层次共53个观察指标进行了研究，构建了"三位一体"中小学学生体质健康教育模型。陈培友、孙庆祝（2014）对中小学学生的体力活动进行分析，构建了中小学学生体力活动生态系统，研究微观、中观、宏观三大系统及其五类子系统因子对中小学学生体力活动的影响。各因子的综合分析表明，个体因子决定中小学学生体力活动的水平，社会支持因子可促进中小学学生体力活动水平；而宏观系统因子则对中小学学生体力活动水平具有制约作用。且各系统因子具有层次关系，各层次间不同因素相互影响相互制约，从而形成稳定的社会生态因子系统层次结构，制约中小学学生的体力活动水平。

中小学学生群体是备受社会关注的群体，同时也是调查、干预相对方便的群体。首先，由于基于活动行为生态学模型的研究缺乏深入的实验干预研究，而且中小学学生行为各影响因素的作用路径还没有进行实证检验；其次，不同地理位置中小学学生的活动行为影响因素各不相同。因此需依据研究对象的特殊性，建立适用性较广的适合我国中小学学生发展的活动行为生态学模型。

（B）干预性研究

萨利斯（Sallis，2006）基于生态学模型对个体、社会环境、物理环境以及促进市民体育活动行为变化的政策环境进行多水平的干预。研究结果表明：各水平因素共同影响个体体育活动行为，个体生活态度的积极程度与其所处的环境密切相关。沃德等人（Ward et al，2006）基于社会生态学模型，应用"积极生活方式教育项目"以学校干预为主，家庭、社区干预为辅，对学校体育、健康教育、学校健康环境、学校健康设施、教职工的健康促进、家庭和社区进行干预，旨在促进女高中生的积极活动生活方式。为了解政策因素、社会经济状况、文化背景和生物因素对萨摩亚人肥胖现象的影响，凯文·卡斯尔（Kevin Cassel，2010）基于社会生态学模型分析了 25 个针对萨摩亚人的相关研究。结果表明，社会生态学模型为以后的干预研究提供了指导，那些用于改善萨摩亚人健康状况的干预策略，也同样适用于类似社会环境和健康状况的群体。同样，凯文·帕特里克（Kevin Patrick，2014）对 819 位 11～15 岁中小学学生的体育活动、静坐行为和饮食行为进行了为期两年的家庭基础干预。研究结果表明：与控制组相比，干预组男生的水果、蔬菜摄取量明显增加，中小学学生的静坐行为也明显得到了改善，而且家长指导对中小学学生行为变化最有效。国外关于生态学模型的干预研究起步较早，已从单方面微观系统层面过渡到家庭、社区相结合的中间系统、外围系统的研究，各系统多方面相结合的研究相对较少。

我国关于个体自身心理因素、学校因素、家庭因素、社会因素单方面的研究，抑或两者或三者相结合的研究相对较多，但是还未出现活动行为领域个体、家庭、学校、社区和政策五层次多方面全方位的干预研究。这种情况的出现，可能是因为政策和社区层面的干预难度较大，需要得到国家政府的相关支持；也可能是因为当前多方面全方位的干预工作较繁杂，需要投入大量的人力物力资源；还有可能是当前教育观念的严重偏差，国民健康意识薄弱，导致政策和社区方面的研究步履维艰。

9.2　研究对象

以体育活动行为生态学模型为基础进行相关理论分析、准备专家访谈，确定影响中学生体育活动行为的生态学维度因素，并借鉴国内外中学生体育活动行为因素的相关问卷，编制上海市中学生体育活动行为生态学模型问卷。其次，通过专家访谈、因子分析修订并完善形成初测问卷，并进行小范围测试，初步统计分析后形成正式问卷。再次，对正式问卷进行测试，并对数据进行相关的分析，检验问卷的信效度。最后，分析各影响因素之间的关系，从活动行为生态学模型的五大维度出发，为改善上海市中学生体育活动行为，提高身体素质提供理论建议。

研究以问卷调查的形式展开。首先，专家问卷以华东师范大学体育与健康学院体育运动心理学教授、四所高中(上海中学、七宝中学、华师大二附中、交大二附中)体育教师共 9 位专家和四所高中的在校学生为调查对象，共发放问卷 750 份，将数据结果进行均值比较，删除均值小于 3 的题项，形成初测问卷。其次，对上海市高中生进行预测，随机抽取上海市五所高中(上海中学、华师大二附中、上海师范大学附属中学、交大附中嘉定分校、嘉定一中)的 750 名学生进行问卷调查，对问卷数据进行项目分析，筛选题项。最后，进行正式测量，同样对上海另外五所高中(光明中学、上海市第十中学、比乐中学、五十二中学、七宝中学)的 750 名在校学生进行问卷调查，数据结果进行验证性因素分析并检验模型与数据的拟合情况。

9.3　研究方法

（1）文献资料法

采用文献资料法，登录中国三大期刊网，EBSCO 总站、ScienceDirect、

Google Scholar、JSTOR、SAGE 等外文期刊网，查阅中学生活动行为及生态学模型相关的学术论文、书籍，获取立题与研究所需的基本理论知识构架并对中学生活动行为影响因素进行归纳总结，提炼出影响中学生活动行为的因素。

在文献资料检索的过程中，为了获取更多更新的国内外文献，主要从以下三个途径进行完善。第一、确定关键词后，更换检索字段进行检索，如主题词字段（SU Subject Terms）、全文字段（TI Title）、关键词字段（AB：Abstract）等。第二、检索新近发表的文章则采用时间排序来获取，在更换检索字段获取文献的同时，查看最新的文献。第三、在文献检索的过程中，可进入 Google Schloar 查看相关学者是否建立了个人学术档案。如果学者已建立学术档案，则可以了解到国外相关领域的杰出学者，便可通过各种检索方式获取所需学者的文献资料。

通过文献检索获取的各种学术资料多而杂，不便整理，NoteExpress 文献管理软件可以很好地为我们解决这一问题。将所下载的文献导入软件后，对文献进行更新，然后对更新后的文献进行查重，删除重复文献。该软件既可将所下载文献按时间排序，也可按来源、标题、作者、文献类型排序，便于文献的阅读与引用，可直接生成国家标准的参考文献格式。

（2）访谈法

首先，结合文献综述结果设计中学生体力行为影响因素访谈提纲，确定专家访谈的主要内容，对九位专家进行第一轮的开放式访谈。其次，整理访谈结果，并结合文献综述设计中学生体力活动五大影响因素问卷，邀请专家对各影响因素进行筛选，记录专家增、删的各影响因素，进行第二轮半开放式访谈。再次，将访谈结果进行整理，提炼出重要的具有代表性的影响因素，邀请专家进行第三次封闭式访谈，并填写专家问卷。

（3）问卷调查法

上海市中学生活动行为生态学模型问卷通过文献整理和专家访谈得以确定。首先，对九位专家和四所高中 750 名在校学生进行问卷调查，由此获取上海市中学生活动行为生态学模型的初测问卷。其次，随机抽取上海市五所高中的 750 名在校学生，作为上海市中学生活动行为生态学模型初测问卷的研究对象。最后，对上海市另外五所高中的 750 名在校生进行正式问卷的调查。

（4）数理统计法

采用 SPSS 19.0 对问卷数据进行相关分析：首先，删除专家问卷中均值小于 3 的题项，同样删除学生问卷中均值小于 3 的题项，专家问卷与学生问卷相结合，确定上海市中学生活动行为的初测问卷。然后，将初测问卷收集的数据进行因素分析，筛选题项，并对问卷的信度进行检验，所保留的题项即为上海市中学生活动行为影响因素问卷。最后，运用 AMOS 17.0 对正式问卷所收集的数据进行检验，检验问卷的结构效度，数据与模型的拟合情况。

（5）研究工具

运用 SPSS 19.0 软件将调查收集的数据进行描述统计、因子分析，从而筛选初测问卷条目，提取公因子，获取结构方程模型的观察变量和潜变量。运用 AMOS 17.0 软件检验问卷的结构效度，检验模型与数据的拟合情况。

（6）研究思路

基于生态学模型的上海市中学生体育活动行为的研究过程，主要遵行以下思路（如图 9－2）。

9.4 研究结果

（1）初始指标来源

通过查阅文献资料，并以开放式专家访谈的方法来获取初始指标。在文献资料的基础上，列出专家访谈提纲，对专家进行开放式访谈；访谈结束后对访谈结果进行整理分析，提炼相应的观点，进行第二次半开放式访谈；经过第二次的访谈确定第三次访谈的内容，编制专家问卷，邀请专家填写问卷，并对问卷结果进行分析，删除平均值小于 3 的题项。为了提高问卷的效度，特邀请四所高中（上海中学、七宝中学、华师大二附中、交大二附中）的 750 名在校学生

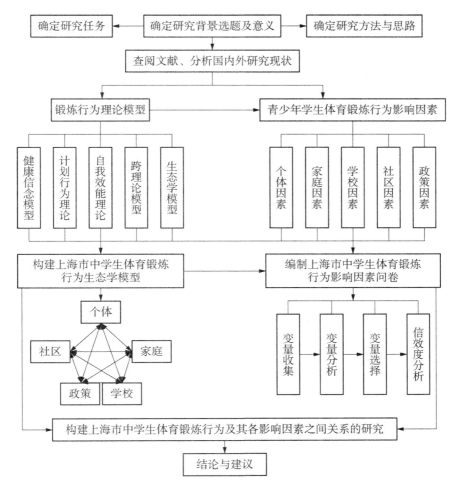

图9-2　超大城市中学生体育活动行为生态学模型构建思路

填写专家问卷，回收有效问卷 640 份。然后对该问卷进行描述统计，删除平均值小于 3 的题项。最后，将专家问卷与学生问卷相结合，删除任一问卷中平均值小于 3 的题项，其结果即上海市中学生体育活动行为问卷初测问卷结果。问卷中 A 代表个体层、B 代表家庭层、C 代表学校层、D 代表社区层、E 代表政策层测量条目。

个体层面量统计结果显示：专家问卷中 A10，A12 的均值小于 3；学生问卷中，A1，A2，A5，A8，A10，A11，A12，A13，A14，A15，A18，A25，A27 的均值同样小于 3。所以，删除各均值小于 3 的题项。个体层面共保留 14 个题项，结果见表 9-1。

家庭层面量统计结果显示：专家问卷中均值小于 3 的题项分别是 B1，B8，B14，B15，B17，B20，B21，B22；学生问卷中 B1，B8，B9，B14，B15，B16，B17，B20，B21，B22，B23 的均值小于 3。所以，删除以上各题项，家庭层面量表共保留了 12 个题项，结果请见表 9-3 的家庭层面量表。

学校层面量的统计结果显示：专家问卷中的 C11，C24 未达标；学生问卷中的 C1，C3，C8，C10，C11，C16，C18，C19，C22，C23，C24，C25，C26，C27，C28，C29 题项未达标。删除以上各题项，学校层面量表共保留了 13 个题项，结果请见表 9-5 的学校层面量表。

社区层面量统计结果显示：专家问卷中的 D1，D4，D5，D6，D9，D10，D13，D14，D15，D16，D18，D20，D28，D29 未达标；学生问卷中的 D2，D7，D11，D12，D18，D27，D28，D29 题项未达标，保留 16 个题项。结果请见表 9-7 的社区层面量表。

政策层面量统计结果显示：专家问卷中各题项均值均大于 3，但是学生问卷中 V1，V2，V6，V8，V9，V13，V14，V17，V18，V20，V21，V25 题项未达标。因此，将以上题项删除，政策层面量表共保留 20 个题项，请见表 9-9 的政策层面量表。

上海市中学生体育活动行为生态学模型问卷由个体层面量表、家庭层面量表、学校层面量表、社会层面量表和政策层面量表组成。个体层面共 14 个题项，家庭层面保留 16 个题项，学校层面量表保留 13 个题项，社区层面量表保留 16 个题项，政策层面量表由 20 个题项构成。

（2）因素分析

① 个体层面量表

（A）项目分析

项目分析的主要目的在于检验编制的量表或测验个别题项的适切性、可靠程度，回收初测问卷将数据进行整理，做项目分析、检验信度，作为问卷编制的依据。项目分析的结果可作为个别题项筛选或修改的依据。首先进行的是项目分析：计算量表总分→按 27% 的比例进行高低分组→独立样本 t 检验来检验各题项差异→删除不达标题项。如临界比值，即决断值大于 3（较严格的判别标准是不小于 3.5），题项与总分相关大于 4。其次是信度检验：信度检验分两步进行。首先求出内部一致性 α 系数，然后再求出量表题项的共同性与因素负荷量。项目分析与信度检验结果整理后即可得到下文的各层面量表项目分析的摘要表。依据未达标指数的个数来取舍各题项，一般而言未达标指数达到 2 及以上即删除该题项。个体层面量表项目分析结果见表 9-1。由表 9-1 可知 A9，A10 的同质性检验结果未达到标准指标，考虑删除。

表 9-1　个体层面量表项目分析摘要

题项	极端组比较	题项与总分相关		同质性检验			未达标准指标数	备注
	决断值	题项与总分相关	校正题项与总分相关	题项删除后的 α 值	共同性	因素负荷量		
A1	10.334	0.631	0.558	0.871	0.412	0.642	0	保留
A2	10.075	0.640	0.570	0.871	0.419	0.648	0	保留
A3	11.108	0.597	0.516	0.873	0.368	0.606	0	保留
A4	11.584	0.623	0.543	0.872	0.398	0.631	0	保留
A5	11.519	0.633	0.552	0.871	0.415	0.644	0	保留
A6	13.255	0.683	0.616	0.868	0.481	0.693	0	保留
A7	11.372	0.655	0.581	0.870	0.440	0.664	0	保留
A8	15.072	0.710	0.644	0.867	0.522	0.723	0	保留
A9	9.887	0.502	0.406	0.879	0.196	0.443	2	删除
A10	8.192	0.475	0.374	0.880	0.172	0.414	3	删除
A11	13.938	0.695	0.632	0.868	0.494	0.703	0	保留
A12	12.775	0.709	0.647	0.867	0.532	0.729	0	保留
A13	12.646	0.667	0.595	0.869	0.456	0.675	0	保留
A14	10.435	0.547	0.458	0.876	0.281	0.530	0	保留
标准	$\geqslant 3.000$	$\geqslant 0.400$	$\geqslant 0.400$	$\leqslant 0.880$	$\geqslant 0.200$	$\geqslant 0.450$		

（B）探索性因素分析

为了精选问卷条目，需要对该问卷进行探索性因素分析，检验问卷的结构效度。首先，依次删除 A10，A9，采用特征值大于 1 的方法来提取共同因子，提取因素负荷量大于 0.500 的题项。经过分析提取三个因子，但是因子 3 只有 A1，A2 两个题项，不符合每个因子至少包涵三个题项的标准要求。然而，A1，A2 的因素负荷量均高于 0.800，因此采用固定因子的方法进行旋转，固定提取两个因子，结果 A14 的因素负荷量低于 0.500，故删除 A14。再次进行旋转，个体层面量表最终问卷题项得以确立，分析结果如表 9-2 所示。从表 9-2 可以看出 F1 包含的 7 个题项，反映的是运动心理前因和运动心理效益方面的内容，因此将其命名为"个体心理行为"；F2 包含的 4 个题项，主要反映的是个体的身体素质、活动功效的意识、健康状况及对自身健康的重视程度，将其命名为"健康意识与健康现状"。

表 9-2　个体层面量表探索性因素分析结果

题项	正交转轴后因素负荷量	
	F1	F2
A3	0.670	
A4	0.738	
A5	0.744	
A8	0.683	
A11	0.663	
A12	0.647	
A13	0.569	
A1		0.845
A2		0.871
A6		0.539
A7		0.558
特征值	3.637	2.573
解释变异量	33.064	23.392
累计解释变异量/%	33.064	56.456

② 家庭层面量表

（A）项目分析

表9-3　家庭层面量表项目分析摘要

题项	极端组比较	题项与总分相关		同质性检验			未达标准指标数	备注
	决断值	题项与总分相关	校正题项与总分相关	题项删除后的 a 值	共同性	因素负荷量		
B1	16.300	0.750	0.694	0.900	0.583	0.763	0	保留
B2	18.823	0.764	0.708	0.900	0.600	0.775	0	保留
B3	18.308	0.761	0.705	0.900	0.591	0.769	0	保留
B4	15.211	0.739	0.682	0.901	0.569	0.754	0	保留
B5	13.704	0.699	0.631	0.903	0.491	0.701	0	保留
B6	13.749	0.619	0.531	0.908	0.351	0.592	0	保留
B7	15.684	0.715	0.646	0.902	0.501	0.708	0	保留
B8	14.539	0.705	0.641	0.903	0.045	0.710	0	保留
B9	15.725	0.701	0.629	0.903	0.474	0.688	0	保留
B10	13.556	0.707	0.643	0.903	0.504	0.710	0	保留
B11	13.700	0.629	0.549	0.907	0.376	0.613	0	保留
B12	15.865	0.737	0.679	0.901	0.550	0.741	0	保留
标准	≥3.000	≥0.400	≥0.400	≤0.910	≥0.200	≥0.450		

（B）探索性因素分析

采用特征值大于 1 的方法对家庭层面量表进行因素分析，结果显示 KMO 值为 0.923，Bartleet's 球形检验的 χ^2 值为 3 231.951，（自由度为 66）达到 0.050 显著水平，适合进行探索性因素分析，且各因素负荷量均大于 0.500，共抽取了 2 个公因子，结果如表 9-4 所示。因子 1（F_1）主要包括家庭的生活方式、教养方式、娱乐方式和氛围，家长的活动意识、活动习惯和家长支持等 8 个题项，将其命名为"家庭文化健康意识"。因子 2（F_2）包括家庭的经济状况，家长的教育理念、性格及对子女的监控程度，将其命名为"社会经济环境"。

表9-4 家庭层面量表探索性因素分析结果

题项	正交转轴后因素负荷量	
	F1	F2
B1	0.782	
B2	0.746	
B3	0.676	
B4	0.853	
B5	0.681	
B8	0.637	
B10	0.544	
B12	0.563	
B6		0.765
B7		0.620
B9		0.746
B11		0.690
特征值	4.173	2.941
解释变异量/%	34.799	24.509
累计解释变异量/%	34.799	59.288

③ 学校层面量表

（A）项目分析

表9-5 学校层面量表项目分析摘要

题项	极端组比较	题项与总分相关		同质性检验			未达标准指标数	备注
	决断值	题项与总分相关	校正题项与总分相关	题项删除后的 α 值	共同性	因素负荷量		
C1	9.805	0.576	0.492	0.914	0.309	0.556	0	保留
C2	16.042	0.747	0.694	0.906	0.574	0.758	0	保留

题项	极端组比较	题项与总分相关		同质性检验			未达标准指标数	备注
	决断值	题项与总分相关	校正题项与总分相关	题项删除后的 a 值	共同性	因素负荷量		
C3	15.918	0.760	0.710	0.906	0.597	0.773	0	保留
C4	15.191	0.727	0.670	0.907	0.547	0.740	0	保留
C5	17.347	0.753	0.704	0.906	0.584	0.765	0	保留
C6	12.605	0.684	0.623	0.909	0.477	0.691	0	保留
C7	13.759	0.681	0.603	0.910	0.447	0.668	0	保留
C8	18.443	0.773	0.719	0.905	0.595	0.772	0	保留
C9	16.603	0.774	0.727	0.905	0.608	0.780	0	保留
C10	14.251	0.699	0.634	0.909	0.477	0.691	0	保留
C11	15.812	0.723	0.667	0.907	0.520	0.721	0	保留
C12	13.751	0.665	0.593	0.910	0.428	0.654	0	保留
C13	11.305	0.611	0.538	0.912	0.362	0.602	0	保留
标准	≥3.000	≥0.400	≥0.400	≤0.915	≥0.200	≥0.450		

(B) 探索性因素量表

学校层面量表经项目分析结果显示各题项均符合标准，故保留各题项进行下一轮的探索性因素分析。同样，采用特征值大于 1 的方法提取公因子，限定因素负荷量为 0.500，进行因素分析。C1 负荷量小于 0.500，删除此题。删除 C1 后，C5 的因素负荷量在 F1 上为 0.508，在 F2 上为 0.586，因此将 C5 删除。C5 删除后 C6 的因素负荷量小于 0.500，C6 删除。该量表各题项达到标准要求，学校层面量表抽取 2 个公因子，10 个题项。如表 9 - 6 所示，F_1 主要包括教学理念、教学方式、职业素养，均与体育教师有关，因此命名为"体育教师职业意识"；F_2 包括了影响学生行为的教育评价机制、学校领导的活动意识和对体育活动的重视程度、学校体育活动的开展情况和同学朋友的支持，故将该因子命名为"学校活动环境"。

表9-6 学校层面量表探索性因素分析

题项	正交转轴后因素负荷量	
	F1	F2
C2	0.877	
C3	0.881	
C4	0.839	
C7		0.723
C8		0.820
C9		0.777
C10		0.699
C11		0.731
C12		0.640
C13		0.557
特征值	3.801	2.681
解释变异量/%	38.009	26.810
累计解释变异量/%	38.009	64.819

④ 社区层面量表

（A）项目分析

表9-7 社区层面量表项目分析摘要

题项	极端组比较	题项与总分相关		同质性检验			未达标准指标数	备注
	决断值	题项与总分相关	校正题项与总分相关	题项删除后的 α 值	共同性	因素负荷量		
D1	14.095	0.650	0.592	0.922	0.416	0.645	0	保留
D2	13.670	0.682	0.629	0.921	0.463	0.680	0	保留
D3	16.092	0.738	0.692	0.919	0.549	0.741	0	保留
D4	12.202	0.628	0.565	0.923	0.386	0.621	0	保留

题项	极端组比较	题项与总分相关		同质性检验			未达标准指标数	备注
	决断值	题项与总分相关	校正题项与总分相关	题项删除后的 α 值	共同性	因素负荷量		
D5	12.268	0.659	0.604	0.922	0.436	0.660	0	保留
D6	13.154	0.683	0.633	0.921	0.473	0.688	0	保留
D7	11.240	0.661	0.609	0.921	0.443	0.665	0	保留
D8	18.644	0.718	0.665	0.920	0.511	0.715	0	保留
D9	16.021	0.723	0.675	0.920	0.526	0.725	0	保留
D10	17.074	0.709	0.660	0.920	0.506	0.711	0	保留
D11	15.389	0.705	0.656	0.920	0.504	0.710	0	保留
D12	17.442	0.760	0.719	0.918	0.585	0.765	0	保留
D13	13.216	0.683	0.628	0.921	0.462	0.680	0	保留
D14	10.583	0.619	0.555	0.923	0.372	0.610	0	保留
D15	13.046	0.723	0.676	0.920	0.528	0.727	0	保留
D16	13.216	0.657	0.601	0.922	0.431	0.656	0	保留
标准	≥3.000	≥0.400	≥0.400	≤0.925	≥0.20	≥0.450		

（B）探索性层面量表

与学校层面量表相似，社区层面量表各题项均符合项目分析统计标准，保留各题项，采用特征值大于 1 的方法，要求各题项的因素负荷量大于 0.500，进行探索性因素分析。结果如表 9-8 所示，共 16 个题项，抽取了 3 个公因子。F_1 包含的 6 个题项反映的是中学生户外活动的比例和活跃程度、小区的空间布局适宜度、家长工作地点与子女学校的远近程度，故将该因子命名为"社区体育资源空间布局"；F_2 反映的是社会环境和运动场所对中学生活动行为的影响，即命名为"社会价值观"；F_3 主要包括小区内中学生专用娱乐设施、休闲活动设施，小区距离公共活动场所的远近程度和便利程度，故命名为"社区居民活动空间布局"。

表9-8 社区层面量表探索性因素分析结果

题项	正交转轴后因素负荷量		
	F1	F2	F3
D1	0.735		
D2	0.683		
D4	0.600		
D8	0.744		
D9	0.668		
D10	0.675		
D11		0.595	
D12		0.709	
D13		0.827	
D14		0.810	
D15		0.701	
D16		0.590	
D3			0.518
D5			0.838
D6			0.832
D7			0.792
特征值	3.654	3.648	3.090
解释变异量/%	22.838	22.798	19.314
累计解释变异量/%	22.838	45.637	64.950

⑤ 政策层面量表

（A）项目分析

表9-9 政策层面量表项目分析摘要

题项	极端组比较	题项与总分相关		同质性检验			未达标准指标数	备注
	决断值	题项与总分相关	校正题项与总分相关	题项删除后的 α 值	共同性	因素负荷量		
V1	14.470	0.614	0.567	0.941	0.366	0.605	0	保留

题项	极端组比较	题项与总分相关		同质性检验			未达标准指标数	备注
	决断值	题项与总分相关	校正题项与总分相关	题项删除后的 a 值	共同性	因素负荷量		
V2	16.427	0.669	0.626	0.940	0.436	0.660	0	保留
V3	15.106	0.687	0.647	0.940	0.465	0.682	0	保留
V4	16.510	0.697	0.656	0.940	0.476	0.690	0	保留
V5	18.983	0.710	0.671	0.939	0.498	0.705	0	保留
V6	19.231	0.710	0.671	0.939	0.497	0.705	0	保留
V7	20.411	0.719	0.680	0.939	0.511	0.715	0	保留
V8	14.218	0.643	0.596	0.941	0.404	0.636	0	保留
V9	10.987	0.591	0.540	0.942	0.336	0.580	0	保留
V10	9.419	0.515	0.459	0.943	0.251	0.501	0	保留
V11	18.259	0.714	0.676	0.939	0.517	0.719	0	保留
V12	15.851	0.714	0.677	0.939	0.515	0.717	0	保留
V13	13.636	0.636	0.591	0.941	0.407	0.638	0	保留
V14	21.552	0.750	0.716	0.939	0.577	0.760	0	保留
V15	26.595	0.788	0.759	0.938	0.636	0.798	0	保留
V16	27.178	0.790	0.760	0.938	0.642	0.801	0	保留
V17	30.323	0.802	0.774	0.938	0.662	0.814	0	保留
V18	24.653	0.754	0.721	0.939	0.584	0.764	0	保留
V19	18.387	0.719	0.681	0.939	0.525	0.724	0	保留
V20	13.427	0.621	0.572	0.941	0.388	0.623	0	保留
标准	≥3.000	≥0.400	≥0.400	≤0.943	≥0.200	≥0.450		

（B）探索性因素分析

由表 9 - 9 可以看出，保留政策层面的各题项。采用特征值大于 1，因素负荷量大于 0.500，进行探索性因素分析。结果显示 V9 的因素负荷量小于 0.500，故将 V9 删除。政策层面量表探索性因素分析结果见表 9 - 10。F1 既包括国家层面的体育相关政策，也包含了上海市的相关体育措施，因此命名为"体育行政执行"。F2 反映了确保中学生参与运动活动相关政策的执行情况，如体育中考政策、建立政策执行评估体系、相关部门的重视、学校政策的落实情况，以及政府部门对中小学学生体质健康的重视程度等内容，将其命名为"政策资源保障"。

表 9 - 10　政策层面量表探索性因素分析结果

题项	正交转轴后因素负荷量	
	F1	F2
V10	0.505	
V11	0.709	
V12	0.741	
V13	0.721	
V14	0.810	
V15	0.813	
V16	0.821	
V17	0.812	
V18	0.786	
V19	0.746	
V20	0.705	
V1		0.755
V2		0.806
V3		0.832
V4		0.832
V5		0.804
V6		0.820
V7		0.738
V8		0.569
特征值	6.364	5.381
解释变异量/%	34.917	28.318
累计解释变异量/%	34.917	63.235

（3）初测问卷汇总

初测问卷数据经项目分析和探索性因素分析筛选后所保留的题项进行汇总，整理的结果如表9-11所示。对以下结果重新进行编码，所得结果详见文末附录。

表9-11　初测问卷项目分析保留题项汇总

量表	保留题项	数量
个体层面量表	A1、A2、A3、A4、A5、A6、A7、A8、A11、A12、A13	12
家庭层面量表	B1、B2、B3、B4、B5、B6、B7、B8、B9、B10、B11、B12	12
学校层面量表	C1、C2、C3、C4、C5、C6、C7、C8、C9、C10、C11、C12、C13	13
社区层面量表	D1、D2、D3、D4、D5、D6、D7、D8、D9、D10、D11、D12、D13、D14、D15、D16	16
政策层面量表	V1、V2、V3、V4、V5、V6、V7、V8、V10、V11、V12、V13、V14、V15、V16、V17、V18、V19、V20	19

（4）信效度检验

① 信度检验

表9-12　内部一致性信度系数指标判断原则

内部一致性信度系数值	层面或构念	整个量表
α 系数<0.05	不理想，舍弃不用	非常不理想，舍弃不用
0.05≤α 系数<0.06	可以接受，增列题项或修改语句	不理想，重新编制或修订
0.06≤α 系数<0.07	尚佳	勉强接受，最好增列题项或修改语句
0.07≤α 系数<0.08	佳（信度高）	可以接受
0.08≤α 系数<0.09	理想（甚佳，信度很高）	佳（信度高）
α 系数≥0.09	非常理想（信度非常好）	非常理想（甚佳，信度很高）

根据内部一致性信度系数指标判断原则（见表9－12），可以看出各量表的Cronbach α系数和标准化的α系数（见表9－13）均达到了信度高、信度很高的标准，说明上海市中学生活动行为问卷的信度较好。

表9－13　上海市中学生体育活动行为生态学模型问卷各分量表的可靠性统计

量表	Cronbach α 系数	标准化 α 系数	项目个数
个体层面量表	0.866	0.867	12
家庭层面量表	0.910	0.911	12
学校层面量表	0.899	0.900	13
社区层面量表	0.925	0.926	16
政策层面量表	0.942	0.942	19

② 分量表相关

从表9－14可以看出，各量表之间的相关系数都达到十分显著的水平，各量表都很好地反映了影响上海市中学生体育活动行为的因素。

表9－14　上海市中学生体育活动行为分量表间的相关系数

	个体层面	家庭层面	学校层面	社区层面	政策层面
个体层面	1				
家庭层面	0.580**	1			
学校层面	0.559**	0.545**	1		
社区层面	0.467**	0.591** 0.503**		1	
政策层面	0.155**	0.194**	0.314**	0.375**	1

＊＊在0.01水平（双侧）上显著相关。

③ 结构效度

验证性因素分析可用于检验问卷的结构效度，较探索性因素分析而言，验证性因素分析更为复杂。探索性因素分析主要用于决定因素的数目、决定因素间是否有相关，变量可以自由归类所有因素。而验证性因素分析在探索性因素分析的基础上，因素的数目已经固定，因素间有相关或没有相关都已固定；但是其变量固定归类于某一特定因素，适用于检验量表的结构效度。

本研究将预测问卷进行项目分析，所形成的正式问卷用于调查上海市五所高中 750 名在校学生的活动行为情况，回收有效问卷 538 份，运用 Amos 17.0 检验量表的结构效度。一般而言，整体模型适配度指标是否达到适配标准可依据绝对适配统计量，增值适配度统计量、简约适配统计量和残差分析指标四类指标来判断。绝对适配指标包括业界常用的 χ^2/df(卡方自由度比值)、RMSEA(渐进残差均方和平方根)、GFI(拟合优度指数)、AGFI(调整后拟合优度指数)等指标；TLI(非范拟合指数)、CFI(比较拟合指数)、NFI(规准适配指数)则类属于增值适配度统计量；PNFI(简约拟合优度指数)、CN(临界样本数)归属于简约适配统计量。有学者曾提出当模型适配良好时，χ^2/df 介于 1～3 之间、小于 5 表示该模型仅可以接受，GFI、AGFI、TLI、CFI 应不低于 0.900，PNFI 不低于 0.500，RMSEA 不高于 0.080。各量表的潜在因子间虽然达到了中等或高相关，但是未达到二阶模型的标准，所以无法进行二阶模型的运算。

（A）个体层面量表

采用极大似然法进行运算得出个体层面量表结构方程模型图，个体层面量表初始模型的 χ^2/df 为 10.695，GFI、AGFI、TLI、CFI 均小于 0.900，且 RMSEA 高于 0.080，各指标均未达到模型拟合标准，需要依据修正指数对该模型进行修正。图 9-3 是修正后的模型，χ^2/df 达到可以接受的范围，其余指标均达到良好适配的标准(见表 9-15)。

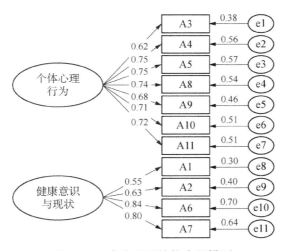

图 9-3　个体层面结构方程模型

表 9-15　个体层面修正模型拟合度

模型	χ^2/df	GFI	AGFI	PNFI	TLI	CFI	RMSEA
M	3.306	0.960	0.932	0.681	0.960	0.972	0.066

（B）家庭层面量表

运用 Amos 17.0 软件，根据探索性因素分析所提取的因子及各因子包涵的题项绘制结构方程模型图，运行数据。家庭层面结构方程模型数据拟合情况欠佳，整体模型适配度指标均未达到标准要求，因此根据模型指标进行修正，图 9-4 即为家庭层面修正后的结构模型图，修正后的模型拟合指数见表 9-16。

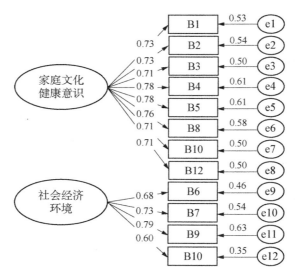

图 9-4　家庭层面结构方程模型

表 9-16　家庭层面修正模型拟合度

模型	χ^2/df	GFI	AGFI	PNFI	TLI	CFI	RMSEA
M	3.732	0.951	0.910	0.627	0.958	0.972	0.071

（C）学校层面量表

学校层面初始模型的 χ^2/df、AGFI、RMSEA 未达标，其余指标均已达到标准要求，需根据修正指标对该模型进行修正。学校层面修正模型如图 9-5 所示，表 9-17 即为学校层面修正模型拟合指数。

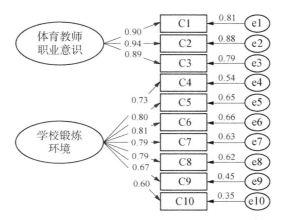

图 9-5　学校层面结构方程模型

表 9-17　学校层面修正模型拟合度

模型	χ^2/df	GFI	AGFI	PNFI	TLI	CFI	RMSEA
M	3.102	0.965	0.940	0.693	0.976	0.983	0.063

（D）社区层面量表

根据探索性因素分析抽取的因子及各因子所包含的题项，画出社区层面的结构方程模型图，并进行数据的运算，结果显示各类适配指标均未达到统计学标准。图 9-6 即为依据修正指标修正后的社区层面结构方程模型图，修正后模型拟合指数见表 9-18。

（E）政策层面量表

基于探索性因素分析，将所提取的公因子作为政策层面量表结构方程模型图的潜在因子，绘制结构方程模型图。但是，该模型与数据的拟合指数未达到要求，需要依据修正指标进行修正。模型进行逐步修正，建立各误差变量的共

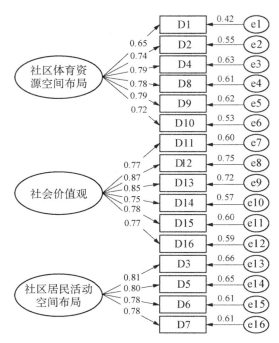

图 9 - 6　社区层面结构方程模型

表 9 - 18　社区层面修正模型拟合度

模型	χ^2/df	GFI	AGFI	PNFI	TLI	CFI	RMSEA
M	3.277	0.934	0.902	0.732	0.959	0.968	0.065

变关系后，拟合指数达到或接近要求，修正后的 AGFI 接近 0.90 的标准，其余各指标均达到拟合标准，图 9 - 7 即为依据修正指标修正后的政策层面结构方程模型图，修正后模型拟合指数见表 9 - 19。总体来看，该模型的整体拟合度尚可，认为该模型可以接受。

表 9 - 19　政策层面修正模型拟合度

模型	χ^2/df	GFI	AGFI	PNFI	TLI	CFI	RMSEA
M	2.759	0.929	0.904	0.786	0.963	0.970	0.057

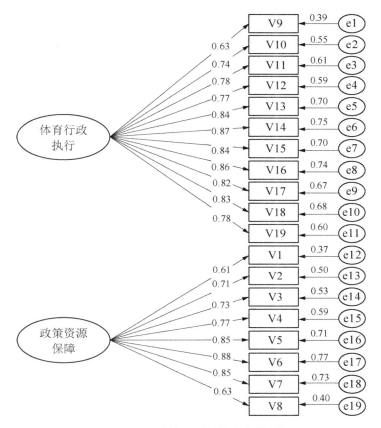

图 9-7 政策层面结构方程模型

9.5 讨 论

（1）个体层面

个体层面量表共包含个体心理行为、健康意识与现状两个潜在因子。心理因素与个体健康意识及现状的相关性较大，与个体需要成低相关，可能是因为意识原本类属心理范畴。个体对自身健康重视度越高，从事健康行为的可能性就越大；个体健康行为越多，健康程度就可能越高。同时，个体的身体状况、身体素质是实现各种心理因素的必要前提，当个体的身体机能处于良好状态时，运动表现才能得到更好的发挥，良好的运动表现有助于个体体验到成功的乐趣，提高自我效能感。生理/身体因素是心理因素有效发挥的基础，心理因素对生理/身体因素起促进作用。

但是，无论个体的生理因素是否良好，包括人际关系、业余娱乐方式和体育运动需求在内的个体需要都会得以实现。人是社会化的人，人际关系是社会人所必须的环境关系。体育运动是娱乐方式的一种，业余生活、娱乐方式不同的人有不同的需求，运动并不是其唯一的活动方式。运动兴趣对运动动机产生直接影响，运动兴趣可强化个体的运动动机。运动兴趣越浓厚，个体的运动动机越强，个体持续运动行为的可能性就越大。身体素质、运动能力是个体进行体力活动的必备前提，个体的运动能力越强，运动兴趣可能就越广，运动动机可能就越稳定。成功体验、替代经历、口头说服和身心状态是影响自我效能的四大因素，或者说自我效能由以上四大因素构成。运动兴趣促使个体积极参与运动，形成内部动机；运动过程中的成功体验直接影响运动自我效能。心理因素不仅包括运动动机、运动兴趣、运动自我效能、运动成就感，还包括对运动结果的积极期望和运动愉快体验。个体或因强身健体、健身塑形，或因其他原因开始重视个体健康，并有意识地去认识、了解肢体活动或活动行为，逐渐认识到肢体活动对健康的重要性，从认知层面到行为层面一步步地开始进行肢体活动或活动行为。个体明确运动将会产生的功效后开始活动，运动过程中可能会产生身心舒畅的感觉，或者是自我感觉体形明显得到改善等，愉快的运动体验反过来强化个体的运动意识。

由图9-8可以看出，个体层面量表各题项的均值处于3.0～4.1之间，其中A10(个人人际关系)的均值最低，接近3.0。同样，A10的年级差异也不显著。受年龄因素的影响，学校是学生学习生活的主要场所，受教育是学生的主要任务，所以高中生对人际关系重要性的认识远不如成年人，且高中生的体育活动行为多出现在校内，课外体育活动或体育课上，主要是为了完成学校日常安排的体育活动。

对于年级差异(见图9-9)，个体层面量表中A2(健康状况)的均值最高，且高二高于高一，女生高于男生。随着年龄的增长，学校体育与健康教育课程的深入，体育运动技能知识、体育与健康相关理论知识成为学生学习的主要

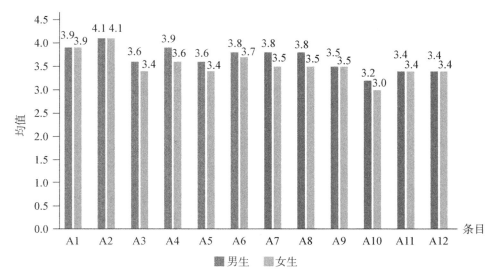

图 9-8　个体层面量表性别差异

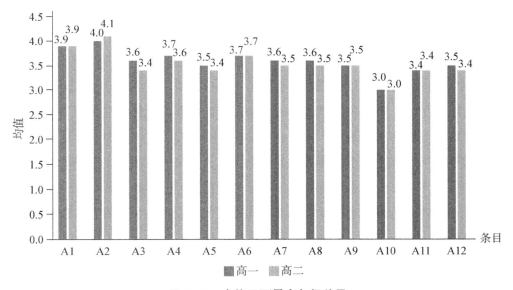

图 9-9　个体层面量表年级差异

内容，健康意识便逐步得到了提高。研究结果表明：健康状况对女生活动行为的影响高于男生。运动活动具有目的性，或以增强体质、塑造良好体型体态、提高心肺耐力、体验运动乐趣等为目的。有研究表明，男性进行体育活动多以运动乐趣、运动成就感为目的；而女性则多以增强人际关系、塑造良好体型体态为目的。

（2）家庭层面

家庭层面模型包含了两个潜在因子，各因子又由测量不同或相似问题的题项所组成，且不少于3题。当模型拟合指标未达到模型标准时，需要以增加误差变量存在共变关系的方式来对模型进行修正。

家庭文化健康意识因子不仅包括家庭的生活方式、教养方式、运动氛围和休闲娱乐方式，而且包括家长的体育知识、运动习惯、活动意识，以及亲子之间的交流和家庭成员的支持8个因素。家长的性格、教育理念、家庭经济状况和家长监管程度则被划分为社会经济环境因子。如果家长的活动意识较高、活动行为较频繁，那么可以说家长已经具备较丰富的运动知识，或已形成了一定的运动习惯。运动活动的各种益处促使家长开始督促中学生参与运动，而家长对中学生的支持程度自然也会相应地提高。家长支持不止是表现在精神上的支持，更多的是物质上的支持，如购买体育器材、运动装备、运动鞋服，聘请专业教练等。经济基础决定上层建筑，只有具备了一定的经济水平，家长才有时间与资金支持中学生的运动参与行为。当家长的支持程度达到一定的强度时，满足中学生参与各种运动的需求，甚至是与其一起参与，家庭运动氛围也因此逐渐形成。此外，家长和家庭成员的活动支持也与家长的教育理念有关。若家长盲目尊崇应试教育的理念，只关注中学生所取得的考试成绩和各种证书，就不可能允许他们花时间参与体育和各种娱乐活动。家长监管程度出自家庭教养方式中的家长对子女的监管程度，主要分为专制型、权威型和纵容型三种教养方式。三种教养方式依据家长对子女时间的支配程度来划分：完全由家长支配的专制型；由家长子女一起来探讨规划时间的权威型或称为民主型；家长完全不干预子女的时间，完全由子女自行决定，甚至于不顾不管的纵容型。家长对中学生的监管强度越大，购买体育器材的可能性就越小。当今社会家长普遍重视的是学生的智力学习，考试成绩以及各种兴趣班的学习，这类学习活动占据着中学生的大部分课外时间，用于体育运动的时间则少之又少。由于家长形成一定的运动习惯或家长的活动意识增强，他们购买一定量家庭体育器材的频率就增加，体育活动成为家庭娱乐活动方式的可能性增大。但是，任何娱乐活动都需要一定的经济基础，只有当家庭的社会经济地位达到适当水平时，家长的活动意识才能得到不断增强、家庭活动环境才能得到更好的提升。

家长的教育理念、监管强度和家庭经济状况可以体现出一个家庭的社会经济地位。社会经济地位越高、教育理念越好的家庭，对子女的监管强度就越合理。良好的教育理念有利于中学生的全面、健康发展。既不过分放纵，也不过于严格地对中学生进行监管，有利于中学生健康成长，有利于培养良好的学习、生活习惯，可以避免中学生误入歧途。

家庭层面量表描述统计结果条状图表明，B6（家庭经济状况）对不同性别、不同年级中学生活动行为的影响程度最弱。可能是随着经济的发展、生活水平的提高，对于一些家庭而言购买一定的体育器材并非难事；也有可能是因为中学生金钱观念淡薄，加之独生子女时代家长们通常宠爱孩子，会尽量满足他们的要求；还有可能是中学生认为只要自己想运动，家庭经济状况并不会制约自己的活动行为。从年级、性别差异来看，家庭经济状况对高二学生的影响小于高一学生，女生略小于男生。一般而言，女生的体育活动较男生少，可能是男女性格差异或是中国传统思想的影响所致。而且女生进行的项目以静力性活动为主；而男生则多喜好对抗性运动，运动器材、场地的要求往往较高。从图 9 - 10、图 9 - 11 可以看出，在性别和年级差异中 B12（家庭休闲娱乐方式）、B11（家长

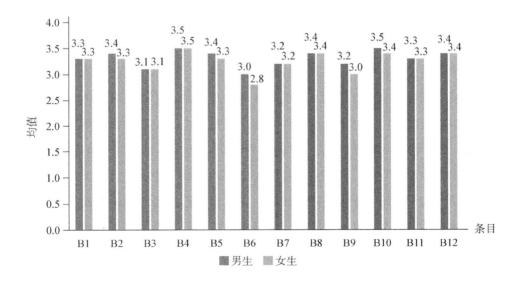

图 9 - 10　家庭层面性别差异统计

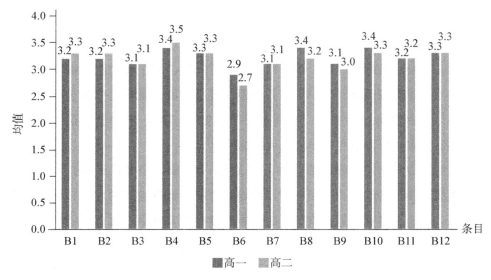

图 9-11　家庭层面年级差异统计

监管程度)、B10(家长和家庭成员的支持)、B2(家庭教养方式)、B1(家庭生活方式)基本持平,说明在年级和性别中,以上因素对中学生活动行为的影响并无显著差异,但均对中学生的活动行为产生重要影响。

（3）学校层面

学校层面结构方程模型主要由体育教师职业素养和学校活动环境两个潜在因子构成,体育教师职业素养因子包含体育教师的教学理念、教学方式、职业素养三个观察变量;而学校活动环境则包括了校领导的体育活动行为意识、对体育活动的重视程度和支持度。当前的教育评价机制,学校课内外体育活动的开展与组织情况,同学、朋友的陪伴共七个观察变量。关于体育教师的三个观察变量,教学理念、教学方式、职业素养均是与学生活动行为密切相关的因素,对学生的健康发展、身体素质及终身体育的发展至关重要。科学的教学理念、教学方式可以培养学生的运动兴趣,提高学生运动参与的内部动机,进而为终身体育的发展奠定良好的基础。教师应注重提高学生的身体素质、重视学生的全面发展,再以此为己任的职业素养辅助,必定能大为改善学生的身体素质,对学生的发展更有利。

学校体育活动开展得如何,校领导的重视与支持起着决定性的作用。日常体育活动的开展需要投入大量的人力物力，如果缺乏相关部门或领导的支持便难以展开。唯有得到相关部门的支持，学校体育教师和体育爱好者积极参与，组织一些具有趣味性的活动，激发全校师生的运动热情，才能为学生营造更好的体育活动环境。由此，出现一些学生因缺乏活动伙伴而退出或不活动的可能性大大减少。但是，当前的教育评价机制制约学生过多地参与课外体育活动，学生学业压力繁重，缺乏活动时间，大量时间都用于提高升学课业成绩。鉴于此种现状，亟需体育教师充分利用体育课时间，在提高学生身体素质、体能的过程中培养学生的运动兴趣，促使学生积极主动参与运动。

从对学校层面性别差异、年级差异的统计(图9－12、图9－13)可以看出，各变量的均值波动幅度较小，基本处于同一水平。但是，在所有变量中，C6较突出。学生普遍认为学校的支持对他们的日常体育活动行为影响较大。这是因为学校按照相关条例为学生制定日常学习安排，学生的时间基本固定在课业学习上。越是支持体育活动的学校，其体育活动设施、器材就越充分，主课教师挤占体育课的可能性就越小，课外体育活动的开展、组织情况就越好，学生进行活动的时间就越多。通常情况下女生需要更多的陪伴，没有运动伙伴是大部分女生退出活动的主要原因；但是研究结果表明，C10(同学朋友的支持与陪同)对男生的影响高于女生，对高二学生的影响高于高一学生。这可能是因

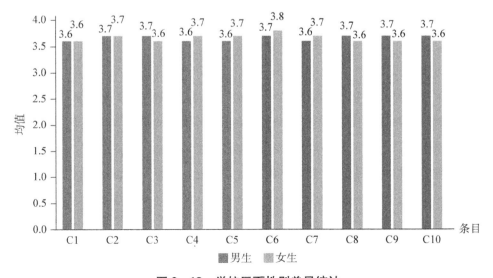

图9－12　学校层面性别差异统计

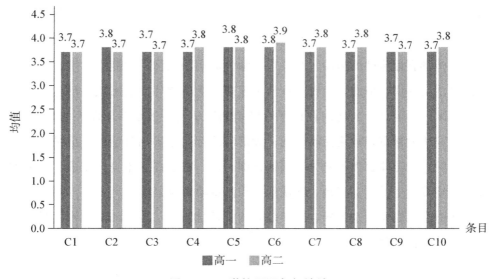

图 9-13　学校层面年级统计

为男性较偏向于对抗性运动，需要同学、朋友一起参与才能进行。此外，高中生正处于生长发育的高峰期，男性特征逐渐显现，篮球、足球等体育活动往往是高中生所偏爱的运动，且大部分学校均具备此类场地。女生则偏向于安全、委婉、协调性要求高的体育活动，竞争性项目通常少有问津。对于年级差异，随着学校体育课学习时间的增加，大部分学生都已初步掌握了相关的体育技能，在条件允许的情况下便主动进行练习，将所学技能运用到校外运动中，如羽毛球、排球、足球、篮球技能等。

（4）社区层面

社区层面结构方程模型共包含三个潜在因子，即社区体育资源空间布局、社会价值观、社区居民活动空间布局。社区体育资源空间布局主要涉及中学生户外活跃程度、小区汽车停放与步行适宜度、距离学校远近和街道连通性。对于家庭社会经济地位较好、距离工作地点或子女学校较远的家庭而言，私家车是其代步工具。小区汽车的多寡及汽车的停放空间大小直接影响到居住的活动空间大小。当前大部分小区的活动空间都让位于汽车的停放，居民的活动空间相对缩减。若汽车没有按规定位置停放，居民步行或骑车的适宜度将大大降低。如果小区汽车拥有量较少，而可支配面积较大，同龄中学生户外活动的活跃程度可能就越高，中学生群体步行或骑车上学、放学的比例也可能越大。越活跃的中学生，参与运动的可能性就越大。小区内活跃的中学生越多，带动其他中学生参与运动的可能性也就越大，中学生专用娱乐设施使用的频率将会越高，休闲活动设施将会吸引更多的居民。在社会安全性较高、高年级中小学学生较多的情况下，家长同意该小区中小学学生结伴同行的可能性就会越大。街道连通性是目前国外关于社区活动行为应用较多的一个变量，即指街道之间的互通性——街道相互联接，不需要绕道，便利性较高。由于社会经济水平的不断提高，私家车拥有量不断提升，赌车、停车难等问题日益突显，便利性、连通性越好的街道或社区，居民步行出行的可能性就会越高。步行不仅可以减少污染，缓解赌车、停车难等问题，而且可以活动身体。

社会价值观如公共媒体的体育宣传度、重大体育赛事、体育明星、社会体育价值观等，不仅是影响中学生活动行为，而且是对整个社会活动氛围影响较大的观察变量。国际重大体育赛事的举办，可以向世界各国展现自己的综合实力，提升国际地位，强化民族凝聚力，间接影响民众的价值观（社会的体育价值观）。运动员在国际重大体育赛事取得的优异成绩可以提升民众对该运动项目的热爱度，整体提升民众的体育价值观。世界冠军、奥运冠军等体育明星所从事的运动项目，受到民众的追捧，所以体育明星的言行对大众的影响重大，尤其是中学生群体。当社会体育价值观达到较高的被认可度，社会各界人士都受其影响时，对各区域活动场所合理空间布局的呼声也会相应地高涨，从而会促进社区活动场所的合理布局，满足社区居民的活动需求。

小区内中学生专用娱乐设施、休闲活动设施、距离公共场所的远近程度及便利程度是社区居民活动空间布局的观察变量。同样，小区内中学生专用娱乐设施或休闲活动设施越多，中学生及其家长使用设施的可能性就越大。

从图 9-14 和图 9-15 可以看出社区层面性别年级差异表现为：高一学生认为街道连通性（D10）对其活动行为的影响较弱，其均值小于 3.0；但是，男女性别差异不显著，街道连通性对他们的影响基本持平。这是因为高一学生的学业压力比高二学生轻，体育活动的时间也较多。而高二学生已经进入高中学业水平考试阶段，学习压力加大，对街道连通性、出行便利性等环境因素渐趋敏感，故其均值高于高一学生。所以，若是社区街道连通性好，出行便利，自

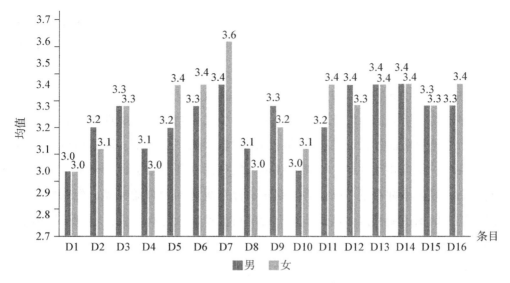

图 9 - 14　社区层面性别差异统计

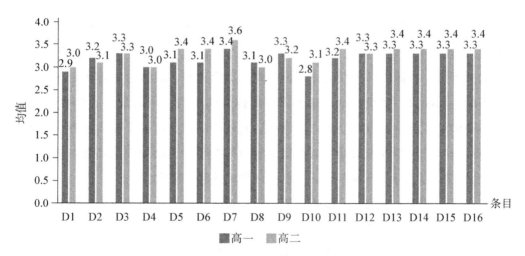

图 9 - 15　社区层面年级差异统计

然可以减轻其压力,吸引其花更多的时间进行运动。D7(小区休闲活动设施)对中学生活动行为的影响最明显,女生高于男生,高二学生的均值高于高一学生。这可能是因为当前各种社会安全问题,使大部分中学生尤其是女生更加关注自身安全问题。相对于大的社会环境而言,小区范围有限,安全系数相对较高,女中学生在小区内进行体育活动的可能性也相对较大。本研究结果显示体育新闻、赛事往往能够吸引更多男性的关注，D12(公共媒体的体育宣传力度)对男生活动行为的影响高于女生，且不存在年级差异。

(5) 政策层面

政策层面结构方程模型共包含体育行政执行和政策资源保障两个潜在变量，体育行政执行主要是一些政府制定的政策执行力体系、执行资源、经费投入、学校体育政策落实的真实性，以及政府对体育活动各方面的认识等方面的内容。而政策资源保障则包括国家层面出台的各种促进体育事业发展、提高中小学学生身体素质的法律条文或相关文件，也包括地方政策层面如上海市根据国家相关条文提出的各种促进学生健康发展的文件、开创的健康促进工程。

国家出台的各种促进中小学学生体质健康的措施需要相关部门，特别是学校的配合。如中学生的体质健康监测及干预行动计划、阳光运动、切实保证中小学学生每天一小时校园体育锻炼的规定等。相关政策措施只有落实到位，中学生的体质健康问题才能得到改善。以迎接北京奥运会为契机，国务院2007年提出了"进一步加强青少年体育、增强青少年体质的"中央7号文件(V2)。为贯彻[2007]7号文件的精神，2014年上海市教育委员会再次提出"坚持学生发展为本，为学生终身发展奠定良好基础"为工作要点(V5)，该工作要点由文教结合改革、学生健康促进工程、考试招生制度改革、学生就业与资助服务、校园安全与后勤保障五个方面内容组成。任何政策措施的出台都需要相关部门的大力支持，提供政策落实所需要的服务，同时加大监管力度，确保政策落实的有效性和真实性。中小学学生体育"十二五"规划(V1)是依据《体育事业发展"十二五"规划》和相关法规及文件精神特别为中小学学生群体制定的。阳光体育政策，每天锻炼一小时，冬季长跑等措施经过重重筛选后删除，可能是学生认为只要自己想运动，与政策无太大关系，关键看个体是否对体育运动有兴趣。

相关体育政策的落实仅有教育部门的配合远远不够，仍需要加大政府其他相关部门的实际执行力度，从上到下整体认识到体育锻炼对身体健康的重要性，学校体育活动才能更好地开展起来，才能实现身体健康、全面发展的宏伟目标。

从图9-16可以看出，政策层面性别年级差异表现为：中学生普遍认为相关体育政策对其运动行为影响远大于政府部门的支持(图中V1~V8)。其中，

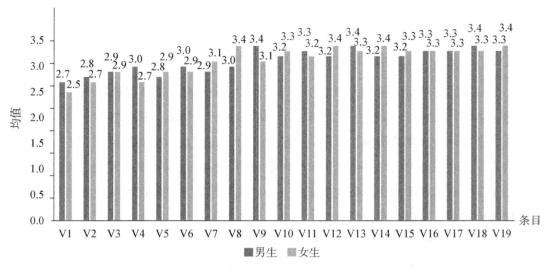

图9-16 政策层面性别差异统计

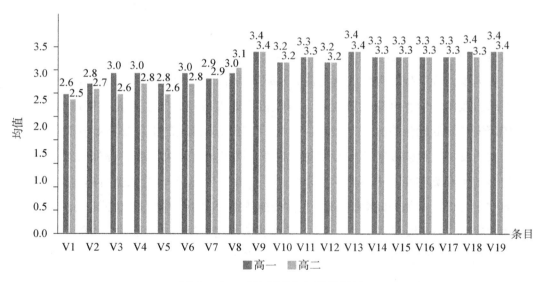

图9-17 政策层面年级差异统计

V9(中考体育政策改革)和V13(教育行政部门对中小学学生健康教育的重视程度)对中学生运动行为的影响最显著。体育中考,是通过统一测试的形式对应届毕业生做出体质评价的模式,体育成为中考的考核项目之一,体育成绩影响学生高中录取。通过体育中考这一强制性的措施来提高中学生的身体素质,中学生的体育活动因此增多，体育课程得到了保障；但是大部分学校体育课上只是练习中考考核项目，培养学生运动兴趣的理念趋于淡化。答卷中学生普遍认为，政府部门关于体育运动对中学生健康重要性的认识，对他们的运动行为影响较大，且高一与高二无明显差异。值得注意的是，女生认为 V19（学校落实体育政策的真实性）对其运动行为的影响高于男生。可能是因为，高中阶段男生喜爱进行对抗性的体育项目，少数女生会与男生一起活动；而大量女生的体育活动集中在体育课上，多以体育教师组织的各种体育活动或体育课程内容为主，体育活动多围绕着体育教师提供的体育器材进行。

9.6 结论与建议

（1）结 论

上海市中学生体育活动行为生态学模型问卷由五个分量表组成，将所回收问卷数据进行探索性因素分析，结果表明上海市中学生体育活动行为生态学模型共包含 11 个潜在因子。个体层面包含心理因素、健康意识与现状两个潜在因子；家庭层面的包含两个潜在因子，分别是家庭环境和社会经济地位；学校层面包含由体育教师和校园活动环境组成的两大潜在因子，它们直接影响中学生的活动行为；社区层面包含三大潜在因子，它们是空间布局适宜度、社会观念及媒介、活动场地及便利度；政策层面包含了两个潜在因子，即政策部门支持和体育相关政策。各分量表初始模型数据拟合指标均未达到统计学标准，需要根据修正指标对模型进行修正。各量表的潜在因子间，虽然达到了中等或高相关，但是未达到二阶模型的标准，所以无法进行二阶模型的运算。

① 个体层面结构方程模型中的潜在因子

个体心理行为、健康意识与现状是个体层面结构方程模型中的潜在因子。生理因素与个体健康现状、身体素质关联较大，而不管个体的生理因素是否良好，个体的需求同样可以得到满足，锻炼活动并非个体开展社会活动、进行人际交流的唯一方式。所以，需要提高个体运动参与的内部动机、培养运动兴趣、促使个体积极参与。

② 家庭层面结构方程中的潜在因子

家庭文化健康意识和社会经济环境是家庭层面结构方程中的潜在因子。当家庭的社会经济地位达到一定的水平时，家长的锻炼意识、家庭锻炼环境才能得到更好的提升与发展；但是只有经济基础而没有锻炼意识，再好的经济基础也不能促使个体参与运动。所以家长的锻炼意识很重要，其对中学生会产生潜移默化的影响。培养中学生的锻炼意识重在培养家长的锻炼意识。家长锻炼意识提高不仅会影响中学生的活动行为，更多的是会支持中学生参与锻炼，明确锻炼活动对学习、对健康的重要性。

③ 学校层面结构方程模型的潜在因子

体育教师职业素养和学校运动环境是学校层面结构方程模型的两个潜在因子。学校对中学生体育活动行为的影响主要体现在体育教师的教学理念、教学方式和课外体育活动的开展情况上；而学校体育活动开展的好坏，校领导的重视与支持起决定性的作用。所以，学校教育不仅要求体育教师具备科学合理的教学理念、教学方式和崇高的职业素养，还需要学校领导和其他教师的大力支持。

④ 社会层面结构方程模型的潜在因子

社区体育资源空间布局、社会价值观、社区居民活动空间布局是社区层面结构方程模型的三个潜在因子。社区体育资源空间布局与运动氛围密切相关，运动适宜度越大，中学生利用社区娱乐休闲设施的可能性就越大，居民走出家门进行活动的可能性也越大，因缺乏伙伴而退出活动的可能性相应降低，社区的运动氛围逐步形成。中学生正处于青春发展的高峰期，具有较强的明星崇拜情节，所以体育明星应注意自己的言行，为中学生的健康发展做好榜样。

⑤ 政策层面潜在因子

政策层面量表包括体育行政执行和政策资源保障两个潜在因子。任何政策措施从制定到实施，都需要政府部门各方面的大力支持，同时还需要加强监管，确保政策措施真实、有效地落实。唯有如此，中学生的体质健康问题才能得到改善。

（2）建　议

第一，上海市中学生体育活动行为生态学模型问卷的信效度较好，可作为中学生锻炼行为影响因素的测量工具。

第二，中学生体育活动行为的影响因素繁多，且各因素之间存在间接关联，应建立多方协作如政府应大力支持家庭、学校、社区一体化的运动模式。营造科学合理的社会运动氛围，不仅可以提高中学生的身体素质和健康水平，而且可以提高家长的运动水平。

第三，家长的行为对中学生产生潜移默化的影响，改善、提高中学生的锻炼行为重在培养家长的体育锻炼行为和意识。

第四，合理的体育场地空间布局，可提高个体的体育活动行为，建议加大体育场地空间布局的研究，对体育场地空间进行合理的规划。

第五，政府部门应加大投资、强化政策监管力，确保体育相关政策的落实。

（3）研究不足

其一，正式问卷所调查的研究对象，没考虑到学校等级和学校特色问题，不同等级学校对体育相关课程的重视度各不相同，学生的体育活动情况可能存在较大差异。

其二，家庭、社区、政策因素量表的修正指标较多，尚需深入研究、反复修改。

第 10 章　超大城市体育空间与中小学学生体育活动特征联动研究

  2016 年 11 月，上海市人民政府办公厅印发了《上海市体育改革发展"十三五"规划》，明确提出要"进一步完善社区体育健身设施。合理布局全民健身设施，充分利用社区、沿江、公园、林带、屋顶、人防工程、办公楼宇、旧厂房、仓库、老旧商业设施等，并与教育、卫生、文化等功能设施相融合，重点建设一批便民利民的中小型体育场馆、市民健身活动中心、户外多功能球场、健身步道、自行车健身绿道等场地设施，形成 15 分钟体育生活圈。鼓励社会力量投入建设和运营管理小型化、多样化的活动场馆和健身设施。充分挖掘现有设施的潜力，完善相关政策措施，积极推动各级各类公共体育设施免费或低收费开放，体现公益性特征。坚持建管并举，建立健全社区、单位公共体育设施管理机制，提高公共体育设施的完好率、利用率和开放率"①。体育健身设施的合理布局对中小学学生体育活动热情的激发、健康生活方式的形成具有重要的载体作用，与此同时，也面临规划、选址与城市总体发展相协调一致的问题。本研究基于城市发展视角，运用城市地理学、体育学等相关理论，揭示上海市静安区体育空间与中小学学生体育活动特征间联动关系，为科学制定上海市体育场地建设规划，构建覆盖健全的健身公共服务体系提供理论和实践依据。

---

① 上海市人民政府：《上海市体育改革发展"十三五"规划》，上海市人民政府网，2016 年 11 月 4 日，http://www.shanghai.gov.cn/nw2/nw2314/nw2319/nw12344/u26aw50389.html? nglnoppphdjmohdb，2016 - 12 - 01。

10.1 研究对象与方法

本研究以上海市静安区体育空间与中小学学生体育活动特征间的联动关系为研究对象。采用社会科学统计程序（SPSS）、ArcGIS等分析方法探究中小学学生体育活动的基本特征与影响因素，分析上海市静安区体育空间整体布局、服务水平、耦合性特征等，最终形成专题地图进行空间可视化表达。

10.2 研究工具

中小学学生体育活动特征的测量选用赵丹等编制的《上海市中小学学生体育活动时空特征问卷》，具有良好的信效度。问卷包括人口统计学因素、中小学学生体育活动总体特征、体育活动空间感知三个部分。本研究共发放问卷2080份，回收1894份，回收率达91.1％；剔除无效问卷后，获得有效问卷1738份，有效率91.8％。

10.3 数据来源

以全国第六次体育场地普查相关数据为基础，就静安区各系统体育场地的基本标识、主要属性、使用状况等进行全面调查，建立完整的体育场地基础数据库。地图主要来源于上海市测绘院。

10.4　上海市中小学学生体育活动特征

10.4.1　上海市中小学学生体育活动空间利用分布特征

中小学学生周一至周五校外体育活动主要集中在营业性体育活动场所、社区活动中心、公园以及小区范围内，高中生在家里锻炼的人数比例明显高于小学生和初中生，而在小区和社区范围内活动的人数比例相差较小。中小学学生周末体育活动场所分布与在校外体育活动场所分布相似，主要集中在小区、社区活动中心和营业性体育活动场所。早上上课前，小学生活动场所主要集中在家里和小区内，初中生活动场所主要集中在小区及社区范围内，高中生活动场所主要集中在家里。上午的 8:00～11:00 以及下午的 13:00～21:00，中小学学生活动范围变大，去营业性体育活动场所的学生人数比例增多，去社区活动中心的人数比例仅次于营业性体育活动场所。研究表明，静安区中小学学生选择体育活动场地具有一定的随机性，初中生随机性特征更加明显。随着经济的发展，商业用地比例增大，城市公共空间逐渐缩小，中小学学生到营业性体育活动场所进行锻炼的人数比例逐渐增加，但表现出明显的靠近居所倾向。

10.4.2　上海市中小学学生体育活动空间圈层结构特征

对静安区中小学学生课外体育活动的出行距离资料进行整理、分析后发现，中小学学生体育活动参与度随出行距离的增加而降低。在 0～1.5 km 范围内，中小学学生活动人数下降较为缓慢，体育活动主要集中在自家小区；在 1.5～3.5 km 范围内；中小学学生体育活动的距离快速下降，体育活动主要集中在小区或社区的范围内；3.5 km 至最大活动出行距离之间仍有起伏。当居住区、居住小区内体育设施不能满足中小学学生体育需求时，在交通、经济以及时间等因素能够获得满足的情况下，中小学学生会适当选择距离较远的公园、体育场（馆）及俱乐部等场所进行活动。上海市静安区中小学学生体育活动空间呈现出明显的圈层结构特征。如图 10-1 所示：第 Ⅰ 圈层 0.0＜D＜1.5 km，为强聚集地带，是中小学学生进行体育活动的主要圈层，集中了 40%～46% 的体育活动。第 Ⅱ 圈层 1.5＜D＜3.5 km，为弱聚集地带。这一圈活动的人数随着距离的增大而骤降，集中了 20% 的体育活动。第 Ⅲ 圈层 3.5＜D＜4.5 km，为分散聚集地带。这一圈层的活动学生人数减缓速度变小，集中了 8%～10% 的体育活动。第 Ⅳ 圈层 4.5＜D＜10 km，为边缘聚集地带，此圈层活动的学生较少。

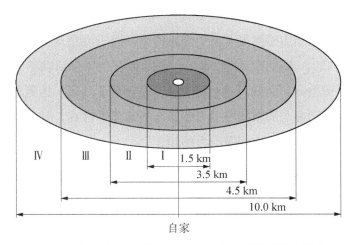

图 10-1　上海市中小学学生体育活动空间圈层结构示意图

　　研究表明：上海市静安区中小学学生课外体育活动空间范围较大，按居住小区、居住区、乡镇街道、区、城市级体育活动场所的顺序，遵循就近锻炼的原则，参加体育活动人数依次递减。这与蔡玉军(2012)研究上海城市居民体育活动特征相一致。在此基础上国内学者提出"炼住距离"的概念，即锻炼场所到居住场所的距离，且"炼住距离"存在明显的近家集中和距离衰减特征。研究还发现，静安区中小学学生参加体育活动的出行距离呈现出明显的圈层结构特征。柴彦威、李昌霞(2005)研究发现，老年人购物行为也存在空间圈层结构的特征，并采用出行距离、时间敏感性这两个指标对购物消费行为的空间特征进行描述。本研究得出圈层距离的划分与国内学者研究结果却不一致，这可能与研究对象的选取有关，成年人、老年人、中小学学生的体育活动，虽然都具有圈层结构的特征，但各自圈层距离不同。总体来说 $D_{成年人} > D_{中小学学生} > D_{老年人}$，这可能与群体活动能力、年龄等因素有关。

10.4.3　上海市中小学学生体育活动空间感知

如表 10-1，经方差性检验(Levene)同质检验，各空间感知因子的 F 值依次为 0.739、0.226、0.146，均未达到显著性水平。因此应将男女生在空间感知因子三个的方差分别视为相等。其中，空间吸引力感知性 t 值等于 3.032，达到显著水平，表示男女生体育活动参与的空间吸引力感知有显著差异存在。其中女生的空间吸引力感知显著低于男生的空间吸引力感知。空间舒适性感知性 t 值等于 0.470，未达到显著性水平，表示男女生体育活动参与的空间舒适性感知没有显著差异。空间可达性感知性 t 值等于 2.134，达到显著水平，表示男女生体育活动参与的空间吸引力感知有显著差异存在。其中女生的空间可达性感知显著低于男生的空间吸引力感知。

表 10-1　独立样本 t 检验结果

		Leven 检验		平均数相等的 t 检验						
		F	sig	t	自由度	显著性（双尾）	平均差异	标准误差异	95％置信区间	
									下界	上界
吸引力	假设方差相等	0.739	0.390	3.032	1 736	0.002	0.121	0.040	0.043	0.799
	不假设方差相等			3.013	1 653.044	0.003	0.121	0.040	0.042	0.200
舒适性	假设方差相等	0.226	0.634	0.470	1 736	0.639	0.018	0.038	−0.057	0.092
	不假设方差相等			0.470	1 714.932	0.639	0.018	0.038	−0.057	0.092
可达性	假设方差相等	0.146	0.703	2.134	1 736	0.033	0.083	0.039	0.007	0.159
	不假设方差相等			2.127	1 692.170	0.034	0.083	0.039	0.007	0.159

方差分析结果显示：空间吸引力感知、空间舒适性感知、空间可达性感知三个依变量的整体检验 F 值分别为 75.380（P＜0.05）、33.045（P＜0.05）、24.518（P＜0.05），均达到显著水平。表明不同学段的学生在空间吸引力感知、空间舒适性感知和空间可达性感知均有显著性差异存在。进行多重比较结果分

析显示：在空间吸引力感知方面，小学生群体显著高于初中生群体，初中生群体显著高于高中生群体；在空间舒适性感知方面，小学生群体显著高于初中生群体，初中生群体显著高于高中生群体；在空间可达性感知方面，小学生群体显著高于初中生群体，初中生群体显著高于高中生群体，如表 10-2 所列。

随着社会经济的发展、人们教育观念的转变，中小学学生体育活动的影响因素越来越复杂，包括时间、距离、服务质量等。空间感知是个体对空间、思想的重建与内在反映，是个体通过对空间结构、空间实体和空间关系的内部描绘和认识形成的空间概念。研究发现，体育活动空间感知包括体育活动吸引力

表 10-2　多重比较结果

	学段	对比学段	标准差	标准误	Sig	95% 置信区间	
						下限	上限
空间吸引力感知	小学	初中	0.346 23*	0.048 71	0.000	0.226 9	0.465 6
		高中	0.727 12*	0.059 25	0.000	0.582 0	0.872 3
	初中	小学	−0.346 23*	0.048 71	0.000	−0.465 6	−0.226 9
		高中	0.380 89*	0.049 01	0.000	0.260 8	0.501 0
	高中	小学	−0.727 12*	0.059 25	0.000	−0.872 3	−0.582 0
		初中	−0.380 89*	0.049 01	0.000	−0.501 0	−0.260 8
空间舒适性感知	小学	初中	0.267 48*	0.047 34	0.000	0.151 5	0.383 5
		高中	0.464 68*	0.057 58	0.000	0.323 6	0.605 7
	初中	小学	−0.267 48*	0.047 34	0.000	−0.383 5	−0.151 5
		高中	0.197 20*	0.047 63	0.000	0.080 5	0.313 9
	高中	小学	−0.464 68*	0.057 58	0.000	−0.605 7	−0.323 6
		初中	−0.197 20*	0.047 63	0.000	−0.313 9	−0.080 5
空间可达性感知	小学	初中	0.251 66*	0.048 66	0.000	0.132 4	0.370 9
		高中	0.407 49*	0.059 18	0.000	0.262 5	0.552 5
	初中	小学	−0.251 66*	0.048 66	0.000	−0.370 9	−0.132 4
		高中	0.155 84*	0.048 96	0.006	0.035 9	0.275 8
	高中	小学	−0.407 49*	0.059 18	0.000	−0.552 5	−0.262 5
		初中	−0.155 84*	0.048 96	0.006	−0.275 8	−0.035 9

* The mean difference is significant at the 0.05 level.

感知、空间舒适性感知和活动空间可达性感知三个维度，体育活动空间感知是影响中小学学生参加体育活动的重要因素；男女生参加体育活动时对空间吸引力感知存在显著性差异；不同学段的学生在空间吸引力感知、空间舒适性感知和空间可达性感知存在显著性差异。体育空间感知维度的确立也为进一步研究城市体育空间的必要性奠定了坚实基础。

10.5 上海市城市体育空间布局

10.5.1 上海市城市体育空间整体布局特征

利用 ArcGIS 软件缓冲区分析功能，获得各体育活动空间辐射范围。区级体育空间整体布局分散，而局部区域分布集中。如静安区东部体育活动空间分布呈现集中态势，且服务范围出现严重的交叉、重叠现象。乡镇街道级体育活动空间呈串珠状分布。居住区级体育活动空间建设情况较差，西北部大部分不在其辐射范围内，且大量的居住热点未被覆盖。除与居住热点并非完全一致外，其建设力度仍显不足。居住小区级体育活动空间作为最基本的城市体育空间形态，除少量居住小区内未布置体育空间外，总体建设情况良好，如图10-2、图10-3基层体育空间（居住区级和居住小区级体育空间）的整体布局。

研究表明，上海市静安区体育空间整体上"核心—边缘"结构特征明显，体育活动空间密度分布和居住热点分布均出现由内向外逐渐降低的态势。体育活动空间分布具有区域差异性。叠加分析发现，江宁路和曹家渡两个街道占静安区总面积的 43%，占静安区城市体育空间的 50%，平均密度达 67.3 个/ km^2，组成了上海市静安区城市体育活动空间中心区。这主要由于江宁路街道和曹家渡街道作为城市中心区发展较早，体育活动空间配套建设较为健全。根据城市空间结构理论，由于都市"摊大饼式"扩张模式的发展，远郊区体育活动空间的配套建设远不及中心区快速发展的步调。而中心区由于高密度人口压

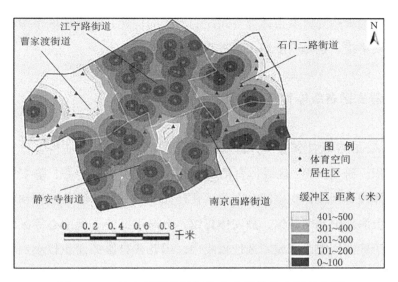

图 10-2 静安区居住区级体育空间整体布局示意图

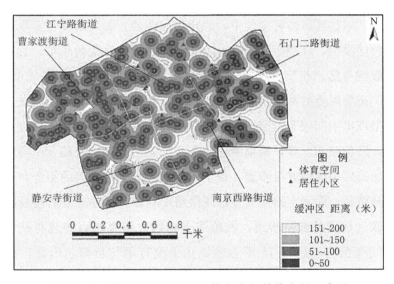

图 10-3 静安区居住小区级体育空间整体布局示意图

力，其商业及服务功能将逐渐增强。相反的，其居住功能不可避免地将逐步向远郊区迁移，随着城市进程化的发展，城市中心区体育活动空间总量将逐渐减少，远郊区城市体育空间将逐渐增多。高度发达的城市，居民偏向于选择靠近城市居住功能较好的远郊区作为居住地，倾向于往返城市中心区与住地之间。

因此，适当加大远郊区城市体育空间配套设施的构建，是削减城市中心区人口压力的重要举措，也是高度城市化进程的必经之路。

10.5.2 静安区各级体育空间服务负荷特征

利用 ArcSIG 软件邻近性分析功能，生成泰森多边形，获得各体育活动空间服务面积。研究发现：区级体育活动空间中，静安体育中心、静安区中小学学生业余体校等区级体育空间分布与居住热点较为一致，服务面积和整体负荷较大；而上海新纪元网球馆、静安体育馆、上海市棋牌管理中心等区级体育活动空间位于静安区中心区域，选址较集中。因此各自服务面积较小，整体负荷也相对较小。乡镇街道级体育空间呈现两边负荷重、中间负荷弱的趋势，位于区域两边的西南社区体育健身俱乐部、静安寺社区体育健身俱乐部、石门二路社区体育健身俱乐部等负荷较大；而位于区域中间的江宁社区体育健身俱乐部等负荷较小。居住区级体育空间中，武定坊居委会、北京居委会、淮安里居委会、又一村居委会、新福康里居委、陕北居委的健身房负荷较重，远远超过其他居住区级健身房；相反，江宁路街道宝安坊居委会健身房，蒋家巷居委会、泰兴居委、裕华居委的乒乓房服务面积较小，负荷较小。因此，静安区居住级体育空间呈现出中间服务负荷较大，四周服务负荷较小的趋势。居住小区级体育空间中，海防路 100 弄、新福康里居委、延中居委、长寿路 999 弄的健身路径，中凯居委延中绿地健身步道，景华居委大胜健身路径等的服务负荷远远超过其他健身路径；而武定路 600 弄、西康路 446 号、华沁居委的健身路径，华业居委、陕北居委的健身步道，古柏居委鹅卵石健身步道等健身路径，由于其体育空间面积均不超过 15 平方米，几乎没有承担负荷。因此，静安区居住小区级体育空间服务负荷水平总体上呈现出中间小、四周大的特点。如图 10 - 4、图 10 - 5 基层体育空间（居住区级和居住小区级体育空间）服务负荷特征。

研究表明，静安区基层体育空间建设不太足，总体服务水平不太高。从服务面积来看，居住区级体育活动空间整体服务水平高于乡镇街道级综合服务水平。《城市居住区规划设计规范（GB50180 - 93）》中对基层体育空间规模做出了

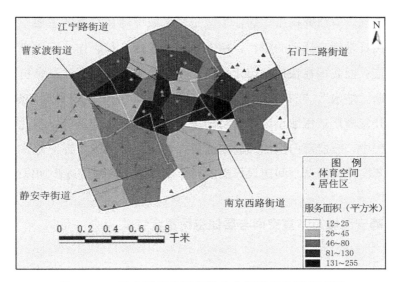

图 10 - 4　静安区居住区级体育空间服务负荷示意图

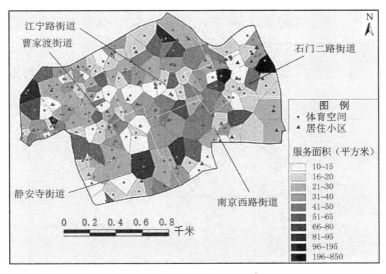

图 10 - 5　静安区居住小区级体育空间服务负荷示意图

明确的规定，但从实际情况来看，居住区级和居住小区级体育活动空间的建设
仍有较大的欠缺。基层体育空间建设的欠缺导致了整个城区的总体服务水平不
高。有学者在研究中也发现，上海市中心城区存在着公共体育空间严重不足，
服务水平不高等问题。在调查中发现，多数中小学学生选择在小区绿地和空地

进行体育活动。有研究指出，居住小区是未来城市体育发展的主要空间。为保障城市居民日常健身活动的进行，西方国家对居住区和居住小区体育设施配置有明确规定；而我国在快速城市化进程中多次错失体育空间建设良机，城市体育空间不断"缩水"。究其原因在于不同利益主体对城市空间资源的激烈争夺，如房地产开发商严重压缩小区体育活动场地以攫取经济利益等。因此，在城市更新的过程中，政府部门应加强制度建设，相关部门积极发挥监察作用，在新建小区时落实体育活动空间建设标准，对于旧住宅小区则应逐步加以改造。

10.5.3　静安区城市体育空间与居住空间耦合特征

如图 10-6 所示，将居住空间与城市体育空间叠加后发现，上海市静安区街道居住密度依次为曹家渡街道(23.65 千户/平方千米)、江宁路街道(15.80 千户/平方千米)、石门二路街道(14.18 千户/平方千米)、南京西路街道(12.00 千户/平方千米)、静安寺街道(8.94 千户/平方千米)。体育空间密度的万户指标依次为静安寺街道(82.76 个/万户)、江宁路街道(79.77 个/万户)、南京西路街道(65.00 个/万户)、曹家渡街道(38.89 个/万户)、石门二路街道(35.97

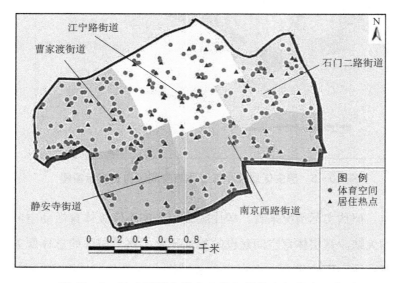

图 10-6　静安区城市体育空间与居住空间耦合示意图

个/万户）。首先，居住人口较多的江宁路街道所对应的体育空间密度高；而石门二路街道虽然居住小区多，但体育空间密度较低。其次，南京西路街道居住小区分布虽不集中，但体育空间密度与周围居住小区局部耦合性较好。最后，曹家渡街道与静安寺街道相交处的密度比较高，但是居住小区少，体育空间密度较小的区域几乎没有居住小区分布。

研究表明，上海市静安区城市体育空间密度与居住热点结构局部区域耦合性偏差，但整体耦合性较好。各居住小区呈点状分布，街道聚集程度差异大。从居住热点与体育空间密度的对比情况来看，体育空间布局与居住空间结构的吻合度较高。静安区位于上海的市中心，地狭人稠，房屋覆盖率高，以致绿地稀少，从而形成明显的"热岛"效应。其体育空间结构的发展和演变，是自然因素、历史因素、经济因素及城市规划因素等综合作用的结果。但将城市体育空间规划列入城市总体规划，以人口密度、居住热点等形式相配套的城市体育空间规划建设，是缓和、解决现有问题的关键。为此，"十三五"期间，静安区打造15分钟体育生活圈，重点建设一批小型、灵活、多样的社区、楼宇运动设施。同时完成至少10处公共运动场，10条健身步道，80处健身苑点、健身墙、百姓健身室、楼宇健身室等公共体育设施建设。实现新增体育场地面积6万平方米，区人均体育场地面积达到每人0.61平方米。

10.6 小　结

合理的城市体育空间布局，可以增加中小学学生参加体育活动的热情，进而提高中小学学生体质健康水平。规划建设能够引导和激发中小学学生体育活动的城市体育空间，是当前城市体育服务的重要内容，也是顺利完成全民健身计划的重要手段。研究结果为：第一，上海市静安区中小学学生参加体育活动与体育空间等级相关。等级由高到低，锻炼随机性依次增加。总体遵循就近锻炼的原则，其出行距离具有明显的圈层结构特征。第二，空间因素是制约中小学学生参加体育活动的主要因素，包括体育活动空间吸引力感知、空间舒适性感知和空间可达性感知。第三，上海市静安区体育空间整体上呈现"核心－边缘"布局特征，城市体育空间密度与居住空间结构整体耦合性较好；但基层体育空间建设、总体服务水平不高。未来，城市体育空间规划建设总体应遵循公平和效率的原则，根据各级体育空间的可达性、各区域人口密度以及城市中长期发展目标构建城市体育空间发展的正确模式。

第 11 章　超大城市中小学学生体育空间优化布局研究

　　超大城市中心城区土地资源有限与人口密集的矛盾催生了中小学学生体育空间结构性不足的难题。本章以武汉市江岸区为例，通过 ArcGIS 10.2 分析发现，城市中心城区体育空间呈偏态分布、有效的中小学学生体育空间不足、体育空间服务范围不足、边缘城区体育空间与中小学学生生活空间耦合性较差等突出问题。由于中小学学生主业不是参加体育活动，政府也不可能通过大规模拆建改善中小学学生体育空间；所以在相当长一段时期内，城市中心城区中小学学生体育空间的发展，将寄希望于增强居住小区级体育空间的服务能力，优化居住区级体育空间布局，购买商业体育空间和构建中小学学生体育空间服务体系。

11.1　问题的提出

　　中小学学生体育是我国"十三五"期间体育工作的核心内容之一，因为中小学学生体育是国家强盛、民族兴旺和实现中国梦的重要基础（杨桦、郭建军和黄亚玲，2015）。国家体育总局专门制定了《青少年体育"十三五"规划》，同时《全民健身计划（2016－2020 年）》明确指出，"将青少年作为实施全民健身计划的重点人群，大力普及青少年体育活动"，从而将中小学学生体育放在国家体育发展战略的层面。"十三五"期间要全面实施"青少年体育活动促进计划","构建学校、家庭、社区相结合的青少年体育活动网络"(国家体育总局,2015);而必要的体育空间是开展中小学学生体育活动的先决条件,否则中小学学生体育将成为无本之木。

随着我国经济社会和城镇化的发展,超大城市人口越来越多(国家统计局综合司,2009),中心城区人口尤为密集。例如武汉市江岸区大智街道的人口密度达到 73 000 人/平方千米(江岸区人民政府,2017),是全市平均人口密度(1 238 人/平方千米)的 58.93 倍(武汉市统计局,2016);但中心城区土地面积很难随之扩张,所以超大城市中心城区增建体育设施困难重重。为了满足超大城市中小学学生日益增长的体育生活需要,"十三五"期间增加中小学学生体育空间势在必行,而中心城区很难划拨体育用地。例如《武汉市体育设施空间布局规划(2016—2030)》显示,武汉市计划 25 年里在武昌区、洪山区、江岸区、江汉区、硚口区和汉阳区修建九座体育场馆(均为区级体育设施),仅占全市区级体育设施增建数量的 34.62%、总增建数量的 27.3%,将主要寄希望于"三改一拆"(改造旧住宅区、改造旧厂房、城中村改造和拆除违法建筑)腾挪出来的部分土地。提前对超大城市中心城区适宜体育空间选址,有利于提高腾挪土地的利用效率。本章以武汉市江岸区为例,利用 ArcGIS 10.2 的空间分析功能,基于中小学学生体育空间布局现状,探索未来发展政策。

11.2 研究方法

11.2.1 研究地区

江岸区是武汉市 7 个中心城区之一,是武汉市人民政府、武汉市人大常委会、武汉市政协等市政府机关所在地,人口总量排在全市第二位,土地面积排在全市第十位，平均人口密度 11 887 人/平方千米，是全市平均人口密度的 9.6 倍(武汉统计年鉴，2016)。虽然江岸区是武汉市的核心地区，但人均体育场地面积排在全市倒数第三位(0.8 平方米)，而 6～45 周岁的中小学学生常住人口有 267 986 人，占全区常住人口总数的 37.69%(江岸区人民政府办公室，2017)，所以江岸区存在较强的中小学学生体育空间需求和扩展压力。

11.2.2 研究数据

本研究采集和利用以下数据：(1)江岸区体育设施经纬度。根据武汉市第六次全国体育场地普查数据，利用 Google Earth 确定每个体育设施的坐标。(2)江岸区对外开放体育设施经纬度。从江岸区全部体育设施中剔除不对外开放的部分，保留剩余体育设施的坐标。(3)江岸区住宅小区经纬度。根据 2017年武汉市江岸区中小学对口划片区域说明，确认江岸区所属小区，然后利用 Google Earth 确定每个小区坐标。(4)江岸区中小学经纬度。根据 2017 年武汉市江岸区中小学对口划片区域说明，利用 Google Earth 确定每所中小学坐标。本章中江岸区地图来自武汉市人民政府发布的《武汉市第一次地理国情普查公报》①，审图号：武汉市 s(2017)047 号。

11.2.3 研究方法

将采集的经纬度数据导入 ArcGIS 10.2，并投影至矢量地图，利用 ArcGIS 10.2 的空间分析工具，考察江岸区体育设施分布情况、服务水平和优化策略等，并通过专题地图予以可视化呈现。

---

① http://www.wuhan.gov.cn/whszf_45/xwxx/tzgg/201802/t20180207_185807.html.

11.3 结果与分析

11.3.1 武汉市体育空间呈偏态分布

中心城区城市化和工业化的过程中为体育场馆建设创造了硬性条件，而且中心城区生活水平较高，使得人们更加关注加强身体素质，对体育运动的大量需求促使了体育场馆的增加；同时，便利的交通也有利于中心城区拥有较多数量体育馆（徐屏、韩青、衡佳彬，2014），所以受可达性、城市人口分布、不同群体的需求、城市总体规划等因素影响（蔡玉军，2015），公共体育空间密度由内向外逐渐降低（杨剑，2016），明显呈现出向城市中心聚集的特征（董德朋，2017）。即使江岸区属于武汉市一环线上的中心城区，体育空间分布依然呈现出向中心聚集的偏态分布特征（见图 11-1 和图 11-2）：邻近江汉路商圈（宝岛公园周边区域）的大智、一元、球场和车站四个街道明显拥有较多、较密的体育空间；而位于堤角公园附近的丹水亭和谌家矶街道，以及三金潭立交附近的后湖街道拥有的体育空间数量和密度明显偏低。由此可见，体育空间分布与经济社会发展水平相关，随之形成的偏态分布是我国超大城市中心城区体育空间布局的现状。

11.3.2 武汉市有效的中小学学生体育空间不足

我国超大城市体育空间包括对外开放的体育设施和不对外开放的体育设施。对外开放的体育设施中存在大量全民健身路径，这种体育空间对老年人的健康促进起到了非常积极的作用，但不符合中小学学生的需求（蔡玉军、邵斌，2015）；所以超大城市中心城区有效的中小学学生体育空间应该另当别论。以武汉市江岸区为例，总共有 1 939 个体育设施。其中 241 个不对外开放，占总

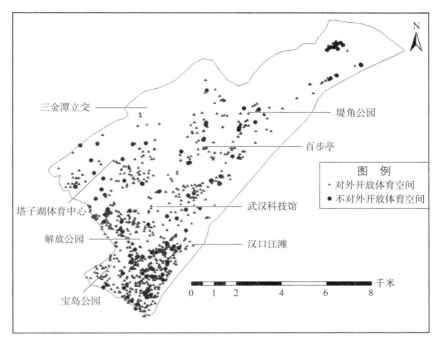

图 11-1　江岸区体育空间分布特征示意图

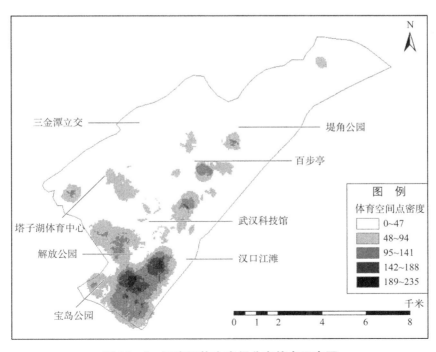

图 11-2　江岸区体育空间分布热点示意图

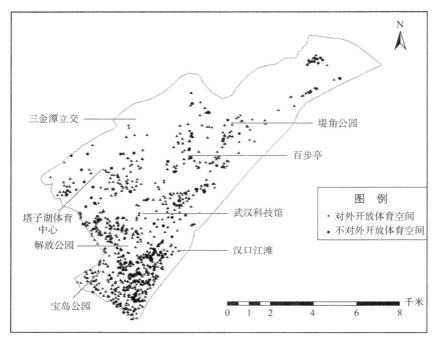

图 11 - 3　江岸区全部体育空间示意图

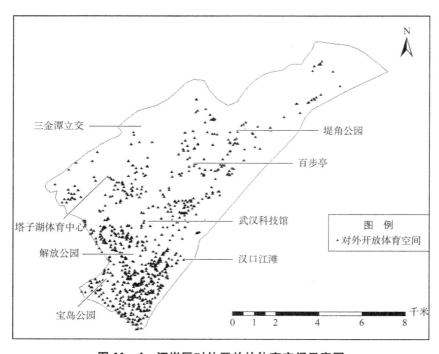

图 11 - 4　江岸区对外开放的体育空间示意图

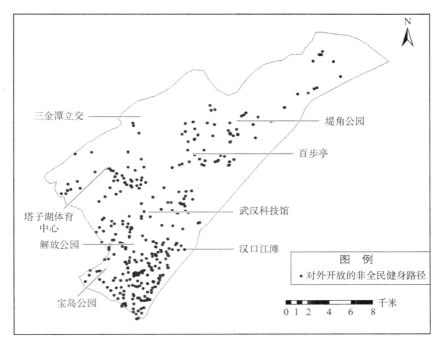

图 11-5 江岸区对外开放的非全民健身路径

数的 12.43%；全民健身路径共有 1187 个，占总数的 61.22%（这个占比明显高于武汉市的平均水平 35.59%）。若剔除不对外开放的体育空间和全民健身路径，江岸区体育空间密度明显下降，尤其是武汉科技馆以东的城区，符合中小学学生体育参与兴趣的体育空间可谓凤毛麟角（见图 11-3、图 11-4 和图 11-5）。这提示：受土地资源约束，我国城市中心城区新增中小学学生喜欢的篮球场、游泳池、足球场等体育空间比较困难，能够供给中小学学生使用的有效体育空间有限。

11.3.3 武汉市体育空间服务范围不足

中小学学生参加体育活动受多方面因素的限制（如学业、通勤方式、空闲时间），只能使用一定范围内的体育空间。例如杨剑、郭正茂和季浏等（2016）调查发现，上海市静安区大部分中小学学生参加体育活动的场所位于距家

1500 米的范围以内。全明辉、何晓龙和苏云云等（2017）利用 GPS 定位器和体力活动加速度计发现，中小学学生在距离小区和学校 600 米范围内的体力活动最活跃；因此可以认为居住区级体育空间的最大服务半径是 2 000 米，小区级体育空间的最大服务半径是 1 000 米。借鉴南京市、杭州市、济南市等城市公共体育设施分级管理规划，居住区（社区）级体育设施大约服务 5 万人（宋晓然，2015）；所以武汉市江岸区拥有汉口江滩体育场等 12 个居住区级体育设施和 1 686 个小区级体育设施（均指对外开放的体育空间）。多环缓冲分析显示（见图 11－6 和图 11－7）：江岸区西南部的体育空间服务范围已经超出了江岸区，武汉科技馆以东属于居住区级体育空间 1 000 米以内和小区级体育空间 500 米以内的服务范围较小，存在大片体育空间弱服务和无服务的区域，周边中小学学生参加体育活动比较困难。

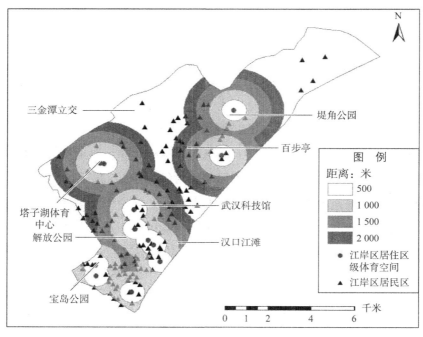

图 11－6　江岸区居住区级体育空间的服务范围

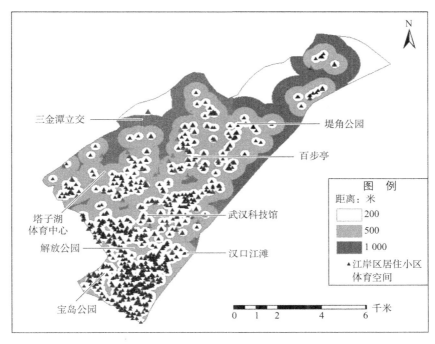

图 11-7 江岸区居住小区体育空间覆盖范围

11.3.4 武汉市边缘城区的体育空间与中小学学生生活空间的耦合性较差

国际上对中小学学生的年龄段界定不统一，借鉴有关少年和青年划段的观点（施雪琴，2012；王素青、布仁巴图、哈森高娃等，2012），中小学学生可以界定为处于 6～19 岁之间的人口，其主体是中小学学生，所以中小学（包括中专技校）和居住小区是他们的日常生活空间。

多环缓冲分析显示（见图 11-8 和图 11-9）：江岸区西南部的体育空间、中小学和居民区密度均较高，体育空间与中小学学生生活空间存在较好的耦合关系。虽然江岸区边缘地区和武汉科技馆以东地域的中小学和居民区密度较低，但这些区域内的大部分体育空间位于中小学和居民区 500 米范围以外；而且许多中小学和居民 500 米范围以内只有 1～2 个体育空间。可见超大城市中心城

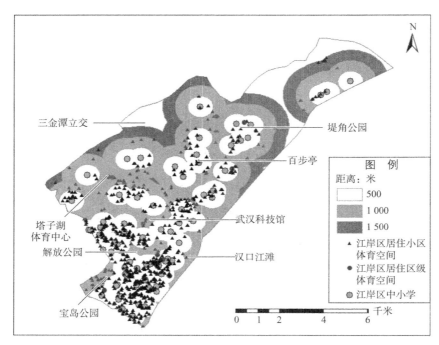

图 11-8　江岸区中小学与体育空间的耦合关系

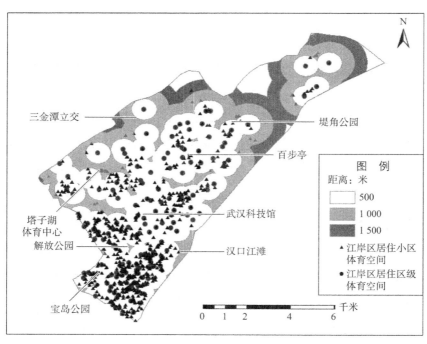

图 11-9　江岸区居住小区与体育空间的耦合关系

区边缘地带的体育空间与中小学学生生活空间的耦合性较差，所以边缘城区中小学学生参加体育活动更加困难。

边缘城区体育空间与中小学学生生活空间耦合性较差导致边缘城区的体育空间服务负荷较大。通过构建泰森多边形发现：(1)江岸区存在大片居住区级体育空间难以服务的区域；(2)武汉科技馆以西的居住区级体育空间和塔子湖全民健身中心的服务范围是1.4～3.0千米，服务负荷较小；而其他居住区级体育空间的服务负荷较大，尤其是百步亭运动休闲广场和武汉乐泽运动中心的服务负荷达到8.0～9.0千米；(3)居住小区体育空间的服务负荷呈现出"中心较小，外围较大"的特征。位于江汉路商圈的小区体育空间服务范围不足1.0千米；而外围小区体育空间服务范围普遍超过5千米。参见图11－10至图11－13。

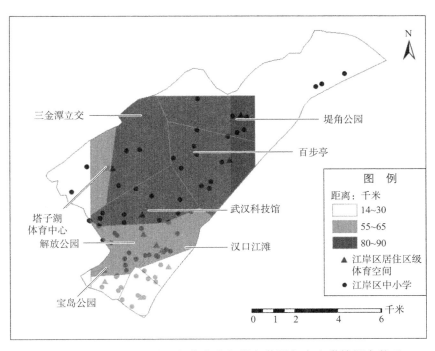

图11－10 江岸区居住区级体育空间服务范围与中小学的耦合关系

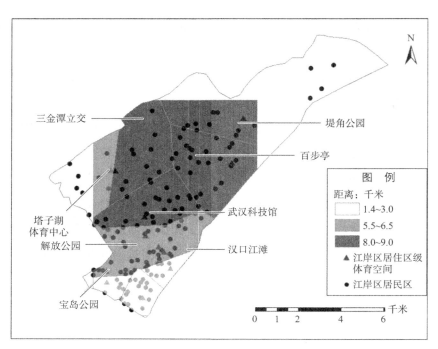

图 11 - 11   江岸区居住区级体育空间服务范围与居民区的耦合关系

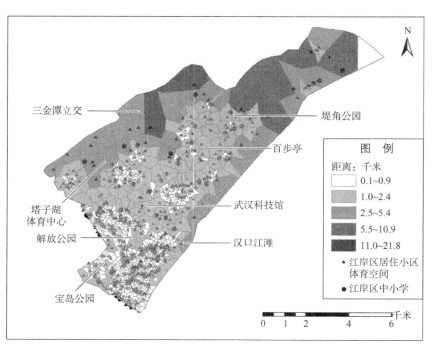

图 11 - 12   江岸区居住小区体育空间服务范围与中小学的耦合关系

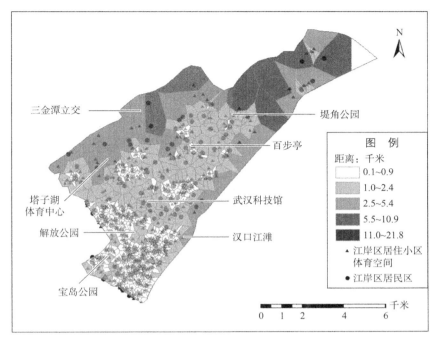

图 11 - 13　江岸区居住小区体育空间服务范围与居民区的耦合关系

11.4　超大城市中心城区中小学学生体育空间发展对策

　　超大城市中心城区中小学学生体育空间布局需要考虑两个关键因素：（1）参加体育活动并非中小学学生主业，学习之余能够用于体育活动的时间限制他们只能使用一定范围内的体育空间。（2）超大城市中心城区通常发展比较成熟，在短时间内可以利用的"三改一拆"土地有限；同时政府部门不可能因为保障中小学学生体育参与而进行大规模的拆迁。因此，在相当长的一段时期内，超大城市中心城区中小学学生体育空间扩展将主要寄希望于以下举措：（1）提升居住小区级体育空间的服务能力；（2）优化居住区级体育空间布局；（3）发展商业中小学学生体育空间；（4）构建中小学学生体育空间服务体系。

11.4.1 提升居住小区级体育空间的服务能力

超大城市中心城区体育空间绝对不足是现实问题。例如：我国人均体育场地面积为 1.46 平方米（国家体育总局，2014）。北京市人均体育场地面积为 2.25 平方米（钟秉枢、陈杰和杨铁黎，2016）；而北京市东城区人均体育场地面积只有 0.79 平方米（东城区体育局，2016），是全国人均水平的 54.1%、北京市人均水平的 35.1%。但是在中心城区很难腾挪出大片土地用于建造居住区级体育场馆设施，所以增加超大城市中心城区中小学学生体育空间将主要寄希望于居住小区体育场馆设施提质升级。国家体育总局已经联合相关部门拟定措施，要求新建住宅小区配建公共体育场地设施。

综上所述，我国超大城市中心城区中小学学生体育空间功能短缺甚于数量不足。例如：武汉市江岸区居民小区与体育空间的距离约为 500 米；但剔除全民健身路径等中小学学生很少使用的体育设施，有效体育空间明显减少。149 个居民小区（村）总共只有 11 类 241 处体育场馆设施；而且绝大部分体育场馆设施在居民小区里以单体形式存在。因此，现有居民小区体育场馆设施的存在意义大于服务功能。

居住小区作为中小学学生的主要生活空间，是他们日常参加体育活动的主要场所，所以发展居住小区体育空间的服务能力将是解决超大城市中心城区中小学学生体育活动空间不足的重要途径。具体可以考虑从以下三方面入手：第一，鼓励居住小区发挥公共空间（如依托人行道建造健身步道）、边角场所（如屋顶网球场）和地下空间（如地下篮球场）的体育服务功能。第二，创办小区中小学学生体育俱乐部。根据中小学学生作息时间，组织开展中小学学生集体体育活动（如定向越野、自行车比赛），引导中小学学生体育空间纵向发展。第三，利用现有体育场馆设施用地，建造小型、多功能体育综合馆。

11.4.2 优化居住区级体育空间布局

城市化和社会经济发展会推动体育场地建设（魏华、权德庆、雷福民等，

2012）；因为发达地区居民有更强烈的体育生活需要，当地政府也有更多的资金用于建造体育设施。同一座城市不同区域的城市化进程存在先后顺序，所以城市核心区域的体育空间相应较多。例如：武汉市江岸区邻近江汉路商圈的大智、一元、球场、四唯、车站、台北、西马等街道的体育空间比较充裕；而位于边缘地带的后湖、丹水池和谌家矶等街道明显缺乏体育空间，现有体育空间的服务压力较大。

目前居住区级体育空间的服务能力有限，而超大城市中心城区中小学学生对体育空间需求的高峰期是周末和节假日，所以居住区级体育空间应成为他们体育活动的主要场所。从武汉市江岸区体育空间分布情况看，超大城市中心城区不仅存在体育空间聚集在核心区域的问题，而且体育空间与非核心区域、边缘城区的耦合性较低。考虑旧城改造和农村城镇化等形成的"三改一拆"土地，居住区级体育空间可以相应调整布局，通过增建和改址，让隶属区域内的中小学学生拥有更好的体育活动空间。

11.4.3　发展商业中小学学生体育空间

武汉市第六次体育场地普查数据显示，49家商业体育机构在江岸区开设了65个体育场馆，包括健身房（馆）17个、台球房（馆）11个、乒乓球馆8个、跆拳道馆8个、瑜伽馆6个、羽毛球房（馆）5个、游泳池4个、舞蹈房和综合馆各2个、拳击馆和体操房各1个，约占江岸区体育场馆设施总量的2.53%，占非全民健身路径类体育场馆设施的6.52%。这些商业体育场馆总面积34005.18平方米，约占江岸区体育场馆总面积（696945.28平方米）的4.88%。由此可见，超大城市中心城区能够为中小学学生提供服务的商业体育空间匮乏，市场机制尚未在中小学学生体育空间供给中产生有效作用。

随着我国经济社会的发展，体育产业在国民经济中的比重逐年增加，超大城市中心城区中小学学生体育空间服务商业化是一块亟待开发的市场。其原因为：第一，政府购买公共体育服务政策的施行，奠定了超大城市中心城区商业化中小学学生体育空间的生存基础；第二，国民收入提高，超大城市家庭普遍具备承担一定额度体育消费的经济能力，奠定了超大城市中心城区商业化中小学学生体育空间的营利环境。通过市场调配中小学学生体育空间，可以减轻政府的负担、弥补房地产开发商的惰性、避免公共体育场馆设施布局的非合理化。这是因为商业中小学学生体育空间可以提供差异化服务，根据利润变化灵敏调配体育场馆设施，有利于改造利用超大城市中心城区闲置和半闲置空间。在超大城市中心城区实施购买商业体育空间政策，将增加中小学学生体育空间的数量和提高其质量。

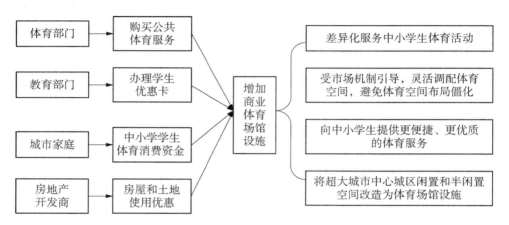

图 11－14　超大城市中心城区发展商业中小学学生体育空间的效益模型

11.4.4　构建中小学学生体育空间服务体系

体育设施选址欠佳，造成"健身圈"存在弱覆盖，甚至无覆盖（蔡玉军、邵斌、魏磊等，2012；杜长亮、顾校飞、李南，2016）；而且体育设施布局的集中与分散不尽合理，不同级别设施的可达性存在差异，数量多不一定可达性与公平性好（金银日、姚颂平、刘东宁，2017）。偏远城区随着城镇化进程推进，农村逐步城市化。在此过程中，农村土地资源相对丰富，土地利用成本相对较低，可以在偏远城区提前布局，建设大型多功能体育公园，利用便利的交通满足中小学学生节假日体育生活需要。非核心地区土地资源相对充裕，综合性大型体育场馆建造成本较低，交通系统便利，利用非核心城区的土地资源建造大型体育场馆设施，可满足中心城区市民的体育生活需要。

参加体育活动不是中小学学生的主要课业，但体育活动是保障中小学学生健康成长的主要途径。从武汉市江岸区体育空间布局情况看，超大城市中心城区中小学学生体育参与难以就地解决，依赖单体体育空间很难产生良好的体育服务效益；因为中心城区体育空间的数量和质量分布不均衡，非核心区域和边缘城区的有效体育空间比较匮乏。同时中小学学生学习之余可用于体育活动的时间零散且有限，允许他们使用的体育空间存在距离限制；所以应该构建超大城市中心城区中小学学生体育活动的空间体系。以江岸区为例（见图 11 - 15）：周一至周五上学期间，中小学学生在完成家庭作业或晚自习之后，即使有时间开展体育活动，也只能使用家庭和小区体育设施。周末去除补课、培优、完成作业等的时间，中小学学生比较闲暇，但也很难到距家较远的体育空间活动，居住区级体育空间可弥补家庭和小区体育设施的功能不足。三至七天小长假（元旦、清明、端午、中秋、五一、十一、春节）赋予中小学学生更多自由时间，他们可以邀约亲朋和同学一起参加体育活动；所以对体育空间的要求更高，需要区级及以上级别的体育场馆提供支持。寒假和暑假期间，只要时间和条件允许，中小学学生可以使用更大范围内的体育空间，可以采取鼓励政策（如发放优惠卡）促使他们使用市级或省级体育场馆。引导中小学学生体育空间服务体系化，有利于盘活闲置体育空间，在体育场馆设施总量不变的情况下，可用体育空间得到增加。

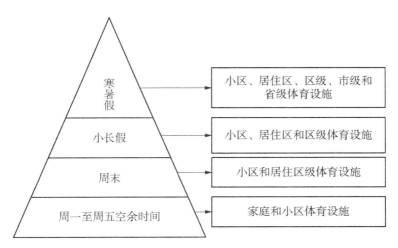

图 11 - 15　超大城市中心城区中小学学生体育活动空间体系

第 12 章　超大城市中小学学生体育空间发展对策

　　体育空间是中小学学生体育参与的保证，当前我国中小学学生体育空间需求存在受时间影响、普遍愿意付费使用体育场馆设施、中小学学生体育空间表现出新的贫富差距、就近参加体育活动的特征明显、对球类体育场馆的需求增加等情况；所以建议引导超大城市中小学学生分层使用体育空间，提高中小学学生使用体育空间的能力，发展新型体育空间，降低中小学学生体育活动对专业场馆的依赖和制定公共体育场馆分时段管理方案，实现超大城市中小学学生体育空间多元化增长。

　　《青少年体育"十三五"规划》明确提出"十三五"期间广泛深入开展青少年体育活动等 11 项主要任务，而体育空间是保障他们参加体育活动的场所（蔡玉军、邵斌、魏磊等，2012）。我国经济社会发展带动了体育场馆设施建设，比较第六次（2013）和第五次（2003）全国体育场地普查数据，人均体育场地面积与每万人拥有体育场地数量分别增长 41.75％ 和 89.21％（李国，孙庆祝，2016）；但我国中小学学生人口数量大，体育资源供给绝对不足和相对不足共存（郭剑，2016），所以"十三五"期间如何优化中小学学生体育空间是一个亟待应对的问题。

12.1 我国超大城市中小学学生体育空间需求的新特点

12.1.1 超大城市中小学学生体育空间需求受时间限制

除了繁重的学习任务，中小学学生还需要参加其他休闲活动，能够用于体育活动的时间有限；所以他们对体育空间的需要具有时效性。首先，一天中不同时间段中小学学生对体育空间的需求不同。通常周一至周五的晚上和假期的上午是中小学学生体育活动高峰期(蔡玉军、魏磊、朱昆，2012)；而且上午8:00以前他们主要使用家附近的体育场所，8:00以后他们的体育活动范围扩大，对体育空间需求相应增加(杨剑，郭正茂，季浏等，2016)。其次，假期需求高，平时需求低。超大城市中小学学生平时过着几近朝八晚五的学习生活，放学后还有繁重的课后作业，课余还要参加各种培优班，他们能够用来参加体育活动的时间主要集中在假期。例如全明辉等(2017)通过GPS定位分析发现，儿童中小学学生在上学日较少出现在运动场所，而周末出现在运动场所的比例明显增高。这提示：超大城市中小学学生体育空间供给需要考虑时间因素，避免他们需要体育空间的时候缺乏供给，而他们不需要体育空间的时候供给过剩。

12.1.2 超大城市居民普遍愿意付费使用体育空间

根据国际标准，当人均GDP达到5000美元，体育产业会呈现"井喷"态势。现在我国人均GDP超过8000美元，所以曾经与温饱无关的体育消费开始被人们广泛接受。例如，蔡军和李卫平(2016)调查发现，陕西省70%的城镇居民有体育类消费支出，2013年人均体育消费(40.27元)是2002年(2.00元)的20余倍；《2014年全民健身活动状况调查公报》显示，"经济"似乎不再是阻止儿童中小学学生(6～19岁)参加体育活动的影响因素，实际上高达92.6%的城市中小学学生去收费体育场馆活动(郝海亭、肖林鹏、徐晓敏,2014)。可见,改善城市中小学学生体育空间的经济负担,可以适当向消费者转移,通过刺激市场活力以加速超大城市中小学学生体育空间的数量和质量同时增加。

12.1.3 中小学学生体育活动空间表现出新的贫富差距

随着《全民健身工程》《全民健身计划 2011－2015》《青少年体育"十二五"规划》等政策的实施,有钱人才能参加体育活动的时代一去不复返,全国 94.6％的 6～19 岁儿童中小学学生在 2014 年每周至少参加一次体育锻炼。中小学学生体育参与机会几乎实现均等化,但在体育空间的享用上开始呈现明显差异。例如,超大城市富裕家庭的中小学学生可以到距离居住地 1 个小时以上行程的地方去参加户外运动、体育旅游、高尔夫球等高消费体育活动,而普通家庭的中小学学生主要在家附近活动(金银日、姚颂平、蔡玉军,2015)。这意味着富裕家庭的中小学学生通过购买使用的体育空间范围更大、质量更高,而普通家庭的中小学学生主要使用小区或社区内的免费公共体育空间。由此可见,"十三五"期间城市中小学学生体育空间发展不能搞"一刀切",需要引导不同经济层次的中小学学生流向不同的体育空间。

12.1.4 中小学学生就近参加体育活动的特征明显

"十二五"期间我国超大城市公共体育空间整体上取得了明显进步,但受城市化的影响,中心城区昂贵的地价迫使城市体育场馆建设向郊区扩散,就均值而言改善了城市体育空间,实际上却是"我国体育场馆数量严重不足与长期闲置并存"的重要致因;因此中心城区体育空间不足而郊区体育空间相对富余。例如武汉市人均体育场地面积最大的三个区是东湖开发区(3.18 m^2)、东西湖区(2.81 m^2)和江夏区(2.8 m^2)等郊区,而江岸区(0.8 m^2)、江汉区(0.61 m^2)和硚口区(0.5 m^2)等中心城区排名垫底。与此同时,课余时间少、通勤方式有限、交通拥堵等因素导致超大城市中小学学生宁愿待在家里玩游戏也不愿意出门活动(毛振明,2012);所以中小学学生体育活动参与度随出行距离的增加而降低(杨剑、郭正茂、季浏等,2016),距离小区和学校 600 米范围是中小学学生主要活动区域(仝明辉,何晓龙,苏云云等,2017)。因而"十三五"期间需要解决超大城市中小学学生在家门口参加体育活动的空间需求。

12.1.5   中小学学生对球类体育场馆的需求增加

《2014 年全民健身活动状况调查公报》显示,6~19 岁儿童中小学学生经常参加的体育锻炼项目是体育游戏(22.2%)、长跑(18%)和篮球(11.2%),主要使用室外健身广场(29.8%)、健身路径(28.1%)、篮球场和足球场(16.7%),但他们最关注的运动项目是篮球(36.2%)、乒乓球(21.3%)、足球(21.1%)和羽毛球(19.2%),仅有 7.8% 的人关注田径。这提示:在我国公共体育场馆增加的背景下,中小学学生感兴趣的足球、篮球、排球、网球、游泳池等体育空间比较缺乏(惠婷,2012),即使一线城市(如上海市),也存在三大球、羽毛球、乒乓球馆在内的球类场地和游泳馆相对欠缺的问题(王家瑾,2015)。"球类"是中小学学生最喜欢的运动项目(邢赫男、向楠,2012),但第六次全国体育场地普查数据显示,全民健身路径占体育场馆总数的 22.41%,这种体育场地设施对老年人的健康促进起到了非常积极的作用,但不符合中小学学生的需求。公共体育场馆设施的引导作用,导致近半数锻炼者的体育活动内容与所期望的体育锻炼项目不一致(蔡玉军、邵斌,2015),因此,我国超大城市中小学学生体育空间发展需要适当向球类场馆倾斜。

12.2   "十三五"期间我国超大城市中小学学生体育空间发展的对策

我国超大城市中小学学生体育空间供需矛盾呈现出新特征,政策导向与现实需要如何有效对接?体育场馆建造与体育空间扩充如何协调发展?显然,"十三五"期间我国超大城市中小学学生体育空间不仅在于增量,更在于促用,所以本研究建议:1. 进一步引导超大城市中小学学生分层使用体育空间;2. 提高中小学学生使用体育空间的能力；3. 发展新型体育空间；4. 降低中小学学生体育活动对专业体育场馆的依赖；5. 制定公共体育场馆分时段管理方案。

12.2.1　进一步引导超大城市中小学学生分层使用体育空间

平均体育场地面积和体育场馆数量的增加并不意味着公共体育服务均等化的进步，因为落后于现实需求的体育空间并不能发挥服务贡献。2020 年，我国将整体步入小康社会，在此过程中人们会产生新的体育生活方式，所以城市公共体育空间供给应联系城市中小学学生体育参与的时代特征。

综合分析北京、上海、天津、武汉、杭州、太原、重庆、西安、深圳和青岛等十座城市的"十三五"体育事业发展规划，结果发现地方政府很少从社会分层的角度规划体育场馆设施建设，普遍将重心放在"五个一工程"（一个体育馆、一个体育场、一个游泳馆、一个全民健身中心、一个体育公园）等建造计划上面。第六次全国体育场地普查数据也显示，我国体育场馆主要是篮球场（馆）、全民健身路径、乒乓球场（房/馆）、小运动场等；而室内滑雪场、室内马术场、攀岩馆等新兴体育场馆的数量几乎可以忽略不计。

我国超大城市社区存在着社会分层，各社会阶层的经济资本、文化资本以及体育锻炼发生率都有所不同（李骁天、邢晓燕，2014），体育分化已成为超大城市居民体育生活中的一个普遍现象（张垲懿，2014）。所以"十三五"期间我

表 12-1　我国超大城市中小学学生体育空间分层供给模式

家庭类型	出行方式	活动范围（距家）	体育空间	使用方式
富裕家庭	自驾/高铁/飞机	1 小时以上	户外运动、体育旅游、高尔夫球、马术等高端体育空间	高付费
中产家庭	自驾/电动车	45 分钟以内	商业体育场馆（体育舞蹈、瑜伽、跆拳道、羽毛球馆、游泳馆等）	付费 30～100 元/次
普通家庭	步行/自行车/电动车/公交系统	15 分钟以内	小区、社区、学校等区域内的公共体育空间	免费/低付费

国超大城市中小学生体育空间应分层发展,引导富裕家庭中小学学生到高端体育场所、远离家庭所在地的体育旅游景区和户外运动基地活动,中产家庭中小学学生能便利使用条件较好的商业体育场馆,普通家庭中小学学生能就近参加体育活动。

12.2.2 提高超大城市中小学学生使用体育空间的能力

我国大约有 2.5 亿中小学学生(马继龙,2016),但体育场馆利用率不到30%(张骏,2016);如果中小学学生能够在课余时间积极参加体育活动,体育场馆闲置的情况应该有所好转。由于我国学校体育一方面被应试教育挤占时间,另一方面"校园精英体育"限制了普通学生的体育参与机会(平杰,2011);而且家长广泛存在"等孩子考上大学再锻炼也不迟"的观念(慈鑫,2014),导致中小学学生普遍缺乏运动技能(吴铂然,2015),"没有擅长的体育项目"成为他们不参加体育运动的重要原因(许微,陈凤英,2015)。中小学学生缺乏运动技能意味着:(1)使用体育空间的能力不足;(2)未能有效培养运动兴趣,他们不知道去体育场馆干什么,继而缺乏走向体育场馆的主观能动性。我国中小学学生普遍未能养成积极的体育参与习惯,如果他们不愿意参加体育活动,供给再多的体育空间也只会闲置;因此,"十三五"期间亟需提高城市,尤其是超大城市中小学学生的运动技能,才能将城市体育空间改善与中小学学生使用体育空间有效对接。

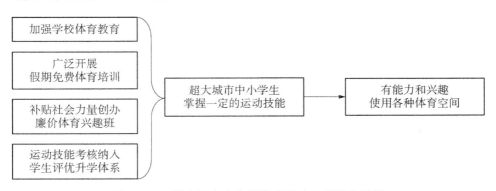

图 12-1 超大城市中小学学生运动技能提升计划

12.2.3 超大城市宜发展新型体育空间

当前我国城市，尤其是超大城市普遍面临中心城区可用于建造公共体育场馆的土地资源紧缺，综合性、大型体育场馆只能建在新城区的困局。大家都知道，这样的体育空间扩展模式将带来人均水平提高，但实际效用较低的后果。如何解决中心城区中小学学生较高的体育参与需要与较低的体育空间供给之间的矛盾，应是"十三五"期间城市，尤其是超大城市中小学学生体育需要着重解决的问题。鉴于超大城市公共体育服务体系和中小学学生的生活特点，中小学学生体育空间亟待就近供给和多元化供给；因此可以借鉴国外小区体育中心的经验，在住宅小区广泛建造占地面积小、功能多样化的立体小区体育公园，使之成为中小学学生体育参与的"桥头堡"。

未来我国社会的整体发展水平和超大城市中小学学生社会分层提示我们，"十三五"期间不能继续一味建造传统体育场馆设施，新增体育空间应该顾及中小学学生日益增长的新式体育参与需要。例如，室内游泳馆、马术场地、攀岩馆、登山健身步道等体育设施，应在"十三五"超大城市体育空间布局中占据重要位置。

另外，随着超大城市居住环境的变化，要求中小学学生频繁上下楼参加体育活动存在困难，但自家房间可以发挥一定的体育空间功能。例如前国家乒乓球队总教练刘国梁家客厅的乒乓球桌给人们留下深刻印象。不仅如此，客厅等室内空间可以开展瑜伽、健美操、体育舞蹈、跑步机跑步等多种有氧运动，居住条件较好的家庭甚至可以开展羽毛球、乒乓球、壁球、攀岩、台球等体育项目。

12.2.4 降低超大城市中小学学生体育活动对专业体育场馆的依赖

我国人口多、底子薄，短时间内很难像欧美发达国家那样建造众多的体育场馆，所以在专业体育场馆缺乏的情况下需要采取有效措施发挥非专业场馆的体育服务功能。第一，可以积极研制廉价、便携、精度适于民用的新型体育器材，使人们能够便利地将各种地面转换为体育场地。例如足球爱好者经常用衣服、包等物品在空地上搭建的简易足球场。第二，开发新的运动项目。可以参照广场舞、太极柔力球的成功经验，设计符合中小学学生兴趣的新型体育项目。第三，调动中小学学生体育参与积极性，利用他们的主观能动性"生成"体育空间（如屋顶球场、广场轮滑、江滩足球等）。中小学学生体育参与不局限于篮球、足球、游泳等要求较大体育空间的项目，也并非必须竞赛。以日常锻炼为目的的体育活动无需规范、专业的体育场馆，许多非体育场馆适当改造就可以支持中小学学生开展体育活动。

12.2.5 制定超大城市公共体育场馆分时段管理方案

加大公共体育场馆面向中小学学生免费开放是"十三五"期间我国城市，尤其是超大城市中小学学生体育建设的重要议题。受中小学学生日常生活安排的影响，一方面他们不需要体育场馆全时开放，另一方面他们需要体育场馆定时开放；所以超大城市体育场馆需要根据服务范围内的中小学学生体育锻炼习惯，合理制订小区、学校、社区、商业和城市综合体育场馆之间的开放时段搭配方案，发挥引流和分流作用，使体育场馆面向中小学学生开放且有实效性。

表 12－2　超大城市体育空间面向中小学学生分时段开放示例

体育场馆类别	开放时间段	主要功能
小区公共体育场馆	全年免费开放	满足日常健身
小区商业体育场馆	周一至周五晚间免费，节假日半价	满足日常健身，弥补小区公共体育空间不足
学校体育场馆	节假日全天开放	弥补城市体育空间不足
社区体育场馆	全年免费开放	满足日常健身
城市商业体育场馆	政府购买中小学学生体育服务，寒暑假免费，周一至周五晚间免费，其余节假日半价	发展中小学学生专项运动能力，分流中产家庭
城市综合体育场馆	周一至周五免费，寒暑假由政府购买中小学学生体育服务，其他节假日2～3折优惠	发展中小学学生专项运动能力，分流节假日锻炼人群

12.3 小 结

　　"十三五"期间继续增加青少年体育空间是我国城市，尤其是超大城市中小学学生体育发展的主旋律之一，但我国超大城市中小学学生对体育空间产生了新需求，同时中小学学生体育空间发展受到多种因素的影响，所以中小学学生体育空间发展不能随心所欲。综上所述得出如下结论。

　　其一，"十三五"期间我国超大城市中小学学生体育空间发展面临的迫切问题，是扩充体育空间和满足新兴体育生活需要。除了新建体育场馆，还可以通过提高中小学学生使用体育空间的能力和制订体育场馆分时段管理方案，提高体育场馆利用效率，通过体育器材、体育项目、活动形式创新等手段，发挥非专业场馆的体育服务功能，创造临时体育空间。

　　其二，超大城市中小学学生的体育参与需要随着时代在变化，跑、跳、投和三大球等传统体育项目日渐冷落，射箭、攀岩、户外运动等新兴体育项目备受中小学学生的青睐，尤其是 2020 年我国整体进入小康社会；所以"十三五"期间青少年体育空间发展需要未雨绸缪，积极考虑超大城市中小学学生的新式体育参与需要。

　　其三，我国超大城市化进程导致中心城区土地资源紧缺，很难划拨大面积土地建造体育公园；而中心城区又是中小学学生人口密集地带，体育空间匮乏与中小学学生体育空间需求旺盛之间的矛盾加剧。解决问题的办法只能是：增加！目前从平面空间中很难规划出有效的体育空间，所以超大城市中心城区中小学学生体育空间发展应考虑纵向空间，建造小型、多功能、立体化的体育公园，例如以两个 5 人制足球场为底层、采用桥梁结构支撑建造多层建筑，形成立体体育公园，占地面积不足 3 亩，却可以容纳足球、篮球、排球、羽毛球、游泳池、舞蹈、射箭、轮滑、健身房等多种运动项目。

　　其四，体育运动要求专业体育场馆的惯性思维，限制了超大城市中小学学生体育空间发展的思路，我们要积极引导中小学学生到非专业体育场馆开展体育活动（如广场类体育比赛、江滩类体育比赛、森林公园类体育比赛），一旦体育参与不受专业体育场馆制约，中小学学生将获得难以估量的体育空间；所以学校体育教育既要发挥引导作用，帮助中小学学生转变观念，让他们明确体育运动不一定需要专业体育场馆，还应积极研制适用于非体育场馆的新型体育运动项目。

参考文献

一、中文文献

鲍明晓,2016."十三五"我国体育发展战略研究[J].上海体育学院学报,40(2): 1-6.

北京市体育局,北京市发展和改革委员会,2017.北京市"十三五"时期体育发展规划 [EB/OL].(2017-02-24)[2018-03-08].www.beijing.gov.cn/zfxxgk/110036/ gh32/2017-03/16/content_794289.shtml.

蔡梦晓,底东娜,2015.国家体育总局:体育场馆建设需要增加社会资本投入[EB/ OL].(2015-12-08)[2017-09-09].http://m.haiwainet.cn/middle/352350/2015/ 1208/content_29431217-1.htn.

蔡玉军,2012.城市公共体育空间结构研究[D].上海体育学院.

蔡玉军,邵斌,魏磊,等,2012.城市公共体育空间结构现状模式研究:以上海市中心 城区为例[J].体育科学,32(7):9-17.

蔡玉军,邵斌,朱昆,等,2012.城市居民体育活动行为时空规律:以上海为例[J].体 育科研,33(3):62-66.

蔡玉军,魏磊,朱昆,2011.上海市小学生非上学时间体育活动行为时空规律研究 [J].体育科学,31(6):59-66.

柴彦威,沈洁,2008.基于活动分析法的人类空间行为研究[J].地理科学,28(5): 594-600.

柴彦威,塔娜,2013.中国时空间行为研究进展[J].地理科学进展,32(9): 1362-1373.

常乃军,乔玉成,2011.社会转型视域下城市休闲体育生活空间的重构[J].体育科学, 31(12):14-20.

陈礼贤,1993.体育场馆设施与现代化城市建设之关系[J].上海体育学院学报,17 (3):18-22.

陈佩杰,翁锡全,林文弢,2014.体力活动促进型的建成环境研究：多学科、跨部门的共同行动[J].体育与科学,35(1)：22-29.

陈旸,2010.基于 GIS 的社区体育服务设施布局优化研究[J].经济地理,30(8)：1254-1258.

陈永生,2011.城市公园绿地空间适宜性评价指标体系建构及应用[J].东北林业大学学报,39(7)：105-108.

程改平,曾果,刘婧,等,2009.成都市学龄儿童身体活动模式研究[J].现代预防医学,36(2)：233-235.

崔颖波,何志林,李建国,2003.日本发展大众体育的特点及趋势："终身体育"政策篇[J].体育与科学,24(2)：5-8.

代俊,陈瀚,李菁,等,2017.社会生态学理论视域下影响青少年运动健康行为的因素[J].上海体育学院学报,41(3)：35-41.

董德朋,袁雷,韩义,2017.基于 ArcGIS 的城市中心城区公共体育服务空间：结构、问题与策略：以长春市为例[J].上海体育学院学报,41(6)：10-16.

董如豹,2016.社会生态学模型视角下美国和新西兰青少年身体活动促进研究[D].福建师范大学.

杜长亮,顾校飞,李南,2016.社区公共体育设施选址规划研究[J].中国体育科技,52(3)：13-20.

付道领,2012.初中生体育锻炼行为的影响因素及作用机制研究[D].重庆：西南大学.

高铁梅,2006.计量经济分析方法与建模 EViews 应用的实例[M].北京：清华大学出版社.

高亚丽,杨涛,权德庆,等,2013.2008-2009 年全国体育场地开发利用统计分析[J].西安体育学院学报,30(6)：665-670.

关颖,2005.我国大城市少年儿童体育活动状况及影响因素探析[J].天津体育学院学报,20(3)：28-31.

郭超,2016.我市发布《烟台市区公共体育设施布局专项规划》规划建设一批全民健身设施[N].烟台日报,2016-09-05(4).

郭正茂,2016.基于 GIS 技术的上海市静安区中学生体育活动空间特征与布局研究[D].上海：华东师范大学.

国家体育总局,2014a.第六次全国体育场地普查数据汇编[M].北京：国家体育总局经济司. [2016 - 11 - 27]. http://www. sport. gov. cn/pucha/index. html.

国家体育总局,2014b.第六次全国体育场地普查数据公报[EB/OL]. (2014 - 12 - 26)
[2016 - 11 - 27]. http://www. sport. gov. cn/n16/n1077/n1467/n3895927/
n4119307/7153937. html.

国家体育总局,2015.2014 年全民健身活动状况调查公报[EB/OL]. (2015 - 11 - 16)
[2017 - 06 - 13]. http://www. sport. gov. cn/n16/n1077/n1422/7300210. html.

国家体育总局,2016a.城市社区体育设施建设用地指标[R/OL].东方体育日报(2016 - 07 -
14)[2017 - 09 - 18]. http://industry. sports. cn/news/others/2016/0714/177771. html.

国家体育总局,2016b.体育总局关于印发《青少年体育"十三五"规划》的通知[R].体
青字[2016]92 号,2016 - 09 - 05.

国务院,2013.中共中央关于全面深化改革若干重大问题的决定[EB/OL].中国共产
党新闻网,http://cpc. people. com. cn/n/2013/1115/cb4094-23559163-12. html.

国务院,2016.全民健身计划(2016 - 2020 年)[EB/OL]. (2016 - 06 - 23)[2019 - 05 -
27]. http://www. gov. cn/zhengce/content/2016-06/content_5084564. htm.

韩慧,郑家鲲,2016.西方国家青少年体力活动相关研究述评:基于社会生态学视角
的分析[J].体育科学,36(5):62 - 70.

何立,石慧,2014.我国历次体育场地普查指标体系及普查信息的对比研究[J].西安
体育学院学报,31(2):198 - 202.

何晓龙,庄洁,朱政,等,2017.影响儿童青少年中高强度体力活动的建成环境因素:
基于 GIS 客观测量的研究[J].体育与科学,38(1):101 - 110.

金银日,姚颂平,蔡玉军,2015.上海市居民休闲体育时空行为特征研究[J].体育科
学,35(3):12 - 19.

金银日,姚颂平,刘东宁,2017.基于 GIS 的上海市公共体育设施空间可达性与公平性
评价[J].上海体育学院学报,41(3)42 - 47.

寇健忠,2017.体育场地资源配置的均衡性研究[J].北京体育学院学报,40(4):
14 - 20.

李加奎,2004.美国青少年社区体育探析[J].中国体育科技,40(1):59 - 61.

李琳,邵金龙,陈绮文,等,2012.俄罗斯 2020 年前青少年体育发展战略及其启示
[J].武汉体育学院学报,46(5):10 - 13.

李骁天,邢晓燕,2014.社会分层视角下中国城市社区居民体育锻炼行为分析:基于
CGSS 数据的实证研究[J].北京体育学院学报,37(9):17 - 25.

联合国,2019.儿童权利宣言[EB/OL][2019 - 05 - 27]. https://www. un. org/zh/ documents/treaty/files/A-RES-1386(XIV). shtml.

廖晓玲,2016.基于 GIS 的上海市静安区小学生体育活动空间分布研究[D].上海：华东师范大学.

林少娜,陈绍艳,胡英宗,等,2004."学校、家庭、社区"体育教育一体化发展模式[J].武汉体育学院学报,38(6)：50 - 53.

刘东升,邹玉玲,李林林,2013.西方学界的体育空间研究与体育地理学的构建[J].体育科学,33(2)：3 - 10.

刘国永,2016.实施全民健身战略,推进健康中国建设[J].体育科学,36(12)：3 - 10.

刘偲偲,2014.基于 GIS 的城市公共体育场馆空间特征分析[D].成都：成都体育学院.

刘一民,孙庆祝,孙月霞,2001.我国大学生体育态度和体育行为的调查研究[J].中国体育科技,37(1)：28 - 31.

刘则渊,2008.科学知识图谱：方法与应用[M].北京：人民出版社.

罗炯,唐炎,公立政,2012.西南地区青少年课外体育锻炼行为现状及妨碍因素研究报告[J].北京体育大学学报,35(1)：80 - 86.

马新东,刘波,程杰,2010.美国青少年体质研究探析及对我国的启示[J].体育与科学,31(1)：81 - 83.

马运超,孙晋海,2010.基于 GIS 技术的城市体育设施信息系统的设计与开发[J].北京体育大学学报,33(4)：27 - 30.

马志和,马志强,戴健,等,2004."中心地理论"与城市体育设施的空间布局研究[J].北京体育学院学报,27(4)：445 - 447.

门丽,HUI M C,吴加利,2006.美国青少年体育发展现状给我国学校体育带来的启示[J].沈阳体育学院学报,25(3)：41 - 42.

平杰,2011.体育强国视域下我国青少年体育的发展[J].上海体育学院学报,35(1)：47 - 50.

邱茜,2015.上海市中学生体育锻炼行为生态学模型的研究[D].上海：华东师范大学.

仇军,2003.中国体育人口活动场所的选择及其变动趋势[J].中国体育科技,39(6)：14 - 15.

冉强辉,2011.上海市青少年体育发展现状实证研究[J].天津体育学院学报,26(2)：

122 - 127.

上海市人民政府办公厅,2017.上海市体育改革发展"十三五"规划[EB/OL]. (2016 -
11 - 4) [2017 - 12 - 01]. http://www. shanghai. gov. cn/nw2/nw2314/nw2319/
nw12344/u26aw50389. html.

尚力沛,程传银,2016.我国第 6 次体育场地普查指标体系变化情况分析[J].首都体
育学院学报,28(2):109 - 113.

申亮,岳利民,肖焕禹,2005.城市体育的新范式:都市体育圈——都市体育圈的发展
规划及其空间布局模式的探讨[J].天津体育学院学报,20(2):88 - 92.

史兵,2006.关于体育地理学研究内容的讨论[J].西安体育学院学报,23(1):1 - 5.

史兵,2007.体育地理学理论体系构建研究[J].体育科学,27(8):3 - 24.

司琦,汪霖之,JEONGSU K,等,2017.基于人际和组织生态子系统的青少年校内课外
身体活动影响因素研究[J].首都体育学院学报,29(3):259 - 264.

宋晓然,2015.超大城市公共体育设施规划布局研究:以天津市为例[D].天津:天津
大学.

孙风林,2015.一个公园休闲体育的历时性生态学考察与分析[J].体育科学,35(5):
16 - 28.

田至美,1995.体育服务设施的空间组织优化问题[J].人文地理,10(2):67 - 72.

佟静,2014.第六次全国体育场地普查数据发布 人均场地面积 1. 46 平米[EB/OL].
(2014 - 12 - 25)[2016 - 11 - 25].中国网,http://news. china. com. cn/2014-12/25/
content_34410064. htm.

汪晓赞,郭强,金燕,等,2014.中国青少年体育健康促进的理论溯源与框架构建
[J].体育科学,34(3):3 - 14.

王超,2013.中国儿童青少年日常体力活动推荐量研究[D].上海:上海体育学院.

王法辉,2009.基于 GIS 的数量方法与应用[M].北京:商务印书馆.

王骞,2013.基于 GIS 的武汉市体育产业空间布局研究[D].武汉:武汉体育学院.

王雷,刘国新,2010.地理信息技术对体育场馆可持续利用的规划研究[J].软件导刊,
9(12):113 - 114.

王茜,苏世亮,苏静,2009.社会地理学视域下的城市休闲体育空间重构[J].广州体育
学院学报,29(1):65 - 69.

魏德样,王健,2017.我国学校体育场地动态发展的特征分析:基于全国体育场地"五
普、六普"的数据挖掘视角[J].体育科学,37(2):16 - 27.

魏琳,廉涛,何天皓,等,2016.上海市大型体育场馆公共体育服务质量评价:基于公益开放时段的实证分析[J].武汉体育学院学报,50(12):48-54.

武汉市体育局,2016.《武汉体育事业"十三五"规划》[EB/OL].(2019-03-31)[2020-07-28].http://tyj.wuhan.gov.cn/zwgk_47/ghjh/202001/t20200114_804126.html.

肖林鹏,2012.我国青少年学生体育需求问题的理论思考[J].西安体育学院学报,29(3):257-261.

谢洪伟,赵克,张红艳,等,2011.城市居住社区体育场地、设施有效供给的经济学分析[J].体育科学,31(11):12-20.

新华社,2017.中共中央国务院印发《中长期青年发展规划(2016-2025年)》[J].黄金时代:上半月,5:7.

邢超,李斌,2010.ArcGIS学习指南:ArcToolbox[M].科学出版社.

徐彬,2007.空间权重矩阵对Moran's I指数影响的模拟分析[D].南京:南京师范大学.

徐昀,2011.城市空间演变与整合:以转型期南京城市社会空间结构演化为例[M].东南大学出版社.

徐屏,韩青,衡佳彬,2014.武汉市体育场馆空间分布分析与研究[J].测绘地理信息,39(1):36-39.

许月云,陈霞明,2016a.区域体育场地建设现状与发展路径:以泉州市为例[J].首都体育学院学报,28(2):114-121.

杨剑,郭正茂,季浏,2016a.锻炼行为理论模型发展述评[J].沈阳体育学院学报,35(1):73-81.

杨剑,郭正茂,季浏,2016b.中国城市体育空间研究述评与展望[J].天津体育学院学报,31(6):461-467.

杨剑,郭正茂,季浏,等,2016.基于GIS技术的城市体育空间与中小学学生体育活动特征的联动研究:以上海市静安区为例[J].沈阳体育学院学报,35(6):104-109.

杨剑,邱茜,季浏,2014.锻炼行为生态学模型及其在体育领域的应用[J].武汉体育学院学报,48(10):75-81.

杨燕国,2012.上海市青少年儿童体质健康促进的学校、家庭、社区联动模式研究:以卢湾区为例[D].上海:华东师范大学.

尹海伟,2008.城市开敞空间:格局·可达性·宜人性[M].东南大学出版社.

尹玲,2008.关于我国社区体育场地设施存在问题的思考[J].成都体育学院学报,34
　　(9)：28 - 31.

余柏蒗,胡志明,吴健平,等,2013.上海市中心城区公园绿地对居住区的社会服务功
　　能定量分析[J].长江流域资源与环境,22(7)：871 - 879.

曾建明,王健,2014.我国大型体育场(馆)的空间布局研究[J].体育科学,34(7)：
　　63 - 72.

张丹,赵正言,林穗青,等,2012.上海市 10～17 岁青少年超重肥胖检出率及相关因素
　　研究[J].中国儿童保健杂志,20(8)：703 - 705.

张峰筠,肖毅,吴殷,2014.城市社区公共体育设施场地的空间布局：以上海市杨浦区
　　为例[J].上海体育学院学报,38(1)：80 - 83.

张欣,2012.基于地理信息技术的城市公共体育设施服务辐射能力分析[J].沈阳体育
　　学院学报,31(2)：35 - 38.

章建成,张绍礼,罗炯,等,2012.中国青少年课外体育锻炼现状及影响因素研究报告
　　[J].体育科学,32(11)：3 - 18.

赵靓,2011.上海市杨浦区体育场地信息平台及其空间分布的研究[D].上海：上海体
　　育学院.

赵卫民,2002.陕西中小学体育活动现状调查研究[J].体育科学,22(3)：32 - 33.

中共中央国务院,2014.国家新型城镇规划(2014 - 2020 年)[EB/OL].(2014 - 03 -
　　16)[2020 - 07 - 13].http：//www. gov. cn/gongbao/content/2014/content_
　　2644805. htm.

钟秉枢,陈杰,杨铁黎,2016.北京体育蓝皮书：北京体育产业发展报告(2015 - 2016)
　　[M].社会科学文献出版社.

周丽君,HENSLEY L D, 2008.中美青少年参加体育活动影响因素的比较研究[J].北
　　京体育大学学报,31(9)：1247 - 1249.

二、英文文献

ADLAKHA D, HIPP A J, MARX C, et al. , 2015. Home and workplace built environment
　　supports for physical activity [J]. American Journal of Preventive Medicine, 48(1)：
　　104 - 107.

ALI H I, BAYNOUNA L M, BERNSEN R M, 2010. Barriers and facilitators of weight management: perspectives of Arab women at risk for type 2 diabetes [J]. Health & Social Care in the Community, 18(2): 219 – 228.

BAADE R A, 1996. Professional sports as catalysts for metropolitan economic development [J]. Journal of Urban Affairs, 18(1): 1 – 17.

BARNETT A, CERIN E, CHEUNG M C, et al., 2015. An in-depth pilot study on patterns, destinations, and purposes of walking in Hong Kong older adults [J]. Journal of Aging & Physical Activity, 23(1): 144 – 152.

BOARNET M G, ANDERSON C L, DAY K, et al., 2005. Evaluation of the California safe routes to school legislation: urban form changes and children's active transportation to school [J]. American Journal of Preventive Medicine, 28(2): 134 – 140.

BRANAS C C, CHENEY R A, MACDONALD J M, et al., 2011. A difference-in-differences analysis of health, safety, and greening vacant urban space [J]. American Journal of Epidemiology, 174(11): 1296 – 1306.

BRONFENBRENNER U, 1977. Toward an experimental ecology of human development [J]. American Psychologist, 32(7): 513 – 531.

BROWN G, SCHEBELLA M F, WEBER D, 2014. Using participatory GIS to measure physical activity and urban park benefits [J]. Landscape & Urban Planning, 121: 34 –44.

BROWNE M W, CUDECK R, 1992. Alternative ways of assessing model fit [J]. Testing Structural Equation Models, 21(2): 230 – 258.

BROYLES S T, MOWEN A J, THEALL K P, et al., 2011. Integrating social capital into a park-use and active-living framework [J]. American Journal of Preventive Medicine, 40(5): 522 – 529.

CAMAGNI R, GIBELLI M C, RIGAMONTI P, 2002. Urban mobility and urban form: the social and environmental costs of different patterns of urban expansion [J]. Ecological Economics, 40(2): 199 – 216.

CARDINAL B J, KOSMA M, 2004. Self-efficacy and the stages and processes of change associated with adopting and maintaining muscular fitness-promoting behaviors [J]. Research Quarterly for Exercise and Sport, 75(2): 186 – 196.

CASPERSEN C J, POWELL K E, CHRISTENSON G M, 1985. Physical activity, exercise, and physical fitness: definitions and distinctions for health-related research [J]. Public

Health Reports, 100(2): 126 – 131.

CASSEL K D, 2010. Using the social-ecological model as a research and intervention framework to understand and mitigate obesogenic factors in Samoan populations [J]. Ethnnicity & Health, 15(4): 397 – 416.

CERVERO R, KOCKELMAN K, 1997. Travel demand and the 3Ds: Density, diversity, and design [J]. Transportation Research Part D: Transport & Environment, 2(3): 199 – 219.

CHAWLA L, KEENA K, PEVEC I, et al., 2014. Green schoolyards as havens from stress and resources for resilience in childhood and adolescence [J]. Health & Place, 28: 1 –13.

CHEN Chaomei, 2006. Citespace Ⅱ: detecting and visualizing emerging trends and transient patterns in scientific literature [J]. Journal of the American Society for Information Science & Technology, 57(3): 359 – 377.

CHEN Pochi, YU Mingmiin, CHANG Chingcheng, et al., 2008. Total factor productivity growth in China's agricultural sector [J]. China Economic Review, 19(4): 580 – 593.

CLARKE P, AILSHIRE J, MELENDEZ R, et al., 2010. Using google earth to conduct a neighborhood audit: reliability of a virtual audit instrument [J]. Health & Place, 16 (6): 1224 – 1229.

COUCLELIS H, GOLLEDGE R, 1983. Analytic research, positivism, and behavioral geography [J]. Annals of the Association of American Geographers, 73(3): 331 – 339.

DESSING D, DE-VRIES S I, GRAHAM J M, et al., 2014. Active transport between home and school assessed with GPS: a cross-sectional study among Dutch elementary school children [J]. BMC Public Health, 14(1): 1 – 18.

DING Ding, GEBEL K, 2012. Built environment, physical activity, and obesity: what have we learned from reviewing the literature? [J]. Health & Place, 18 (1): 100 – 105.

DISHMAN R K, MOTL R W, SAUNDERS R, et al., 2004. Self-efficacy partially mediates the effect of a school-based physical-activity intervention among adolescent girls [J]. Preventive Medicine, 38(5): 628 – 636.

DUNCAN S C, DUNCAN T E, STRYCKER L A, 2005. Sources and types of social support in youth physical activity [J]. Health Psychology, 24(1): 3 - 10.

DZEWALTOWSKI D A, ESTABROOKS P A, WELK G, et al., 2009. Healthy youth places: a randomized controlled trial to determine the effectiveness of facilitating adult and youth leaders to promote physical activity and fruit and vegetable consumption in middle schools [J]. Health Education & Behavior, 36(3): 583 - 600.

EATHER N, MORGAN P J, LUBANS D R, 2013. Feasibility and preliminary efficacy of the Fit4 Fun intervention for improving physical fitness in a sample of primary school children: a pilot study [J]. Physical Education & Sport Pedagogy, 18(4): 389 - 411.

EVENSON K R, BIRNBAUM A S, BEDIMO-RUNG A L, et al., 2006. Girls' perception of physical environmental factors and transportation: reliability and association with physical activity and active transport to school [J]. International Journal of Behavioral Nutrition & Physical Activity, 3: 28.

FERMINO R, REIS R, HALLAL P C, et al., 2015. Who are the users of urban parks? A study with adults from Curitiba, Brazil [J]. Journal of Physical Activity & Health, 12 (1): 58 - 67.

FRANK L D, ANDRESEN M A, SCHMID T L, 2004. Obesity relationships with community design, physical activity, and time spent in cars [J]. American Journal of Preventive Medicine, 27(2): 87 - 96.

FRANK L D, SCHMID T L, SALLIS J F, et al., 2005. Linking objectively measured physical activity with objectively measured urban form: findings from SMARTRAQ [J]. American Journal of Preventive Medicine, 28(2): 117 - 125.

FRANK P J, Jr, 2003. American sports empire: How the leagues breed success [M]. North Caralina: Praeger Publishers.

GIBSON J, OLIVIA S, 2010. The effect of infrastructure access and quality on non-farm enterprises in rural Indonesia [J]. World Development, 38(5): 717 - 726.

GLANZ K, RIMER B K, VISWANATH K, 2015. Health behavior: theory, research, and practice [M]. 5th ed. San Francisco: Jossey-bass publi health.

GOLLEDGE R G, STIMSON R J, 1996. Spatial behavior: a geographic perspective [M]. New York: Guilford Press.

GÓMEZ J E, JOHNSON B A, SELVA M, et al. , 2004. Violent crime and outdoor physical activity among inner-city youth [J]. Preventive Medicine, 39(5): 876 – 881.

GOODCHILD M F, 2010. Twenty years of progress: GIScience in 2010[J]. Journal of Spatial Information Science, 1: 3 – 20.

GRAHAM D J, SCHNEIDER M, DICKERSON S S, 2011. Environmental resources moderate the relationship between social support and school sports participation among adolescents: a cross-sectional analysis [J]. International Journal of Behavioral Nutrition and Physical Activity, 8(1): 34 – 44.

HU Li-tze, BENTLER P M, 1999. Cutoff criteria for fit indexes in covariance structure analysis: conventional criteria versus new alternatives [J]. Structural Equation Modeling, 6(1): 1 – 55.

HU Liang, CHENG Shoubin, LU Jiaying, et al. , 2016. Self-efficacy manipulation influences physical activity enjoyment in Chinese adolescents [J]. Pediatric Exercise Science, 28(1): 143 – 151.

HU V W, 2013. From genes to environment: using integrative genomics to build a "systems level" understanding of autism spectrum disorders [J]. Child Development, 84(1): 89 – 103.

HUMPEL N, OWEN N, LESLIE E, 2002. Environmental factors associated with adults participation in physical activity[J]. American Journal of Preventive Medicine, 22(3): 188 – 199.

JCOBS J, 1961. The death and life of great American cities [M]. New York: Random House.

JIM C Y, CHEN W Y, 2008. Assessing the ecosystem service of air pollutant removal by urban trees in Guangzhou(China)[J]. Journal of Environmental Management, 88(4): 665 – 676.

KAHN E B, RAMSEY L T, BROWNSON R C, et al. , 2002. The effectiveness of interventions to increase physical activity: A systematic review [J]. American Journal of Preventive Medicine, 22(4): 73 – 107.

KOLODZIEJCZYK J K, GUTZMER K, WRIGHT S, et al. , 2015. Influence of specific individual and environmental variables on the relationship between body mass index and health-related quality of life in overweight and obese adolescents [J]. Quality of

Life Research, 24(1): 251 - 261.

KRAFT J A, RUSSELL W D, BOWMAN T A, et al., 2011. Heart rate and perceived exertion during self-selected intensities for exergaming compared to traditional exercise in college-age participants [J]. Journal of Strength & Conditioning Research, 25(6): 1736 - 1742.

LACHOWYCZ K, JONES A P, PAGE A S, et al., 2012. What can global positioning systems tell us about the contribution of different types of urban greenspace to children's physical activity? [J]. Health & Place, 18(3): 586 - 594.

LANIER L, DE-MARCO R, 2015. A synthesis of the theory of silencing the self and the social ecological model: understanding gender, race, and depression in African American women living with HIV infection [J]. AIDS Patient Care & STDs, 29(3): 142 -149.

LEATHERDALE S T, WOODRUFF S J, MANSKE S R, 2010. Energy expenditure while playing active and inactive video games [J]. American Journal of Health Behavior, 34 (1): 31 - 35.

LUBANS D R, MORGAN P J, CALLISTER R, 2012. Potential moderators and mediators of intervention effects in an obesity prevention program for adolescent boys from disadvantaged schools [J]. Journal of Science & Medicine in Sport, 15(6): 519 - 525.

MADDISON R, MHURCHU C N, JULL A, et al., 2007. Energy expended playing video console games: an opportunity to increase children's physical activity? [J]. Pediatric Exercise Science, 19(3): 334 - 343.

MAEDA J K, MURATA N M, 2004. Collaborating with classroom teachers to increase daily physical activity: the GEAR program [J]. Journal of Physical Education, Recreation & Dance, 75(5): 42 - 46.

MARK W H, 2004. Spatial dimensions of urban commuting: a review of major issues and their implications for future geographic research [J]. The Professional Geographer, 56 (2): 160 - 173.

MAROKO A R, MAANTAY J A, SOHLER N L, et al., 2009. The complexities of measuring access to parks and physical activity sites in New York City: a quantitative and qualitative approach [J]. International Journal of Health Geographics, 8:

34 – 56.

MASSE L C, NIGG C R, BASEN-ENGQUIST K, et al. , 2011. Understanding the mechanism of physical activity behavior change: challenges and a call for action [J]. Psychology of Sport & Exercise, 12(1): 1 – 6.

MC-KENZIE T L, STONE E J, FELDMAN H A, et al. , 2001. Effects of the CATCH physical education intervention: Teacher type and lesson location [J]. American Journal of Preventive Medicine, 21(2): 101 – 109.

MC-LEROY K R, BIBEAU D, STECKLER A, et al. , 1988. An ecological perspective on health promotion programs [J]. Health Education Quarterly, 15(4): 351 – 377.

MILLER H J, 2003. What about people in geographic information science? [J]. Computers Environment & Urban Systems, 27(5): 447 – 453.

MO P K, CHONG E S, MAK W W, et al. , 2016. Physical activity in people with mental illness in Hong Kong: application of the health belief model [J]. Journal of Sport & Exercise Psychology, 38(2): 203 – 208.

MUIHALL P, REIS J, BEGUM S, 2011. Early adolescent participation in physical activity: correlates with individual and family characteristics [J]. Journal of Physical Activity & Health, 8(2): 244 – 252.

NAAR-KING S, PODOLSKI C L, ELLIS D A, et al. , 2006. Social ecological model of illness management in high-risk youths with type 1 diabetes [J]. Journal of Consulting and Clinical Psychology, 74(4): 785 – 789.

NADER P R, BRADLEY R H, HOUTS R M, et al. , 2008. Moderate-to-vigorous physical activity from ages 9 to 15 years [J]. JAMA, 300(3): 295 – 305.

NEWSOME T H, COMER J C, 2000. Changing intra-urban location patterns of major league sports facilities [J]. The Professional Geographer, 52(1): 105 – 120.

NORMAN G J, NUTTER S K, RYAN S, et al. , 2006. Community design and access to recreational facilities as correlates of adolescent physical activity and body-mass index [J]. Journal of Physical Activity & Health, 3(s1): 118 – 128.

OH K, JEONG S, 2007. Assessing the spatial distribution of urban parks using GIS [J]. Landscape & Urban Planning, 82(1 – 2): 25 – 32.

ORESKOVIC N M, BLOSSOM J, FIELD A E, et al. , 2012. Combining global positioning system and accelerometer data to determine the locations of physical activity in children [J]. Geospatial Health, 6(2): 263 - 272.

PROCHASKA J O, DICLEMENTE C C, 1982. Transtheoretical therapy: toward a more integrative model of change [J]. Psychotherapy Theory Research & Practice, 19(3): 276 - 288.

RISSEL C, MC - CUE P, 2014. Healthy places and spaces: the impact of the built environment and active transport on physical activity and population health [J]. Health Promotion Journal of Australia, 25(3): 155 - 156.

LA ROSA D, 2014. Accessibility to greenspaces: GIS based indicators for sustainable planning in a dense urban context [J]. Ecological Indicators, 42(7): 122 - 134.

RUDELLA J L, BUTZ J V, 2015. Exergames: increasing physical activity through effective instruction [J]. Journal of Physical Education, Recreation & Dance, 86(6): 8 - 15.

RUNDLE A G, BADER M D, RICHARDS C A, et al. , 2011. Using google street view to audit neighborhood environments [J]. American Journal of Preventive Medicine, 40 (1): 94 - 100.

SAELENS B E, HANDY S L, 2008. Built environment correlates of walking: a review [J]. Medicine and Science in Sports and Exercise, 40(7): 550 - 566.

SAELENS B E, SALLIS J F, BLACK J B, et al. , 2003. Neighborhood-based differences in physical activity: an environment scale evaluation [J]. American Journal of Public Health, 93(9): 1552 - 1558.

SAELENS B E, SALLIS J F, FRANK L D, 2003. Environmental correlates of walking and cycling: findings from the transportation, urban design, and planning literatures [J]. Annals of Behavioral Medicine, 25(2): 80 - 91.

SALLIS J F, FLOYD M F, RODRIGUEZ D A, et al. , 2012. Role of built environments in physical activity, obesity, and cardiovascular disease [J]. Circulation, 125(5): 729 -737.

SALLIS J F, MCKENZIE T L, CONWAY T L, et al. , 2003. Environmental interventions for eating and physical activity: a randomized controlled trial in middle schools [J]. American Journal of Preventive Medicine, 24(3): 209 - 217.

SALLIS J F, NADER P R, BROYLES S L, et al. , 1993. Correlates of physical activity at home in Mexican-American and Anglo-American preschool children [J]. Health

Psychology, 12(5): 390 - 398.

SALLIS J F, PROCHASKA J J, TAYLOR W C, 2000. A review of correlates of physical activity of children and adolescents [J]. Medicine & Science in Sports & Exercises, 32(5): 963 - 975.

SÁNCHEZ-MIGUEL P A, LEO F M, SÁNCHEZ-OLIVA D, et al. , 2013. The importance of parents' behavior in their children's enjoyment and amotivation in sports [J]. Journal of Human Kinetics, 36: 169 - 177.

SCHWARTZ L A, TUCHMAN L K, HOBBIE W L, et al. , 2011. A social-ecological model of readiness for transition to adult-oriented care for adolescents and young adults with chronic health conditions [J]. Child Care Health and Development, 37(6): 883 - 895.

SELISKE L, PICKETT W, JANSSEN I, 2012. Urban sprawl and its relationship with active transportation, physical activity and obesity in Canadian youth [J]. Health Reports, 23(2): 17 - 25.

SHI Z, LIEN N, KUMAR B N, et al. , 2006. Physical activity and associated socio-demographic factors among school adolescents in Jiangsu Province, China [J]. Preventive Medicine, 43(3): 218 - 221.

SIROTA D, MEYER D, NIETO A, et al. , 2014. In-classroom physical activity and its impact on physical activity outside of school in a Hispanic community [J]. Journal of Physical Activity and Health, 11(7): 1350 - 1353.

STOKOLS D, 1992. Establishing and maintaining healthy environments: toward a social ecology of health promotion [J]. The American Psychologist, 47(1): 6 - 22.

STOKOLS D, 1996. Translating social ecological theory into guidelines for community health promotion [J]. American Journal of Health Promotion, 10(4): 282 - 298.

STOKOLS D, GRZYWACZ J S, MCMAHAN S, et al. , 2003. Increasing the health promotive capacity of human environments [J]. American Journal of Health Promotion, 18(1): 4 - 13.

SUN C, PEZIC A, TIKELLIS G, et al. , 2013. Effects of school-based interventions for direct delivery of physical activity on fitness and cardiometabolic markers in children and adolescents: a systematic review of randomized controlled trials [J]. Obesity Reviews, 14(10): 818 - 838.

SUN H C, VAMOS C A, FLORY S S B, et al. , 2017. Correlates of long-term physical activity adherence in women [J]. Journal of Sport and Health Science, 6(4): 434 – 442.

SUTHERLAND R, CAMPBELL E, LUBANS D R, et al. , 2016. 'Physical activity 4 everyone' school-based intervention to prevent decline in adolescent physical activity levels: 12 month (mid-intervention) report on a cluster randomized trial [J]. British Journal of Sports Medicine, 50: 488 – 495.

THOMPSON A M, MCHUGH T L, BLANCHARD C M, et al. , 2009. Physical activity of children and youth in Nova Scotia from 2001/02 and 2005/06 [J]. Preventive Medicine, 49(5): 407 – 409.

TOBLER W R, 1970. A computer movie simulating urban growth in the Detroit region [J]. Economic Geography, 46: 234 – 240.

TOFTEGAARD-STØCKEL J, NIELSEN G A, IBSEN B, et al. , 2011. Parental, socio and cultural factors associated with adolescents' sports participation in four Danish municipalities [J]. Scandinavian Journal of Medicine & Science in Sports, 21(4): 606 – 611.

ULUBASOGLU M A, CARDAKB B A, 2007. International comparisons of rural-urban educational attainment: data and determinants [J]. European Economic Review, 51 (7): 1828 – 1857.

VARGO J, STONE B, GLANZ K, 2012. Google walkability: a new tool for local planning and public health research? [J]. Journal of Phys Actical and Health, 9(5): 689 – 697.

WALLACE L S, BUCKWORTH J, 2003. Longitudinal shifts in exercise stages of change in college students [J]. Journal of Sports Medicine & Physical Fitness, 43(2): 209 – 212.

WELK G J, 1999. The youth physical activity promotion model: a conceptual bridge between theory and practice [J]. Quest, 51(1): 5 – 23.

ZHANG T, SOLMON M, 2013. Integrating self-determination theory with the social ecological model to understand students' physical activity behaviors [J]. International Review of Sport & Exercise Psychology, 6(1): 54 – 76.

附录

附录 A：上海市中小学学生体育活动时空特征问卷

亲爱的朋友,您好!

首先,非常感谢您在百忙之中填写该问卷。该问卷主要用于学术研究,旨在了解您体育活动的时空特征现状,并据此向相关部门作出科学的建议,从而进一步满足您的体育活动需求。此问卷采用不记名方式,所有的数据将经过统计处理,我们将对您的个人信息严格保密,不会对您的生活带来任何不便。所以,请您根据自己的实际情况,在相应条目后的括号内填写您的选择。再次感谢您的合作!

性别____　　年级_____　　出生年月_____

您的家庭住址是：_____区_____路

一、学生及其家庭基本属性

1. 您的家庭类型是(　　)。

　　A. 单亲家庭　　　　　　　　B. 核心家庭(父母、您)

　　C. 三代家庭(父母、爷爷奶奶、您)　　D. 其他

2. 您爸爸的受教育程度是(　　),您妈妈的受教育程度是(　　)。

　　A. 小学及以下　　　　　　　B. 中学(包括初中、高中)

　　C. 专科　　　　　　　　　　D. 本科

　　E. 硕士及以上

3. 您爸爸所从事的行业是(　　),您妈妈所从事的行业是(　　)。

　　A. 国家机关、党群组织、企业、事业单位负责人　　B. 专业技术人员

　　C. 办事人员和有关人员　　　D. 商业、服务业人员

　　E. 农、林、牧、渔、水利业生产人员　　F. 生产、运输设备操作人员及有关人员

　　G. 军人　　　　　　　　　　H. 不便分类的其他从业人员

4. 去年您家的月平均收入是(　　)。

　　A. 3 000 元以下　　　　　　　B. 3 000～5 999 元

　　C. 6 000～9 999 元　　　　　　D. 10 000～15 999 元

E. 16 000 及以上

5. 您爸爸每周锻炼几次（　　　），您妈妈每周锻炼几次（　　　）（每周按 7 天计算）。

    A. 每天都锻炼　　　　　　　　　B. 每周三次及以上

    C. 每周三次及以下　　　　　　　D. 不锻炼

二、中小学学生体育活动时空间总体特征

（一）校内体育活动

1. 您每周有（　　　）节体育课。

    A. 1　　　　　　B. 2　　　　　　C. 3　　　　　　D. 4　　　　　　E. 5

2. 您平均每天（周一至周五）可自由支配的时间是（　　　）。

    A. 少于 1 小时　　B. 1～2 小时　　C. 2～3 小时　　D. 3～4 小时

    E. 4～5 小时　　F. 5～6 小时　　G. 6 小时以上

3. 您平均每天用于参加课外体育活动的时间大概是（　　　）。

    A. 少于 30 min　　　　　　　　B. 30 min

    C. 大于 30 min，少于 1 h　　　　D. 1 h

    E. 1 h 以上

4. 您一般参加课外体育活动的时间段最接近于（　　　）。

    A. 5～8 点　　B. 8～11 点　　C. 11～13 点　　D. 13～17 点

    E. 17～19 点　　F. 19～21 点　　G. 其他

5. 您一般参加课外体育活动的场所是在（　　　）。

    A. 室内综合体育馆　　　　　　　B. 室内专项运动场馆

    C. 室外专项运动场　　　　　　　D. 室外田径场

    E. 室外空地　　　　　　　　　　F. 不固定

（二）校外体育活动

1. 您每周参加校外体育活动的次数为（　　　）。

    A. 0 次　　　　　　B. 1～2 次　　　　C. 3 次　　　　　　D. 3 次以上

2. 您每次校外体育活动的平均持续时间是（　　　）。

    A. 30 分钟以内　　　　　　　　B. 30 分钟

    C. 30～60 分钟　　　　　　　　D. 60 分钟及以上

3. 一般情况下,您到体育活动场所从哪里出发?(　　)。

    A. 住宅(自己家)B. 学校　　　　C. 其他(请填写)_____

4. 您去体育活动场所乘坐的交通工具是(　　)。

    A. 步行　　　　　B. 自行车　　　C. 公交车　　　　D. 地铁

    E. 私家车　　　　F. 摩托车/电动车　　　　　　　G. 其他

5. 在校外,您参加体育活动的场所是(　　)。

    A. 家里　　　　　　　　　　B. 小区内

    C. 社区活动中心、公园等

    D. 营业性体育活动场所(健身房、游泳馆等)

    E. 体育培训中心(含舞蹈培训)

    F. 其他

6. 以第4题的交通方式算,从您的出发地到该体育活动场所单程耗时_____分钟。

    A. 0~5分钟　　B. 5~10分钟　　C. 10~20分钟　　D. 20~30分钟

    E. 30~60分钟　　F. 60分钟以上

7. 一般情况下,您从出发地到该活动场所的距离是(　　)。

    A. 0~0.5千米　　B. 0.5~1千米　　C. 1~1.5千米　　D. 1.5~2千米

    E. 2~2.5千米　　F. 2.5~3千米　　G. 3~3.5千米　　H. 3.5~4千米

    I. 4~4.5千米　　J. 4.5~5千米　　K. 5千米以上

8. 您通常和(　　)一起参与体育活动。

    A. 父母　　　　　　　　　　B. 爷爷奶奶或外公外婆

    C. 同学、朋友　　　　　　　D. 独自一个人

    E. 其他

9. 您周末参加体育活动的时间段与以下哪个选项最接近?(　　)

    A. 8:00之前　　B. 8:00~11:00　　C. 11:00~13:00　　D. 13:00~17:00

    E. 17:00~19:00　　F. 19:00~21:00　　G. 21:00之后

10. 您通常在周末参加体育活动的持续时间为(　　)。

    A. 30分钟以内　　B. 30~60分钟　　C. 1~2小时　　　D. 2~3小时

    E. 3小时以上

三、中小学学生体育活动时空间感知

(请阅读以下语句,在您认可的选项数字上画○,1代表非常不同意,2代表不同意,3代表一般,4代表同意,5代表非常同意)

序号	题　目	选项				
		非常同意	同意	一般	不同意	非常不同意
举例	上海市经济发达	5	4	3	2	1
1	文化课比较紧张时,我还会抽时间参加体育活动	5	4	3	2	1
2	我周末有充足的时间进行体育运动	5	4	3	2	1
3	我到体育活动场所的距离近	5	4	3	2	1
4	我到体育活动场所的时间短	5	4	3	2	1
5	我去的体育活动场所开放时间适合	5	4	3	2	1
6	我能获得足够的钱来支付体育活动的费用	5	4	3	2	1
7	我家附近的体育活动场所能满足我的需求	5	4	3	2	1
8	我去的体育活动场所开放性好	5	4	3	2	1
9	我去的体育活动场所活动空间大	5	4	3	2	1
10	我去的体育活动场所可进入门槛低	5	4	3	2	1
11	我去的体育活动场所服务质量好	5	4	3	2	1
12	我去的体育活动场所环境好	5	4	3	2	1
13	我去的体育活动场所活动内容丰富	5	4	3	2	1
14	我去的体育活动场所健身指导水平高	5	4	3	2	1
15	我去的体育活动场所能激发我的运动热情	5	4	3	2	1
16	我去的体育活动场所活动氛围好	5	4	3	2	1
17	我去的体育活动场所交通方便	5	4	3	2	1

四、体育活动参与动机调查

序号	题 目	选项				
		非常同意	同意	一般	不同意	非常不同意
1	为了学习一项运动技能	5	4	3	2	1
2	为了满足自己的兴趣爱好	5	4	3	2	1
3	为了加深与朋友、同学的关系和友谊	5	4	3	2	1
4	为了多与家人相处,增进感情	5	4	3	2	1
5	为了丰富自己的业余生活	5	4	3	2	1
6	为了获得运动的成就感	5	4	3	2	1
7	为了使自己精力充沛	5	4	3	2	1
8	为了预防和消除疾病	5	4	3	2	1
9	为了强身健体	5	4	3	2	1
10	为了保持体形、减肥	5	4	3	2	1
11	为了获得运动的快乐	5	4	3	2	1
12	为了缓解紧张的学业压力	5	4	3	2	1
13	为了给自己的人生增加亮点	5	4	3	2	1
14	为了提高主观幸福感	5	4	3	2	1
15	为了增进自己的社会化	5	4	3	2	1

附录 B：上海市中学生体育活动行为生态学模型问卷

亲爱的各位同学：

你们好，为了更好地了解你们的日常体育活动行为（如学习生活、体育运动、娱乐活动等），需要对影响你们体育活动的因素进行调查。本调查不计分，也不算学习成绩，希望你们仔细阅读，如实作答。问卷答案无对错之分，按您的意愿作答，请在您认为最适合的程度代号上划"√"。

① 没有影响　② 影响不大　③ 影响一般　④ 影响很大　⑤ 影响非常大

学校：　　　　　　　　性别：　　　　　　　　　年级：

您认为以下因素对中学生体育活动行为的影响程度分别是？

1. 身体素质（力量、速度、柔韧、灵敏等）　①－②－③－④－⑤
2. 健康状况　①－②－③－④－⑤
3. 运动动机　①－②－③－④－⑤
4. 运动兴趣　①－②－③－④－⑤
5. 运动成就感　①－②－③－④－⑤
6. 对自身健康的重视度　①－②－③－④－⑤
7. 对运动活动功效的意识（强身健体、健身塑形）　①－②－③－④－⑤
8. 运动愉快体验　①－②－③－④－⑤
9. 运动结果的积极期望　①－②－③－④－⑤
10. 积极的自我评价　①－②－③－④－⑤
11. 体育态度　①－②－③－④－⑤

- -

1. 家庭生活方式　①－②－③－④－⑤
2. 家庭教养方式　①－②－③－④－⑤
3. 亲子交流　①－②－③－④－⑤
4. 家庭运动氛围　①－②－③－④－⑤
5. 家长所具有的体育知识、运动习惯　①－②－③－④－⑤
6. 家庭经济状况　①－②－③－④－⑤
7. 家长的教育理念　①－②－③－④－⑤
8. 家长活动意识、活动行为　①－②－③－④－⑤

9. 家长性格   ①—②—③—④—⑤

10. 家长和家庭成员的支持   ①—②—③—④—⑤

11. 家长监控程度（家长对子女时间的分配与控制）   ①—②—③—④—⑤

12. 家庭休闲娱乐方式   ①—②—③—④—⑤

1. 应试教育环境   ①—②—③—④—⑤

2. 体育教师的教学理念   ①—②—③—④—⑤

3. 体育教师的教学方式   ①—②—③—④—⑤

4. 体育教师的职业素养   ①—②—③—④—⑤

5. 学校体育课程的设置   ①—②—③—④—⑤

6. 学校体育设施、场地器材   ①—②—③—④—⑤

7. 学校领导的活动意识、活动行为   ①—②—③—④—⑤

8. 学校领导的重视程度   ①—②—③—④—⑤

9. 学校对体育活动的支持（经费、师资等）   ①—②—③—④—⑤

10. 当前教育评价机制   ①—②—③—④—⑤

11. 学校课外体育活动的开展情况   ①—②—③—④—⑤

12. 学校大课间活动的组织情况与趣味性   ①—②—③—④—⑤

13. 同学朋友的支持与陪同   ①—②—③—④—⑤

1. 中学生群体步行或骑车上学、放学的比例   ①—②—③—④—⑤

2. 同一小区同龄中小学学生户外活动的活跃程度   ①—②—③—④—⑤

3. 小区内中小学学生专用娱乐设施   ①—②—③—④—⑤

4. 小区汽车的停放   ①—②—③—④—⑤

5. 小区距离公共活动娱乐场所的远近程度   ①—②—③—④—⑤

6. 从居住点到公共活动娱乐场所的便利程度   ①—②—③—④—⑤

7. 小区休闲活动设施（篮球场、游泳池等）   ①—②—③—④—⑤

8. 家长工作地点距离子女就读学校的远近程度   ①—②—③—④—⑤

9. 小区步行或骑车的适宜度（如步行或自行车通道）   ①—②—③—④—⑤

10. 街道连通性（即起点至终点之间直接连通的程度）   ①—②—③—④—⑤

11. 运动场所对男女中学生体力活动行为的影响   ①—②—③—④—⑤

12. 公共媒体的体育宣传力度   ①—②—③—④—⑤

13. 国际重大体育赛事   ①—②—③—④—⑤

14. 体育明星   ①—②—③—④—⑤

15. 社会体育价值观   ①—②—③—④—⑤

16. 小区所在区域活动场所的空间布局　　　　　　①－②－③－④－⑤

----

1. 中小学学生体育"十二五"规划　　　　　　　①－②－③－④－⑤
2. 中共中央国务院关于加强青少年体育增强中小学
   学生体质的意见　　　　　　　　　　　　　①－②－③－④－⑤
3. 中共中央国务院关于深化教育改革全面推进素质
   教育的决定　　　　　　　　　　　　　　　①－②－③－④－⑤
4. 关于进一步加强学校体育工作,切实提高学生健康
   素质的意见　　　　　　　　　　　　　　　①－②－③－④－⑤
5. 2014 年上海市教育委员会"坚持学生发展为本,为
   学生终身发展奠定良好基础"的工作要点　　①－②－③－④－⑤
6. 上海市学生健康促进工程　　　　　　　　　①－②－③－④－⑤
7. 《国家学生体质健康标准》　　　　　　　　①－②－③－④－⑤
8. 学生体质健康监测及干预行动计划　　　　　①－②－③－④－⑤
9. 中考体育政策改革　　　　　　　　　　　　①－②－③－④－⑤
10. 政策执行力评估体系的建立　　　　　　　　①－②－③－④－⑤
11. 体育政策执行资源(经费、设施、老师等资源)　①－②－③－④－⑤
12. 体育财政经费支出　　　　　　　　　　　　①－②－③－④－⑤
13. 教育行政部门对中小学学生健康教育的重视程度　①－②－③－④－⑤
14. 政府对体育健身作用的认知度　　　　　　　①－②－③－④－⑤
15. 政府对推进体育工作的支持度　　　　　　　①－②－③－④－⑤
16. 政府对开展体育工作的政策保障　　　　　　①－②－③－④－⑤
17. 体育政策的规范与管理　　　　　　　　　　①－②－③－④－⑤
18. 体育课程标准的修订　　　　　　　　　　　①－②－③－④－⑤
19. 学校落实体育政策的真实性　　　　　　　　①－②－③－④－⑤

附录C：体育活动社会生态模型问卷

亲爱的同学：

　　您好！感谢您抽时间来完成这份问卷！本问卷是在导师杨剑教授指导下完成的，只为了解中小学学生身体活动影响因素情况，调查结果仅供学术研究，绝不挪为他用。所有问题无标准答案或正确答案，根据您的情况如实填答即可。再次感谢您的支持与配合！

一、基本情况

1. 您是：（　　　）

　　A. 初中生　　　　B. 高中生

2. 您的性别：（　　　）

　　A. 男　　　　　　B. 女

3. 您的年级：（　　　）

　　A. 一年级　　　　B. 二年级　　　　C. 三年级

4. 您的年龄_____

5. 您的身高_____cm

6. 您的体重_____kg

7. 除了体育课，您每周身体活动的次数是多少：（　　　）

　　A. 0次　　　　　B. 1～2次　　　　C. 3～5次　　　　D. 5～7次

　　E. 7次以上

8. 您能够一直坚持每天进行身体活动：（　　　）

　　A. 非常不符合　　B. 不符合　　　　C. 一般　　　　　D. 符合

　　E. 非常符合

9. 您坚持身体活动已有多长时间（　　　）

　　A. 3个月以内　　　　　　　　B. 3个月至6个月

　　C. 6个月至1年　　　　　　　D. 1年至5年

　　E. 5年以上

二、影响因素

1. 您觉得进行身体活动很有趣（　　　）
   A. 非常不相符　　B. 不相符　　　　C. 一般　　　　　D. 相符
   E. 非常相符

2. 您觉得进行身体活动非常快乐（　　　）
   A. 非常不相符　　B. 不相符　　　　C. 一般　　　　　D. 相符
   E. 非常相符

3. 您很乐意把时间花在体育运动上（　　　）
   A. 非常不相符　　B. 不相符　　　　C. 一般　　　　　D. 相符
   E. 非常相符

4. 您觉得进行体育活动能促进您的身体发育（　　　）
   A. 非常不相符　　B. 不相符　　　　C. 一般　　　　　D. 相符
   E. 非常相符

5. 您觉得进行体育活动能促进您的心理成长（　　　）
   A. 非常不相符　　B. 不相符　　　　C. 一般　　　　　D. 相符
   E. 非常相符

6. 您觉得进行身体活动能促进您与其他人的交往（　　　）
   A. 非常不相符　　B. 不相符　　　　C. 一般　　　　　D. 相符
   E. 非常相符

7. 您觉得自己比较擅长某一体育项目（　　　）
   A. 非常不相符　　B. 不相符　　　　C. 一般　　　　　D. 相符
   E. 非常相符

8. 您觉得自己掌握较多的身体活动知识（　　　）
   A. 非常不相符　　B. 不相符　　　　C. 一般　　　　　D. 相符
   E. 非常相符

9. 您觉得自己的体育技能水平高于大多数同学的水平（　　　）
   A. 非常不相符　　B. 不相符　　　　C. 一般　　　　　D. 相符
   E. 非常相符

10. 您班主任非常支持您进行身体活动（　　）

A. 非常不相符　B. 不相符　　　　C. 一般　　　　　　D. 相符

E. 非常相符

11. 您班主任自己经常进行身体活动（　　）

A. 非常不相符　B. 不相符　　　　C. 一般　　　　　　D. 相符

E. 非常相符

12. 您班主任会经常与您一起进行身体活动（　　）

A. 非常不相符　B. 不相符　　　　C. 一般　　　　　　D. 相符

E. 非常相符

13. 天气太冷或者太热您就不会进行身体活动（　　）

A. 非常不相符　B. 不相符　　　　C. 一般　　　　　　D. 相符

E. 非常相符

14. 空气质量不好您就不会进行身体活动（　　）

A. 非常不相符　B. 不相符　　　　C. 一般　　　　　　D. 相符

E. 非常相符

15. 在大风、雨雪等天气状况下您就不会进行体育活动（　　）

A. 非常不相符　B. 不相符　　　　C. 一般　　　　　　D. 相符

E. 非常相符

16. 您所在地区的地理气候条件对您进行体育活动有所影响（　　）

A. 非常不相符　B. 不相符　　　　C. 一般　　　　　　D. 相符

E. 非常相符

17. 社会媒体关于身体活动的宣传影响着您进行身体活动（　　）

A. 非常不相符　B. 不相符　　　　C. 一般　　　　　　D. 相符

E. 非常相符

18. 学校网站、广播台、校园标语等关于身体活动的宣传促进您进行身体活
动（　　）

A. 非常不相符　B. 不相符　　　　C. 一般　　　　　　D. 相符

E. 非常相符

19. 微信、微博、QQ等社交网络平台关于身体活动的宣传促进您进行身体活动
（　　　）

　　A．非常不相符　B．不相符　　　　　C．一般　　　　　D．相符

　　E．非常相符

20. 学校体育场馆、场地设施能够满足您进行身体活动的需要（　　　）

　　A．非常不相符　B．不相符　　　　　C．一般　　　　　D．相符

　　E．非常相符

21. 您学校体育场馆设施包括室内体育馆、室外体育场、游泳池/馆、网球场
等（　　　）

　　A．非常不相符　B．不相符　　　　　C．一般　　　　　D．相符

　　E．非常相符

22. 您学校体育场馆设施不需要多长时间就能够到达（　　　）

　　A．非常不相符　B．不相符　　　　　C．一般　　　　　D．相符

　　E．非常相符

23. 您去学校体育场馆设施的交通便利（　　　）

　　A．非常不相符　B．不相符　　　　　C．一般　　　　　D．相符

　　E．非常相符

　　您认为影响您进行身体活动的因素还有＿＿＿＿＿＿＿＿＿＿＿＿＿

　　问卷到此结束，再次感谢您的参与配合，祝您拥有强健的体魄！

附录 D：家长知情同意书

尊敬的＿＿＿＿＿＿＿学生家长：

我们是华东师范大学"中小学学生健康评价与运动干预教育部重点实验室"研究团队，经市教委以及学校批准，正在开展一项有关学生的体育活动促进研究。随着互联网时代的到来，越来越多的孩子看电视、玩电脑、玩手机时间增多，导致近视人数不断增多、中小学学生儿童肥胖出现低龄化现象，孩子体质健康状况不容乐观，为促进孩子们积极参加体育活动，增强孩子身心健康水平，我们邀请他（她）参加课题研究。本次调查的目的是通过多方面干预方法来促进孩子积极主动参与体育活动，为您孩子在日后的学习生活中提供科学有效的建议。

目前我们需要进行一些调查，调查内容主要包括孩子的运动时间、运动频率、运动强度及对家庭、学校和社区实施干预情况的反馈，对于得到的数据，我们会以编码的形式保存，会尽一切努力来保护您的隐私权。研究的数据和结果以报告形式反馈给家长，并为您的孩子提供具体活动方案。如果您的孩子身体情况允许，并且您希望孩子积极参加体育活动，同意您孩子参与其中，请确认签字。

监护人签字：　　　　　学生签字：

年　月　日

附录 E：活动行为调查表

本问卷调查为课题研究所用，回答没有对错之分，请仔细阅读每个问题。回答是从肯定到否定排列，请根据自己实际情况选择最符合自己的答案，在方框内打√即可，谢谢您的配合。

注意：每题只能打一个勾，不要漏题。

	非常肯定	基本肯定	不能确定	有点否定	完全否定
1. 有闲暇时间，我尽可能多地参加活动。	☐	☐	☐	☐	☐
2. 我不愿把时间花在体育活动上。	☐	☐	☐	☐	☐
3. 活动时我感到心情舒畅。	☐	☐	☐	☐	☐
4. 我总是自觉地进行体育活动。	☐	☐	☐	☐	☐
5. 我总是全身心地投入到体育活动中。	☐	☐	☐	☐	☐
6. 事情一多，我就会忘记活动。	☐	☐	☐	☐	☐
7. 我认为活动是一项很好的健身娱乐活动。	☐	☐	☐	☐	☐
8. 我总是能从活动中感受到愉悦感。	☐	☐	☐	☐	☐
9. 无论遇到多少困难，我都会坚持活动。	☐	☐	☐	☐	☐
10. 我不喜欢体育活动。	☐	☐	☐	☐	☐
11. 体育活动使我的生活更充实。	☐	☐	☐	☐	☐
12. 我认为自己没有必要进行体育活动。	☐	☐	☐	☐	☐
13. 活动能使我与他人有更多交流交往。	☐	☐	☐	☐	☐
14. 我不愿意参加运动强度较大的活动项目。	☐	☐	☐	☐	☐
15. 一到活动时间，我就会感到兴奋。	☐	☐	☐	☐	☐
16. 我很少活动是因为没有喜欢的活动内容。	☐	☐	☐	☐	☐
17. 体育活动是我的一个爱好。	☐	☐	☐	☐	☐
18. 体育活动可增强体质增进健康。	☐	☐	☐	☐	☐
19. 只要身体一累，我就会停止活动。	☐	☐	☐	☐	☐
20. 体育活动中我能感受到成就感。	☐	☐	☐	☐	☐
21. 体育活动能展现我的运动才能。	☐	☐	☐	☐	☐
22. 体育活动能使我精力和体力更充沛。	☐	☐	☐	☐	☐
23. 我没有体育活动的习惯。	☐	☐	☐	☐	☐

答题完成,检查答题项是否有漏题。再次感谢!

注：非常肯定(5 分)、基本肯定(4 分)、不能确定(3 分)、有点否定(2 分)、完全否定(1分)。2,6,10,12,14,16,19,23 共 8 题为反向计分题,即非常肯定(1 分),后面类推。价值认知维度包括 7,11,13,17,18,22;情感体验维度包括 3,8,14,15,20,21;行为态度维度包括 4,5,10,12,16;行为控制维度包括 1,2,6,9,19,23。